"十四五"普通高等教育本科系列教材

U0643298

财务管理学（第四版）

主　编　刘　迪　江　泠
副主编　徐晓惠　高欢欢　赵　杰
编　写　郭向超　马春蕾　张宁珊
　　　　于　霞　王　颖　商明蕊
主　审　徐晓鹏

中国电力出版社
CHINA ELECTRIC POWER PRESS

内 容 提 要

　　本书为"十四五"普通高等教育本科系列教材。本书共分11章，主要内容包括财务管理概论、财务管理基础、财务预算、筹资管理、项目投资管理、证券投资管理、营运资金管理、股利分配与政策、财务分析与评价、国际财务管理。本书以财务管理的各个环节（计划与预测、决策与控制、分析与考核）为主线，阐述财务管理的基本原理和方法；借鉴、吸收国外先进的财务实践经验和理论研究成果，并结合我国国情，科学地安排本书内容；运用案例教学，每章后都安排一定的案例，使学生在案例分析中掌握财务管理的原理与技能。

　　本书可作为普通高等院校工商管理类、管理科学与工程类等专业教材，也可作为财务会计人员和经济管理人员的参考书，还可以作为函授和自考辅导用书。

图书在版编目（CIP）数据

财务管理学/刘迪，江泠主编 . —4 版 . —北京：中国电力出版社，2023.2
ISBN 978 - 7 - 5198 - 6866 - 6

Ⅰ. ①财… 　Ⅱ. ①刘…②江… 　Ⅲ. ①财务管理 　Ⅳ. ①F275

中国版本图书馆 CIP 数据核字（2022）第 230553 号

出版发行：中国电力出版社
地　　址：北京市东城区北京站西街 19 号（邮政编码 100005）
网　　址：http://www.cepp.sgcc.com.cn
责任编辑：熊荣华（010 - 63412543　124372496@qq.com）贾丹丹
责任校对：黄　蓓　郝军燕
装帧设计：张俊霞
责任印制：吴　迪

印　　刷：三河市航远印刷有限公司
版　　次：2004 年 8 月第一版　2016 年 4 月第三版　2023 年 2 月第四版
印　　次：2023 年 2 月北京第十一次印刷
开　　本：787 毫米×1092 毫米　16 开本
印　　张：19.75
字　　数：492 千字
定　　价：56.00 元

前　言

　　本教材从第一版至今，已近 20 年，这期间我们虚心听取读者的建议和意见，不断修改、完善教材内容，使教材质量有了较大的提高。2021 年本教材被评为辽宁省优秀教材。由于相关政策法规的变化，财务管理理论与实践的发展，教材内容也应随之进行调整，使之符合现行法规与政策，体现财务管理发展的前沿，本次修订内容如下：

　　（1）对全书进行仔细筛查，修改错误、更换过时的内容。

　　（2）原第十二章经过调整合并到第一章。

　　（3）全书章节顺序进行了调整，使之更加合理。

　　（4）替换更新了大部分过时案例。

　　（5）按新的税法对相关内容进行了修改。

　　本书由刘迪、江泠任主编；徐晓惠、高欢欢、赵杰任副主编；徐晓鹏主审。具体分工如下：江泠负责第一、第八、第十章；徐晓惠负责第四、第五章；高欢欢负责第九、第十一章；赵杰负责第三章；马春蕾负责第六章；郭向超、商明蕊负责第七章；于霞、王颖负责第二章。案例、习题答案由张宁珊完成，刘迪负责全书统稿。

　　本书在编写过程中参考了一些教材和资料，在此对原作者及对本书提出宝贵意见的读者表示诚挚的谢意。限于编者水平，书中难免存在疏漏之处，敬请读者批评指正。

编者

2022 年 9 月

第一版前言

本书主要面向高等院校会计学及经济管理专业的本科生，尤其是建筑类的高等院校，书中的大多数例题和案例与建筑业、房地产业相关。本书也可作为财务会计人员和经济管理人员的参考书。

在本书的编写过程中，我们力求做到：

第一，从满足会计学本科教育和培养素质型人才的需要出发安排课程内容，保证课程核心内容的完整性和连续性，并适当安排前沿性的内容。

第二，以财务管理的各个环节（财务预测、决策、预算、控制、分析）为主线，阐述财务管理的基本原理和方法，并与现行法规保持一致。

第三，借鉴、吸收西方先进的财务实践经验和理论研究成果，并结合我国国情，总结和吸收我国财务管理的精华，科学地安排本书内容，使之适合社会主义市场经济条件下的财务管理体系。

第四，强调财务管理方法的不断更新，关注财务管理实践的最新发展，运用案例进行教学，使学生在案例分析中掌握财务管理的原理与技能。

全书约 30 万字，参考学时为 48 学时。本书由刘迪主编，李强、王静任副主编。第一、四、九、十二章由刘迪编写，第二、三章由王静编写，第五、六章由赵小平编写，第七、八章由李强编写，第十、十一章由王海燕编写。全书案例由王海燕编写，全书由刘迪统稿，北京建筑工程学院周晓静审阅全书。

任何一个学科都处于不断发展和完善中，财务管理学也不例外，虽然我们尽了最大的努力，但由于学识水平有限，书中难免存在不妥之处，真诚希望读者给予批评赐正。

编 者
2003 年

第二版前言

为了贯彻落实教育部《关于进一步加强高等学校本科教学工作的若干意见》和《教育部关于以就业为导向深化高等职业教育改革的若干意见》的精神，加强教材建设，确保教材质量，中国电力教育协会组织制定了普通高等教育"十一五"教材规划。该规划强调适应不同层次、不同类型院校，满足学科发展和人才培养的要求，坚持专业基础课教材与教学急需的专业教材并重、新编与修订相结合。

本书是2003年第一版的修订本，本次修订仍然遵循第一版的基本原则，并悉心听取了教师几年来在教学实践中的反馈意见，对全书内容仔细斟酌、反复论证，进行了认真调整、修改和完善，同时根据需要适当增加和删除了部分内容。

全书大约40万字，参考学时为48学时。本次的修订工作主要由刘迪、岳红、刘倩完成。刘迪任主编，岳红、李强、王静任副主编，刘倩、高喜兰、赵小平、王海燕参加编写，全书由刘迪统稿。由北京建筑工程学院周晓静主审。

本次修订虽然我们尽了最大的努力，使教材的质量有了一定的提高，但由于学识水平等条件的限制，书中难免存在不妥之处，真诚希望读者给予批评指正。

编　者
2008 年

第三版前言

本教材自 2004 年出版以来得到广大读者的厚爱和支持，为了使教材精益求精，更加符合现行的会计制度、会计准则和政策法规，我们在第二版的基础上进行了修改和完善。本次修订工作是在广泛征求读者意见，并保留了第二版整体框架的基础上进行的，我们做了如下工作。

1. 根据新的政策和法规对数据重新进行了计算和调整，更新了部分案例；

2. 根据新的会计制度对主要会计报表的内容、格式和数据等进行了调整；

3. 按照新会计准则的内容修改了过时的会计科目与核算方法；

4. 更新了部分练习题，并对各章练习题都做出了参考答案；

5. 第六章筹资管理，新增了融资租赁租金的计算方法和混合性筹资；

6. 第十章营运资金管理，新增现金收支预算编制、最佳现金余额确定中的成本分析模式和米勒—欧尔模型的公式；

7. 新增第十三章国际财务管理。

本次修订由刘迪、岳红担任主编，马春蕾、赵杰担任副主编，参加编写的有何敏、王颖、商明蕊、杨蕾。具体分工如下：第一、三章由岳红编写，第六、十、十三章由马春蕾编写，第五、八、十一章由赵杰编写，第四、七章由何敏编写，第二章由王颖编写，第九章由商明蕊编写，第十二章由杨蕾编写，全书由刘迪统稿，周鲜华主审。

本次修订过程中，广大教材使用者提出了很多宝贵的意见和建议，在此致以诚挚的谢意。限于编者水平，本书难免存在疏漏之处，敬请广大读者批评改正。

编　者

2015 年 12 月

目 录

第一章 财 务 管 理 概 论

第一节 财 务 管 理 的 概 念

为了研究企业财务管理，首先要对财务活动和财务管理的概念有一个总括的了解。在社会主义市场经济条件下，企业从事生产经营活动有双重任务：一方面企业必须根据市场需求，以市场机制为导向，生产出适销对路的商品以满足市场需求；另一方面需要通过理财活动，不断提高经济效益，为国家和企业的扩大再生产积累资金。为此，企业除了对生产经营的物资运动进行组织和监督外，还需要对企业的财务活动进行科学管理。企业财务活动就是企业再生产过程中的资金运动，它体现企业同各方面的经济关系。企业财务管理则是对企业财务活动和财务关系的管理。要深刻认识企业财务管理的概念，就必须研究企业财务活动的经济内容和本质。

一、企业财务活动的内容

随着企业再生产过程的不断进行，企业资金总是处于不断的运动之中。在企业再生产过程中，企业资金从货币资金形态开始，依次通过购买、生产、销售三个阶段，分别表现为固定资金、生产储备资金、未完工产品（在产品）资金、成品资金等各种不同形态，然后又回到货币资金形态。从货币资金开始，经过若干阶段，又回到货币资金形态的运动过程，叫作资金运动或资金循环。企业资金周而复始不断重复地运动循环，叫作资金的周转。资金的循环、周转体现着资金运动的形态变化。

从生产经营企业来看，资金运动包括资金的筹集、投放、耗费、收入和分配五个方面的经济内容。

（一）资金筹集

企业要进行生产经营活动，首先必须从各种渠道筹集资金。企业的自有资金是通过吸收拨款、接受直接投资、发行股票等方式从投资者那里取得的，投资者包括国家、其他企业单位、个人、外商等。此外，企业还可通过向银行借款、发行债券、应付款项等方式来吸收借入资金，构成企业的负债。企业从投资者、债权人那里筹集来的资金，一般是货币资金形态，也可以是实物、无形资产形态，对实物和无形资产要通过资产评估确定其货币金额。

筹集资金是资金运动的起点，是投资的必要前提。

（二）资金投放

企业资金的投放包括在经营资产上的投资和对其他单位的投资，其目的都是为了取得一定的收益。企业筹集来的资金投放于经营资产上，主要是通过购买、建造等过程，形成各种生产资料。企业一方面进行固定资产投资，兴建房屋和建筑物，购置机器设备等；另一方面使用货币资金购进原材料、燃料等，通常货币资金就转化为固定资产和流动资产。此外企业还可采取一定的方式以现金、实物或无形资产向其他单位投资，形成短期投资和长期投资。

投资是资金运动的中心环节，它不仅对资金筹集提出要求，而且是决定未来经济效益的先天性条件。

（三）资金耗费

在生产过程中，生产者使用劳动手段对劳动对象进行加工，生产出新产品，同时耗费各种材料，损耗固定资产，支付职工工资和其他费用，并且在购销过程中也要发生一定的耗费。各种生产耗费的货币表现就是产品等有关对象的成本和费用。成本是生产经营过程中的资金耗费。这样，企业所耗费的固定资金、生产储备资金、用于支付工资的资金等，先转化为未完工产品资金，随着产品的制造完成，再转化为成品资金。

在发生资金耗费的过程中生产者创造出新的价值，包括为生产者自身劳动创造的价值和为社会劳动创造的价值，因此资金的耗费过程又是资金的积累过程。

资金耗费是资金运动的基础环节，资金耗费水平是企业利润水平高低的决定性因素。

（四）资金收入

在销售过程中，企业将生产的产品销售出去，并按产品的价格取得销售收入。在这一过程中，企业资金从成品资金形态转化为货币资金形态。企业取得销售收入，实现产品的价值，不仅可以补偿产品成本，而且可以实现企业的利润，企业自有资金的数额随之增大。此外，企业还可取得投资收益和其他收入。

资金收入是资金运动的关键环节，它不仅关系着资金耗费的补偿，还关系着投资收益的实现。收入的取得是进行资金分配的前提。

（五）资金分配

企业所取得的产品销售收入，要用以弥补生产耗费，按规定缴纳各种税金，其余部分为企业的营业利润。营业利润和投资收益、其他净收入构成企业的利润总额。利润总额首先要按国家规定缴纳所得税，税后利润要提取公积金和公益金，分别用于扩大积累、弥补亏损和职工集体福利设施，其余利润作为投资收益分配给投资者。企业从经营中收回的货币资金，还要按计划向债权人还本付息。用以分配投资收益和还本付息的资金，就退出了企业资金运动过程。

资金分配是一次资金运动过程的终点，也是下一次资金运动过程的起点。

资金的筹集和投入，以价值形式反映企业对生产资料的取得和使用；资金的耗费，以价值形式反映企业物化劳动和活劳动的消耗；资金的收入和分配，则以价值形式反映企业生产成果的实现和分配。所以，企业资金运动是企业再生产过程的价值体现。

企业资金运动和再生产过程如图1-1所示。

二、企业同各方面的财务关系

企业资金的筹集、投放、耗费、收入和分配，与企业上下左右各方面有着广泛的联系。财务关系是指企业在资金运动中与各有关方面发生的经济利益关系。

（一）企业与投资者和受资者之间的财务关系

企业从各种投资者那里筹集资金进行生产经营活动，并将所实现的利润按各投资者的出资额进行分配。企业还可将自身的法人财产向其他单位投资，这些被投资单位即为受资者。受资者应向企业分配投资收益。企业与投资者、受资者的关系，即投资同分享投资收益的关系，在性质上属于所有权关系。处理这种财务关系必须维护投资、受资各方的合法权益。

（二）企业与债权人、债务人、往来客户之间的财务关系

企业购买材料、销售产品，要与购销客户发生货款收支结算关系；在购销活动中由于延期收付款项，要与有关单位发生商业信用——应收账款和应付账款；当企业资金不足或资金

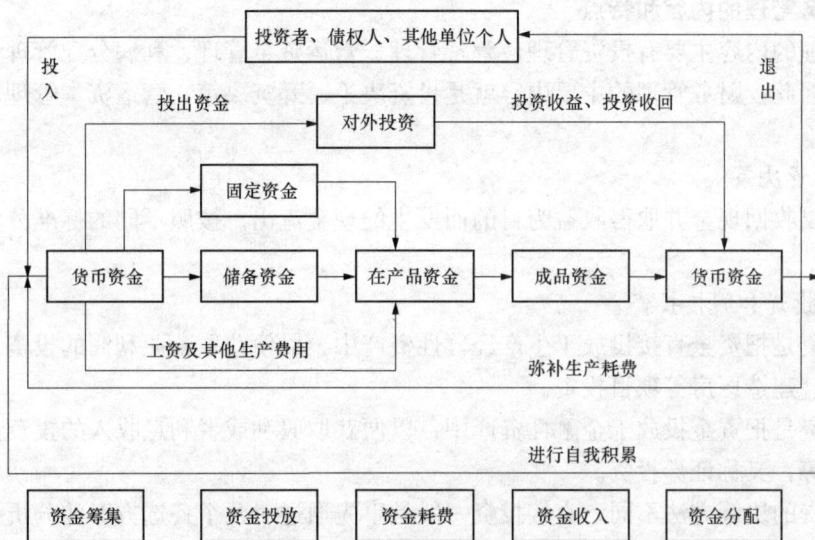

图 1-1 企业资金运动和再生产过程图

闲置时,要向银行借款、发行债券或购买其他单位债券。业务往来中的收支结算,要及时收付款项,以免相互占用资金,一旦形成债权债务关系,则债务人不仅要还本,而且要付息。企业与债权人、债务人、购销客户的关系,在性质上属于债权关系、合同义务关系。处理这种财务关系必须要求各方依法履行各自的权利和义务,保障有关各方的权益。

(三)企业与税务机关之间的财务关系

企业应按照国家税法的规定缴纳各种税款,包括所得税、流转税和计入成本的税金。国家以社会管理者的身份向一切企业征收的有关税金,是国家财政收入的主要来源。企业及时足额地纳税,是生产经营者对国家应尽的义务,必须认真履行。企业与税务机关之间的财务关系反映的是依法纳税和依法征税的税收权利义务关系(在税法上称税收法律关系)。

(四)企业内部各单位之间的财务关系

一般说来,企业内部各部门、各级单位之间与企业财务部门都要发生领款、报销、代收、代付的收支结算关系。在实行内部经济核算制和经营责任制的条件下,企业内部各单位都有相对独立的资金定额或独立支配的费用限额,各部门、各单位之间提供产品和劳务要进行计价结算。这样,在企业财务部门同各部门、各单位之间,各部门、各单位相互之间,就发生资金结算关系,它体现着企业内部各单位之间的经济利益关系。处理这种财务关系,要严格分清有关各方的经济责任,以便有效地发挥激励机制和约束机制的作用。

(五)企业与职工之间的财务关系

企业要用自身的产品销售收入,按照职工提供的劳动数量和质量进行分配,向职工支付工资、津贴、奖金等。这种企业与职工之间的结算关系,体现着职工个人和集体在劳动成果上的分配关系。处理这种财务关系,要正确地执行有关的分配政策。

企业的资金运动从表面上看是钱和物的增减变动,其实,钱和物的增减变动都离不开人与人之间的关系。我们要透过资金运动的现象,看到人与人之间的财务关系,自觉地处理好财务关系,促进生产经营活动的发展。

三、财务管理的内容和特点

财务管理的内容主要有投资管理、筹资管理、营运资金管理、利润分配管理。管理的核心是决策，因此，财务管理的主要内容就是投资决策、筹资决策、营运资本管理决策、利润分配决策。

（一）投资决策

投资是以收回现金并取得收益为目的而发生的现金流出。按照不同的标准分为以下几种类型。

1. 直接投资和间接投资

直接投资是把资金直接投放于生产经营性资产中，以便获取营业利润的投资。例如，购置生产设备、建造厂房等项目投资。

间接投资是把资金投放于金融性资产中，以便获取股利或者利息收入的投资。例如购买股票、债券等，又称证券投资。

两种投资的决策方法不同，直接投资一般是事先通过对几个备选方案的分析与评价，从中选优，而间接投资一般是经过对证券的分析与评价，从证券市场已有的证券中，选择企业需要的证券并组成投资组合。

2. 长期投资和短期投资

长期投资又称资本性投资，对长期投资的计划与管理的过程也称资本预算。长期投资其影响超过一年，例如，购置生产设备、建造厂房等项目投资。用于固定资产的长期投资一般难以改变，而用于股票和债券的长期投资在必要时可以改变，因此长期投资有时专指固定资产投资。

短期投资又称流动资产投资，是指影响不超过一年的投资，例如，对存货、短期有价证券的投资。

长期投资决策和短期投资决策也有所区别，由于长期投资涉及的时间长、风险大，因此与短期投资决策相比，长期投资决策更加注重资金时间价值和风险价值的计算。

（二）筹资决策

筹资是为满足企业投资或营运的需要而筹集资金，也称融资。筹集来的资金按照不同的标准分为以下几种类型。

1. 股权资金和债权资金

股权资金是股东提供的资金，它不需要返还，筹资风险小，但期望的报酬率高。债权资金是债权人提供的资金，与股权资金相比，其筹资风险较大，但期望的报酬率比股权资金低。

2. 长期资金和短期资金

长期资金一般通过股权资金和长期负债形成，股权资金可以长期使用。短期资金一般一年内需要返还，主要解决临时的营运资金需要。

股权资金和债权资金、长期资金和短期资金的不同比例构成，决定了企业筹集资金的筹资速度、筹资成本、筹资结构和筹资风险等，进而影响到企业的价值。所以筹资渠道和筹资方式是企业筹资决策要解决的主要问题。

（三）营运资本管理决策

营运资本一般指净营运资本，即流动资产减流动负债。企业的营运资本管理决策是一项保持企业持续经营的日常管理工作，一般包括流动资产（现金、有价证券、存货及应收账款）管理和流动负债管理。

（四）利润分配决策

企业取得收入获取利润的同时需要对利润进行分配，即制定股利分配政策。股利分配政策确定公司利润如何在股东红利和再投资这两方面进行分配。分配股利会增加股东财富，但如若不将利润作为股利分配给股东，它便成为公司的一项资本来源，将其进行再投资可为股东创造更多的财富。过高的股利支付率，影响企业再投资的能力，会使未来收益减少造成股价下跌；过低的股利支付率，可能引起股东不满，股价也会下跌。因此，股利分配决策就是确定一个最佳的股利支付率，确定公司利润中有多少作为股利发放给股东，有多少留在公司作为再投资。股利分配决策受多种因素的影响，包括税法对股利和出售股票收益的不同处理，未来公司的投资机会，各种资金来源及其成本，股东对当期收入和未来收入的相对偏好等。

股利分配决策，从另一个角度看也是保留盈余决策，是企业内部筹资问题。因此，有人认为股利分配决策属筹资决策的范畴，而并非一项独立的财务管理内容。

财务管理区别于其他管理的特点在于：它是一种价值管理，是对企业再生产过程中的价值运动进行的管理。财务管理的特点具体表现在以下几个方面：

（1）涉及面广。财务管理与企业的各个方面具有广泛的联系。企业购、产、销、运、技术、设备、人事、行政等各部门业务活动的进行，无不伴随着企业资金的收支。每个部门都会通过资金的收付，与财务管理部门发生联系，每个部门也都要在合理使用资金和组织收入方面接受财务管理部门的指导，受到财务管理制度的约束。

（2）灵敏度高。财务管理能迅速提供反映生产经营状况的财务信息。企业的财务状况是经常变动的，具有很强的敏感性。各种经济业务的发生，特别是经营决策的得失，经营行为的成败，都会及时在财务状况中表现出来。成品资金居高不下，往往反映产品不适销对路；资金周转不灵，往往反映销售货款未及时收取，并会带来不能按期支付材料价款、偿还到期债务的后果。财务管理部门通过向企业经理人员提供财务状况信息，可以协助企业领导适时控制和调整各项生产经营活动。

（3）综合性强。财务管理能综合反映企业生产经营各方面的工作质量。以价值形式表现出来的财务状况和经营成果具有很强的综合性。资金、成本、利润等价值指标，能全面系统地反映各种财产物资的数额、结构和周转情况，反映企业各种人力消耗和物资消耗，反映各种营业收入和非营业收入及经济效益。透过财务信息把企业生产经营的各种因素及其相互影响综合全面地反映出来，并有效地反作用于企业各方面的活动，是财务管理的一个突出特点。

综上所述，财务管理从所包括的内容来看，是企业管理的一个独立方面。从它的特点来看，则是一项综合性的管理工作。搞好财务管理对于改善企业经营管理、提高企业经济效益具有独特的作用。

第二节 财务管理的目标

一、企业的目标及其对财务管理的要求

企业是营利性组织，其出发点和归宿是获利。企业一旦成立，就会面临竞争，并始终处

于生存和倒闭、发展和萎缩的矛盾之中。企业必须生存下去才可能获利，只有不断发展才能求得生存。因此，企业管理的目标可以概括为生存、发展和获利。

（一）生存

企业只有生存，才可能获利。企业生存的"土壤"是市场，包括商品市场、金融市场、人力资源市场、技术市场等。企业在市场中生存下去的基本条件是以收抵支。企业一方面付出货币，从市场上取得所需的资源；另一方面提供市场需要的商品或服务，从市场上换回货币。企业从市场获得的货币至少要等于付出的货币，以便维持继续经营，这是企业长期存续的基本条件。因此，企业的生命力在于它能不断创新，以独特的产品和服务取得收入，并且不断降低成本，减少货币的流出。如果出现相反的情况，企业没有足够的货币从市场换取必要的资源，企业就会萎缩，甚至因无法维持最低的运营条件而终止。如果企业长期亏损，扭亏无望，就失去了存在的意义。为避免进一步扩大损失，企业应主动终止营业。

企业生存的另一个基本条件是到期偿债。企业为扩大业务规模或满足经营周转的临时需要，可以向其他个人或法人借债。国家为维持市场经济秩序，通过立法规定债务人必须偿还到期债务，必要时"破产偿债"。企业如果不能偿还到期债务，就可能被债权人接管或被法院判定破产。

因此，企业生存的主要威胁来自两方面：一个是长期亏损，它是企业终止的内在原因；另一个是不能偿还到期债务，它是企业终止的直接原因。亏损企业为维持运营被迫进行偿债性融资，借新债还旧债，如不能扭亏为盈，迟早会借不到钱而无法周转，从而不能偿还到期债务。盈利企业也可能出现"无力支付"的情况，主要是借款扩大业务规模，冒险失败，为偿债必须出售不可缺少的厂房和设备，使生产经营无法继续下去。

力求保持以收抵支和偿还到期债务的能力，减少破产的风险，使企业能够长期、稳定地生存下去，是对财务管理的第一个要求。

（二）发展

企业是在发展中求得生存的。企业的生产经营如"逆水行舟"，不进则退。在科技不断进步的现代经济中，产品不断更新换代，企业必须不断推出更好、更新、更受顾客欢迎的产品，才能在市场中立足。在竞争激烈的市场上，各个企业此消彼长、优胜劣汰。一个企业如不能发展，不能提高产品和服务的质量，不能扩大自己的市场份额，就会被其他企业挤出市场。企业的停滞是其死亡的前奏。企业的发展集中表现为扩大收入。扩大收入的根本途径是提高产品质量，扩大销售的数量，这就要求不断更新设备、技术和工艺并不断提高各种人员的素质，也就是要投入更多、更好的物资资源、人力资源，并改进技术和管理。在市场经济中，各种资源的取得都需要付出货币。企业的发展离不开资金，因此筹集企业发展所需要的资金是对财务管理的第二个要求。

（三）获利

企业必须获利才有存在的价值。创立企业的目的是盈利。已经创立起来的企业虽然有改善职工收入、改善劳动条件、扩大市场份额、提高产品质量、减少环境污染等各种目标，但是盈利是最具综合能力的目标。盈利不但体现了企业的出发点和归宿，而且可以概括其他目标的实现程度并有助于其他目标的实现。

从财务上看，盈利就是使资产获得超过其投资的回报。在市场经济中，没有免费使用的资金，资金的每项来源都有其成本。每项资产都是投资，都是生产性的，要从中获得回报。

例如，各项固定资产要充分地用于生产，要避免存货积压，尽快收回应收账款，利用暂时闲置的现金等。财务主管务必使企业正常经营产生的和从外部获得的资金能以产出最大的形式加以利用。

因此，通过合理、有效地使用资金使企业获利，是对财务管理的第三个要求。

综上所述，企业的目标是生存、发展和获利。企业的这些目标要求财务管理完成筹措资金并有效地投放和使用资金的任务。企业的生存乃至于成功，在很大程度上取决于过去和现在的财务政策。财务管理不仅与资产的获得及合理使用的决策有关，而且与企业的生产、销售管理发生直接联系。

二、财务管理的目标

财务管理的目标就是通常所说的理财目标，是指企业进行财务活动所要达到的根本目的，它决定着企业财务管理的基本方向。关于企业的财务管理目标，在财务理论界有不少提法，也一直存在一些争论。随着财务经济学的发展和企业管理实践的变革，财务管理的目标也在不断演化。关于企业财务管理目标的综合表达，有以下几种在理论和实践中具有广泛影响并曾经被人们普遍接受或认同的主要观点。

（一）利润最大化

利润最大化理财目标在我国和西方都曾是流传甚广的一种观点，在实务界尤有重大的影响。具体说来又有两种表示方法。

（1）利润总额。一般所讲的利润最大化，就是指反映在企业"利润表"中的税后利润总额的最大化。

以利润最大化作为理财目标的优点在于：①利润额是企业在一定期间经营收入和经营费用的差额，而且是按照收入费用配比原则加以计算的，它反映了当期经营活动中投入（所费）与产出（所得）对比的结果，在一定程度上体现了企业经济效益的高低。企业追求利润最大化，就必须加强管理、改进技术、提高劳动生产率、降低成本，这都有利于资源的合理配置，有利于经济效益的提高。②利润是增加业主投资收益、提高职工劳动报酬的来源，也是企业补充资本积累、扩大经营规模的源泉。在市场经济条件下，在企业自主经营的条件下，利润的多少不仅体现了企业对国家的贡献，而且与企业职工的利益息息相关。因此，利润最大化对于国家、企业和职工都是有利的。

利润最大化的目标在实践中也暴露出一些问题。①利润最大化中的利润额是个绝对数，它没有反映出所得利润额同投入资本额的关系，因而不能科学地说明企业经济效益水平的高低，不便于在不同时期、不同企业之间进行比较。②如果片面强调利润额的增加，有可能使得企业产生追求短期利益的行为。例如，费用少摊、损失不计、废品按正品估价、材料盘亏不反映、利大的商品积极推销、冷背的商品长期积压等，这样做的结果，企业利润虚增，资产虚估，把许多潜亏留在账上。一旦进行清产核资，这些潜亏就要变成明亏，使企业和国家背上沉重的包袱。

需要注意的是，对利润最大化目标的缺点应当进行实事求是的分析。利润最大化中的利润是一定时期内实现的利润，它没有说明企业利润发生的时间，没有考虑资金的时间价值，而且也没有有效地反映风险问题，可能导致企业不顾风险大小而一味地追求最多的利润。这里应该看到，如果采取利润最大化的观点，在业绩评价时用来与目标利润额进行比较的是实际利润额，而不是预测利润额。实际利润额不是未来值，当然就不存在折成现值的问题，也无法去估量它在今后可能遇到的风险。所以这种指责实际上是站在"未来收益贴现值"方法的角度来要求企业当期实现的利润额，这是不切实际的。

从另一个角度看，按照《企业会计准则》中的谨慎性原则，企业要计提坏账准备、商品削价准备，还可采用加速折旧法，利润的计算已开始考虑了某些风险因素。有的学者主张，在利用会计利润时，要扣除股权资本的机会成本，从而考虑其经济成本，这样也就考虑资金的时间价值了。

利润总额直观、明确，容易计算，便于分解落实，广大职工都能理解，所以这种并不十分理想的理财目标在现实中尚能被广为应用。

（2）权益资本利润率或每股利润。针对利润总额最大化目标存在的问题，在我国和在西方，分别提出了以权益资本利润率和每股利润作为考察财务活动的主要指标。权益资本利润率是指企业净利润与所有者权益的比率，反映企业利用自有资本获得收益的能力。每股利润是指企业净利润减去优先股股利与发行在外的普通股股数的比率，反映的是每股的净盈余。这两个指标的特点是把企业实现的利润额同投入的自有资本或股本股数联系起来，能够确切地说明企业的盈利水平，因而对于进行财务分析、财务预测都有重要的作用。这两个指标虽然克服了利润最大化目标的第一个缺点，但仍没有能够避免第二个缺点。

（二）股东财富最大化

按照现代委托代理学说，企业的代理关系是一种契约关系。在这种关系中，企业的日常财务管理工作由受委托的经营者负责处理，基于委托代理条件下的受托的财产责任，经营者应最大限度地谋求股东或委托人的利益，而股东或委托人的利益目标则是提高资本报酬率，增加股东财富、实现权益资本的保值增值。因此，股东财富最大化这一理财目标受到人们的普遍关注。股东财富最大化的评价指标主要有两种。

（1）股票市价或每股市价。在股份制企业中，投资者持有公司的股票并成为公司的股东。许多人认为，股票市场价格的高低体现着投资大众对公司价值所作的客观评价，它以每股市价表示，反映着资本和利润之间的关系；它受预期每股盈余的影响，反映着每股盈余的大小和取得的时间；它受企业风险大小的影响，可以反映每股盈余的风险。所以，人们往往用股票市场价格来代表股东财富。股本财富最大化的目标，在一定条件下也就演变成股票市场价格最大化这一目标。

以股票市价或每股市价最大化作为理财目标在实际中很难普遍采用，其原因有如下几点：①无论是在我国还是在西方，上市公司在全部企业中只占极少一部分，大量的非上市企业不可能采用这一目标。②即使对上市公司而言，股票市价也要受多种因素包括非经济因素的影响，股票价格并不总能反映企业的经营业绩，也难以准确体现股东的财富。

（2）权益资本增值率。在社会主义现代化建设过程中，为防止企业追求短期利益，人们提出了权益资本保值增值的要求。权益资本增值率指标，一方面反映了资本保全原则的要求，另一方面又能抑制曾经严重存在的企业资产流失的现象，是投资者和企业经营者都非常重视的指标。按照财政部等部门制定的《国有资本金效绩评价规则》的精神，权益资本增值率可按以下公式计算：

权益资本增值率＝（扣除客观因素后的年末所有者权益÷年初所有者权益）×100％

如果全面地考虑客观因素，以上计算公式应做以下三项调整：①考虑资金时间价值，应将年初所有者权益折算为年末时点上的价值，然后再将它与年末所有者权益进行比较。②年末所有者权益如果较年初有所增加，除了经营使资本增值以外，往往还会由于非经营性原因而使权益资本增加（如追加资本、接受捐赠、资产升值等），还会由于向投资者分配利润而使权益资本减少。所以，计算时应从期末所有者权益中扣除报告期由于非经营性原因而产生的净增额，加上向投资者分配的当年利润。③如果当年物价变动较大，一般应采用财务资本保全原则，将期初所有者权益按物价指数调整到年末的水平。因此，权益资本增值率可按以下公式计算（物价变动因素略）：

$$\text{权益资本增值率} = \frac{\text{期末权益} + \text{向投资者分配的当年利润} - \text{非经营性原因增加的权益净额} \times (1 + \text{年利率}) / 2}{\text{期初权益} \times (1 + \text{年利率})}$$

值得注意的是：权益资本增值率同权益资本利润率的变动总趋势是一致的。权益资本增值率计算公式中的分子，如果不计算中期增加的权益净额的时间价值，其内容基本上就等于"期初所有者权益＋本期净利润"；如果其分母暂不考虑资金的时间价值，则与权益资本利润率分母无异。那么权益资本增值率基本上等于"1＋权益资本利润率"。我们在对企业进行考评时，只要对权益资本利润率扣除权益资本的机会成本（即资金时间价值），就可使该指标发挥与权益资本增值率相同的作用。

通过以上对比分析，权益资本利润率最大化是最实用的理财目标。

采用权益资本利润率最大化目标有哪些好处呢？①企业净利润基本上是企业营业收入同营业成本的差额，权益资本则是企业投入的自有资本。因此，权益资本利润率全面地反映了企业劳动耗费、劳动占用和劳动成果的关系、投入产出的关系，能较好地考核企业经济效益的水平。权益资本利润率是企业综合性最强的一个经济指标，它也是杜邦分析法中所采用的综合性指标。②权益资本利润率不同于资产报酬率，它反映企业自有资本的使用效益，同时也反映因改变资本结构而给企业收益率带来的影响。③借鉴权益资本增值率计算中的某些尝试，在利用权益资本利润率对企业进行评价时，可将年初所有者权益按资金时间价值折成现值，这样就能客观地考察企业权益资本的增值情况，较好地满足投资者的需要。④与其他各种理财目标相比，权益资本利润率指标容易理解，便于操作，有利于把指标分解、落实到各部门、各单位，也便于各部门、各单位据以控制各项生产经营活动。

在采用权益资本利润率最大化这一理财目标时，应当注意协调所有者与债权人、经营者之间的利益关系；防止经济利益过分向股东倾斜；还必须坚持长期利益原则，防止追求短期利益的行为。

综上所述，我国企业现阶段理财目标较为理想的选择，是在提高经济效益的总思路下，以履行社会责任为前提，谋求权益资本利润率的满意值。

（三）企业价值最大化

企业价值通俗地说是企业本身值多少钱。在对企业评价时，着重的不是企业已经获得的利润水平，而是企业潜在的获利能力。可见，所谓"企业价值"应是相当于企业"资产负债表"左方的资产的价值。而所谓"股东财富"，顾名思义应是相当于企业"资产负债表"右方的所有者权益的价值。应该说，企业价值同股东财富在性质上和数额上都是有差别的。但是，不少论著却把两者混同起来了。为了便于研究问题，我们应当把企业价值最大化同股东财富最大化区别开来。

企业价值最大化目标有三种计量办法：

（1）未来企业报酬贴现值。它是以未来一定期间归属于股东权益的现金流量，按考虑风险报酬率的"资金成本"换算为现值而得到的，由此而得到的"股东投资报酬的现值"是股东财富的具体体现。可以通过以下公式进行计算：

$$V = \sum_{t=1}^{n} FCF_t \frac{1}{(1+i)^t}$$

式中　V——企业价值；

　　　t——取得报酬的具体年份；

　　FCF_t——第 t 年的企业报酬，通常用净现金流量来表示；

　　　i——与企业风险相适应的贴现率；

　　　n——取得报酬的持续年份，在持续经营的条件下，n 为无穷大。

以未来企业报酬贴现值作为理财目标，在可操作性上存在着难以克服的缺陷：①企业的未来报酬以及按此报酬折算出来的企业资产价值，都是针对企业整体而言的，资产价值中也包括由债务资本形成的资产。因此，如果企业本年资产价值较上年增长，并不一定能说明企业经济效益的提高（例如企业增加负债，提高资产负债率，相应地增加了企业资产的价值）。②公式中两个基本要素：未来各年的企业报酬和与企业风险相适应的贴现率是很难预计的，预计中可能出现较大的误差，因而很难作为对各部门要求的目标和考核的依据。③企业价值的目标值是通过预测方法来确定的，对企业进行考评时，其实际值却无法按公式的要求来取得，如果照旧采用预测方法确定，则实际与目标的对比毫无意义，业绩评价就很难进行。

（2）资产评估值。从方法的角度来看，企业也可以通过资产评估的程序来取得企业资产的价值。由专业资产评估师所进行的评估，有一套科学的方法、法定的程序，评估结果比较符合资产的市场价值。但是，资产评估通常是在企业经营方式变更、资产流动、产权转移时采用，在企业日常管理、业绩评价中采用则费时费事，事实上也很难行得通。

（3）企业债务与股票的价值。一般认为企业的价值是其资产负债表左方全部价值，包括企业的债券（债务）的现值和股票的现值，其中债券的价值包括面值和利息的现值，股票的价值是未来收益的现值。

可见，企业价值最大化是通过经营者的经营管理，采用最优的财务政策（如资本结构决策和股利政策等），在考虑货币时间价值和风险的情况下，不断增加企业的财富，使企业的总价值达到最大。以企业价值最大化作为财务管理的目标，其优点与股东财富最大化相类似，其基本估价思想也一致。

现代企业理论中的利益相关理论认为，公司的目标应满足各利益相关者的不同需求和利益。因此，企业的目标应该是追求企业的内在价值和长期价值。企业价值最大化目标，不仅考虑了股东的利益，还考虑了债权人、经理层、企业员工等利益主体的利益。

以企业价值最大化为目标的最大困难，就是企业价值的估价方法问题。目前虽然理论上有一些常用的价值评估方法，但对于用什么方法，折现因子和估价时期如何确定等问题，都还没有一个统一的标准或结论。

三、影响财务管理目标实现的因素

财务管理的目标是企业价值或股东财富的最大化，股票价格代表了股东财富，因此股价高低反映了财务管理目标的实现程度。

公司股价受外部环境和管理决策两方面因素的影响。外部环境的影响在本章第五节论述，这里先讲述企业管理当局可以控制的因素。

从公司管理当局可控制的因素看，股价的高低取决于企业的报酬率和风险，而企业的报酬率和风险，又是由企业的投资项目、资本结构和股利政策决定的。因此，这五个因素影响企业的价值。财务管理正是通过投资决策、筹资决策和股利决策来提高报酬率、降低风险，实现其目标的。

（一）投资报酬率

在风险相同的情况下，提高投资报酬率可以增加股东财富。虽然利润总额可以反映公司盈利的高低，但是利润总额不能反映股东的财富。例如企业为增加利润，拟扩大规模，增发普通股，如果预计盈利增加比例低于股票发行增加比例，此时，股东的每股收益不但不会增加，反而还会下降。由此可见，股东财富的大小要看投资报酬率，而不是利润总额。

（二）风险

任何决策都是面向未来的，并且会有或多或少的风险。决策时需要权衡风险和报酬，才能获得较好的结果。不能仅考虑每股盈余，不考虑风险，风险与可望得到的额外报酬相称时，方案才是可取的。

（三）投资项目

投资项目是决定报酬率和风险的首要因素。一般说来，被企业采纳的投资项目，应该能够增加报酬，否则企业就没有必要为它投资。与此同时，任何项目都有风险，区别只在于风险大小不同。因此，企业的投资计划会改变其报酬率和风险，并影响股票的价格。

（四）资本结构

资本结构会影响报酬率和风险。资本结构是指所有者权益与负债的比例关系。一般情况下，当借债的利息率低于其投资的预期报酬率时，公司可以通过借债提高预期每股盈余，但同时也会扩大预期每股盈余的风险。因为一旦情况发生变化，如销售萎缩等，实际的报酬率低于利率，则负债不但没有提高每股盈余，反而使每股盈余减少，企业甚至可能因不能按期支付本息而破产。资本结构安排不当是公司破产的一个重要原因。

（五）股利政策

股利政策也是影响报酬率和风险的重要因素。股利政策决定了公司赚得的盈余中，有多少作为股利发放给股东，有多少保留下来以备再投资之用，以便使未来的盈余源泉得以维持。股东既希望分红，又希望每股盈余不断增长。前者是当前利益，后者是长远利益，两者有矛盾。加大保留盈余，会提高未来的报酬率，但再投资的风险比立即分红要大。因此，股利政策会影响报酬率和风险。

四、实现财务管理目标中利益关系的协调

现代企业的一个重要特征，就是所有权与经营权的分离，由此就产生了委托代理关系。委托代理关系是指某人或某些人（称为委托人）为将责任委托给他人（称为代理人），雇佣他或他们而形成的关系。委托人和代理人的权利与义务均在双方认可的契约关系中加以明确。当委托人赋予某个代理人一定的权利，比如使用一种资源的权利时，一种代理关系就建立起来了。代理人受契约（正式与非正式的）制约，代表着委托人的利益，并相应获取某种形式的报酬。当委托人与代理人的利益目标不一致时，就产生了所谓的代理问题。

在现实经济中，股东与经营者、股东与债权人、公司与社会的关系就是委托代理关系。

（一）所有者与经营者

在所有权和经营权分离以后，企业所有者总是期望股东财富最大化，要求经营者尽最大努力去实现权益资本满意值这一目标，而执行日常管理职能的经营者具体行为的目标则与之不同，他们主要是追求物质报酬和非物质的待遇，较少的劳动时间和较低的劳动强度，避免工作中的风险，宁可实现中等收益，而不愿为企业争取更高的收益而自己付出较多的代价。从某种意义上说，经营者所得到的利益，正是所有者所放弃的利益。在西方把这种由所有者转移给经营者的利益称为支付给经营者的享受成本。经营者期望在提高权益资本利润率、增加股东财富的同时，能更多地增加享受成本；而所有者则期望支付较少的享受成本，实现较高的权益资本利润率。这就是所有者和经营者在追求各自目标方面存在的矛盾。在处理这种矛盾当中，如果所有者过分强调自身的利益，则难以调动经营者的积极性，甚至抑制了他们的聪明才智；而经营者如果不顾大局，也会背离所有者的利益。这种背离主要有两种情况：①消极运作。经营者为了自己的利益，不尽最大努力去提高企业的经济效益。他们认为，为提高权益资本利润率而冒风险是不值得的。企业利润率提高了，好处将归于所有者，但若遭受亏损，则自己在名誉上和经济上都将发生损失。因而有的人但求无过，不思进取，不积极努力去争取可能到手的效益。消极运作只是道德问题，并不构成法律责任、行政责任，所有者也很难追究他们的直接责任。②逆向运作。经营者为了自己的利益，不惜明显地损害所有者的利益。例如装修豪华的办公室、会议室，购置高档汽车、办公用具，以工作需要为借口请客送礼，有的甚至故意压低本公司股票价格，以个人名义购回公司股票，导致股东财富受损，自己从中渔利。

为了解决所有者与经营者在实现理财目标上存在的矛盾，应当建立激励和制约这两种机制。

（1）建立激励机制。在企业拥有较充分的自主权以后，经营者对于企业的谋划作用日益重要。对于企业家这种人力资源的价值应该予以充分的重视，在待遇上要给予足够的回报。要利用激励机制消除其地位上的不安全感和利益上的不平衡感，促使经营者自觉采取提高企业经济效益的措施，并吸引和留住卓有成效的企业家。通常可采用以下激励方式：①适当延长经营者任期。优秀者可以连任，有的还可成为"终生员工"，促使经营者为企业的长远利益而奋斗。②实行年薪制。使经营者的报酬同企业一定期间的绩效直接挂起钩来。③实行"绩效股"，在股份制企业中，可用权益资本利润率、每股利润等指标来评价经营的业绩，视业绩大小给予适当数量的股票作为报酬。如果公司的绩效未能达到规定的目标，经营者就要部分甚至全部丧失原先持有的"绩效股"。

（2）建立约束机制。经营者背离所有者的理财目标，其条件是双方的信息不一致，经营者了解的信息比所有者既多且早，因而容易出现"内部人控制"的现象。为了解决这一矛盾，就要加强对经营者的监督，并采取必要的制约措施。①实行经营状况公开。利用财务报告、厂报、快报等多种形式，及时向所有者和劳动者通报企业经营情况，包括经营决策、物资供应、产品营销、人事安排、收入分配、财务状况、业务招待费开支、福利待遇等情况，使企业的重大经济活动置于所有者和劳动者监督之下。②实行对经理厂长定期审计制度。由股东会（股东大会）委托监事会，对经理、厂长进行年末和中期的审计，揭示企业投资方案、筹资方案、经营计划、财务预算的执行情况、利润分配情况、管理费用开支情况、会计信息提供的真实性等。如发现经营者行为损害企业的利益，要立即予以纠正。③实行严格的奖惩制度。经营者不认真履行职责，给企业造成经济损失时，股东会（股东大会）和监事会应依照奖惩制度采取制裁措施，如降低浮动工资、降低年薪标准、处以罚款、降级使用直至解聘。

（二）所有者与债权人

企业向债权人借入资金以后，两者之间形成一种委托代理关系。债权人把资金借给企业，意在到期收回本金，并获得约定的利息收入；而企业借款则是为了扩大经营，投入有风险的生产经营项目，两者的目标并不一致。

债权人事先知道借出资金是有风险的，并把这种风险的应得报酬计入利息率，在确定利息率时通常要考虑企业现有资产的风险和新增资产的风险，企业现有的负债比率和预期未来的资本结构。但是，资金借出后，债权人就失去了对资金的控制权，所有者可以通过经营者为了谋求自身利益而损害债权人的利益。这样，在实现企业理财目标上所有者与债权人就发生了矛盾。主要有两种情况：①所有者不经债权人同意，把借款投资于比债权人预期风险高的其他项目。如果高风险的投资计划侥幸成功，超额的利润归所有者享有；如果计划不幸失败，债权人与股东将共同承担由此造成的损失，一旦企业破产，破产财产不足以偿债，债权人将无法收回本利。②股东为了提高公司的益权资本利润率，不征得原有债权人同意，要求经营者发行新债，致使旧债券的价值下降，原有债权人蒙受损失（因为发行新债以后企业负债比率提高，企业破产的可能性增大，万一破产，旧债权人要同新债权人共同分配破产后的财产，因而旧债券风险增加、价值降低）。

为了协调所有者与债权人之间的利益冲突，企业经营者在谋求股东财富的同时，必须公平对待债权人，遵守债务契约的条款和精神。企业经营者应积极与债权人沟通情况，向债权人公布企业举债规模和债券资金的使用情况；如需发行新债或改变原有债务资金的用途，应及时向债权人说明情况和原因，争取他们的谅解与合作，必要时在经济上予以补偿。当债权人在借款合同中加入"限制性条款"（如规定债券资金的用途、限制新债的发行等）时，要争取与债权人共同协商，妥善解决。

（三）企业与社会

企业的目标和社会的目标在许多方面是一致的。企业在追求自己的目标时，自然会使社会受益。例如，企业为了生存，必须要生产出符合顾客需要的产品，满足社会的需求；企业为了发展，要扩大规模，自然会增加职工人数，解决社会的就业问题；企业为了获利，必须提高劳动生产率，改进产品质量，改善服务，从而提高社会生产效率和公众的生活质量。

企业的目标和社会的目标也有不一致的地方。例如，企业为了获利，可能生产伪劣产品，可能不顾工人的健康和利益，可能造成环境污染，可能损害其他企业的利益等。

股东只是社会的一部分人，他们在谋求自己利益的时候，不应当损害他人的利益。为此，国家颁布了一系列保护公众利益的法律，一般说来，企业只要依法经营，在谋求自己利益的同时就会使公众受益。但是，法律不可能解决所有问题，况且目前我国的法制尚不健全，企业有可能在合法的情况下从事不利于社会的事情。因此，企业还要受到商业道德的约束，要接受政府有关部门的行政监督，以及社会公众的舆论监督，进一步协调企业和社会的矛盾，促进构建和谐社会。

第三节　财务管理的原则

财务管理的原则是企业组织财务活动、处理财务关系的准则，它是从企业财务管理的实践经验中总结出来的、体现理财活动规律性的行为规范，是对财务管理的基本要求。

一、资金合理配置原则

企业财务管理是对企业全部资金的管理，而资金运用的结果则形成企业各种各样的物质资源。所谓资金合理配置，就是要通过资金活动的组织和调节，来保证各项物质资源具有最优化的结构比例关系。

企业物质资源的配置情况是资金运用的结果，同时它又是通过资金结构表现出来的。从一定时点的静态来看，企业有各种各样的资金结构。在资金占用方面，有对外投资和对内投资的构成比例，有固定资产和流动资产的构成比例，有有形资产和无形资产的构成比例，有货币性资金和非货币性资金的构成比例，有材料、在产品、产成品的构成比例等。在资金来源方面，有负债资金和自有资金的构成比例，有长期负债和短期负债的构成比例等。按照系统论的观点，组成系统的各个要素的构成比例，是决定一个系统功能状况的最基本的条件。系统的组成要素之间存在着一定的内在联系，系统的结构一旦形成就会对环境产生整体效应，或是有效地改变环境，或是产生不利的影响。在财务活动这个系统中也是如此，资金配置合理，资源构成比例适当，就能保证生产经营活动顺畅运行，并由此取得最佳的经济效益；否则就会危及购、产、销活动的协调，甚至影响企业的兴衰。因此，资金合理配置是企业持续、高效经营的必不可少的条件。

综上所述，只有把企业的资金按合理的比例配置在生产经营的各个阶段上，才能保证生产经营活动的顺畅运行。如果企业库存产品长期积压、应收账款不能收回，又未采取有力的调节措施，则生产经营必然发生困难；如果企业不优先保证内部业务的资金需要，而把资金大量用于对外长期投资，则企业主营业务的开拓和发展必然受到影响。通过合理运用资金实现企业资源的优化配置，从财务管理来看就是合理安排企业各种资金结构问题。企业进行资本结构决策、投资组合决策、存货管理决策、收益分配比例决策等都必须贯彻这一原则。

二、收支积极平衡原则

在财务管理中，不仅要保持各种资金存量的协调平衡，而且要经常关注资金流量的动态协调平衡。所谓收支积极平衡，就是要求资金收支不仅在一定期间总量上求得平衡，而且在每个时点上协调平衡。资金收支在每个时点上的平衡性，是资金循环过程得以周而复始进行的前提条件。

资金收支的平衡，归根到底取决于购、产、销活动的平衡。只有坚持生产和流通的统一，使企业的购产销三个环节互相衔接，保持平衡，企业资金的周转才能正常进行，并取得应有的经济效益。

资金收支平衡不能采用消极的办法来实现，而要采用积极的办法解决收支中存在的矛盾。要做到收支平衡，首先要开源节流，增收节支。节支指节约不必要的费用，而对那些在创收上有决定作用的支出则必须全力保证；增收指增加那些能带来较高经济效益的营业收入，至于采取拼设备、拼人力，不惜工本、不顾质量而一味追求暂时收入的做法则是不可取的。其次，在发达的金融市场条件下，还应当通过短期筹资和投资来调剂资金的余缺。在一定时期内，资金入不敷出时，应及时采取借款、发行短期债券等方式融通资金；而当资金收入比较充裕时，则可适时归还债务，进行短期证券投资。总之，在组织资金收支平衡问题上，既要量入为出，根据现有的财力来安排各项开支，又要量出为入，对于关键性的生产经营支出要开辟财源积极予以支持。这样，才能取得理想的经济效益。收支积极平衡原则不仅适用于现金收支计划的编制，它对于证券投资决策、筹资决策等也都有重要的指导意义。

三、成本效益原则

在企业财务管理中，既要关心资金的存量和流量，更要关心资金的增量。企业资金的增量即资金的增值额，是由营业利润或投资收益形成的。因此，对于形成资金增量的成本与收益这两方面的因素必须认真进行分析和权衡。成本效益原则，就是要对经济活动中的所费与所得进行分析比较，对经济行为的得失进行衡量，使成本与收益得到最优的结合，以求获取最多的盈利。

讲求经济效益，要求以最少的劳动占用和劳动消耗，创造出最多和好的劳动成果，以满足社会不断增长的物质和文化生活需要。在社会主义市场经济条件下，这种劳动占用、劳动消耗和劳动成果的计算和比较，是通过以货币表现的财务指标来进行的。从总体上来看，劳动占用和劳动消耗的货币表现是资金占用和成本费用，劳动成果的货币表现是营业收入和利润。所以，实行成本效益原则，能够提高企业经济效益，使投资者权益最大化，它是由企业的理财目标决定的。

进行各方面的财务决策，都应当按成本效益原则做出周密的分析。企业在筹资活动中，有资金成本率和息税前资金利润率的对比分析问题；在投资决策中，有投资额与各期投资收益额的对比分析问题；在日常经营活动中，有营业成本与营业收入的对比分析问题；其他如劳务供应、设备修理、材料采购、人员培训等，无不有经济得失的对比分析问题。企业的一切成本、费用的发生，最终都是为了取得收益，都可以联系相应的收益进行比较。成本效益原则作为一种价值判断原则，在财务管理中具有广泛的应用价值。

四、收益风险均衡原则

在市场经济的激烈竞争中不可避免地要遇到风险。财务活动中的风险是指获得预期财务成果的不确定性。企业要想获得收益，就不能回避风险，可以说风险中包含收益，挑战中存在机遇。企业进行财务管理不能只顾追求收益，不考虑发生损失的可能。收益风险均衡原则，要求企业对每一项财务活动，全面分析其收益性和安全性，按照收益和风险适当均衡的要求进行决策，在实践中趋利避害，提高收益。

在财务活动中，低风险只能获得低收益，高风险则往往可能得到高收益。例如，在流动资产管理方面，持有较多的现金可以提高企业偿债能力、减少债务风险，但是银行存款的利息很低，而库存现金则完全没有收益；在筹资方面，发行债券与发行股票相比，由于利息率固定且利息可在成本费用中列支，对企业留用利润影响较小，可以提高自有资金的利润率，但是企业要按期还本付息，需承担较大的风险。无论是对投资者还是对受资者来说，都要求收益与风险相适应，风险越大，则要求的收益也越高。但不同的经营者对风险的态度有所不同，有人宁愿收益稳妥一些，而不愿冒较大的风险，有人则甘愿冒较大的风险，以便利用机遇谋求巨额利润。无论市场的状况是繁荣还是衰落，无论人们的心理状态是稳健还是进取，都应当对决策项目的风险和收益做出全面的分析和权衡，以便选择最有利的方案，特别要注意把风险大、收益高的项目，同风险小、收益低的项目，适当地搭配起来，分散风险，使风险与收益平衡，做到既降低风险，又能得到较高的收益，还要尽可能回避风险，化风险为机遇，在危机中找对策，以提高企业的经济效益。

五、分级分权管理原则

在规模较大的现代化企业中，对财务活动必须实行分级分权管理。所谓分级分权管理，就是在企业管理部门统一领导的前提下，合理安排各级单位和各职能部门的权责关系，充分调动各级各部门的积极性。统一领导下的分级分权管理，是民主集中制在财务管理中的具体运用。

以工业企业为例，企业通常分为厂部、车间、班组等三级，厂部和车间设立若干职能机构或职能人员。在财务管理上实行统一领导、分级分权管理，就是要按照管理物资同管理资金相结合、使用资金同管理资金相结合、管理责任同管理权限相结合的要求，合理安排企业内部各单位在资金、成本、收入等管理上的权责关系。厂部是企业行政工作的指挥中心，企业财务管理的主要权力集中在厂部。同时，要对车间、班组、仓库、生活福利等单位给予一定的权限，建立财务分级管理责任制。企业的各项财务指标要逐级分解落实到各级单位，各单位要核算其直接费用、资金占用等财务指标，定期进行考核，对经济效益好的单位给予物质奖励。财务部门是组织和推动全厂财务管理工作的主管部门，而供产销等部门则直接负责组织各项生产经营活动，使用各项资金和物资，发生各项生产耗费，参与创造和实现生产成果。要在加强财务部门集中管理的同时，实行各职能部门的分权管理。按其业务范围规定财务管理的职责和权限，核定指标，定期进行考核。这样，就可以调动各级各部门管理财务活动的积极性。

统一领导下的分级分权管理，要求专业管理和群众管理相结合。企业财务部门是专职财务管理部门，而供产销等部门的管理则带有群众管理的性质。通常在厂部、车间两级设有专职财务人员，而在班组、仓库则由广大工人直接参加财务管理。统一领导下的分级分权管理，从某种意义来说，也就是在财务管理中实行民主管理。

六、利益关系协调原则

企业财务管理要组织资金的活动，必然同各方面的经济利益有非常密切的联系。实行利益关系协调原则，就是在财务管理中利用经济手段协调国家、投资者、债权人、购销客户、经营者、劳动者企业内部各部门各单位的经济利益关系，维护有关各方的合法权益。有关各方利益关系的协调，是理财目标顺利实现的必不可少的条件。

企业内部和外部经济利益的调整在很大程度上都是通过财务活动来实现的，企业对投资者要做到资本保全，并合理安排红利分配与盈余公积提取的关系，在各种投资者之间合理分配红利；对债权人要按期还本付息；企业与企业之间要实行等价交换原则，并且通过折扣罚金、赔款等形式来促使各方认真履行经济合同，维护各方的物质利益；在企业内部，管理部门对于生产经营效益好的部门、下级单位，给予必要的物质奖励，并且运用各种结算手段划清各单位的经济责任和经济利益；在企业同职工之间，实行按劳分配原则，把职工的收入和劳动成果联系起来。所有这些都要通过财务管理来实现，在财务管理中，应当正确运用价格、股利、利息、奖金、罚款等经济手段，启动激励机制和约束机制，合理补偿，奖优罚劣，处理好各方面的经济利益关系，以保障企业生产经营顺利、高效地运行。处理各种经济利益关系，要遵守国家法律，认真执行政策，保障有关各方应得的利益，防止搞优质不优价、同股不同利之类的不正当做法。

在经济生活中，个人利益和集体利益、局部利益和全局利益、眼前利益和长远利益也会发生矛盾，而这些矛盾不可能完全靠经济利益的调节来解决，在处理物质利益关系的时候，一定要加强思想政治工作，提倡照顾全局利益，防止本位主义、极端个人主义。

第四节 财务管理的方法

财务管理的方法是企业组织财务活动，处理财务关系的业务手段。它由一系列相互联系的财务管理环节所构成。财务管理环节是指财务管理工作的各个阶段，它包括财务管理的各种业务手段。财务管理的基本环节有财务预测、财务决策、财务计划、财务控制、财务分析。这些管理环节互相配合，紧密联系，形成周而复始的财务管理循环过程，构成完整的财务管理工作体系。

一、财务预测

财务预测是根据财务活动的历史资料，考虑现实的要求和条件，对企业未来的财务活动和财务成果做出科学的预计和测算，以便把握未来，明确方向。财务预测的作用在于：测算各项生产经营方案的经济效益，为决策提供可靠的依据；预计财务收支的发展变化情况，以确定经营目标；测定各项定额和标准，为编制计划、分解计划指标服务。财务预测也是财务决策的必要前提。

二、财务决策

财务决策是根据企业经营战略的要求和国家宏观经济政策的要求，从提高企业经济效益的理财目标出发，在若干个可以选择的财务活动方案中，选择一个最优方案的过程。在财务活动预期方案只有一个时，决定是否采用这个方案也属于决策问题。在市场经济条件下，财务管理的核心是财务决策。在财务预测基础上所进行的财务决策，是编制财务计划、进行财务控制的基础。决策的成功是最大的成功，决策的失误是最大的失误，决策关系着企业的成败兴衰。

三、财务计划

财务计划工作指运用科学的技术手段和数学方法，对目标进行综合平衡，制订主要计划指标，拟定增产节约措施，协调各项计划指标。它是落实企业奋斗目标和保证措施的必要环节。财务计划是以财务决策确定的方案和财务预测提供的信息为基础来编制的，它是财务预测和财务决策的具体化、系统化，又是控制财务收支活动、分析生产经营成果的依据。

企业财务计划主要包括资金筹集计划、固定资产投资和折旧计划、流动资产占用和周转计划、对外投资计划、利润和利润分配计划。除了各项计划表格以外，还要附列财务计划说明书。

四、财务控制

财务控制是在生产经营活动的过程中，以计划任务和各项定额为依据，对资金的收入、支出、占用、耗费进行日常的核算，利用特定手段对企业财务活动进行调节，以便实现计划规定的财务目标的过程，财务控制是落实计划任务、保证计划实现的有效措施。

五、财务分析

财务分析是以核算资料为主要依据，对企业财务活动的过程和结果进行评价和剖析的一项工作。借助于财务分析，可以掌握各项财务计划指标的完成情况，有利于改善财务预测、决策、计划工作；还可以总结经验，研究和掌握企业财务活动的规律性，不断改进财务管理。企业财务人员要通过财务分析提高业务工作水平，搞好业务工作。

第五节　财务管理的环境

企业的财务管理环境又称理财环境，是指对企业财务活动产生影响作用的企业外部条件。财务管理环境是企业财务决策难以改变的外部约束条件，企业财务决策更多的是适应它们的要求和变化。财务管理的环境涉及的范围很广，其中最重要的是法律环境、金融市场环境和经济环境。

一、法律环境

财务管理的法律环境是指企业与外部发生经济关系时所应遵守的各种法律、法规和规章。企业在其经营活动中，要和国家、其他企业或社会组织、企业职工或其他公民，以及国外的经济组织或个人发生经济关系。国家管理这些经济活动和经济关系的手段包括行政手段、经济手段和法律手段三种。在市场经济条件下，行政手段逐步减少，而经济手段、法律手段日益增多。特别是法律手段，越来越多的经济关系和经济活动的准则用法律的形式固定下来。同时，众多的经济手段和必要的行政手段的使用，也必须逐步做到有法可依，从而转化为法律手段的具体形式，真正实现国民经济管理的法制化。

企业的理财活动，无论是筹资、投资还是利润分配，都要和企业外部发生经济关系。在处理这些经济关系时，应当遵守有关的法律规范。

影响企业经营和财务活动的法律环境，涉及企业经营管理的各个方面。按企业的行为类型，可大致分为如下几类：①企业组织方面的法律法规。②税收征管方面的法律法规。③公司上市交易与信息披露方面的法律及监管。④会计核算与财务管理方面的法律法规。⑤规范企业各种交易行为的法律法规。⑥企业应遵守的其他法律法规。

二、金融市场环境

广义的金融市场，是指一切资本流动的场所，包括实物资本和货币资本的流动。广义金融市场的交易对象包括货币借贷、票据承兑和贴现、有价证券的买卖、黄金和外汇买卖、办理国内外保险、生产资料的产权交换等。狭义的金融市场主要指以票据和有价证券为交易对象的金融市场。一般金融市场指狭义的金融市场。

（一）金融市场的分类

（1）按交易的期限划分为短期资金市场和长期资金市场。短期资金市场是指期限不超过一年的资金交易市场，因为短期有价证券易于变成货币或作为货币使用，所以也称货币市场。长期资金市场是指期限在一年以上的股票和债券交易市场，因为发行股票和债券主要用于固定资产等资本货物的购置，所以也称资本市场。

（2）按交割的时间划分为现货市场和期货市场。现货市场是指买卖双方成交后，当场或几天之内买方付款、卖方交出证券的交易市场。期货市场是指买卖双方成交后，在双方约定的未来某一特定的时日才交割的交易市场。

（3）按交易的性质分为发行市场和流通市场。发行市场是指从事新证券和票据等金融工具买卖的转让市场，也称初级市场或一级市场。流通市场是指从事已上市的旧证券或票据等金融工具买卖的转让市场，也称次级市场或二级市场。

（4）按交易的直接对象分为同业拆借市场、国债市场、企业债券市场、股票市场、金融期货市场等。

（二）金融市场对财务管理的影响

企业的生存和发展与金融市场息息相关。金融市场对企业财务管理的影响主要体现在：

（1）提供企业筹资和投资的场所。金融市场能够为资本所有者提供多种投资渠道，为资本需求者提供多种可供选择的筹资方式。

（2）促进企业资本灵活转换，保持企业的流动性。企业可以通过金融市场上的各种交易活动实现其资本的相互转换，如资本在时间上、空间上、数量上的相互转换。这种多方式的相互转换能够调剂企业的资金供求，保持其流动性。

（3）引导企业资金流向，提高资本利用效率。金融市场通过利率的变化，调节人们的投资预期收益率，进而调节企业的资金流向，使资本在不同企业间、不同地区间、不同部门间充分、合理流动，实现社会资源的优化配置。

（4）为企业财务管理提供有用的决策信息。企业在进行投资、筹资决策时，可充分利用金融市场中的各种信息，如股市行情、市场利率、宏观经济政策、行业景气情况、物价水平、市场需求、企业经营状况、盈利水平、成长性与发展前景等信息，这些信息对企业的投融资决策具有重要价值。

三、经济环境

这里所说的经济环境是指企业进行财务活动的宏观经济状况。

（一）经济发展状况

经济发展的速度对企业理财有重大影响。近几年，我国经济增长比较快。企业为了跟上这种发展并在其行业中维持它的地位，至少要有同样的增长速度。企业要相应增加厂房、机器、存货、工人、专业人员等。这种增长需要大规模地筹集资金，需要借入巨额款项或增发股票。

经济发展的波动，即有时繁荣有时衰退，对企业理财有极大影响。这种波动，最先影响的是企业销售额。销售额下降会阻碍企业现金的流转，例如，产品积压不能变现，需要筹资以维持运营。销售增加会引起企业经营失调，例如，存货枯竭，需筹资以扩大经营规模。财务人员对这种波动要有所准备，筹措并分配足够的资金，用以调整生产经营。

（二）通货膨胀

通货膨胀不仅对消费者不利，也给企业理财带来很大困难。企业面对通货膨胀，为了实现期望的报酬率，必须加强收入和成本管理。同时，使用套期保值等办法减少损失，如提前购买设备和存货、买进现货、卖出期货等。

（三）利息率波动

银行贷款利率的波动，以及与此相关的股票和债券价格的波动，既给企业机会，也是对企业的挑战。

在为过剩资金选择投资方案时，利用这种机会可以获得营业以外的额外收益。例如，在购入长期债券后，由于市场利率下降，按固定利率计息的债券价格上涨，企业可以出售债券获得较预期更多的现金流入。当然，如果出现相反的情况，企业会蒙受损失。

在选择筹资来源时，情况与此类似。在预期利率将持续上升时，以当前较低的利率发行长期债券，可以节省资本成本。当然，如果后来事实上利率下降了，企业要承担比市场利率更高的资本成本。

（四）政府的经济政策

我国政府具有较强的调控宏观经济的职能，国民经济的发展规划、国家的产业政策、经济体制改革的措施、政府的行政法规等，对企业的财务活动都有重大影响。

国家对某些地区、行业、经济行为的优惠、鼓励和倾斜构成政府政策的主要内容。从反面来看，政府政策也是对另外一些地区、行业和经济行为的限制。企业在财务决策时，要认真研究政府政策，按照政策导向行事，才能扬长避短。

问题的复杂性在于政府政策会因经济状况的变化而调整。企业在财务决策时为这种变化留有余地，甚至预见其变化的趋势，对企业理财大有好处。

（五）竞争

竞争广泛存在于市场经济之中，任何企业都不可回避。企业之间、各产品之间、现有产品和新产品之间的竞争，涉及设备、技术、人才、营销、管理等各个方面。竞争能促使企业用更好的方法来生产更好的产品，对经济发展起推动作用。但对企业来说，竞争既是机会，也是威胁。为了改善竞争地位，企业往往需要大规模投资，成功之后企业盈利增加，但若投资失败则竞争地位更为不利。竞争是"商业战争"，检验企业的综合实力，经济增长、通货膨胀和利率波动带来的财务问题，以及企业的相应对策都会在竞争中体现出来。

【案例】

三鹿三聚氰胺毒奶粉事件

事件起因：2008 年 9 月 8 日甘肃岷县 14 名婴儿同时患有肾结石病症，引起外界关注。至 2008 年 9 月 11 日甘肃全省共发现 59 例肾结石患儿，部分患儿已发展为肾功能不全，同时死亡 1 人，这些婴儿均食用了三鹿 18 元左右价位的奶粉。而且人们发现两个月来，中国多省已相继有类似事件发生。中国卫生部高度怀疑三鹿牌婴幼儿配方奶粉受到三聚氰胺污染，三聚氰胺是一种化工原料，可以提高蛋白质检测值，人如果长期摄入会导致人体泌尿系统膀胱、肾产生结石，并可诱发膀胱癌。

2008 年 9 月 11 日上午 10 点 40 分，新民网连线三鹿集团传媒部，该部负责人表示，无证据显示这些婴儿是因为吃了三鹿奶粉而致病。据称三鹿集团委托甘肃省质量技术监督局对三鹿奶粉进行了检验，结果显示各项标准符合国家的质量标准。不过事后甘肃省质量技术监督局召开新闻发布会，声明该局从未接受过三鹿集团的委托检验。很快在同一天的晚上，三鹿集团承认经公司自检发现 2008 年 8 月 6 日前出厂的部分批次三鹿婴幼儿奶粉曾受到过三聚氰胺的污染，市场上大约有 700 吨，同时发布产品召回声明。

截至 2008 年 9 月 21 日，因使用婴幼儿奶粉而接受门诊治疗咨询且已康复的婴幼儿累计 39965 人，正在住院的有 12892 人，此前已治愈出院 1579 人，死亡 4 人，另截至 2008 年 9 月 25 日，中国香港有 5 人、澳门有 1 人确诊患病。事件引起各国的高度关注和对乳制品安全的担忧。中国国家质检总局公布对国内的乳制品厂家生产的婴幼儿奶粉的三聚氰胺检验报告后，事件迅速恶化，包括伊利、蒙牛、光明、圣元及雅士利在内的 22 个厂家 69 批次产品中都检出三聚氰胺。该事件重创了中国制造商品信誉，多个国家禁止了中国乳制品进口。

事件背景：2000 年后，因为我国经济的迅速发展，乳制品市场转变成一个很大的市场，且因消费群体巨大，更可划分为高、中、低三个消费层次。为了调节大陆市场供应与需求，除了从海外的日本、新西兰等国进口将近 30 万吨乳制品以应付高中消费层次外，中国大陆绝大多数消费群体，包括婴幼儿，还是以我国自主生产的产品为主。在此因素下，知名品牌三鹿顺势推出一袋18元人民币（约3美金），不到进口奶粉一半价格的婴幼儿配方奶粉，以应付大规模的奶业市场，之后成为大陆重要且知名婴幼儿奶粉品牌，多年蝉联中国大陆自制乳品市场的首位。不过因为需求甚殷，价格竞争等因素，公司与政府均漠视生产流程及质量控管，终于暴露弊端漏洞。虽然经相关单位调查后，我国大陆检察机构认为该污染事件应由乳品收购站负主要责任，并严惩相关当事人。不过，也有人质疑，该毒奶粉事件起因是三鹿集团抢夺大陆农村市场，为降低成本偷工减料所衍生出来的。

事件爆发后，多个国家和地区开始全面或部分禁止中国奶制品及相关产品（糖果、咖啡和巧克力等）的销售或进口，包括加拿大、英国、意大利、法国、俄罗斯、日本、马来西亚、越南、印度、印尼、不丹、缅甸、马尔代夫、科特迪瓦、尼泊尔、巴布亚新几内亚、苏里南、多哥、加纳、菲律宾、孟加拉国、文莱、新加坡、坦桑尼亚、加蓬和布隆迪等。欧盟也宣布，已全面禁止含牛奶成分的中国制婴儿产品进口。

事件进一步升级后，中国奶制品行业在网络抽样分析中，民众的信心指数降至最低点。不少大陆民众人心惶惶，许多人不敢吃大陆厂家奶制品，外国奶粉销量开始上升，甚至到金门或马祖购买台湾奶制品，或是到香港购买奶粉，情况宛如阜阳劣质奶粉事件。

该事件也殃及三鹿牌原产地河北省一带奶农，生意明显大不如前，许多奶农由于生产的牛奶卖不出去，只好忍痛倒掉。也有部分奶农表示他们的产品没有问题，问题是出在收购的公司。为保护奶农权益，中国农业部要求各级农业部门督促乳品企业切实履行收购生乳协议，减少奶农的经济损失。

资料来源：百度网

思 考 题

1. 简述企业财务活动的内容。
2. 简述企业财务关系包括的内容。
3. 简述企业财务管理的原则。
4. 简述企业财务管理的概念、内容、特点。
5. 简述企业财务管理的目标。
6. 简述企业财务管理的环境。

第二章　财务管理基础

第一节　资金时间价值

一、资金时间价值的概念

资金时间价值是指一定量的资金在不同时点上具有不同的价值。例如，今天我们将 100 元钱存入银行，若银行的年利率是 10％，一年以后的今天，我们将得到 110 元。其中的 100 元是本金，10 元是利息，这个利息就是资金的时间价值。所以，在不考虑风险因素和通货膨胀的条件下，只要将货币进行有目的的投资，就会产生资金的时间价值，它会随时间的推移而发生增值。

对于资金存在时间价值这一客观现象，西方经济学家一般将其与消费心理因素联系在一起。他们认为，投资者进行投资必然推迟消费，对投资者推迟消费应该予以回报，其回报的量与推迟的时间呈正比。因此，资金时间价值是资金所有者推迟现实的消费而要求得到的按推迟时间长短计算的报酬。这种解释有一定道理，但没有揭示资金时间价值的实质和来源。

马克思的劳动价值论认为，一切价值都是劳动创造的，资金之所以具有时间价值，根源就在于资金在再生产过程中的运动和转化，是资金所有者让渡资金所有权而参与社会财富分配的一种形式。在发达的商品经济条件下，资本流通的公式是 $G—W—G$，如果处于两端的货币量完全相等，投资行为就没有实际意义。因此，资本流通的结果不仅要保持原有的价值，而且要争取更多的价值增值。资本流通的这个基本性质，决定了以价值增值为特征的资本运动无止境。因此，准确的资本流通公式是 $G—W—G'$，其中，$G'=G+\Delta G$，即原来预付的货币额 G 再加上一个增值的货币额 ΔG。所以资金时间价值的真正来源是工人创造的剩余价值的一部分。在《资本论》中，马克思精辟地论述了剩余价值是如何转化为利润，利润又如何转化为平均利润的过程，揭示了在没有风险和通货膨胀的情况下，投资于不同行业的资金会获得大体相当的投资报酬率或社会平均资金利润率。因此在确定资金时间价值时，应以社会平均资金利润率或者平均资金报酬率为基础。当然，在现实生活中，投资都或多或少地带有风险，而且不能排除通货膨胀的影响因素。因此，投资报酬率或资金利润率除包含时间价值以外，还包括风险报酬率和通货膨胀补偿率，但在计算资金时间价值时，这两部分内容不包括在内。马克思不仅揭示了资金时间价值量的性质，还指明了时间价值应按复利方法计算。他认为，在利润不断资本化的条件下，资本的积累要用复利的方法计算，资本呈几何级数增长。

综上所述，资金时间价值是指一定量的资金在不同时点上价值量的差额。资金时间价值具有两种表现形式：一是绝对数，即时间价值额，是资金在生产经营过程中产生的增值额；另一种是相对数，即时间价值率，是扣除风险报酬率和通货膨胀率后的平均资金利润率，在财务管理实务中，习惯使用相对数字来表示资金的时间价值。需要说明的是，银行存款利率、贷款利率、各种债券利率、股票的股利率都可以看作是投资报酬率，它们与时间价值都是有区别的，只有在没有通货膨胀和没有风险的情况下，时间价值才与上述各报酬率相等。

为了便于说清问题，一般在讲述资金时间价值的计算时都采用抽象分析法，即假设没有风险和通货膨胀，以利息率代表时间价值，本书也是以此假设为基础的。

明确资金时间价值的概念具有非常重要的意义。任何企业的财务管理活动都是在特定的时期内进行的，离开了资金时间价值因素，就无法正确计算不同时期的财务收支，也无法正确评价投资活动的盈亏。我国过去曾长期忽视资金时间价值理论的运用，资金使用效率低下，给经济工作带来许多危害。比如，国拨资金无偿使用；企业争投资、争设备，许多固定资产闲置，材料物资大量积压，流动资金占用过多；不少项目建设工期长，资金回收慢，投资效果差。我国实行改革开放以来，社会主义市场经济广泛发展，逐步开放了各种资金市场，包括建立以国家银行为主的各种形式的金融机构，以银行信用为主、实行商业信用、国家信用和消费信用等多种信用方式，运用债券、股票、本票、商业汇票等多种信用工具，货币借贷关系普遍存在。而商品经济的高度发展和借贷关系的普遍存在正是资金时间价值产生的前提和基础。由此可见，我国不仅有资金时间价值存在的客观基础，而且有充分运用它的紧迫性。把资金时间价值引入财务管理，在资金筹集、运用和分配等各方面将其考虑进去，是提高财务管理水平，搞好筹资、投资、分配决策的有效保证。因此，掌握资金时间价值的有关计算就显得尤为重要。

二、一次性收付款项的终值与现值

在某一特定时点上一次性支付（或收取），经过一段时间后再相应地一次性收取（或支付）的款项，即为一次性收付款项。这种性质的款项在日常生活中十分常见。比如存入银行一笔现金 100 元，年利率为复利 10%，经过三年后一次性取出本利和 133.10 元，这里所涉及的收付款项就属于一次性收付款项。

终值又称将来值，是现在一定量现金在未来某一时点上的价值，俗称本利和。上述 3 年后的本利和 133.10 元即为终值。

现值又称本金，是指未来某一时点上的一定量现金折合为现在的价值。上述 3 年后的 133.10 元折合为现在的价值为 100 元，这 100 元即为现值。

终值与现值的计算涉及利息计算方式的选择。目前有两种利息计算方式，即单利和复利。单利方式下，每期都按初始本金计算利息，当期利息即使不取出也不计入下期本金，计算基础不变。复利方式下，以当期末本利和为计算基础计算下期利息，即利上加利。现代财务管理中一般用复利方式计算终值与现值，这是由于利息也参与资金运动并产生增值，用复利的计算方法更加科学。因此一次性收付款的现值和终值有时也称为复利现值和复利终值。

（一）单利的终值和现值

为便于同后面介绍的复利计算方式相比较，加深对复利的理解，这里先介绍单利的有关计算。为计算方便，先设定如下符号标识：I 为利息；P 为现值；F 为终值；i 为每一利息期的利率（折现率）；n 为计算利息的期数。

按照单利的计算法则，利息的计算公式为

$$I = P \cdot i \cdot n$$

【例 1】 某人持有一张带息商业票据，面额为 1000 元，票面利率 5%，出票日期为 5 月 1 日，到期为 7 月 30 日（90 天）。则该持有者到期可得利息为

$$I = 1000 \times 5\% \times 90/360 = 12.5(元)$$

除非特别指明，在计算利息时，给出的利率均为年利率，对于不足一年的利息，以一年

等于 360 天来折算。

单利终值的计算公式如下

$$F = P + P \cdot i \cdot n = P(1 + i \cdot n)$$

单利现值的计算同单利终值的计算是互逆的，由终值计算现值的过程称为折现。单利现值的计算公式为

$$P = F/(1 + i \cdot n)$$

【例 2】　某人希望在 5 年后取得本利和 2000 元，用以支付一笔款项，则在利率为 5%、单利方式计算条件下，此人现在需存入银行的资金为

$$P = 2000/(1 + 5 \times 5\%) = 1600(元)$$

（二）复利的终值和现值

1. 复利的终值（已知现值 P，求终值 F）

资金时间价值通常是按复利计算的，复利不同于单利，它是指在一定期间（如一年）按一定利率将本金所生利息加入本金再计算利息，即"利滚利"。

复利终值是指一定量的本金按复利计算若干期后的本利和。

【例 3】　某人将 10000 元存放于银行，年存款利率为 6%，则经过一年时间的本利和为

$$F = P + P \cdot i = P \cdot (1 + i) = 10000 \times (1 + 6\%) = 10600(元)$$

如此人并不提走现金，将 10600 元继续存在银行，则第二年本利和为

$$F = P \cdot (1 + i) \cdot (1 + i) = P \cdot (1 + i)^2 = 10600 \times (1 + 6\%)^2 = 11236(元)$$

同理，第三年的本利和为

$$F = P \cdot (1 + i)^2 \cdot (1 + i) = P \cdot (1 + i)^3 = 1000 \times (1 + 6\%)^3 = 11910.16(元)$$

第 n 年的本利和为

$$F = P \cdot (1 + i)^n$$

式中 $(1 + i)^n$ 通常称作"一次性收付款项终值系数"，简称"复利终值系数"，用符号 $(F/P, i, n)$ 表示。如本例 $(F/P, 6\%, 3)$ 表示利率为 6%、3 期复利终值的系数。复利终值系数可以通过查阅"1 元复利终值表"直接获得。

"1 元复利终值表"（参见表 A1）的第一行是利率 i，第一列是计息期数 n，相应的 $(1 + i)^n$ 在其纵横相交处。通过该表可查出，$(F/P, 6\%, 3) = 1.191$，即在利率为 6% 的情况下，现在的 1 元和 3 年后的 1.191 元在经济上是等效的，根据这个系数可以把现值换算成终值。

2. 复利的现值（已知终值 F，求现值 P）

复利现值相当于原始本金，它是指今后某一特定时间收到或付出的一笔款项，按折现率 (i) 所计算的现在时点的价值。其计算公式为

$$P = F \cdot (1 + i)^{-n}$$

式中 $(1 + i)^{-n}$ 通常称作"一次性收付款项现值系数"，记作 $(P/F, i, n)$，可以直接查阅"1 元复利现值表"（参见表 A2）。上式也可写作 $P = F (P/F, i, n)$。

【例 4】　某投资项目预计 5 年后可获得收益 100 万元，按投资报酬率 10% 计算，则现在应投资多少？

$$P = F \cdot (1 + i)^{-n} = F \cdot (P/F, i, n)$$
$$= 100 \times (1 + 10\%)^{-5} = 100 \times (P/F, 10\%, 5)$$
$$= 100 \times 0.6209 = 62.09(万元)$$

三、普通年金的终值与现值

上面介绍了一次性收付款项，除此之外，在现实经济生活中，还存在一定时期内，在相等的时间间隔内发生多次收付的款项，即系列收付款项，如果每次收付的金额相等，则这样的系列收付款项便称为年金。简言之，年金是指一定时期内每次等额收付的系列款项，通常记作 A。值得注意的是，年金并未强调时间间隔为一年。

年金的形式多种多样，如保险费、养老金、折旧、租金、等额分期收款、等额分期付款以及零存整取或整存零取储蓄等，都存在年金问题。

年金按其每次收付发生的时点不同，可分为普通年金、即付年金、递延年金、永续年金等几种。

（一）普通年金终值的计算（已知年金 A，求年金终值 F）

普通年金是指从第一期起，在一定时期内每期期末等额发生的系列收付款项，又称后付年金。

如果年金相当于零存整取储蓄存款的零存数，那么年金终值就是零存整取的整取数，年金终值的计算公式为

$$F = A \cdot (1+i)^0 + A \cdot (1+i)^1 + A \cdot (1+i)^2 + \cdots A \cdot (1+i)^{n-2} + A \cdot (1+i)^{n-1}$$

整理上式，可得到

$$F = A \cdot \frac{(1+i)^n - 1}{i}$$

式中的分式称作"年金终值系数"，记为 $(F/A, i, n)$，可通过直接查阅"1元年金终值表"（参见表 A3）求得有关数值。上式也可写作 $F = A \cdot (F/A, i, n)$。

【例5】 假设某人在 5 年内每年年末在银行存款 100 万元，存款年利率为 10%，则 5 年后应从银行取出的本利和为

$$F = 100 \times \frac{(1+10\%)^5 - 1}{10\%} = 100 \times (F/A, 10\%, 5) = 100 \times 6.1051 = 610.51（万元）$$

（二）年偿债基金的计算（已知年金终值 F，求年金 A）

偿债基金是指为了在约定的未来某一时点清偿某笔债务或积聚一定数额的资金而必须分次等额形成的存款准备金。由于每次形成的等额准备金类似年金存款，因而同样可以获得按复利计算的利息，所以债务总额实际上等于年金终值，每年提取的偿债基金等于年金 A。也就是说，偿债基金的计算实际上是年金终值的逆运算。其计算公式为

$$A = F \cdot \frac{i}{(1+i)^n - 1}$$

式中的分式称作"偿债基金系数"，记为 $(A/F, i, n)$，可直接查阅"偿债基金系数表"或通过年金终值系数的倒数推算出来。上式也可写作

$$A = F \cdot (A/F, i, n)$$

或

$$A = F \cdot [1/(F/A, i, n)]$$

【例6】 假设某企业有一笔 4 年后到期的借款，到期值为 1000 万元。若存款复利率为 10%，则为偿还该项借款应建立的偿债基金应为

$$A = 1000 \times \frac{10\%}{(1+10\%)^4 - 1} = 1000 \times 0.2154 = 215.4（万元）$$

或

$$A = 1000 \times [1/(F/A, 10\%, 4)] = 1000 \times (1/4.6410) = 215.4（万元）$$

（三）普通年金现值的计算（已知年金 A，求年金现值 P）

年金现值是指一定时期内每期期末等额收付款项的复利现值之和。年金现值的计算公式为

$$P = A \cdot (1+i)^{-1} + A \cdot (1+i)^{-2} + \cdots + A \cdot (1+i)^{-(n-1)} + A \cdot (1+i)^{-n}$$

整理上式，可得到

$$P = A \cdot \frac{1-(1+i)^{-n}}{i}$$

式中的分式称作"年金现值系数"，记为 $(P/A, i, n)$，可通过直接查阅"1元年金现值表"（参见表 A4）求得有关数值。上式也可以写作 $P = A \cdot (P/A, i, n)$。

【例7】 某企业租入一项设备，每年年末需要支付租金 100 万元，年复利率为 10%，则 5 年内应支付的租金总额的现值为

$$P = 100 \times \frac{1-(1+10\%)^{-5}}{10\%} = 100 \times (P/A, 10\%, 5) = 100 \times 3.7908 = 379.08(万元)$$

（四）年资本回收额的计算（已知年金现值 P，求年金 A）

资本回收是指在给定的年限内等额回收初始投入资本或清偿所欠债务的价值指标。年资本回收额的计算是年金现值的逆运算，其计算公式为

$$A = P \cdot \frac{i}{1-(1+i)^{-n}}$$

式中的分式称作"资本回收系数"，记为 $(A/P, i, n)$，可直接查阅"资本回收系数表"或利用年金现值系数的倒数求得。

上式也可写作

$$A = P \cdot (A/P, i, n) \text{ 或 } A = P \cdot [1/(P/A, i, n)]$$

【例8】 某企业现在借得 1000 万元的贷款，在 10 年内以年利率为 12% 等额偿还，则每年应付的金额为

$$A = 1000 \times \frac{12\%}{1-(1+12\%)^{-10}} = 1000 \times 0.1770 = 177(万元)$$

或　　　　$$A = 1000 \times [1/(P/A, 12\%, 10)] = 1000 \times (1/5.6502) \approx 177(万元)$$

四、即付年金的终值与现值

即付年金是指从第一期起，在一定时期内每期期初等额收付的系列款项，又称先付年金。它与普通年金的区别仅在于付款时间的不同。

n 期即付年金与 n 期普通年金的关系如图 2-1 所示。

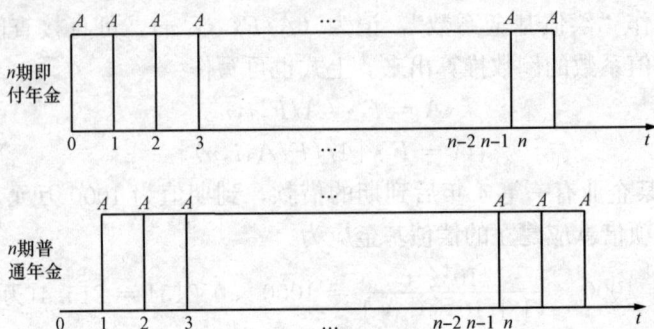

图 2-1　即付年金与普通年金示意图

（一）即付年金终值的计算

即付年金的终值是其最后一期期末时的本利和，是各期收付款项的复利终值之和。

从图 2-1 可以看出，n 期即付年金与 n 期普通年金的付款次数相同，但由于其付款时间不同，n 期即付年金终值比 n 期普通年金的终值多计算一期利息。因此，在 n 期普通年金终值的基础上乘上 $(1+i)$ 就是 n 期即付年金的终值。其计算公式为

$$F = A \cdot \frac{(1+i)^n - 1}{i} \cdot (1+i) = A \cdot \left[\frac{(1+i)^{n+1} - 1}{i} - 1 \right]$$

式中方括号内的内容称作"即付年金终值系数"，它是在普通年金终值系数的基础上，期数加 1，系数值减 1 所得的结果。通常记为 $[(F/A, i, n+1) - 1]$。这样，通过查阅"一元年金终值表"得到 $(n+1)$ 期的值，然后减去 1 便可得对应的即付年金系数的值。这时可用如下公式计算即付年金的终值：

$$F = A \cdot [(F/A, i, n+1) - 1]$$

【例 9】 某公司决定连续 5 年于每年年初存入 100000 元作为职工奖励基金，银行存款利率为 10%，则该公司在第 5 年年末能一次取出本利和为

$$F = A \cdot (F/A, i, n) \cdot (1+i)$$
$$= 10 \times (F/A, 10\%, 5) \times (1 + 10\%)$$
$$= 10 \times 6.1051 \times 1.10 = 671561(元)$$
$$F = A \cdot [(F/A, i, n+1) - 1]$$
$$= 10 \times [(F/A, 10\%, 6) - 1]$$
$$= 10 \times (7.7156 - 1) = 671561(元)$$

（二）即付年金现值的计算

如前所述，n 期即付年金现值与 n 期普通年金现值的期限相同，但由于其付款时间不同，n 期即付年金现值比 n 期普通年金现值少折现一期。因此，在 n 期普通年金现值的基础上乘以 $(1+i)$，便可求出 n 期即付年金的现值。其计算公式为

$$P = A \cdot \left[\frac{1 - (1+i)^{-n}}{i} \right] \cdot (1+i) = A \cdot \left[\frac{1 - (1+i)^{-(n-1)}}{i} + 1 \right]$$

式中方括号内的内容称作"即付年金现值系数"，它是在普通年金系数的基础上，期数减 1，系数加 1 所得的结果。通常记为 $[(P/A, i, n-1) + 1]$。这样，通过查阅"一元年金现值表"得 $(n-1)$ 期的值，然后加 1，便可得出对应的即付年金现值系数的值。这时可用如下公式计算即付年金的现值：

$$P = A \cdot [(P/A, i, n-1) + 1]$$

五、递延年金与永续年金现值的计算

（一）递延年金现值的计算

递延年金是指第一次收付款发生时间与第一期无关，而是隔若干期（假设为 s 期，$s \geq 1$）后才开始发生的系列等额收付款项。它是普通年金的特殊形式，凡不是从第一期开始的年金都是递延年金。递延年金与普通年金的关系可分别如图 2-2 和图 2-3 所示。

递延年金的现值可按以下公式计算：

$$P = A \cdot \left[\frac{1 - (1+i)^{-n}}{i} - \frac{1 - (1+i)^{-s}}{i} \right] \tag{2-1}$$
$$= A \cdot [(P/A, i, n) - (P/A, i, s)]$$

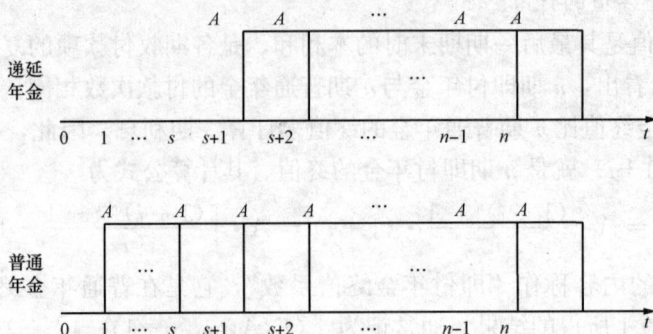

图 2-2　递延年金与普通年金关系示意图（一）

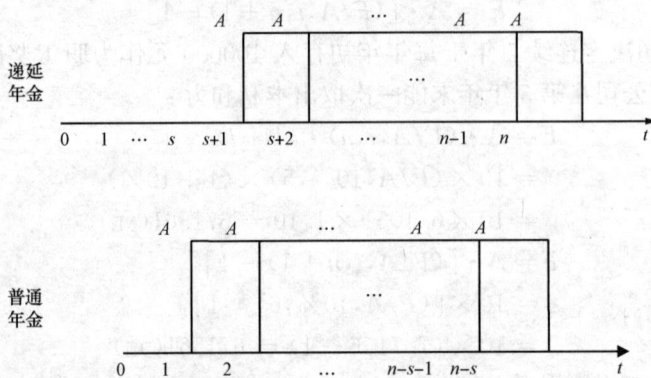

图 2-3　递延年金与普通年金关系示意图（二）

或

$$P = A \cdot \frac{1-(1+i)^{-(n-s)}}{i} \cdot (1+i)^{-s}$$

$$= A \cdot (P/A, i, n-s) \cdot (P/F, i, s)$$

(2-2)

式（2-1）是先计算出 n 期的普通年金现值，然后减去前 s 期的普通年金现值，即得递延年金的现值；式（2-2）是先将此递延年金视为（$n-s$）期普通年金，求出在第 s 期的现值，然后再折算为第零期的现值。

【例10】　某人在年初存入一笔资金，存满 5 年后从第 6 年年末起每年年末取出 1000 元，至第 10 年年末取完，银行存款利率为 10%，则此人应在最初一次存入银行的钱数为

$P = A \cdot [(P/A, 10\%, 10) - (P/A, 10\%, 5)] = 1000 \times (6.1446 - 3.7908) \approx 2354$（元）

或　$P = A \cdot [(P/A, 10\%, 5) \cdot (P/F, 10\%, 5)] = 1000 \times 3.7908 \times 0.6209 \approx 2354$（元）

（二）永续年金现值的计算

永续年金现值是指无限期等额收付的特种年金，可视为普通年金的特殊形式，即期限趋于无穷的普通年金。例如，可将投资报酬率较稳定，持有期限较长的股票投资视作永续年金。

由于永续年金持续期无限，没有终止的时间，因此没有终值，只有现值。通过普通年金现值计算可推导出永续年金现值的计算公式为

$$P = A \cdot \sum_{t=1}^{\infty} \frac{1}{(1+i)^t} = \frac{A}{i}$$

【例11】 某人持有的某公司优先股，每年每股股利为 2 元，若此人想长期拥有，在回报率为 10％的情况下，请对该项股票投资进行估价。

这是一个求永续年金现值的问题，即假设该优先股每年股利固定且持续较长时期，计算出这些股利的现值之和，即为该股票的估价。

$$P = A/i = 2/10\% = 20(元)$$

六、折现率、期间和利率的推算

（一）折现率（利息率）的推算

对于一次性收付款项，根据其复利终值（或现值）的计算公式可得折现率的计算公式为

$$i = (F/P)^{1/n} - 1$$

因此，若已知 F、P、n，不用查表便可直接计算出一次性收付款项的折现率（利息率）i。永续年金折现率（利息率）i 的计算也很方便。若 P、A 已知，则根据公式 $P = A/i$，即得 i 的计算公式 $i = A/P$。

普通年金折现率（利息率）的推算比较复杂，无法直接套用公式，而必须利用有关的系数表，有时还会涉及内插法的运用。以下着重对此加以介绍。

根据普通年金终值 F、年金现值 P 的计算公式可推算出年金终值系数 $(F/A, i, n)$ 和年金现值系数 $(P/A, i, n)$ 的算式为

$$(F/A, i, n) = F/A$$
$$(P/A, i, n) = P/A$$

根据已知的 F、A 和 n，可求出 F/A 的值。通过查年金终值系数表，有可能在表中找到等于 F/A 的系数值，只要读出该系数所在列的 i 值，即为所求的 i。

同理，根据已知的 P、A 和 n，可求出 P/A 的值。通过查年金终值系数表，可求出 i 值。

【例12】 某公司于第一年年初借款 20000 元，每年年末还本付息额均为 4000 元，连续 9 年还清。问借款利率为多少？

根据题意，已知 $P = 20000$，$A = 4000$，$n = 9$，则

$$(P/A, i, 9) = P/A = 20000/4000 = 5$$

查 $n = 9$ 的普通年金现值系数表。在 $n = 9$ 一行上无法找到恰好为 $\alpha(\alpha = 5)$ 的系数值，于是在该行上找大于和小于的临界系数值，分别为 $\beta_1 = 5.3282 > 5$，$\beta_2 = 4.9464 < 5$。同时读出临界利率为 $i_1 = 12\%$，$i_2 = 14\%$。则

$$i = i_1 + \frac{\beta_1 - \alpha}{\beta_1 - \beta_2} \cdot (i_2 - i_1) = 12\% + \frac{5.3282 - 5}{5.3282 - 4.9464} \times (14\% - 12\%) \approx 13.72\%$$

（二）期间的推算

期间 n 的推算，其原理和步骤同折现率（利息率）i 的推算相类似。

现以普通年金为例，说明在 P、A 和 i 已知的情况下，推算期间 n 的基本步骤。

（1）计算出 P/A 的值，设其为 α。

（2）查普通年金现值系数表。沿着已知 i 所在的列纵向查找，若能找到恰好等于 α 的系数值，则该系数所在行的 n 值即为所求的期间值。

（3）若找不到恰好为 α 的系数值，则在该列查找最为接近 α 值的上下临界系数 β_1、β_2 以及对应的临界期间 n_1、n_2，然后应用内插法求 n，公式为

$$n = n_1 + \frac{\beta_1 - \alpha}{\beta_1 - \beta_2} \cdot (n_2 - n_1)$$

【例 13】 某企业拟购买一台新设备，更换目前的旧设备。新设备价格较旧设备高出 2000 元，但每年可节约成本 500 元。若利率为 10%，问新设备应至少使用多少年对企业才有利？

依题意，已知 $P=2000$，$A=500$，$i=10\%$，则

$$(P/A,10\%,n) = P/A = 2000/500 = 4$$

查普通年金现值系数表。在 $I=10\%$ 的列上纵向查找，无法找到恰好为 $\alpha(\alpha=4)$ 的系数值，于是查找大于和小于 4 的临界系数值：$\beta_1=4.3553>4$，$\beta_2=3.7908<4$，对应的临界期间为 $n_1=6$，$n_2=5$。则

$$n = n_1 + \frac{\beta_1 - \alpha}{\beta_1 - \beta_2} \cdot (n_2 - n_1) = 6 + \frac{4.3553 - 4}{4.3553 - 3.7908} \times (5 - 6) \approx 5.4（年）$$

（三）名义利率与实际利率的换算

上面讨论的有关计算均假定利率为年利率，每年复利一次。但实际上，复利的计息期间不一定是一年，有可能是季度、月份或日。比如某些债券半年计息一次；有的抵押贷款每月计息一次；银行之间拆借资金均为每天计息一次。当每年复利次数超过一次时，这样的年利率称为名义利率，而每年只复利一次的利率才是实际利率。

对于一年内多次复利的情况，可采用两种方法计算时间价值。

第一种方法是按如下公式将名义利率调整为实际利率，然后按实际利率计算时间价值，即

$$i = (1 + r/m)^m - 1$$

式中　i——实际利率；

　　　r——名义利率；

　　　m——每年复利次数。

【例 14】 某企业于年初存入 10 万元，在年利率为 10%，半年复利一次的情况下，到第 10 年年末，该企业能得到多少本利和？

依题意，$P=10$，$r=10\%$，$m=2$，$n=10$，则

$i = (1 + r/m)^m - 1 = (1 + 10\%/2)^2 - 1 = 10.25\%$

$F = P \cdot (1 + i)^n = 10 \times (1 + 10.25\%)^{10} = 26.53（万元）$

因此，企业于第 10 年年末可得本利和 26.53 万元。

这种方法的缺点是调整后的实际利率往往带有小数点，不利于查表。

第二种方法是不计算实际利率，而是相应调整有关指标，即利率变为 r/m，期数相应变为 $m \cdot n$。

【例 15】 利用【例 14】中有关数据，用第二种方法计算本利和。

$F = P(1 + r/m)^{m \cdot n} = 10 \times (1 + 10\%/2)^{2 \times 10} = 10 \times (F/P,5\%,20) = 26.53（万元）$

第二节　风　险　分　析

财务活动经常是在有风险的情况下进行的。承担风险，就要求得到相应的额外收益。投

资者由于承担风险进行投资而要求的超过资金时间价值的额外收益，就成为投资的风险价值，也称为风险收益或风险报酬。企业理财时，必须研究风险，计量风险并设法控制风险，以求最大限度地扩大企业财富。

一、风险的概念

风险一般是指某一行动的结果具有多样性。在风险存在的情况下，人们只能事先估计到采取某种行动可能导致的结果，以及每种结果出现的可能性，而行动的真正结果究竟会怎样，不能事先确定。

与风险相关的另一个概念是不确定性，即人们事先只知道采取某种行动可能形成的各种结果，但不知道它们出现的概率，或者两者都不知道，而只能做些粗略的估计。例如，企业试制一种新产品，事先只能肯定该种产品会产生试制成功或失败两种可能，但不会知道这两种后果出现可能性的大小。又如购买股票，投资者事实上不可能事先确定可能达到的报酬率及其出现概率的大小。经营决策一般都是在不确定的情况下做出的。西方国家的企业通常对风险和不确定这两个概念不加以区分，把不确定视同风险而加以计量，以便进行定量分析。在实务中，当说到风险时，可能指的是确切意义上的风险，但更可能指的是不确定性的风险，对两者不做区分。

总之，某一行动的结果具有多种可能而不确定，就称有风险；反之，若某一行动的结果很肯定，就称没有风险。从财务管理的角度看，风险就是企业在各项财务活动过程中，由于各种难以预料或无法控制的因素作用，使企业的实际收益与预计收益发生背离的可能性。由于人们普遍具有风险反感心理，因而一提到风险，多数都将其错误地理解为与损失是同一概念。事实上，风险不仅能带来超出预期的损失，呈现其不利的一面，而且还可能带来超出预期的收益，呈现其有利的一面。

二、风险报酬

上节讲述的资金时间价值是投资者在无风险条件下进行投资所要求的报酬率（同时不考虑通货膨胀因素）。这是以确定的报酬率为计算依据的，也就是以肯定能取得的报酬为条件的。但是，企业财务和经营管理活动总是处于或大或小的风险之中，任何经济预测的准确性都是相对的，预测的时间越长，不确定的程度就越高。因此，为了简化决策分析工作，在短期财务决策中一般不考虑风险的因素。而在长期财务决策中，则不得不考虑风险因素，同时需要计量风险程度。

任何投资者宁愿要肯定的某一报酬率，而不愿意要不肯定的同一报酬率，这种现象称为风险反感。在风险反感普遍存在的情况下，诱使投资者进行风险投资的，是超过时间价值的那部分额外报酬，即风险报酬。

风险报酬的表现形式是风险报酬率，就是指投资者因冒风险进行投资而要求的，超过资金时间价值的那部分额外报酬率。

如果不考虑通货膨胀的话，投资者进行风险投资所要求或期望的报酬率便是资金的时间价值（无风险报酬率）与风险报酬率之和，即

期望投资报酬率＝资金时间价值（或无风险报酬率）＋风险报酬率

假如，资金时间价值为 10%，某项投资期望报酬率为 15%，在不考虑通货膨胀的话，该项投资的风险报酬率便是 5%。

三、风险衡量

风险客观存在，广泛影响着企业的财务和经营活动，因此，正视风险并将风险程度予以量化，进行较为准确的衡量，就成为企业财务管理中的一项重要工作。为了有效地做好财务管理工作，就必须弄清不同风险条件下的投资报酬率之间的关系，掌握风险报酬的计算方法。以下分别介绍单项资产的风险报酬和证券组合的风险报酬的计算方法。

（一）单项资产的风险报酬

风险报酬的计算是一个比较复杂的问题，下面结合实例分步加以说明。

1. 确定概率分布

在现实生活中，某一事件在完全相同的条件下可能发生也可能不发生，即可能出现这种结果也有可能出现那种结果，我们称这类事件为随机事件。概率就是用百分数或小数来表示随机事件发生可能性及出现某种结果可能性大小的数值。例如，一个企业的利润有 60% 的机会增加，有 40% 的机会减少。如果把所有可能的事件或结果都列示出来，且每一事件都给予一种概率，把它们列示在一起，便构成了概率分布。上例的概率分布详见表 2-1。

表 2-1   概率分布表

可能出现的结果（i）	概率（P_i）	可能出现的结果（i）	概率（P_i）
利润增加	60%	合计	100%
利润减少	40%		

概率分布必须符合以下两个要求：

(1) 所有的概率 P_i 都在 0 和 1 之间，即 $0 \leqslant P_i \leqslant 1$。

(2) 所有结果的概率之和应等于 1，即 $\sum_{i=1}^{n} P_i = 1$，其中，n 为可能出现的结果个数。

2. 计算期望报酬率

期望报酬率是各种可能的报酬率按其概率进行加权平均得到的报酬率，它是反映集中趋势的一种量度，代表着投资者的合理预期。期望报酬率可按下列公式计算：

$$\overline{K} = \sum_{i=1}^{n} K_i P_i$$

式中 $\overline{K}$ ——期望报酬率；

       K_i ——第 i 种可能结果的报酬率；

       P_i ——第 i 种可能结果的概率；

       n ——可能结果的个数。

【例 16】 甲公司和乙公司股票的报酬率及其概率分布情况详见表 2-2，试计算两家公司的期望报酬率。

表 2-2   甲公司和乙公司股票报酬率的概率分布

经济情况	该种经济情况发生的概率（P_i）	报酬率（K_i）	
		甲公司	乙公司
繁荣	0.20	40%	70%
一般	0.60	20%	20%
衰退	0.20	0%	−30%

根据上述期望报酬率公式分别计算甲公司和乙公司的期望报酬率。

甲公司：

$$\overline{K} = K_1P_1 + K_2P_2 + K_3P_3$$
$$= 40\% \times 0.20 + 20\% \times 0.60 + 0\% \times 0.20$$
$$= 20\%$$

乙公司：

$$\overline{K} = K_1P_1 + K_2P_2 + K_3P_3$$
$$= 70\% \times 0.20 + 20\% \times 0.60 + (-30\%) \times 0.20$$
$$= 20\%$$

两家公司股票的期望报酬率都是20%，但甲公司各种情况下的报酬率比较集中，而乙公司却比较分散，所以甲公司的风险小。这种情况可通过图2-4来说明。

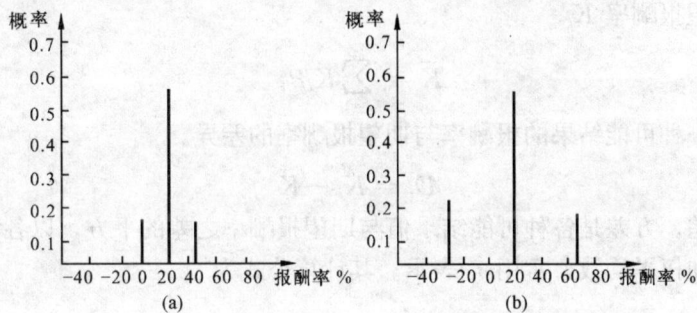

图2-4 甲公司与乙公司报酬率的概率分布图
(a) 甲公司期望报酬率；(b) 乙公司期望报酬率

以上只是假定存在繁荣、一般和衰退三种情况。实践中，经济状况可以在极度衰退和极度繁荣之间发生无数种可能的结果。如果对每一可能的经济情况都给予相应的概率（概率的总和要等于1），并对每一种情况都给予一个报酬率，把它们绘制在直角坐标系中，便可得到连续的概率分布，如图2-5所示。

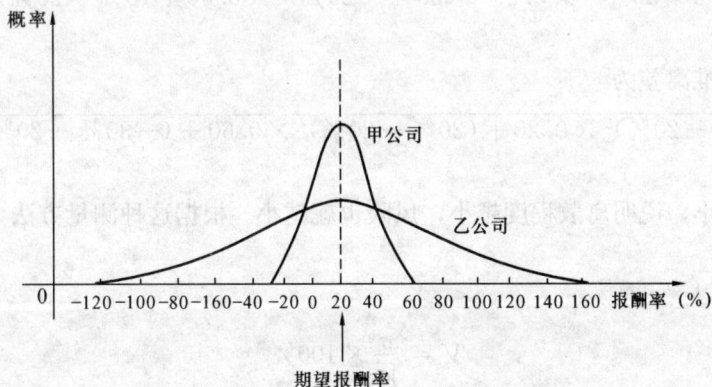

图2-5 甲公司与乙公司报酬率的连续分布图

3. 计算标准离差

标准离差是各种可能的报酬率偏离期望报酬率的综合差异，是反映离散程度的一种指标。标准离差可按下列公式计算

$$\sigma = \sqrt{\sum_{i=1}^{n}(K_i - \bar{K})^2 \cdot P_i}$$

式中　σ——期望报酬率的标准离差；

　　$\bar{K}$——期望报酬率；

　　K_i——第 i 种可能结果的报酬率；

　　P_i——第 i 种可能结果的概率；

　　n——可能结果的个数。

具体来讲，计算标准离差的程序如下：

（1）计算期望报酬率 $\bar{K}$。

$$\bar{K} = \sum_{i=1}^{n}K_i P_i$$

（2）计算每一种可能结果的报酬率与期望报酬率的差异。

$$D_i = K_i - \bar{K}$$

（3）计算方差。方差是各种可能结果值与期望报酬率之差的平方，以各种可能结果的概率为权数计算的加权平均数，常用 σ^2 表示。其计算公式为

$$\sigma^2 = \sum_{i=1}^{n}P_i(K_i - \bar{K})^2$$

（4）计算标准离差，即

$$\sigma = \sqrt{\sum_{i=1}^{n}(K_i - \bar{K})^2 \cdot P_i}$$

将上例中甲公司和乙公司的资料代入上述公式得两家公司的标准离差：

甲公司的标准离差为

$$\sigma = \sqrt{(40\% - 20\%)^2 \times 0.20 + (20\% - 20\%)^2 \times 0.60 + (0\% - 20\%)^2 \times 0.20}$$
$$= 12.65\%$$

乙公司的标准离差为

$$\sigma = \sqrt{(70\% - 20\%)^2 \times 0.20 + (20\% - 20\%)^2 \times 0.60 + (-30\% - 20\%)^2 \times 0.20}$$
$$= 31.62\%$$

标准离差越小，说明离散程度越小，风险也就越小。根据这种测量方法，乙公司的风险要大于甲公司。

4. 计算标准离差率

$$V = \frac{\sigma}{\bar{K}} \times 100\%$$

式中　V——标准离差率；

　　σ——标准离差；

　　$\bar{K}$——期望报酬率。

在【例16】中，甲公司的标准离差率为

$$V = \frac{12.65\%}{20\%} \times 100\% = 63.25\%$$

乙公司的标准离差率为

$$V = \frac{31.62\%}{20\%} \times 100\% = 158.1\%$$

5. 计算风险报酬率

$$R_R = bV$$

式中 R_R——风险报酬率；

b——风险报酬系数；

V——标准离差率。

那么，投资的总报酬率可表示为

$$K = R_F + R_R = R_F + bV$$

式中 K——投资报酬率；

R_F——无风险报酬率。

无风险报酬率就是资金时间价值，西方一般把投资于国库券的报酬率视为无风险报酬率。

风险报酬系数是将标准离差率转化为风险报酬的一种系数，假设甲公司的风险报酬系数为5%，乙公司的风险报酬系数为8%，则两家公司的股票风险报酬率分别为

甲公司 $\qquad R_R = bV = 5\% \times 63.25\% = 3.16\%$

乙公司 $\qquad R_R = bV = 8\% \times 158.1\% = 12.65\%$

如果无风险报酬率为10%，则两家公司股票的投资报酬率应分别为

甲公司 $\qquad K = R_F + bV = 10\% + 5\% \times 63.25\% = 13.16\%$

乙公司 $\qquad K = R_F + bV = 10\% + 8\% \times 158.1\% = 22.65\%$

至于风险报酬系数的确定，有如下几种方法：

(1) 根据以往的同类项目加以确定。风险报酬系数为 b，可以参照以往同类投资项目的历史资料，运用前述有关公式来确定。例如，某企业准备进行一项投资，此类项目含风险报酬率的投资报酬率一般为20%左右，其报酬率的标准离差率为100%，无风险报酬率为10%，则由公式 $K = R_F + bV$ 得

$$b = \frac{K - R_F}{V} = \frac{20\% - 10\%}{100\%} = 10\%$$

(2) 由企业领导或企业组织有关专家确定。以上第一种方法必须在历史资料比较充分的情况下才能采用。如果缺乏历史资料，则可由企业领导，如总经理、财务副总经理、总会计师、财务主任等根据经验加以确定，也可由企业组织有关专家确定。实际上，风险报酬系数的确定，在很大程度上取决于每个公司对风险的态度。比较敢于承担风险的公司，往往把 b 值定得低些；反之，比较稳健的公司，则常常把 b 值定得高些。

(3) 由国家有关部门组织专家确定。国家有关部门如财政部、国家银行等组织专家，根据各行业的条件和有关因素，确定各行业的风险报酬系数，由国家定期公布，作为国家参数供投资者参考。

（二）证券组合的风险报酬

证券组合及证券投资组合，是指投资者在进行证券投资时，不是将所有的资金都投向单一的某种证券，而是有选择地投向一组证券。建立系统科学的证券投资组合，可以帮助投资者全面捕捉获利机会，有效地降低投资风险，因此，必须了解证券组合的风险报酬。

1. 证券组合的风险

证券组合的风险可以分为两种性质完全不同的风险，即可分散风险和不可分散风险，现分述如下：

（1）可分散风险。可分散风险又叫非系统性风险或公司特别风险，是指某些因素对单个证券造成经济损失的可能性，如某公司的一项重大投资计划失败等。这种风险，可通过证券持有的多样化来抵消，即多买几家公司的股票，其中某些公司的股票报酬上升，另一些股票的报酬下降，从而将风险抵消。因而，这种风险称为可分散风险。现举例说明如下。

假设 W 股票和 M 股票构成一证券组合，每种股票在证券组合中各占 50%，它们的报酬率和风险情况详见表 2-3。

表 2-3   完全负相关的两种股票构成的证券组合的收益情况

年（t）	W 股票 $\overline{K}_W(\%)$	M 股票 $\overline{K}_W(\%)$	WM 的组合 $\overline{K} \cdot p(\%)$
2017	40	−10	15
2018	−10	40	15
2019	35	−5	15
2020	−5	35	15
2021	15	15	15
平均报酬率（$\overline{K}$）	15	15	15
标准离差（σ）	22.4	22.6	0.00

从表 2-3 可以看出，如果分别持有两种股票，都有很大风险，但如果把它们组合成一个证券组合，则没有风险。

W 股票和 M 股票之所以能结合起来组成一个无风险的证券组合，是因为它们报酬的变化正好成相反的态势——当 W 股票的报酬下降时，M 股票的报酬上升；反之亦然。我们把股票 W 和 M 叫作完全负相关。这里相关系数 $\gamma = -1.0$。

与完全负相关相反的是完全正相关（$\gamma = +1.0$），两个完全正相关的股票报酬将一起上升或下降，这样的两种股票组成的证券组合不能抵消任何风险。

通过以上分析我们知道，当两种股票完全负相关（$\gamma = -1.0$）时，所有的风险都可以分散掉；当两种股票完全正相关（$\gamma = +1.0$）时，从抵减风险的角度来看，分散持有股票没有好处。实际上，大部分股票都是正相关，但不是完全正相关，一般来说，随机取两种股票相关系数为 +0.6 左右的最多，而对绝大多数两种股票而言，γ 将位于 +0.5 与 +0.7 之间。在这种情况下，把两种股票组合成证券组合能抵减风险，但不能全部消除风险。不过，如果股票种类较多，则能分散掉大部分风险，而当股票种类足够多时，几乎能把所有的非系统风险分散掉。

（2）不可分散风险。不可分散风险又称系统性风险或市场风险，指的是由于某些因素给市场上所有的证券都带来经济损失的可能性，如宏观经济状况的变化、国家税法的变化、国家财政政策和货币政策变化、世界能源状况的改变都会使股票收益发生变动。这些风险影响到所有的证券，因此，不能通过证券组合分散掉。对投资者来说，这种风险是无法消除的，故称不可分散风险。但这种风险对不同的企业也有不同的影响。

不可分散风险的程度，通常用 β 系数来计量。β 系数有多重计算方法，实际计算过程十分复杂，但幸运的是 β 系数一般不需投资者自己计算，而由一些投资服务机构定期计算并公布。

作为整体的证券市场的 β 系数为 1。如果某种股票风险情况与整个证券市场的风险情况一致，则这种股票的 β 系数也等于 1；如果某种股票 β 系数大于 1，说明其风险大于整个市场风险；如果某种股票的 β 系数小于 1，说明其风险小于整个市场的风险。

单种股票 β 系数可以由有关的投资服务机构提供，在此基础上，可计算证券组合的 β 系数。它是单个证券 β 系数的加权平均，权数为各种股票在证券组合中所占的比重。其计算公式为

$$\beta_P = \sum_{i=1}^{n} x_i \beta_i$$

式中 β_P——证券组合的 β 系数；

x_i——证券组合中第 i 种股票所占的比重；

β_i——第 i 种股票的 β 系数；

n——证券组合中股票的数量。

通过以上分析，可得出结论：

（1）一种股票的风险由两部分组成，它们是可分散风险和不可分散风险。这可以用图 2-6 加以说明。

（2）可分散风险可通过证券组合来消减，从图 2-6 中可以看到，可分散风险随证券组合中股票数量的增加而逐渐减少。近几年的资料显示，由一种股票组成的证券组合的标准离差 σ_1 大约为 28%，由所有股票组成的证券组合叫作市场证券组合，其标准离差 σ_m 为 15.1%。这样，如果一个证券组合包含有 40 种股票而且又比较合理，那么大部分可分散风险都能被消除。

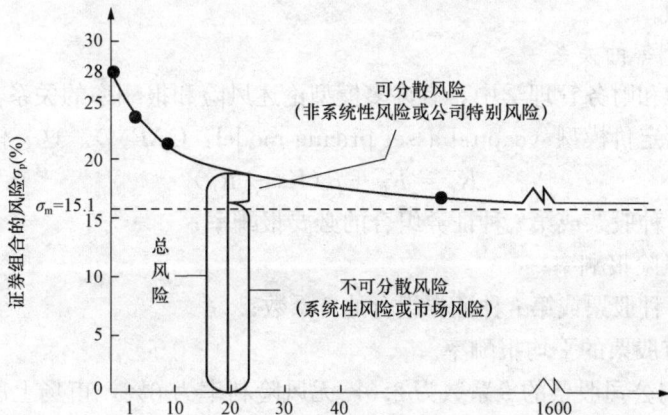

图 2-6 证券风险构成图

（3）股票的不可分散风险由市场变动而产生，它对所有股票都有影响，不能通过证券组合而消除。不可分散风险是通过 β 系数来测量的，一些标准的 β 值如下：

$\beta=0.5$ 说明该股票的风险只有整个市场股票风险的一半。

$\beta=1.0$ 说明该股票的风险等于整个市场股票的风险。

$\beta=2.0$ 说明该股票的风险是整个市场股票风险的 2 倍。

2. 证券组合的风险报酬

投资者进行证券组合投资与进行单项投资一样，都要求对承担的风险进行补偿，股票的风险越大，要求的报酬就越高。但是，与单项投资不同，证券组合投资要求补偿的风险只是不可分散风险，而不要求对可分散风险进行补偿（可分散风险通过证券投资组合可消除）。因此，证券组合的风险报酬是投资者因承担不可分散风险而要求的、超过时间价值的那部分额外报酬。可用下列公式计算：

$$R_P = \beta_P(K_m - R_F)$$

式中　R_P——证券组合的风险报酬率；

　　　β_P——证券组合的 β 系数；

　　　K_m——所有股票的平均报酬率，也就是市场上所有股票组成的证券组合的报酬率，简称市场报酬率；

　　　R_F——无风险报酬率，一般用国库券的利息率来衡量。

【例 17】　科建公司持有由甲、乙、丙在种股票构成的证券组合，它们的 β 系数分别是 2.0、1.0 和 0.5，它们在证券组合中所占的比重分别为 50%、30% 和 20%，股票的市场报酬率为 15%，无风险报酬率为 10%，试确定这种证券组合的风险报酬率。

（1）确定证券组合的 β 系数。

$$\beta_P = \sum_{i=1}^{n} x_i \beta_i = 50\% \times 2.0 + 30\% \times 1.0\% + 20\% \times 0.5 = 1.4$$

（2）计算该证券组合的风险报酬率。

$$R_P = \beta_P(K_m - R_F) = 1.4 \times (15\% - 10\%) = 7\%$$

计算出风险报酬率后，便可根据投资额和风险报酬率计算出风险报酬的数额。

从以上计算可以看出，调整各种证券在证券组合中的比重可改变证券组合的风险、风险报酬和风险报酬额。

3. 风险和报酬率的关系

在西方金融学和财务管理学中，有许多模型论述风险和报酬率的关系，其中一个最重要的模型为资本资产定价模型（capital asset pricing model，CAPM）。这一模型为

$$K_i = R_F + \beta_i(K_m - R_F)$$

式中　K_i——第 i 种股票或第 i 种证券组合的必要报酬率；

　　　R_F——无风险报酬率；

　　　β_i——第 i 种股票或第 i 种证券组合的 β 系数；

　　　K_m——所有股票的平均报酬率。

【例 18】　西门公司股票的 β 系数为 2.0，无风险利率为 6%，市场上所有股票的平均报酬率为 10%，那么，西门公司股票的报酬率应为

$$K_i = R_F + \beta_i(K_m - R_F) = 6\% + 2.0 \times (10\% - 6\%) = 14\%$$

也就是说，西门公司股票的报酬率达到或超过 14％时，投资者方肯进行投资。如果低于 14％，则投资者不会购买西门公司的股票。

资本资产定型通常可用图形加以表示，叫证券市场线（简称 SML）。它说明必要报酬率 K 与不可分散风险 β 系数之间的关系。用图 2-7 加以说明。

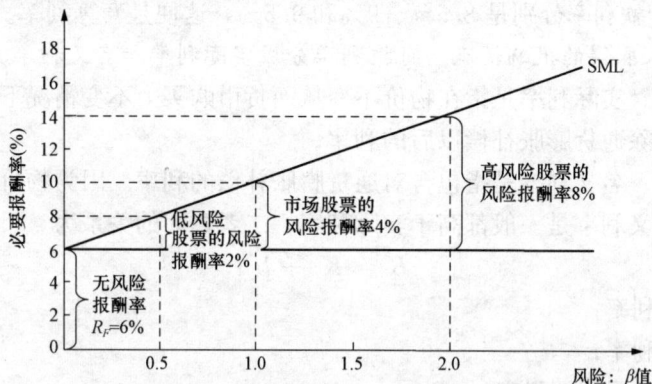

图 2-7 证券报酬与 β 系数的关系

从图 2-7 中可以看到，无风险报酬率为 6％，β 系数不同的投票有不同的风险报酬率，当 $\beta=0.5$ 时，风险报酬率为 2％，当 $\beta=1.0$ 时，风险报酬率为 4％；当 $\beta=2.0$ 时，风险报酬率为 8％。也就是说，β 值越高，要求的风险报酬率也就越高，在无风险报酬率不变的情况下，必要报酬率也就越高。

第三节 利 息 率

一、利息率的概念与种类

利息率简称利率，是衡量资金增值量的基本单位，也就是资金的增值同投入资金的价值之比。从资金流通的借贷关系来看，利率是特定时期运用资金资源的交易价格。资金作为一种特殊的商品在资金市场的买卖，是以利率作为价格标准的。资金的融通实质上是资源通过利率这个价格体系在市场机制作用下实行再分配。因此，利率在资金的分配及财务决策的过程中起重要作用。例如，一个企业拥有投资利润率很高的投资机会，它就可以发行较高利率的证券以吸引资金，投资者把过去投资的利率较低的证券卖掉，来购买这种利率较高的证券，这样，资金将从低利的投资项目不断向高利的投资项目转移。因此，在发达的市场经济条件下，资金从高收益项目到低收益项目依次分配，是由市场机制通过利率的差异来决定的。

几种主要的利率类别。

（一）按利率之间的变动关系，可把利率分成基准利率和套算利率

（1）基准利率。基准利率又称基本利率，是指在多种利率并存的条件下起决定作用的利率。所谓起决定作用的意思是：这种利率变动，其他利率也相应变动。因而，了解基准利率水平的变化趋势，就可以了解全部利率体系的变化趋势。基准利率，在西方通常是中央银行的再贴现率，在中国是中国人民银行对商业银行的贷款利率，目前正在逐步调整为以国债利

率作为基准利率。

（2）套算利率。套算利率是指基准利率确定后，各金融机构根据基准利率和借贷款项的特点而换算出的利率。例如，某金融机构规定，贷款给 AAA 级、AA 级、A 级企业的利率，应分别在基准利率基础上加 0.5%、1% 和 1.5%，若基准利率是 8%，则 AAA 级、AA 级和 A 级企业的贷款利率分别是 8.5%、9% 和 9.5%，这便是套算利率。

（二）按债权人取得的报酬情况，可把利率分成实际利率和名义利率

（1）实际利率。实际利率是指在物价不变从而货币购买力不变情况下的利率，或是指在物价有变化时，扣除通货膨胀补偿以后的利率。

（2）名义利率。名义利率是指包含对通货膨胀补偿的利率。因为物价不断上涨是一种普通的趋势，所以名义利率是一般都高于实际利率，二者之间的关系为

$$K = K_p + IP$$

式中　K——名义利率；

　　K_p——实际利率；

　　IP——预计的通货膨胀率。

在通货膨胀条件下，市场上各种利率都是名义利率，而实际利率却不易直接观察到。通常是利用上述公式，根据名义利率和通货膨胀率推出实际利率。

（三）根据在借贷期内是否不断调整，可把利率分成固定利率与浮动利率

（1）固定利率。固定利率是指在借贷期内固定不变的利率。过去，利率都是指固定利率，因为这种利率对借贷双方确定成本和收益十分方便，但近几十年来，世界各国都存在不同程度的通货膨胀，实行固定利率会使债权人的利益受到损害。

（2）浮动利率。浮动利率是指在借贷期内可以调整的利率。根据借贷双方的协定，由一方在规定的时间依据某种市场利率进行调整。采用浮动利率可为债权人减少损失，但这种利率计算手续繁杂，工作量比较大。

（四）根据利率变动与市场的关系，可把利率分成市场利率和官定利率

（1）市场利率。市场利率是指根据资金市场上的供求关系，随市场规律而自由变动的利率。

（2）官定利率。由政府金融管理部门或者中央银行确定的利率，通常叫官定利率或法定利率。官定利率是国家进行宏观调控的一种手段。

我国的利率属于官定利率，由国务院统一制定，中国人民银行统一管理。发达的市场经济国家，以市场利率为主，同时有官定利率，但一般官定利率与市场利率无显著脱节现象。

（五）根据银行等金融机构存款与贷款业务划分，利率还可分为存款利率和贷款利率

（1）存款利率是存款利息与存款金额之比。存款利率比较统一明了，但因受政府管理当局限制，难以灵活反映资金供求状况。

（2）贷款利率是贷款利息与贷款金额之比，各银行对不同贷款对象采取的贷款利率会不尽相同。贷款利率能较好地反映资金市场供求情况。

二、决定利率高低的基本因素

利率的高低取决于市场平均利润率、借贷资本的供求关系、物价水平、国家金融政策和国际利率水平等因素。

（一）利率受平均利润率的制约

利息来源于企业的利润，是企业利润的一部分，因而利率的高低就必然受社会平均利润率所制约。平均利润率是决定利率的基本因素，是利率的最高限。利率只能在平均利润率和零之间浮动。在制定利率时，要考虑企业的中等利润率水平，要根据平均利润率制定利率。利率水平应随社会生产的平均利润率变化而变化。在其他条件不变的情况下，社会平均利润率越高，利率也就越高；反之，则越低。

（二）利率受资金供求状况制约

在平均利润率一定的情况下，利率受供求关系影响，在平均利润率与零之间上下波动。利率相当于借贷资金的价格。当资金供过于求时，利率就会一直下降到供求平衡为止；当资金供不应求时，利率就会提高。利率水平的高低反映资金供求关系，同时也调节资金供求关系。

（三）利率受物价水平变化的影响

物价变动对利率有重要影响，是利率变动的指标器。物价上涨，货币就会贬值，如果存款的名义利率不变，就可能出现其实际利率低于物价上涨率，实际收入下降，这势必会影响投资增长。因此，当物价上涨时，应适当提高利率水平。利率与物价的变动具有同向运动趋势。

（四）国家经济政策影响利率水平

国家在一定时期制定的经济发展战略，决定和影响着资金的供求状况以及资金的流向。利率政策只是国家整个经济政策的一个组成部分，应当与整个经济政策协调配合，制定利率必须以国家经济政策和经济发展战略作为重要依据。

（五）国际利率水平对国内利率也有重要影响

现代经济的一个重要特征就是世界经济日益国际化、一体化。商品买卖、资金流动和资源配置越具有国际性，国际利率水平对国内影响越大。这种影响是通过资金在国际间流动实现的。不论国内利率水平高于或低于国际利率水平，在资本自由流动的条件下，都会引起国内资金市场供求状况发生变化，因而必然引起国内利率变动。因此，一国政府在调整国内利率水平时必须考虑国际利率水平。否则，国内利率与国际利率就会出现利差，吸引国际流动资本的投机行为，最终给本国经济造成影响，甚至导致经济危机。

三、利率的决定因素

资金的利率是由三部分构成的，即纯利率、通货膨胀补偿和风险报酬。其中风险报酬又包含三个具体内容，即违约风险报酬、流动性风险报酬和期限风险报酬三种。这样，利率的一般计算公式可表达为

$$K = r* + IP + DRP + LRP + MRP$$

式中　K——利率（指名义利率）；

$r*$——纯利率（pure rate of interest）；

IP——通货膨胀溢价（inflation premium）；

DRP——违约风险溢价（default risk premium）；

LRP——流动性风险溢价（liquidity risk premium）；

MRP——期限风险溢价（maturity risk premium）。

现将上述构成利率的五个方面分述如下。

（一）纯利率

纯利率是指没有风险和没有通货膨胀情况下的均衡点利率。影响纯利率的基本因素是资金的供求关系，纯利率随资金供求的变化不断变化。精确地测定纯利率是非常困难的，在实际工作中，通常用无通货膨胀情况下的无风险证券的利率来代表纯利率。

（二）通货膨胀补偿

通货膨胀已成为世界上大多数国家经济发展过程中难以医治的病症。持续的通货膨胀，会不断降低货币的实际购买力，同时，对投资项目的投资报酬率也会产生影响。资金的供应者在通货膨胀情况下，必然要求提高利率水平以补偿其购买力损失，所以无风险证券利率，除纯利率之上还应加上通货膨胀因素，以补偿通货膨胀所受的损失。例如，假设纯利率为4%，预计下一年度的通货膨胀率为5%，则一年无风险证券的利率应为9%。必须指出的是，计入利率的通货膨胀率，并不是过去实际的通货膨胀水平，而是对未来通货膨胀水平的预期值。因此，如果需要预期2年或2年以上的通货膨胀率，则应该取其平均值。例如2014年年底纯利率为4%，2015、2016年及2017年各年的通货膨胀率预计为2%、4%和6%，则3年平均的通货膨胀率即为4%。这样，考虑了预期通货膨胀后的3年无风险证券利率应为8%。

事实上，利率的变化往往不严格地与通货膨胀率的变化同步，而是滞后于通货膨胀率的变化。另外，对通货膨胀的考虑，也未必总是参照上述方法具体计算。但是，利率随着通货膨胀率的上升而上升，是一种规律性现象。

（三）违约风险

违约风险是指借款人无法按时支付利息或偿还本金而给投资人带来的风险。为了弥补违约风险，就必须提高利率，否则，投资人就不愿投资，借款人也就无法获得资金。违约风险反映着借款人按期支付本金、利息的信用程度。借款人如经常不能按期支付本利，说明这个借款人违约风险高。通常，政府债券被视为无违约风险债券，故其利率较低。企业债务的违约风险则取决于由债券发行主体和发行条件决定的债券信用等级。信用等级越高，表明违约风险越低，从而利率也越低。在期限和流动性等因素相同的条件下，各信用等级债券的利率与国家公债利率之间的差额，即可视为违约风险报酬率。

（四）流动性风险报酬

流动性是指某项资产迅速转化为现金的可能性。如果一项资产能迅速转化为现金，说明其变现能力强、流动性好、流动风险小；反之，则说明其变现能力弱、流动性不好、流动性风险大。政府债券、大公司的股票与债券，因为信用好、变现能力强，所以流动性风险小，而一些不知名的中小企业发行的证券，流动风险则较大。一般而言，在其他因素均相同的情况下，流动性风险小与流动性风险大的证券利率差距介于1%～2%之间，这就是所谓的流动性风险报酬。

（五）期限风险报酬

债务到期日越长，债权人承受的不确定因素就越多，承担的风险也就越大。为弥补这种风险而增加的利率水平，就叫期限风险报酬。例如，同时发行的国债，5年期的利率就比3年期的利率高，银行存、贷款利率也一样。因此，长期利率一般要高于短期利率，这便是期限风险报酬。当然，在利率剧烈波动的情况下，也会出现短期利率高于长期利率的情况，但这种偶然情况并不影响上述结论。

综上所述，影响某一特定借款或投资利率的主要有以上五大因素，只要能合理预测上述因素，便能比较合理地测定利率水平。

第四节 成本性态分析

一、成本性态的概念及分类
（一）成本性态的概念

成本性态，又称成本习性，是指成本的变动与业务量（产量或销售量）之间的依存关系。

（二）成本性态的分类

按照成本性态，通常可以把成本区分为固定成本、变动成本和混合成本，见表2-4。

表2-4　　　　　　　　　　　成本性态分类表

类别	细分类	含义	要点阐释
固定成本	约束性固定成本	约束性固定成本是指管理当局的短期（经营）决策行动不能改变其具体数额的固定成本。约束性固定成本，即经营能力成本，是企业为维持一定的业务量所必须负担的最低成本。要想降低约束性固定成本，只能通过合理利用经营能力加以解决，如固定资产折旧费（除了工作量法计提的固定资产折旧）、保险费、房屋租金、管理人员的基本工资等	（1）固定成本的"固定"强调"相关范围内"，即一定业务量范围和一定期间范围。（2）固定成本的"固定"强调特定范围内成本总额不随业务量的增减变化而变化，但单位产品的固定成本随业务量的增减变化而反方向变化
固定成本	酌量性固定成本	酌量性固定成本是指管理当局的短期经营决策行动能改变其数额的固定成本。酌量性固定成本，即经营方针成本，是企业根据经营方针可以加以改变的固定成本，如广告费、研究与开发费、职工培训费等	
变动成本	技术性变动成本	技术性变动成本是指与产量有明确的技术或实物关系的变动成本。这种成本只要生产就必然会发生，若不生产，其技术变动成本便为零	变动成本的"变动"强调"相关范围内"，即一定业务量范围和一定期间范围
变动成本	酌量性变动成本	酌量性变动成本是指通过管理当局的决策行动可以改变的变动成本。这类成本的特点是其单位变动成本的发生额可由企业最高管理层决定	变动成本的"变动"强调特定范围内成本总额随业务量的增减变化而正比例变化，但单位产品的变动成本不随业务量的增减变化而变化
混合成本	半变动成本	半变动成本是指通常有一个初始量，类似于固定成本，在这个初始量的基础上其余部分随业务量的增长而正比例增长，又类似于变动成本。如固定电话座机费等	混合成本就是"混合"了固定成本和变动成本两种不同性质的成本
混合成本	半固定成本	半固定成本也称阶梯式变动成本，是指成本随业务量的变化而呈阶梯式增长，业务量在一定限度内该类成本总额不变，当业务量增长到一定限度后，这种成本就跳跃到一个新的水平，并在新的限度内保持不变，如管理员、运货员、检验员工资	一方面，它们要随业务量的变化而变化；另一方面，它们的变化又不能与业务量的变化保持着纯粹的正比例关系

类别	细分类	含义	要点阐释
混合成本	延期变动成本	延期变动成本，是指在一定业务量范围内，成本总额保持不变，超过特定业务量范围则随业务量的变化而正比例变化，如固定工资加超产量工资	—
	曲线变动成本	曲线变动成本，通常有一个不变的初始量，相当于固定成本，在这个初始量的基础上，随着业务量的增加，成本也逐步变化，但它与业务量的关系是非线性的。曲线成本分为：①递减曲线成本；②递增曲线成本	—

二、混合成本的分解

（一）高低点法

高低点法是根据历史资料中最高业务量和最低业务量及其成本，来推算单位变动成本和固定成本的方法。

$$b = \frac{\text{最高点业务量成本} - \text{最低点业务量成本}}{\text{最高业务量} - \text{最低业务量}} = \frac{\Delta y}{\Delta x}$$

$$a = \text{最高点业务量成本} - b \times \text{最高点业务量}$$

或

$$a = \text{最低点业务量成本} - b \times \text{最低点业务量}$$

高低点法的主要优点是计算较简单，其缺点是只考虑高点和低点两组数据，代表性差，比较粗糙。

【例 19】 某公司 20×2 年机器设备工作小时和维修费用见表 2-5。

表 2-5　　　　　　　　20×2 年机器设备工作小时和维修费用表

月份	业务量 X（机器工作小时）	维修费用 Y（元）	月份	业务量 X（机器工作小时）	维修费用 Y（元）
1	1000	825	7	1200	920
2	1100	870	8	1150	890
3	1300	970	9	1450	1030
4	1050	840	10	1500	1050
5	1400	1020	11	1350	990
6	900	780	12	1250	950

要求：利用高低点法计算维修费用的一般方程式。

$$b = \frac{1050 - 780}{1500 - 900} = 0.45$$

$$a = 1050 - 0.45 \times 1500 = 375$$

$$Y = 375 + 0.45X$$

（二）回归分析法

回归分析法是根据过去一定期间的业务量和混合成本的历史资料，应用最小二乘法原理，计算出最能代表业务量与混合成本关系的回归直线，借以确定混合成本中固定成本和变动成本的方法。

回归分析法考虑了所有的历史数据，其分解结果从理论上讲最为精确，但计算比较复杂。

【例20】 调查某市出租车使用年限 x 年和该年支出维修费用 y 万元，得到数据见表2-6。

表2-6   某市出租车使用年限与支出维修费用调查表

使用年限 x（年）	2	3	4	5	6
维修费用 y（万元）	2.2	3.8	5.5	6.5	7.0

要求：（1）求线性回归方程；

（2）由（1）中结论预测第10年所支出的维修费用。$\left[b = \dfrac{\sum\limits_{i=1}^{n}(x_i - \overline{x})(y_i - \overline{y})}{\sum\limits_{i=1}^{n}(x_i - \overline{x})^2}, a = \right.$

$\left. \overline{y} - b\overline{x} \right]$

解析：（1）列表见表2-7。

表2-7   回归分析计算数据表

i	1	2	3	4	5
x_i	2	3	4	5	6
y_i	2.2	3.8	5.5	6.5	7.0
$x_i y_i$	4.4	11.4	22.0	32.5	42.0
x_i^2	4	9	16	25	36

可得：$\overline{x} = 4, \overline{y} = 5, \sum\limits_{i=1}^{5} x_i^2 = 90, \sum\limits_{i=1}^{5} x_i y_i = 112.3,$

于是

$$b = \frac{\sum\limits_{i=1}^{5} x_i y_i - 5\overline{x}\,\overline{y}}{\sum\limits_{i=1}^{5} x_i^2 - 5\overline{x}^2} = \frac{112.3 - 5 \times 4 \times 5}{90 - 5 \times 4^2} = 1.23, a = \overline{y} - b\overline{x} = 5 - 1.23 \times 4 = 0.08$$

所以线性回归方程为

$$\hat{y} = a + bx = 0.08 + 1.23x$$

（2）$\hat{y} = 0.08 + 1.23 \times 10 = 12.38$（万元），预计第10年需要支出维修费用12.38万元。

思 考 题

1. 资金时间价值的含义。

2. 在现值计算中，常将用以计算现值的利率称为贴现率，如何理解贴现率的含义？

3. 普通年金，即付年金和永续年金的特点及它们在计算上的关系。

4. 理解风险的含义及对财务管理的意义。

5. 什么是系统风险、非系统风险？区分系统风险和非系统风险对于财务管理有何意义？

6. β 系数及其意义是什么？

7. 什么是证券投资组合，建立证券投资组合的目的是什么？

8. 什么是证券市场线？

9. 什么是利息率，如何合理地确定利率水平？

练 习 题

1. 某公司拟购置一项设备，目前有 A、B 两种设备可供选择。A 设备的价格比 B 设备高 50000 元，但每年可节约维修保养费等费用 10000 元。假设 A 设备的经济寿命为 6 年，利率为 8%，该公司在 A、B 两种设备中必须择一的情况下，应选择哪一种设备？

2. 某人现在存入银行一笔现金，计算 5 年后每年年末从银行提取现金 4000 元，连续提取 8 年，在利率为 6% 的情况下，现在应存入银行多少元？

3. 某公司有一项付款业务，有甲乙两种付款方式可供选择。

甲方案：现在支付 15 万元，一次性结清。

乙方案：分 5 年付款，1～5 年各年初的付款分别为 3 万、3 万、4 万、4 万、4 万元，年利率为 10%。

要求：按现值计算，择优方案。

4. 某公司拟购置一处房产，房主提出两种付款方案：

（1）从现在起，每年年初支付 20 万元，连续支付 10 次，共 200 万元。

（2）从第 5 年开始，每年年初支付 25 万元，连续支付 10 次，共 250 万元。

假设该公司的资金成本率（即最低报酬率）为 10%，你认为该公司应选择哪个方案？

5. A、B 两个投资项目，投资额均为 10000 元，其收益的概率分布见表 2-8。

表 2-8　　　　　　　　　　　　收益的概率分布

概率	A 项目收益额	B 项目收益额
0.2	2000 元	3500 元
0.5	1000 元	1000 元
0.3	500 元	−500 元

要求：计算 A、B 两项目的预期收益与标准差。

6. 假定你想自退休后（开始于 20 年后），每月取得 2000 元。假设这是一个第一次收款开始于 21 年后的永续年金，年报酬率为 4%，则为达到此目标，在下 20 年中，你每年应存入多少钱？

第三章 财务预算

第一节 财务预算概述

一、财务计划与财务预算

财务计划是指根据企业整体战略计划和经济计划编制的反映企业未来一定时间资金收支运动的计划。企业的生产经营可分成销售、生产和财务三大领域，企业的计划工作也可以据此分为销售计划、生产计划和财务计划。计划工作的结果，是编成销售预算、生产预算和财务预算。

预算其所依据的业务量基础分固定预算和弹性预算。按预算所包括的范围分为全面预算和单项预算，按编制预算的方法分为零基预算和滚动预算。

财务预算是企业总预算（又称全面预算）的主要组成部分，是指企业在计划期内反映有关预算现金收支、经营成果和财务状况的预算。它以现金收支预算为核心，主要包括"现金预算""利润表预算""资产负债表预算"。

二、财务预算的作用

（一）经济预测

计划是以预测为基础的，预算是根据对未来一段时期的经济预测情况而编制的。企业在确定预算之前，需要通过社会典型调查或运用数字、统计方法预测供、产、销各个环中所不能控制的各项相关的变动，充分认识预测对象活动的规律性，以便制订出来的预算最有利。为此，做好预算工作能够使得企业在掌握现在和预计未来时具有充分的主动性。

（二）明确目标

编制预算就是制定近期企业发展目标和方向，通过充分挖掘和合理地利用企业的人力、物力和财力，以取得最大的经济效益。具体地说，财务预算经过反复的预算平衡，可以把企业各部门、各单位引向一个统一的奋斗目标。同时，又可把整个企业的总目标和任务落实到各部门和单位，使他们明确自己在完成企业总的目标和任务中应负的责任，起到调动各方面积极性的作用，同心协力实现企业的总体规划。

（三）相互协调

由企业的各级部门，如采购、生产、销售、财务等部门根据各自的具体情况和利害关系所编制的计划，不一定符合企业的整体利益，对企业其他部门来说也不一定行得通，而各部门制定的预算通过预算委员会进行平衡后，可以使企业各部门的经济活动和各项工作，在企业统一目标指导下，使内部资源配置达到最优化；也可以在预算执行过程中，以实际数据与预算比较，及时发现差异，进行原因分析，采取必要的措施，保证预算的实现。以预算为标准的这种控制，是保证企业当期取得良好经济效益的重要手段。

（四）作为评价业绩的标准

加强企业管理，落实经济责任制，离不开对各部门单位及个人的业绩考评。考评业绩就要有标准。预算是既根据过去情况，又考虑了未来的实际情况而编制的，因此用它作为考核的标准更有实际意义。预算作为评价的标准，比较实际收支与预算的差异，可以评价整个企业及各个部门工作的好差。

第二节　财务预算的内容、期间和程序

一、财务预算的内容

财务预算的实质是一整套预计的财务报表和其他附表，它主要是用来规划计划期间的经济活动及其成果。从广义上讲，财务预算的内容主要包括业务预算、专门决策预算以及据此编制的财务预算（现金预算、利润表预算、资产负债表预算）。因为业务预算、专门决策预算结果最终以金额形式反映到"现金预算""利润表预算""资产负债表预算"上来。从狭义上讲，财务预算仅仅指"现金预算""利润表预算""资产负债表预算"的编制。

（一）业务预算

业务预算是指企业日常发生的各项具有实质性的基本活动的预算。它主要包括销售预算、生产预算、直接材料采购预算、直接人工预算、制造费用预算、单位生产成本预算、经营及管理费用预算等。

（二）专门决策预算

专门决策预算是指企业不经常发生的、一次性业务的预算。该项预算与业务预算不同，它所涉及的不是经常性的预测和经营决策事项，而是一般需要投入大量资金并在较长时期（一年以上）内对企业有持续影响的投资决策，故这种预算又叫作"资本预算"。一般这种预算是在做好可行性分析基础上来编制预算，如固定资产的购置、扩建、改造、更新等。

（三）财务预算

财务预算是指企业在计划期内反映有关现金收支、经营成果和财务状况的预算。它主要包括"现金预算""利润表预算""资产负债表预算"。

二、财务预算的期间

（一）编制预算期间

编制预算期间，常因预算种类的不同而有所差异。业务预算与财务预算各以一年为期限，并与企业的会计年度相配合，以便实际业绩能与预算相比较，故这两种预算也称"短期预算"。短期预算又分为年度、季度、月度，甚至为每旬、每周、每日的预算，以便更好地满足企业及时调控，保证企业生产经营的顺利进行。至于资本预算的时间幅度，一般都比较长，有几年，甚至几十年以上。

（二）滚动预算

企业经营业务的短期预算，一般与会计年度相适应，便于将实际数与预期数进行对比，有利于对预算的执行情况进行分析和评价。但是这种固定以一年为期的预算也存在一些缺陷：

（1）预算的编制通常都是预算期开始前几个月进行的，对于预算期的某些经济活动往往不够明确，特别是对预算期后半期的经济业务，往往只能提出一个大概的轮廓数据，执行时难免会遇到困难。

（2）在编制预算时所预估的一年经济活动和推测的数字，在预算执行过程中常常会有所

变动，使原来的预算不能适应新的变动情况。

（3）固定以一年为期的预算，在执行了一段时期之后，往往会使管理人员只考虑剩下来的几个月的经济活动，因而缺乏长远打算。

为了弥补上述的缺陷，目前西方国家编制预算多采用"滚动预算"的方法。它的基本做法就是每过一个月，立即在期末增列一个月的预算，逐期往后滚动，因而在任何一个时期都使预算保持有十二个月。这种预算能使企业各人员对未来永远保持整整十二个月考虑和规划，从而保证企业的经营管理工作能够稳定而有秩序地进行。

滚动预算的编制，可采用长计划、短安排的方式，即先按年度分季安排，并将其中第一季度按月划分，建立各月的明细预算数字，以便监督预算的执行。其他三季度可以粗一点，只列各季总数。到第一季度结束前，再将第二季度的预算按月划分，第三、第四季度以及增列下一年度的第一季度，只需列出各季度总数，依次类推，请参见图3-1。这种方式的预算有利于管理人员对预算资料做经常性的分析研究，并能根据当前预算的执行情况及时加以修订。

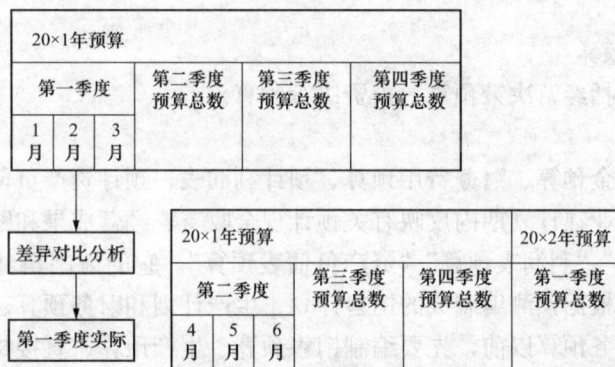

图 3-1 滚动预算示意图

三、预算编制的程序

在正式编制预算以前，要做好资料的搜集整理工作，如企业目标利润、经营方向、生产能力变动情况、市场预测资料、单位产品材料耗用定额、工时定额、材料计划单价、小时工资率和制造费用的预定分配率、预计期末库存材料、在产品和数量等。然后，由预算组进行预算编制。

在西方国家的一些规模较大的工业企业里，通常要设置一个常设的预算委员会来组织、领导预算的编制和考核工作。预算委员会一般由总经理、分管各部门工作的副经理和总会计师等组成。其主要任务是：提出企业在计划期间生产经营的总目标和对职能部门工作的要求；协调和审查各部门所编制的预算，经常检查预算的执行情况，促使各有关方面协调一致地完成预算所规定的目标和任务；分析预算的执行结果，提出对下一期预算的改进意见。编制预算的程序，一般先由最低层负责成本控制的人员先自行编制最低成本的预算，然后送交上级审查，经过反复研究、协调、修订和平衡后，再逐级加以汇总，最后再送交最高领导审核批准。这种从基层开始，由业务负责人员（预算执行者）亲自参加编制预算的程序，叫作"自我参与预算"，这种预算较易被广大执行者接受并贯彻实施。

第三节　全面预算编制的方法

一、全面预算的含义

全面预算是指在预测与决策的基础上，按照企业既定的经营目标和程序，规划与反映企业未来的销售、生产、成本、现金收支等各个方面的活动，以便对企业特定计划期内全部生产经营活动有效地做出具体组织与协调，最终以货币为主要单位，通过一系列预计的财务报表及附表展示其资源配置情况的有关企业总体计划的数量说明。

预算是一种管理控制的工具，全面预算全员、全过程、全方位的系统预算管理过程。

二、全面预算体系

（一）经营预算

经营预算包括销售预算、生产预算、直接材料耗用量及采购预算、应交税费及附加预算、直接人工预算、制造费用预算、产品成本预算、期末存货预算、销售费用预算、管理费用预算。

（二）专门决策预算

专门决策预算包括经营决策预算、投资决策预算。

（三）财务预算

财务预算包括现金预算、财务费用预算、预计利润表、预计资产负债表。

财务预算是指企业在计划期内反映有关预计现金收支、经营成果和财务状况的预算，它主要包括"现金预算""利润表预算""资产负债表预算"。它的编制是基于对企业生产经营科学预测的基础上，根据预测编制成的销售计划、生产计划和财务预算、专门决策预算为基础的，因此在编制财务预算以前，先要编制销售预算、生产预算、直接材料采购预算、直接人工预算、制造费用预算、单位生产成本预算、销售及管理费用预算等业务预算以及专门决策预算，然后根据这些预算编制财务预算。

三、全面预算的编制

（一）经营预算的编制

销售预算是编制全面预算的关键和起点。

1. 销售预算

企业的销售预算是财务预算的起点，销售预算的好坏直接影响到各有关预算的优劣。

假设东方公司生产甲种产品，采用变动成本法计算成本，为编制下年度预算所需的资料收集如下：

(1) 直接材料 7.5 元/千克；

(2) 直接人工 6.00 元/小时；

(3) 变动性制造费用 3.00 元/小时；

(4) 全年固定性制造费用总额为 90000 元；

(5) 单位产品工时定额（标准）5 小时；

(6) 单位产品材料消耗定额（标准）2 千克；

(7) 期末在库材料 460 千克；

(8) 期末库存产成品 110 件；

（9）期末在产品 0 件；

（10）预计销售量 6100 件；

（11）产品销售单价 120 元；

（12）变动性销售及行政管理费 10 元/件；

（13）全年固定性销售及行政管理费总额 40000 元；

（14）每季度销售量为 1100、1600、1800、1600 件；

（15）每季销售收入有 50％在当期收到，其余部分在下季收讫；

（16）期初（上半年）的应收账款余额为 42000 元。

根据上述资料，可以编制销售预算表，见表 3 - 1。

表 3 - 1　　　　　　　　　　20×2 年度东方公司销售预算　　　　　　　　　单位：元

摘要		第一季度	第二季度	第三季度	第四季度	合计
预计销售数量（件）		1100	1600	1800	1600	6100
销售单价（元）		120	120	120	120	
预计销售收入		132000	192000	216000	192000	732000
预计现金收入计算表	期初应收账款（2×14 年 12 月 31）	42000				42000
	第一季度销售收入	66000	66000			132000
	第二季度销售收入		96000	96000		192000
	第三季度销售收入			108000	108000	216000
	第四季度销售收入				96000	
	现金收入合计	108000	162000	204000	204000	678000

注　期末应收账款余额＝42000＋732000－678000＝96000（元）。

上述预计销售数量是假定企业经过科学预算的销售预测而得出的全年各季度的销售数量。此外，若企业生产并销售多种产品，可按产品分别编制销售预算。最后再将各种产品的"预计现金收入"汇总后列入现金预算。

2. 生产预算

编制生产预算应根据销售预算所确定的每个季度的预计数量，按产品名称分别编制，由于计划期间除必须备有足够的产品以供销售外，还应考虑到计划期各个期初与期末的存货水平，所以计划期的预计生产量的计算公式为

预计生产量＝预计销售量＋计划期末预计存货量－计划期初预计存货量

假设该企业各个季度的期末存货为 150、100、250、110 件，全年期初库存 200 件。根据以上资料编制生产预算，见表 3 - 2。

表 3 - 2　　　　　　　　　　　20×2 年度生产预算　　　　　　　　　　　单位：件

项目	第一季度	第二季度	第三季度	第四季度	全年
预计销售量（销售预算）	1100	1600	1800	1600	6100
加：期末预算存货量	150	100	250	110	110
预计需要量合计	1250	1700	2050	1710	6700
减：期初预计存货量	200	150	100	250	200
预计生产量	1050	1550	1950	1460	6010

生产预算只是确定计划期的预计产量，以便为随后的其他业务预算提供依据，它不涉及任何成本金额。为了保证生产预算的执行，企业还必须根据具体情况排出生产进度日程表，使生产任务能够顺利进行。

3. 直接材料采购预算

编制直接材料采购预算时应依据：①生产预算的每个季度预计生产量。②单位产品的材料消耗定额。③计划期初、期末的存料量。④材料的单位采购成本。⑤采购材料的付款条件等。

直接材料采购预算应按材料类别、采购数量、单位成本、金额等资料进行编制。在直接材料采购预算的正表下一般应附上"预计现金支出计算表"，该表也主要为了便于今后编制财务预算的现金预算而准备的，其中，包括前期应付账款的偿还，以及本期购料款的支付。预计材料耗用量与预计材料采购量之间的关系可用下式表示：

预计购料量＝生产需要量＋计划期末预计存料量－计划期初预计存料量

假设东方公司季末存料量为下一个季度生产需用的 20%，年初存料量从期初存货资料中查得 420 千克。各季度的材料采购款的 50% 在当季支付，其余 50% 于下季支付，期初应付购料款从资产负债表查得为 9000 元，根据以上资料，可以编制直接材料采购预算，见表 3-3。

表 3-3　　　　　　　　　　　　20×2 年度东方公司直接材料采购预算

摘要		第一季度	第二季度	第三季度	第四季度	全年
预计产量（生产预算）（件）		1050	1550	1950	1460	6010
单位产品材料消耗定额（千克）		2	2	2	2	2
预计生产需要量（千克）		2100	3100	3900	2920	12020
加：期末存料量		620	780	584	460	460
预计需要量合计（千克）		2720	3880	4480	3380	12480
减：期初存料量		420	620	780	580	420
预计购料量（千克）		2300	3260	3704	2796	12060
材料单位采购成本（元）		7.5	7.5	7.5	7.5	7.5
预计购料金额（元）		17250	24450	27780	20970	90450
预计现金支出计算表	期初应付账款（元）（2×14 年 12 月 31 日）	9000				9000
	第一季度购料（元）	8625	8625			17250
	第二季度购料（元）		12225	12225		24450
	第三季度购料（元）			13890	13890	27780
	第四季度购料（元）				10485	10485
	现金支出合计（元）	17625	20850	26115	24375	88965

注　期末应付账款余额＝9000＋90450－88965＝10485（元）。期末材料存货＝460×7.5＝3450（元）。

4. 直接人工预算

编制直接人工预算的主要依据：①生产预算中的预计生产量；②单位产品的工时定额；③单位工时的工资率。

由于企业在产品生产过程中需要雇用不同工种的工人。预计直接人工成本总额可按下式计算：

预计直接人工成本总额＝预计生产量×∑（单位工时工资率×单位产品工时定额）

为了简化计算，假定期初、期末在产品没有变动。根据前面提供的资料可编制直接人工预算，见表3-4。

表3-4　　　　20×2年度东方公司直接人工预算

摘要	第一季度	第二季度	第三季度	第四季度	全年
预计生产量（生产预算）（件）	1050	1550	1950	1460	6010
单位产品工时定额（工时）	5	5	5	5	5
直接人工小时定额（工时）	5250	7750	9750	7300	30050
单位工时的工资率（元）	6	6	6	6	6
预计直接人工成本总额（元）	31500	46500	58500	43800	180300

5. 制造费用预算

制造费用预算也称"工厂间接费用预算"，它包括生产成本中除直接材料费和直接人工以外的一切费用项目。一般来说，财务预算按变动成本计算法计算生产成本。制造费用预算的主要依据是：①计划期一定业务量（如全年预计产量所需的定额工时总数）；②上级管理部门下达的成本降低率；③计划期间各项费用的具体情况等。根据前面资料编制的制造费用预算见表3-5。

表3-5　　　　20×2年度东方公司制造费用预算　　　　单位：元

成本明细项目		分配率	第一季度	第二季度	第三季度	第四季度	全年合计
变动费用部分	工时		5250	7750	9750	7300	30050
	间接工资	0.50	2625	3875	4878	3650	15025
	间接材料	0.60	3150	4650	5850	4380	18030
	维修费	0.40	2100	3100	3900	2920	12020
	水电费	0.70	3675	5425	6825	5110	21035
	其他	0.80	4200	6200	7800	5840	24040
	合计	3.00	15750	23250	29250	21900	90150
固定费用部分	维修费						16000
	折旧费						22500
	管理人员薪金	固定制造费用根据有关资料计算，且假定公司每季固定制造费用支出总额相等					14000
	保险费						20000
	财产税						17500
	合计	22500	22500	22500	22500		90000
预计现金支出计算表	变动费用支出		15750	23500	29250	21900	90150
	固定费用支出		22500	22500	22500	22500	90000
	制造费用合计		38250	45750	51750	44400	180150
	减：折旧费		5625	5625	5625	5625	22500
	制造费用每季支出数		32625	40125	46125	38775	157650

从表 3-5 中可以看出，每季度的变动性制造费用是根据每季度需用总工时乘以每小时分配率计算的，固定制造费用根据有关资料计算后，采取各季平均方法计算。

6. 单位生产成本预算

编制单位生产成本预算的主要依据：①直接材料的价格标准与用量标准；②直接人工的价格标准与用量标准；③制造费用的价格标准与用量标准；④计划期的期末存货量等。对期末存货的计价，可以采用加权平均法或先进先出法，假定采用先进先出法。单位生产成本预算见表 3-6。

表 3-6   20×2 年度东方公司单位生产成本预算

成本项目	价格标准	用量标准	合计
直接材料	7.50	2kg	15.00
直接人工	6.00	5h	30.00
变动制造费用	3.00	5h	15.00
单位变动生产成本			60.00

7. 生产成本和销售成本预算

生产成本预算是根据前面的直接材料、直接人工和制造费用预算进行编制的，其中制造费用预算只利用变动费用的部分资料，同时还要考虑期初存货、期末存货、生产成本和销售成本预算。根据前面资料编制见表 3-7。

表 3-7   20×2 年度东方公司成本预算   单位：元

项目	第一季度	第二季度	第三季度	第四季度	全年合计
直接材料（产量×15）	15750	23250	29250	21900	90150
直接人工（产量×30）	31500	46500	58500	43800	180300
变动制造费用（产量×15）	15750	23250	29250	21900	90150
生产成本合计（产量×60）	63000	93000	117000	87600	360600
加：期初产成品存货	12000	9000	6000	15000	12000
减：期末产成品存货	9000	6000	15000	6600	6600
销售成本合计	66000	96000	108000	96000	366000

8. 销售及管理用预算

销售及管理费用是指企业销售部门为推销产品而发生的一切费用，以及企业行政管理部门为组织和管理生产经营活动而发生的管理费。它作为期间费用，在当期收入中全部抵扣，编制销售及管理费用预算的依据：①计划期的一定业务量（适用于变动费用部分）。②上级管理部门下达的费用降低率（适用于固定费用部分）。③计划期各费用明细项目的具体情况等。假如预计变动性销售及管理费用全年总额为 61000 元，按销售量标准在各季度分配，全年固定性的销售管理费总额为 40000 元，在各季平均分配。可编制的预算见表 3-8。

表 3-8   **20×2 年度东方公司销售及管理费用预算**   单位：元

项目	第一季度	第二季度	第三季度	第四季度	全年合计
预计销售量（件）	1100	1600	1800	1600	6100
每件变动销售及管理费用	10	10	10	10	10
变动销售及管理费用小计	11000	16000	18000	16000	61000
固定销售及管理费用	10000	10000	10000	10000	40000
合计	21000	26000	28000	26000	101000

（二）专门决策预算

专门决策预算指企业为不经常发生的长期投资决策项目或一次专门业务所编制的预算，通常包括资本支出预算与一次性专门业务预算两类。

资本支出预算是指根据经过审核批准后的各个长期投资决策项目所编制的预算，资本支出预算中各期的投资额应编入该现金预算的现金支出部分和预算资产负债表的资产方。一次性专门预算的要点是准确反映项目自己投资支出与筹资计划，它同时也是编制现金预算和预计资产负债表的依据。

假如东方公司在 20×2 年第一季度购入一台机器，购价 50000 元，第三季度购入一台运输工具 40000 元，资本支出预算见表 3-9。

表 3-9   **20×2 年度东方公司资本支出预算**   单位：元

项目	第一季度	第二季度	第三季度	第四季度	全年合计
一台机器	50000				50000
一台运输工具			40000		40000
合计	50000		40000		90000

（三）财务预算

1. 现金预算

现金预算是指用来反映企业在计划期预计的现金收支详细情况的预算。现金预算是以业务预算和专门决策预算为依据编制的。它主要由现金收入、现金支出、现金结余、资金融通及期末现金余额等五个组成部分。

编制现金预算时，应根据其五个组成部分的先后依次进行。

（1）现金收入。现金收入包括期初余额和计划期现金收入。销货取得的现金收入是其主要来源。

（2）现金支出。现金支出包括计划期的各项现金支出。主要有支付购料款、直接人工、制造费用和经营及管理费用，此外还包括专门决策预算的现金支出。

（3）现金结余。列示现金收入和现金支出的差额。差额为正，说明收大于支，现金有多余，可用于偿还借款或进行短期投资。差额为负，说明支大于收，现金不足，要向银行借款或出售短期证券筹资。

假设东方公司现金期初余额为 21000 元，现金正常限额在 10000～20000 之间，根据税法规定公司决定于计划期每季末分别预付税 6000 元及现金红利 14000 元。在现金不足情况下，于季初向银行借款备用。银行借款利息率 10%，且在下季度初支付利息。根据前面预算资料和本假设可编制现金预算见表 3 - 10。

表 3 - 10　　　　　　　　　**20×2 年度东方公司现金预算**　　　　　　　　　单位：元

项目	资料来源	第一季度	第二季度	第三季度	第四季度	全年合计
期初现金余额		21000	14750	11775	15285	21000
加：现金收入						
应收账款收回及销售收入	表 3 - 1	108000	162000	204000	204000	678000
可动用现金合计		129000	176750	215775	219285	699000
减：现金支出						
采购直接材料	表 3 - 3	17625	20850	26115	24375	88965
支付直接人工	表 3 - 3	31500	46500	58500	43800	180300
制造费用	表 3 - 5	32625	40125	46125	38775	157650
经营及管理费用	表 3 - 8	21000	26000	28000	26000	101000
购置固定资产	表 3 - 9	50000		40000		90000
支付所得税		6000	6000	6000	6000	24000
支付红利		14000	14000	14000	14000	56000
现金支出合计		172750	153475	218740	152950	697915
现金结余（或不足）		(43750)	23275	(2965)	66335	1085
融通资金：						
向银行借款		60000		20000		80000
偿还借款			(10000)		(50000)	(60000)
支付利息		(1500)	(1500)	(1750)	(1750)	(6500)
融通资金净额		58500	(11500)	18250	(51750)	13500
期末现金余额		14750	11775	15285	14585	14585

从表 3 - 10 中可以看出第一季度现金不足 43750 元，为了企业正常经营必须保留现金余额 10000～20000 元，不足数需向银行借款。第一季度借款额计算如下：

$$借款额＝需保留现金余额＋现金不足额$$
$$＝10000＋43750＝53750≈60000（元）$$

向银行借款 60000 元才能保证现金余额为 10000～20000 元。各季度现金结余用同样方法计算。

第二季度现金多余，可用于偿还借款。一般按"每期期初借入，每期期末归还"来预计利息。但偿还借款、支付利息后，仍应保留必需的现金余额 10000～20000 元，第一、第二、第三、第四季度应支付利息分别为

第一季度：$60000×10\%×3/12＝1500（元）$。

第二季度：$60000×10\%×3/12＝1500（元）$。

第三季度：$(50000＋20000)×10\%×3/12＝1750（元）$。

第四季度：$(50000＋20000)×10\%×3/12＝1750（元）$。

总之，现金预算的编制，以各项业务预算和资本预算为基础，其目的在于提供现金收支的控制依据。

2. 利润表预算

利润表预算是指用货币计量来反映企业计划期全部经营活动及其最终财务成果的预算，也称"预计收益表"。它是控制企业经营活动和收支的主要依据。编制时，可以按贡献式收益表排列来进行，也可按职能式收益表排列来进行。

假设按贡献式收益表排列来进行编制，具体见表 3-11。

表 3-11　　　　　　　　　　　　20×2 年度东方公司预计收益表　　　　　　　　　　单位：元

项目	资料来源	第一季度	第二季度	第三季度	第四季度	全年合计
销售收入	表 3-1	132000	192000	216000	192000	732000
减：变动成本						
变动销售成本	表 3-7	66000	96000	108000	96000	366000
变动销售及管理成本	表 3-8	11000	16000	18000	16000	61000
变动成本小计		77000	112000	126000	112000	427000
贡献毛益总额		55000	80000	90000	80000	305000
减：期间成本						
固定制造费用	表 3-5	22500	22500	22500	22500	90000
固定销售及管理费用	表 3-8	10000	10000	10000	10000	40000
期间成本小计		32500	32500	32500	32500	130000
营业利润		22500	47500	57500	47500	175000
减：利息支出	表 3-10	1500	1500	1750	1750	6500
税前净利		21000	46000	55750	45750	168500
减：所得税	表 3-10	6000	6000	6000	6000	24000
税后净利		15000	40000	49750	39750	144500

3. 资产负债表预算

资产负债表预算是指用货币计量来反映企业在计划期末那一特定时日的财务状况的预算。它主要是为了掌握企业在计划期末的资源配置情况而编制的。编制时，应以本期期初的资产负债表为基础，并对计划期各项预算的有关资料做必要的调整。根据上述资料可编成表 3-12。

表 3-12　　　　　　　　　　20×2 年 12 月 31 日东方公司预计资产负债表　　　　　　　　单位：元

资产				负债及所有者权益			
项目	资料来源	年初数	年末数	项目	资料来源	年初数	年末数
流动资产				流动负债			
1. 货币资金	表 3-10	21000	14585	8. 应付账款	表 3-3	9000	10485
2. 应收账款	表 3-1	42000	96000	9. 银行借款	表 3-10	0	20000
3. 材料存货	表 3-3	3150	3450	10. 应付所得税		0	0
4. 产成品存货	表 3-7	12000	6600	负债合计：		9000	30485
流动资产合计		78150	120635	所有者权益			

续表

资产				负债及所有者权益			
项目	资料来源	年初数	年末数	项目	资料来源	年初数	年末数
固定资产				11. 实收资本		300000	300000
5. 土地		60000	60000	12. 未分配利润	表 3 - 10、表 3 - 11	89150	177650
6. 房屋及设备	表 3 - 9	380000	470000				
7. 累计折旧	表 3 - 5	−120000	−142500	所有者权益合计		389150	477650
固定资产合计		320000	387500				
资产合计		398150	508135	负债及所有者权益合计		398150	508135

表 3 - 12 中各项目数字来源说明：年初数根据基期资产负债表抄列。

（1）"货币资金"数据源：表 3 - 10 的期末现金余额。

（2）"应收账款"数据源：表 3 - 1，见该表备注。

（3）"材料存货"数据源：表 3 - 3，见该表备注。

（4）"产成品存货"数据源：表 3 - 7 的期末余额。

（5）"土地"数据源：与本期期初相同。

（6）"房屋及设备"数据源：表 3 - 9 期末余额＝基期房屋及设备＋表 3 - 9 全年合计数＝380000＋90000＝470000（元）。

（7）"累计折旧"数据源：表 3 - 5 期末余额＝基期房屋及设备＋表 3 - 5 折旧额＝12000＋22500＝142500（元）。

（8）"应付账款"数据源：见表 3 - 3。

（9）"银行借款"数据源：见表 3 - 10 融通资金栏中借款与还款数之差，即

$$60000−10000＋20000−50000＝20000（元）$$

（10）"应付所得税"数据源：与本期期初相同。

（11）"实收资本"数据源：与本期期初相同。

（12）"未分配利润"数据源：年末数＝年初数＋表 3 - 11 中税后净利－表 3 - 10 中支付红利＝89150＋144500−56000＝177650（元）。

第四节　弹　性　预　算

所谓弹性预算，是企业在不能准确预测业务量的情况下，根据本、量、利之间有规律的数量关系，按照一系列业务量水平编制的有伸缩性的预算。只要这些数量关系不变，弹性预算可以持续使用较长时期，不必每月重复编制。弹性预算主要用于各种间接费用预算，有些企业也可用于利润预算。

一、编制弹性预算的具体方法

编制弹性预算可以采用多水平法或公式法。编制弹性预算，要选用一个最能代表生产经营活动水平的业务量作为计量单位。例如，以手工操作为主的车间，就应选用人工工时；制造单一产品或零件的部门，可以选用实物数量；修理部门可以选用直接修理工时等。

弹性预算法所采用的业务量范围，一般来说，可定在正常生产能力的 70%～110%，或以历史上最高业务量和最低业务量为其上下限。

1. 多水平法

多水平法又称列表法，是在预计的业务量范围内将业务量分为若干个水平，然后按不同的业务量水平编制预算。

用多水平法对某企业的一个生产制造部门编制的制造费用预算见表 3 - 13。

表 3 - 13   制造费用预算（多水平法）

业务量（人工工时）	420	480	540	600	660
占正常生产能力的百分比（%）	70	80	90	100	110
变动成本：					
运输（$b=0.2$）	84	96	108	120	132
电力（$b=1.0$）	420	480	540	600	660
材料消耗（$b=0.1$）	42	48	54	60	66
合计	546	624	702	780	858
混合成本：					
修理费	440	490	544	600	746
油料	180	220	220	220	240
合计	620	710	764	820	986
固定成本：					
折旧费	300	300	300	300	300
管理人员工资	100	100	100	100	100
合计	400	400	400	400	400
总计	1566	1734	1866	2000	2244

2. 公式法

公式法是运用成本性态模型，测算预算期的各种间接费用预算数额，并编制各种间接费用预算的方法。根据成本性态，成本与业务量之间的数量关系可用公式表示为

$$y = a + bx$$

式中 y——某项成本预算总额；

       a——该项成本中的固定成本预算额；

       b——该项成本中的单位变动成本预算额；

       x——预计业务量或实际业务量。

用公式法对某企业的一个生产制造部门编制的弹性预算见表 3 - 14。

表 3 - 14	弹性预算（公式法）	
业务量范围（人工工时）	420～660	
项目	固定成本（元）（每月）	变动成本（每日人工工时）
运输费		0.20
电力		1.00
消耗材料		0.10
修理费	85	0.85
油料	108	0.20
折旧费	300	
管理人员工资	100	
合计	593	2.35
备注	当业务量超过 600 工时后，修理费的固定部分为 185 元	

当该企业的业务量为 420～600 人工工时的情况下，$y=593+2.35x$；当业务量为 600～660 人工工时的情况下，$y=693+2.35x$。如果业务量为 500 人工工时，则制造费用预算为 $593+2.35\times500=1768$（元）；如果业务量为 650 人工工时，则制造费用预算为 $693+2.35\times650=2220.5$（元）。

不论是多水平法还是公式法，在企业实际工作中使用计算机比较普遍的情况下，两种方法可以结合使用。

二、弹性预算的特点

从上述表 3 - 13、表 3 - 14 中的某企业的一个生产制造部门制造费用的弹性预算可以看出，弹性预算和按特定业务量水平编制的固定预算相比，有以下两个显著特点：

（1）弹性预算是按一系列业务量水平编制的，从而扩大了预算的适用范围。在表 3 - 13 中，分别列示了 5 种业务量水平的成本预算数据。根据企业情况，也可以按更多的业务量水平来列示。这样，无论实际业务量达到何种水平，都有适用的一套成本数据来发挥控制作用。

（2）弹性预算是按成本的不同性态分类列示的，便于在计划期终了时计算"实际业务量的预算成本"（应当达到的成本水平），使预算执行情况的评价和考核，建立在更加现实和可比的基础上。

三、弹性预算的作用

弹性预算的主要用途是作为控制成本支出的工具。在计划期开始时，提供控制成本所需要的数据；在计划期结束后，可用于评价和考核实际成本。

（1）控制支出。由于成本一旦支出就不可挽回，只有事先提出成本的限额，使有关的人员在限额内花钱用物，才能有效地控制支出。根据弹性预算和每月的生产计划，可以确定各月的成本控制限额。这个事先确定的限额并不要求十分精确，所以采用多水平法时可选用与计划业务量水平最接近的一套成本数据，作为控制成本的限额。采用公式法时，可根据计划业务量逐项计算成本数额，编制成本限额表，作为当月控制成本的依据。

（2）评价和考核成本控制业绩。每个计划期结束后，需要编制成本控制情况的报告，对各部门成本预算执行情况进行评价和考核。

【案例】

营业收入预测——某公司营业收入预测

(一) 基本情况

20×2 年 7 月,张先生毕业后就职于某公司做财务主管工作,此时公司正处于初创期,前几年公司建设阶段大量的资金投入和银行借款使企业不堪重负,虽然 20×2 年公司从降低成本、增加销量等方面大做文章,但上半年实现利润情况仍不理想,与董事会提出的目标利润还相距甚远。公司要求财务部与销售部迅速拟定销售规划,这也是企业债权人——银行的要求。

张先生刚上任就面临重大的挑战,经过两天的思考,他决定从采集资料入手,以提供有效的证据,使公司管理当局确信销售预测的结果。为此,张先生收集了自公司经营以来的有关销售量的直接资料和间接资料,并同经验丰富的公司经营管理人员,有销售经验的销售部人员及有关专家对这些资料进行了详尽的分析和研究,并对公司保持业务往来的客商进行了广泛、准确的资信调查,对所获资料数据的可用性进行了鉴定。

有关资料为:公司主要生产 A 产品,20×2 年 1～6 月份各月销售额情况见表 3 - 15。

表 3 - 15 20×2 年 1～6 月份各月销售额情况

月份	1	2	3	4	5	6	合计
销售额	5140	5126	5308	6017	5862	6430	33883

7 月份预计销售额为 6397 万元。另外,8 月份公司计划生产新产品 B,为此,专门聘请了 8 名有关专家对 B 产品的销售情况进行了预测。

(二) 分析要点

张先生拟采用判断分析法和趋势分析法对 A 产品 8 月份销售额进行预测,采用专家判断法对新产品 B8 月份的销售额进行预测,最后预测公司 8 月份总销售额。

(三) 案例分析

1. A 产品销售额预测

张先生根据采集的销售资料,采用加权移动平均法,选用 4～7 月份的数据,因近期数据比较重要,对预测影响程度也较大,确定的权数相对要大些,而远期数据确定的权数要小些,为此,4～7 月份权数确定为 0.1、0.2、0.3、0.4,据此,8 月份销售额为

$$6017×0.1＋5862×0.2＋6430×0.3＋6397×0.4＝6261.9(万元)$$

另外,公司 30 名销售人员对 8 月份 A 产品销售预测的平均值为 6800 万元,(权数为 0.6),3 名销售部门经理的平均预测值为 6300 万元(权数为 0.4),销售部门经理及销售人员预测销售额为 6600 万元(6300×0.4＋6800×0.6＝6600)。两种预测结果存在一定差距,究竟应采用哪一预测结果呢? 张先生又调查分析了公司以往销售情况及记录,发现公司如果改变销售部门坐等客户上门的消极销售行为,主动到市场上搞调查,到公司客户那里征求意见,并通过各种渠道努力扩展外地及国外市场,公司市场潜力还是很大的,6600 万元的销售额可以实现。

2. B 产品销售额预测

由于 B 产品公司没有历史资料,据有关专家的预测分析,B 产品 8 月份的预计销售额为

8030 万元。为使预测结果更为可靠，张先生对 B 产品进行了市场调查，并结合有关因素进行了分析，如顾客对商场上同类产品的需求和喜好、同行业竞争对手的销售情况、本公司在市场上可能的市场份额、本公司推销方针调整后可能增加的销售情况等。调查分析结果：8030 万元销售额可靠。

8 月份 A 产品预测销售额为 6600 万元，B 产品预测销售额为 8030 万元，总销售可达 14630 万元。张先生将销售预测分析报告上报了公司管理当局，公司管理当局讨论通过了这个报告。

（四）问题探讨

在企业营业收入预测中应注意的问题值得深入探讨：

（1）企业的销售预测，特别是在对待市场信息方面，定性与定量分析的结合是很重要的。一个企业能否把握市场变化的轨迹和客户的需求动向，会直接影响到企业的成败，公司几年来对销售市场的变化如能采取积极的预测措施而不是消极观望态度，就完全可能争取更多的利润。企业是否进行销售预测不仅代表着管理者的管理水平，也反映着行销观念是否得到彻底的贯彻落实。在当前经济不景气的困难时期，国内的产业结构必然会有一番调整，在这种情况下，企业经营者更应该具备行销意识，定期通过市场反馈的信息检查企业的产品政策。

（2）在实际营业收入预测中，应特别关注理论知识的实际应用问题。由于理论知识往往只注重全面性、系统性，而实际工作中则注重强调针对性和实效性，因此，销售预测理论与方法在实际中全面应用的情况却很少。如何将理论与实际工作紧密结合是一个不容忽视和急待解决的问题。

思 考 题

1. 什么是财务计划？什么是财务预算？两者有何联系与区别？
2. 为什么说销售预算是财务预算的起点？怎样编制销售预算？
3. 现金预算一般包括哪几个组成部分？银行存款是否包含在现金预算之中？怎样编制现金预算？

练 习 题

1. 某企业生产和销售 A 种产品，计划期四个季度预计销售数量分别为 1000、1500、2000 件和 1800 件；A 种产品预计单位售价为 100 元。假设每季度销售收入中，本季度收到现金 60%，另外 40%要到下季度才能收回，上年年末应收账款余额为 62000 元。要求：编制该企业计划期间第一季度的分月销售预算（包括第一季度的预计现金收入计算表）。

2. 假定某企业年初存货数量为 80 件，该企业设定每季末存货为下期预测销售量的 10%。预算年度之后一年的第一季度预测销售量为 750 件，预算年度各级季度销售量见表 3-16。

表 3-16　　　　　　　　　　　预算年度各级季度销售量

季度	第一季度	第二季度	第三季度	第四季度	全年
预计销售量（件）	800	900	1000	700	3400

要求：根据以上资料，编制该公司的生产预算表。

3. ABC 公司 20×2 年度设定的每季末预算现金余额的额定范围为 50 万～60 万元，其中，年末余额已预定为 60 万元。假定当前银行约定的单笔短期借款必须为 10 万元的倍数，年利息率为 6%，借款发生在相关季度的期初，每季末计算并支付借款利息，还款发生在相关季度的期末。20×2 年该公司无其他融资计划。ABC 公司编制的 20×2 年度现金预算的部分数据见表 3-17。

要求：计算表 3-17 中用字母"A～J"表示的项目数值（除"H"和"J"项外，其余各项必须列出计算过程）。将表中未列金额的部分，通过计算逐一填列。

表 3-17   20×2 年度 ABC 公司现金预算   单位：万元

项目	第一季度	第二季度	第三季度	第四季度	全年
期初现金余额	40	—	—	—	(H)
经营现金收入	1010	—	—	—	5536.6
可运用现金合计	—	1396.3	1549	—	(I)
经营现金支出	800	—	—	1302	4353.7
资本性现金支出	—	300	400	300	1200
现金支出合计	1000	1365	—	1602	5553.7
现金余缺	(A)	31.3	−37.7	132.3	
资金筹措及运用		19.7	(F)	−72.3	
加：短期借款	0	(C)	0	−20	0
减：支付短期借款利息	0	(D)	0.3	0.3	
购买有价证券	0	0	−90	(G)	
期末现金余额	(B)	(E)	—	60	(J)
期初现金余额	40	—	—	—	(H)

注 表中用"—"表示省略的数据。

4. 假设某公司计划本年只生产一种产品，有关资料如下：①每季的产品销售货款有 60% 于当期收到现金，有 40% 于下个季度收到现金，预计第一季度末的应收账款为 3800 万元，第二季度的销售收入为 8000 万元，第三季度的销售收入为 12000 万元。产品售价为 1000 元/件。②每一季度末的库存产品数量等于下一季度销售量的 20%。单位产品材料定额耗用量为 5 千克，第二季度末的材料结存量为 8400 千克，第二季度初的材料结存量为 6400 千克，材料计划单价为 10 元/千克。③材料采购货款在采购的季度支付 80%，剩余的 20% 在下季度支付，未支付的采购货款通过"应付账款"核算，第一季度末的应付账款为 100 万元。

要求：

(1) 确定第一季度的销售收入。

(2) 确定第二季度的销售现金收入合计。

(3) 确定第二季度的预计生产量。

(4) 确定第二季度的预计材料采购量。

(5) 确定第二季度采购的现金支出合计。

第四章　筹资管理（上）

第一节　筹资管理概述

筹资是企业资本运作的起点和资本运用的前提。企业筹集资金，就是企业根据其生产经营、对外投资和调整资本结构的需要，通过筹资渠道，运用筹资方式，在资金市场上，经济有效地筹措和集中资金。

一、筹资动机

企业筹资是为了自身的维持与发展。企业具体的筹资活动通常受特定动机的驱使，是多种多样的。在财务实践中，这些筹资动机归纳起来主要有三种类型，即扩张动机、偿债动机和混合动机。

（一）扩张筹资动机

扩张筹资动机（expansive financing motivate）是企业因扩大生产经营规模或追加对外投资的需要而产生的筹资动机。例如，企业开发生产适销对路的新产品；扩大生产规模，增加本企业产品的市场供应量；引进新技术、新设备；开拓有发展前途的对外投资领域；追加有利的对外投资规模等。往往具有良好的发展前景、处于成长时期的企业都会产生这些投资动机，都需要企业筹集一定数量的资金。

扩张筹资动机所产生的直接结果是企业资产总额和筹资总额的增加，企业经营规模扩大。

（二）偿债筹资动机

偿债筹资动机（debt refunding motivate）是企业为了偿还债务而引起的筹资动机。偿债筹资动机具体有两种：一是调整性偿债筹资，即企业虽有足够的能力偿还到期的债务，但为了调整原有的资本结构仍然筹集新资金，以使现有的资本结构更加合理；二是恶化性偿债筹资，即企业现有的支付能力不足以偿还到期的债务，而被迫筹资还债。

偿债筹资动机所产生的直接结果是筹资后并没有扩大企业的资产总额和筹资总额，只是改变了企业的资本结构（有时可能资本结构也不变）。

（三）混合筹资动机

混合筹资动机（multiple financing motivate）是指同时具有扩张、偿债两种动机的筹资动机。这种筹资动机既能扩大企业规模，又能调整企业的资本结构。

除上述三种筹资动机外，随着经营观念的不断变化，企业具体的筹资动机也会出现一些相应的变化，诸如通过筹资为企业起到广告效应，通过筹资为企业起到抵税效应，甚至还会出现通过筹资来欺诈投资者等动机。

二、企业筹资渠道与方式

（一）筹资渠道

筹资渠道是指客观存在的筹措资金的来源方向与通道。目前，我国企业筹资渠道主要包括国家财政资金、银行信贷资金、非银行金融机构资金、其他企业资金、居民个人资金、企业自留资金。

1. 国家财政资金

国家对企业的直接投资是国有企业最主要的资金来源渠道，特别是国有独资企业，其资本全部由国家投资形成。现有国有企业的资金来源中，其资本部分大多是由国家财政以直接拨款方式形成的，除此之外，还有些是国家对企业"税前还贷"或减免各种税款而形成的。不论是何种形式形成的，从产权关系上看，它们都属于国家投入的资金，产权归国家所有。

2. 银行信贷资金

银行对企业的各种贷款，是我国目前各类企业最为重要的资金来源。我国银行分为商业银行和政策性银行两种。商业银行是以盈利为目的、从事信贷资金投放的金融机构，它主要为企业提供各种商业贷款。政策性银行是主要为特定企业提供政策性贷款的金融机构。

3. 非银行金融机构资金

非银行金融机构主要指信托投资公司、保险公司、租赁公司、证券公司、企业集团所属的财务公司等。它们所提供的各种金融服务，既包括信贷资金投放，也包括物资的融通，还包括为企业承销证券等金融服务。

4. 其他企业资金

企业在生产经营过程中，往往形成部分暂时闲置的资金，并为一定的目的而进行相互投资；另外，企业间的购销业务可以通过商业信用方式来完成，从而形成企业间的债权债务关系，形成债务人对债权人的短期信用资金占用。企业间的相互投资和商业信用的存在，使其他企业资金也成为企业资金的重要来源。

5. 居民个人资金

企业职工和居民个人的结余货币，可用于对企业进行投资，形成民间资金来源渠道，成为企业的资金来源。

6. 企业自留资金

企业自留资金是指企业内部形成的资金，也称企业内部资金，主要包括提取的公积金和未分配利润等。这些资金的重要特征是，它们无须企业通过一定的方式去筹集，直接由企业内部自动形成或转移而来。

（二）筹资方式

筹资方式是指可供企业在筹措资金时选用的具体筹资形式。我国企业目前筹资方式主要有以下几种：

（1）吸收直接投资；

（2）发行股票；

（3）利用留存收益；

（4）向银行借款；

（5）发行公司债券；

（6）融资租赁；

（7）商业信用。

其中：利用（1）～（3）方式筹措的资金为权益资金；利用（4）～（7）方式筹措的资金为负债资金。

（三）筹资渠道与筹资方式的关系

筹资渠道是解决资金来源问题的，筹资方式则是解决通过何种方式取得资金的，前者是指客观存在的资金来源渠道，后者则是企业主观的筹资行为和形式，它们之间存在一定的对应关系。一定的筹资方式可能只适用于某一特定的筹资渠道，但是同一渠道的资金可采用不同的方式筹集，同一筹资方式又往往适用于不同的筹资渠道。它们之间的对应关系可用表 4-1 来表示。

表 4-1　　　　　　　　　　　　　筹资方式与筹资渠道的对应关系

筹资渠道	筹资方式						
	吸收直接投资	发行股票	利用留存收益	向银行借款	发行公司债券	融资租赁	利用商业信用
国家财政资金	√	√					
银行信贷资金				√			
非银行金融机构资金	√	√			√	√	√
其他企业资金	√	√			√	√	
居民个人资金	√	√			√		
企业自留资金	√		√				

三、企业筹资原则

企业筹资是一项重要而复杂的工作，为了有效地筹集企业所需资金，必须遵循以下基本原则。

（一）规模适当原则

一般情况下，企业在不同时期的资金需求量是各不相同的，企业要认真分析，采用一定的方法，预测资金的需求量，合理确定筹资规模。只有这样，才能既保证企业正常生产经营所需资金，又可防止资金过剩造成浪费。

（二）筹措及时原则

资金具有时间价值，因此，企业在筹措资金时一定要合理安排资金的筹集时间，适时获取所需资金，既要避免过早筹集资金形成资金投放前的闲置，又要防止取得资金的滞后，错过资金投放的最佳时机。

（三）来源合理原则

企业可以选择不同的筹资渠道，在资金市场上筹集自己所需资金，然而不同来源的资金，具有不同的资本成本、不同的使用期限等差异，这些差异必将对企业的资金应用产生重大影响。因此，企业应认真分析研究合理选择资金来源。

（四）方式经济原则

在确定筹资数量、筹资时间、资金来源的基础上，企业还应合理选择筹资方式。不同筹资方式所获得的资金，企业要付出不同的代价。因此，企业在筹资前，一定要选择经济、可行的筹资方式，恰当地做出资本结构决策。

四、筹资类型

企业可以从不同的渠道采用不同的方式筹集所需资金，由于这些资金的具体来源、方式、期限等的不同，形成了不同的筹资类型。

（一）按资金权益性质划分

企业的全部资金来源，按资金权益性质的不同可划分为自有资金和借入资金。

自有资金也称自有资本或权益资本，是企业依法筹集并长期拥有、自主调配运用的资金。它主要包括资本金（即实收资本或股本）、资本公积金、盈余公积金和未分配利润。

借入资金也称借入资本或债务资本，是企业依法筹集按期偿还并支付报酬的资金。它主要包括银行贷款、公司（或企业）债券和各种应付款项等。

混合性资本，是指兼具权益性资本和债务性资本双重属性的长期资本类型，主要包括发行优先股筹资资本和发行可转换债券筹资的资本。从筹资企业的角度，优先股股本属于企业的权益资本，但优先股股利同债券利率一样，通常是固定的，因此，优先股筹资属于混合性筹资。从筹资企业的角度，可转换债券在其持有者将其转换为发行公司股票之前，属于债务性筹资；在其持有者将其转换为发行公司的股票之后，则属于股权性筹资。可见，二者都具有权益性筹资和债务性筹资的双重属性，因此属于混合性筹资。

（二）按资金的使用期限划分

企业筹集的资金，按其使用期限的长短可以分为长期资金和短期资金。

长期资金是指使用期限在一年以上的资金。在一般情况下，企业的自有资金均属于长期资金；借入资金中的长期借款、长期应付债券和长期的应付款项等也属于长期资金。

短期资金是指使用期限在一年以内的资金。主要有短期借款、短期应付债券和各种商业信用等。

（三）按筹资活动是否以金融机构为媒介划分

按照这种标准，可将企业的筹资分为直接筹资和间接筹资。直接筹资是指企业不经过银行等金融机构，直接向资金的供应者筹资。间接筹资是指企业借助银行等金融机构而进行的筹资。

此外，还可以将企业的筹资分为内部筹资和外部筹资等。

五、筹资环境

企业在筹资过程中要受到多种因素的影响，在诸多因素中有的是企业内部的因素，有的是企业外部的因素，我们将影响企业筹资活动的各种因素的集合称为筹资环境。在筹资环境中有的属于硬环境，有的属于软环境；有的属于静态环境，有的属于动态环境。筹资环境对企业筹资活动起着重要的影响作用，它一方面为企业筹资提供机会和条件；另一方面又对企业的筹资进行制约、干预。因此，企业在筹资过程中，应该认真研究分析筹资环境，预见筹资环境的变化趋势，提高对筹资环境的适应能力和应变能力。

（一）筹资的法律环境

企业筹资的法律环境是指影响企业筹资活动的法律、法规，主要包括《公司法》《企业法》《证券法》《证券交易法》等。这些法律、法规从不同的角度规范和制约着企业的筹资活动。企业在筹资过程中均应严格执行。

（二）筹资的金融环境

企业的资金主要是通过金融市场筹集的，因此，金融环境是企业筹资的最直接的外部环境，它对企业的筹资活动有着十分重要的作用，企业的财务人员必须了解金融市场的作用，熟悉金融机构的类型。

1. 金融市场在企业筹资活动中的作用

（1）金融市场为企业筹资活动提供场所，使资金的供需双方通过交易实现资金的融通，促进双方资金在供需上达到平衡，使企业的生产经营活动能够顺利进行。

（2）通过金融市场上的资金融通，促进社会资金的合理流动，调节企业筹资以及投资的方向与规模，促使企业合理使用资金，实现社会资源的合理配置。

2. 金融机构

社会资金从资金供应者手中转入资金需求者手中，一般要通过金融机构来实现。金融机构在企业筹资过程中是一个非常重要的角色。

（1）经营证券业务的金融机构。这类金融机构主要是指全国性或区域性的证券公司。它们通过承担证券的推销或包售工作，为企业融通资金提供服务。

（2）经营存贷业务的金融机构。在我国，这类金融机构主要指各专业银行，如工商银行、建设银行、农业银行等。它们的基本功能就是通过吸收存款集聚资金，通过发放贷款将资金提供给需求者。

（3）其他金融机构。其他金融机构是指除上述两种金融机构以外的金融机构。它主要包括保险公司、融资租赁公司、财务公司等。

（三）筹资的经济环境

筹资的经济环境主要包括产品（企业或行业）寿命周期、经济周期、通货膨胀和技术发展等因素。

1. 产品（企业或行业）寿命周期

一切产品、企业和行业的成长与发展都具有周期性。典型的产品寿命周期通常分为四个阶段，即初创期、扩张期、稳定期和衰退期。在这四个阶段中，其资金的需要量、经营风险等方面是各不相同的。初创期需要在短期内进行大量的资金投入；扩张期仍然需大量的资金投入，但资金投入速度明显放缓；稳定期到衰退期资金投入逐渐减少。因此，企业对产品寿命周期的不同阶段应采取不同的筹资策略。同样道理，一个企业或一个企业所处的行业在其寿命周期的不同阶段，也应采取不同的筹资策略。

2. 经济周期

经济周期与产品（企业或行业）寿命周期一样，也影响企业的筹资决策。如在经济复苏、繁荣阶段，往往需要大量的资金投入，表现为资金紧缺，需要及时筹集；在经济衰退、萧条阶段一般应削减投资，表现为资金相对过剩。

3. 通货膨胀

通货膨胀也会影响企业的筹资。这主要表现在：通货膨胀引起资金占用大量增加，增加企业的资金需求量；引起利率上升，加大企业的资本成本；引起资金供应紧张，有价证券价格下跌，增加企业的筹资难度等。因此，企业财务人员对通货膨胀的发生及影响必须有所预见，以适时恰当地调整企业的筹资策略。

第二节　资金需要量的预测

企业无论通过什么渠道、采用什么方式筹集资金，都应预先测定资金的需要量。通过资金需要量的预测，使企业资金的筹集量与需要量达到平衡，防止筹资不足而影响生产经营或筹资过剩而降低筹资效益。常用的资金需要量的预测方法主要有定性预测法、比率预测法和回归分析法等。

一、定性预测法

定性预测法是指利用直观的资料，依靠个人的经验和主观分析、判断能力，预测未来资金需求量的方法。

定性预测法的预测过程是：首先由熟悉财务情况和生产经营情况的专家，根据过去所积累的经验进行分析判断，提出预测的初步意见；然后，通过召开座谈会或其他方式，对上述预测的初步意见进行进一步的补充修正。这样经过一次或几次以后，确定最终的预测量。

定性预测法往往带有较强的主观性，一般它适用于缺乏完备、准确的历史资料情况下的资金需要量预测；在实际工作中，将它与其他方法结合使用。

二、比率预测法

比率预测法是以一定的财务比率为基础，预测未来资金需要量的一种方法。能用于预测的财务比率比较多，但在实际工作中，最常用的是资金与销售额之间的比率。以资金与销售额的比率为基础，预测未来资金需要量的方法，称之为销售百分比法。

（一）销售百分比法的原理

销售百分比法是根据销售收入与资产负债表和利润表项目之间的比例关系，预测一个项目资金需要量的方法。例如，某企业每年为销售 100 万元货物，需有 20 万元存货，存货与销售收入的比例是 20%（20÷100＝20%）。若销售收入增至 200 万元，那么，该企业需有 40 万元（200×20%）存货。由此可见，在某项目资金与销售收入比例既定的前提下，便可预测未来一定销售额下该项目的资金需要量。

销售百分比法的主要优点是能为财务管理提供短期预计的财务报表，以适应外部筹资的需要，且易于使用。但这种方法也有缺点，倘若有关项目与营业收入的比例跟实际不符，据以进行预测就会形成错误的结果。因此，在有关因素发生变动的情况下，必须相应地调整原有的销售百分比。

（二）销售百分比法的运用

运用销售百分比法，一般要借助预计利润表和预计资产负债表。通过预计利润表预测企业留用利润这种内部资本来源的增加额；通过预计资产负债表预测企业资金需要总额和外部筹资的增加额。

在预计资产负债表时要选定与销售收入保持基本不变比例关系的项目。这类项目可称为敏感项目，包括敏感资产项目和敏感负债项目。其中，敏感资产项目一般包括货币资金、应收账款、存货等项目；敏感负债项目一般包括应付账款、应交税费等项目。应收票据、固定资产、长期股权投资、递延所得税资产、短期借款、应付票据、非流动负债和股本（实收资本）通常不属于短期敏感项目，留用利润也不宜列为敏感项目，因其受到企业所得税税率和股利政策的影响。

为简便起见，可用预测模型预测需要追加的外部筹资额。其模型为

$$需要追加的外部筹资额 = \Delta S \sum \frac{RA}{S} - \Delta S \sum \frac{RL}{S} - \Delta RE$$

$$= \Delta s \left(\sum \frac{RA}{S} - \sum \frac{RL}{S} \right) - \Delta RE$$

式中　ΔS——预计年度销售收入增加额；

$\sum \dfrac{RA}{S}$——基年敏感资产总额除以基年销售收入；

$\sum \dfrac{RL}{S}$——基年敏感负债总额除以基年销售收入；

ΔRE——预计年度留用利润增加额。

下面举例说明销售百分比法的具体应用。

【例1】　宏伟建筑公司 20×1 年 12 月 31 日的资产负债表见表 4-2。

表 4-2　　　　　　宏伟建筑公司 20×1 年 12 月 31 日简要资产负债表　　　　　单位：万元

资产		负债与所有者权益	
货币资金	60	应交税费	50
应收账款	200	应付账款	100
存货	300	短期借款	250
固定资产	600	应付债券	100
		股本	500
		留存收益	160
资产合计	1160	负债与所有者权益合计	1160

已知：宏伟建筑公司 20×1 年的销售收入为 1000 万元，现在还有剩余生产能力，即增加收入不需要进行固定资产方面的投资。假定销售净利率为 10%，如果该公司 20×2 年的销售收入预计提高到 1300 万元，公司的利润预计有 55% 向投资者分配，那么要筹集多少资金？

首先，将资产负债表中预计随销售额变动的项目分离出来。在宏伟建筑公司的实例中，资产方除固定资产外都随销售额的增加而增加，因为较多的销售量需要占用较多的存货，发生较多的应收账款，导致资金需求增加。在负债与所有者权益一方，应付账款和应交税费也会随销售额的增加而增加，但股本、应付债券、短期借款等不会自动增加。预计随销售额增加而增加的项目见表 4-3。

表 4-3　　　　　　宏伟建筑公司 20×1 年 12 月 31 日销售百分比表

资产	占销售收入的比重	负债与所有者权益	占销售收入的比重
货币资金	6%	应交税费	5%
应收账款	20%	应付账款	10%
存货	30%	短期借款	不变动
固定资产	不变动	应付债券	不变动
		股本	不变动
		留存收益	不成比例变动
合计	56%	合计	15%（不包括留存收益）

在表 4-3 中，不变动是指该项目不随销售额的变化而成比例变化。

其次，确定需要增加（或减少）的外部筹资额。

货币资金项目：$(1300-1000)\times 6\%=18$ 万元。

应收账款项目：$(1300-1000)\times 20\%=60$ 万元。

存货项目：$(1300-1000)\times 30\%=90$ 万元。

应交税费项目：$(1300-1000)\times 5\%=15$ 万元。

应付账款项目：$(1300-1000)\times 10\%=30$ 万元。

留存收益项目：$1300\times 10\%\times(1-55\%)=58.5$ 万元。

即 $18+60+90-15-30-58.5=64.5$ 万元。说明企业此时需要再筹集资金 64.5 万元。

如果该公司现有剩余生产能力不能完全满足业务量增长的需要，需追加设备一台，价值 5 万元，则该公司需要再筹集资金 $64.5+5=69.5$（万元）。

三、资金习性预测法

资金习性预测法是指根据资金习性预测未来资金需要量的一种方法。资金习性是指资金的变动同业务量变动之间的依存联系。按照资金同业务量之间的依存联系，可以将资金分为不变资金、变动资金和半变动资金三种。

不变资金是指在一定的业务量范围内，不受业务量变动的影响而保持固定不变的那部分资金。主要包括为维持营业而占用的最低数额的货币资金，原材料的保险储备，必要的产成品储备，厂房、机器设备等固定资产占用的资金。

变动资金是指随业务量的变动而同比例变动的那部分资金。它主要包括直接构成产品实体的原材料、外购件等占用的资金，以及在最低储备以外的货币资金、存货、应收账款等占用的资金。

半变动资金是指虽然受业务量变化的影响，但不成比例变动的资金。它同时包含了不变资金和变动资金两种因素，因此可采用高低点法、散布图法、回归分析法等方法将其划分为不变资金和变动资金两部分。

（一）高低点法

高低点法就是根据一定期间内的最高业务量的资金占用总额与最低业务量的资金占用总额的差额，以及与之相应的最高业务量与最低业务量的差额，推算出资金总额中变动资金和不变资金与业务量之间的变动规律，以预测资金需要量的方法。

【例 2】 某小型建筑预制件厂 2016—2021 年销售收入与资金占用量的资料见表 4-4，经预测 2022 年该企业销售收入为 320 万元，试用高低点法预测 2022 年的资金需要量。

表 4-4 销售收入与资金占用量变化表 单位：万元

年份	销售收入 x	资金占用量 y	年份	销售收入 x	资金占用量 y
2016	240	10.8	2019	250	11.0
2017	220	10.4	2020	300	12.5
2018	200	10.0	2021	260	11.0

设 $y=a+bx$。

则 $b=\dfrac{12.5-10}{300-200}=0.025$，$a=12.5-0.025\times 300=5$，$y=5+0.025x$。

当 2022 年销售收入达到 320 万元时，预计资金需要量为 $5+0.025\times 320=13$（万元）。

（二）散布图法

散布图法是指在以横轴代表业务量，纵轴代表资金占用量的直角坐标系中，将一定期间内的业务量和与之相应的资金占用量的坐标点标示其中，然后通过目测，于坐标点中确定可近似地反映业务量与资金占用量之间相互依存关系的平均趋势直线，以预测未来资金需要量的方法。

（三）回归分析法

回归分析法是假定资金需要量与业务量之间存在一定的关系（包括线性与非线性关系），根据这种关系建立数学模型，然后根据历史资料，用回归方程确定参数，寻找出资金需要量与业务量之间的变动规律，以预测资金需要量的方法。

【例3】 某小型建筑预制件厂2016—2021年销售收入与资金占用量的资料见表4-5，经预测2022年该企业销售收入为320万元，试用回归分析法预测2022年的资金需要量。

表4-5 销售收入与资金占用量变化表 单位：万元

年度	销售收入 x	资金占用量 y	xy	x^2
2016	240	10.8	2592	57600
2017	220	10.4	2288	48400
2018	200	10.0	2000	40000
2019	250	11.0	2750	62500
2020	300	12.5	3750	90000
2021	260	11.0	2860	67600
$n=6$	$\sum x=1470$	$\sum y=65.7$	$\sum xy=16240$	$\sum x^2=366100$

设 $y=a+bx$。

$$b=\frac{n\sum xy-\sum x\sum y}{n\sum x^2-(\sum x)^2}=\frac{6\times16240-1470\times65.7}{6\times366100-1470^2}=0.024,$$

$$a=\frac{\sum y-b\sum x}{n}=\frac{65.7-0.024\times1470}{6}=5.07, y=5.07+0.024x。$$

当2022年销售收入达到320万元时，预计资金需要量为 $5.03+0.024\times320=12.71$（万元）。

四、增长率与资金需求

由于企业要以发展求生存，销售增长是任何企业都无法回避的问题。企业增长的财务意义是资金增长。在销售增长时企业往往需要补充资金，这主要是因为销售增加通常会引起存货和应收账款等资产的增加。销售增长得越多，需要的资金越多。

从资金来源上看，企业增长的实现方式有以下两种：

（1）完全依靠内部资金增长。有些小企业无法取得借款，有些大企业不愿意借款，它们主要是靠内部积累实现增长。内部的财务资源是有限的，往往会限制企业的发展，无法充分利用扩大企业财富的机会。

（2）主要依靠外部资金增长。从外部筹资，包括增加债务和股东投资，也可以提高增长率。主要依靠外部资金实现增长是不能持久的。增加负债会使企业的财务风险增加，筹资能力下降，最终会使借款能力完全丧失；增加股东投入资本，不仅会分散控制权，而且会稀释每股盈余，除非追加投资有更高的回报率，否则不能增加股东财富。

（一）外部融资销售增长比

既然销售增长会带来资金需求的增加，那么销售增长和融资需求之间就会有函数关系，根据这种关系，就可以直接计算特定增长下的融资需求。假设它们成正比例，两者之间有稳定的百分比，即销售额每增长 1 元需要追加的外部融资额，可将其称为"外部融资额占销售增长的百分比"，简称"外部融资销售增长比"。其计算公式如下：

外部融资销售增长比＝经营资产销售百分比－经营负债销售百分比－计划销售净利率

$$\times [(1＋增长率)/增长率]\times(1－股利支付率)$$

【例 4】 某公司上一年销售收入 3000 万元，本年计划销售收入 4000 万元，假设经营资产销售百分比 66.67%，经营负债销售百分比 6.17%，计划销售净利率 4.5%，股利支付率为 30%，则外部融资额为

外部融资销售增长比＝0.6667－0.617－4.5%(1.3333/0.3333)(1－30%)＝0.479

外部融资额＝0.479×1000＝479(万元)

（二）内含增长率

销售额增加引起的资金需求增长，有两种途径来满足：一是内部保留盈余；二是外部融资，如果不能或不打算从外部融资，则只能靠内部积累，从而限制了销售的增长。此时的销售增长率，称为"内含增长率"。

【例 5】 沿用例 4，假设外部融资等于零：

0＝资产销售百分比－负债销售百分比－计划销售净利率

$$\times [(1＋增长率)\div增长率]\times(1－股利支付率)$$

$$0＝0.6667－0.0617－4.5\% \times [(1＋增长率)\div增长率]\times0.7$$

增长率＝5.493%

验算：

新增销售额＝3000×5.493%＝164.79(万元)

外部融资额＝(资产销售百分比×新增销售额)－(负债销售百分比×新增销售额)

－[销售利润率×计划销售额×(1－股利支付率)]

＝(0.6667×164.79)－(0.0617×164.79)－(4.5%×3164.79×0.7)

＝109.9－102－99.7＝0(万元)

（三）可持续增长率

可持续增长率是指不增发新股并保持目前经营效率和财务政策条件下公司销售所能增长的最大比率。

可持续增长率的假设条件如下：

(1) 公司目前的资本结构是一个目标结构，并且打算继续维持下去；

(2) 公司目前的股利支付率是一个目标支付率，并且打算继续维持下去；

(3) 不愿意或者不打算发售新股，增加债务是其唯一的外部筹资来源；

(4) 公司的销售净利率将维持当前水平，并且可以涵盖负债的利息；

(5) 公司的资产周转率将维持当前的水平。

在上述假设条件成立时，销售的实际增长率与可持续增长率相等。

　　虽然企业各年的财务比率总会有些变化，但上述假设基本上符合大多数公司的情况，大多数公司不能随时增发新股。据国外的有关统计资料显示，上市公司平均 20 年出售一次新股。我国上市公司增发新股也有严格的审批程序，并且至少要间隔一定年限。改变经营效率（改变资产周转率和销售净利率）和财务政策（增发股份或改变资产负债率和收益留存率），对于一个理智的公司来说是件非常重大的事情。当然，对于根本就没有明确的经营和财务政策的企业除外。

　　（四）可持续增长率计算

　　1. 根据期初股东权益计算可持续增长率

　　限制销售增长的是资产，限制资产增长的是资金来源（包括负债和股东权益）。在不改变经营效率和财务政策的情况下（即企业平衡增长），限制资产增长的是股东权益的增长率，因此可持续增长率的计算公式可推导如下

$$可持续增长率＝销售净利率×总资产周转率×收益留存率$$
$$×期初权益期末总资产乘数$$

　　2. 根据期末股东权益计算可持续增长率

$$可持续增长率＝销售净利率×资产周转率×收益留存率×期末权益乘数$$
$$/（1－销售净利率×资产周转率×收益留存率×期末权益乘数）$$

第三节　权　益　筹　资

　　企业创立时，最初的资金主要来源于企业的所有者。企业初创时吸收所有者的直接投资，涉及企业的注册资本制度。企业存续期间吸收所有者的直接投资，要调整企业的实收资本的结构，从而改变企业的产权结构。因此，在阐述权益筹资之前，我们有必要先考察一下注册资本制度。

一、注册资本制度

　　公司的注册资本是指公司在登记机关登记注册的资本额，也叫法定资本。

　　注册资本有两种含义：一是英美法系中的注册资本（registered capital）即授权资本或核准资本，它是在章程中载明、公司有权发行的资本额、确定授权资本或核准资本的目的之一就是为了政府注册，一般而言，注册资本数额少于发行资本，更少于实收资本；二是实行法定资本制度国家的注册资本，其含义与西方国家的注册资本截然不同，它也是在章程中载明、公司有权发行但公司必须全部、实际发行的资本，公司只有全部缴清出资额并经过法定验资机构验资后，才可以到登记机关登记注册，注册资本与发行资本、实收资本完全一致。

　　注册资本与注册资金的概念有很大差异。

　　（1）注册资金所反映的是企业经营管理权；注册资本则反映的是公司法人财产权，所有的股东投入的资本一律不得抽回，由公司行使财产权。

　　（2）注册资金是企业实有资产的总和，注册资本是出资人实缴的出资额的总和。

　　（3）注册资金随实有资金的增减而增减，即当企业实有资金比注册资金增加或减少20％以上时，要进行变更登记。而注册资本非经法定程序，不得随意增减。

　　依照《公司法》规定，公司的注册资本必须经法定的验资机构出具验资证明，验资机构出具的验资证明是表明公司注册资本数额的合法证明，依照国家有关法律、行政法规的规

定，能够出具验资证明的法定验资机构是会计师事务所和审计事务所。有国有资产参股的公司，国有资产产权登记证不再作为公司登记的前置条件。

我国为推进公司注册资本登记制度改革，降低创业成本，激发社会投资活力。于2014年3月1日推行注册资本登记制度改革。

推行注册资本登记制度改革，就是要按照便捷高效、规范统一、宽进严管的原则，创新公司登记制度，降低准入门槛，强化市场主体责任，促进形成诚信、公平、有序的市场秩序。

1) 放宽注册资本登记条件。除法律、法规另有规定外，取消有限责任公司最低注册资本3万元、一人有限责任公司最低注册资本10万元、股份有限公司最低注册资本500万元的限制；不再限制公司设立时股东（发起人）的首次出资比例和缴足出资的期限。公司实收资本不再作为工商登记事项。

2) 将企业年检制度改为年度报告制度，任何单位和个人均可查询，使企业相关信息透明化。建立公平规范的抽查制度，克服检查的随意性，提高政府管理的公平性和效能。

3) 按照方便注册和规范有序的原则，放宽市场主体住所（经营场所）登记条件，由地方政府具体规定。

4) 大力推进企业诚信制度建设。注重运用信息公示和共享等手段，将企业登记备案、年度报告、资质资格等通过市场主体信用信息系统予以公示。推行电子营业执照和全程电子化登记管理，与纸质营业执照具有同等法律效力。完善信用约束机制，将有违规行为的市场主体列入经营异常的"黑名录"，向社会公布，使其"一处违规、处处受限"，提高企业"失信成本"。

5) 推进注册资本由实缴登记制改为认缴登记制，降低开办公司成本。在抓紧完善相关法律法规的基础上，实行由公司股东（发起人）自主约定认缴出资额、出资方式、出资期限等，并对缴纳出资情况真实性、合法性负责的制度。

二、吸收直接投资

吸收直接投资是指企业按照共同投资、共同经营、共担风险、共享利润的原则来吸收国家、法人、个人、外商投入资金的一种筹资方式。吸收直接投资不以证券为媒介，适用于非股份制企业筹集自有资本的一种基本方式。

（一）吸收直接投资的种类

吸收直接投资按投资者的不同，可分为吸收国家直接投资（主要为国家财政拨款）、吸收企业事业单位等法人的直接投资、吸收企业内部职工和城乡居民的直接投资、吸收外国投资者和我国港澳台地区投资者的直接投资，分别形成国家资本金、法人资本金、个人资本金和外商资本金。

吸收直接投资按出资形式的不同，可分为吸收现金直接投资、吸收实物直接投资和吸收无形资产直接投资。

（二）吸收直接投资的条件

企业吸收直接投资必须符合一定条件，主要是：企业通过吸收直接投资而取得的实物资产或无形资产，必须符合生产经营、科研开发的需要，在技术上能够消化应用。在吸收无形资产投资时，应符合法定比例。企业通过吸收直接投资而取得的实物资产和无形资产，必须进行资产评估。

（三）吸收直接投资的程序

1. 确定筹资数量

企业在新建在扩大经营时，首先确定资金的需要量。资金的需要量应根据企业的生产经营规模和供销条件等来核定，确保筹资数量与资金需要量相适应。

2. 寻找投资单位

企业既要广泛了解有关投资者的资信、财力和投资意向，又要通过信息交流和宣传，使出资方了解企业的经营能力、财务状况以及未来预期，以便于公司从中寻找最合适的合作伙伴。

3. 协商和签署投资协议

找到合适的投资伙伴后，双方进行具体协商，确定出资数额、出资方式和出资时间。企业应尽可能吸收货币投资，如果投资方确有先进而适合需要的固定资产和无形资产，也可采取非货币投资方式。对实物投资、工业产权投资、土地使用权投资等非货币资产，双方应按公平合理的原则协商定价。当出资数额、资产作价确定后，双方须签署投资的协议或合同，以明确双方的权利和责任。

4. 取得所筹集的资金

签署投资协议后，企业应按规定或计划取得资金。如果采取现金投资方式，通常还要编制拨款计划，确定拨款期限、每期数额及划拨方式，有时投资者还要规定拨款的用途，如把拨款区分为固定资产投资拨款、流动资金拨款、专项拨款等。如为实物、工业产权、非专利技术、土地使用权投资，一个重要的问题就是核实财产。财产数量是否准确，特别是价格有无高估低估的情况，关系到投资各方的经济利益，必须认真处理，必要时可聘请专业资产评估机构来评定，然后办理产权的转移手续取得资产。

（四）吸收直接投资优缺点

吸收直接投资是我国企业筹资中最早采用的一种方式，在计划经济下被广泛采用。其优点如下：

（1）吸收直接投资所筹资本属于股权资本，与债务资本相比，能提高企业对外负债能力。

（2）吸收直接投资不仅可以取得一部分现金，而且能够直接获得所需的先进设备和技术，能尽快形成生产经营能力。

（3）吸收直接投资的财务风险较低。

吸收直接投资的缺点主要如下：

（1）资本成本高。吸收直接投资后企业要给投资者带来丰厚的回报，一般资金成本较高。

（2）该融资方式没有以证券为媒介，产权关系有时不够明晰，也不便于产权交易。

（3）投资者资本进入容易出来难，难以吸收大量的社会资本，融资规模受到限制。

三、普通股筹资

股票是股份公司为筹集自有资金而发行的有价证券，是公司签发的证明股东所持股份的凭证，它代表股东对股份制公司净资产的所有权。

（一）股票的特点

股票的特点如下：

（1）永久性。永久性是指发行股票所筹集的资金属于长期自有资金，没有期限，不需归还。换言之，股东在购买股票之后，一般情况下，不能要求发行公司退还股金。

（2）流通性。股票作为一种有价证券，在资本市场上可以自由转让、买卖和流通，也可以继承，赠送或作为抵押品。特别是上市公司发行的股票具有很强的变现能力，流动性很强。

（3）风险性。股东购买股票存在着一定的风险。由于股票的永久性使股东成为公司风险的主要承担者。股票价格的波动，股利发放的多少及公司破产清算时股东处于剩余财产分配的最后顺序等都为投资者带来很大风险。

（4）参与性。股东作为股份公司的所有者，拥有经营者选择权、重大决策权、财产监督权、获取收益权等权力，也有承担有限责任、遵守公司章程等义务。

（二）股票的分类

（1）按股东权利和义务的不同，股票可分为普通股和优先股。

普通股是一种最常见、最重要、最基本的标准型股票。普通股股票是股份制企业发行的，代表着股东享有平等的权利、义务，不加特别限制，股利不固定的股票。通常情况下，普通股股东个人行使的基本权利有：经营收益的剩余请求权、优先认股权、股票转让权、检查公司账目权、公司解散清算的剩余财产获取权、阻止管理人员越权行为等。普通股股东整体行使的权力有制定和修改公司章程、选举公司董事、制定和修改公司的规章制度、任免公司重要人员、授权出售固定资产、批准并购行为、批准公司的资本结构变动、决定发行优先股和债券等。普通股股东的义务是遵守公司章程、缴纳所认购的股本、以所缴纳的股本为限承担有限责任等。

优先股，也称特别股，是股份制企业发行的优先于普通股股东分取经营收益和清算时剩余财产的股票。对优先股股东来说，其收益相对稳定而风险较小。

（2）按股票是否记名，可分为记名股票和无记名股票。

记名股票是在股票上记载股东的姓名或名称并将其记入公司股东名册的一种股票。记名股票要同时附有股权手册，只有同时具备股票和股权手册，才能领取股利。记名股票的转让、继承都要办理过户手续。在我国，公司的国家股东、法人股东、发起人股东采用记名股票方式，社会公众股东可以采取记名股票方式，也可采用无记名股票方式。

无记名股票是指在股票票面上不记载股东的姓名或名称的股票。股东的姓名或名称不记入公司的股东名册，公司只记载股票数量、编号及发行日期。凡持有无记名股票，都可成为公司的股东。无记名股票的转让、继承无须办理过户手续，只要将股票交给受让人，就可发生转让效力。

（3）按股票是否标明票面金额，可分为有面额股票和无面额股票。

有面额股票是公司发行的票面记载有金额的股票。持有这种股票的股东，对公司享有权利和义务的大小，以其所拥有的全部股票的票面金额之和，占公司发行在外股票总额的比例大小来定。票面金额也是股东在有限公司中每股股票所负有限责任的最高限额。

无面额股票是指股票票面不标明每股金额的股票。无面值股票仅表示每一股在公司全部股票中占有的比例。也就是说，这种股票只在票面上注明每股占公司全部净资产的比例，其价值随公司财产价值的增减而增减。

在我国的《公司法》中规定，股票应当标明票面金额。

除上述分类外，目前在我国还可按投资主体的不同进行分类，可分为国家股、法人股、个人股和外商股；按发行对象和上市地点不同，可分为 A 种股票、B 种股票、H 种股票、S 种股票、N 种股票、T 种股票等；按发行公司的经营业绩，可分为绩优股、绩差股；按流通股数的大小，可分为大盘股和小盘股等。

（三）股票的发行

1. 发行的动机

明确股票发行的目的、动机，是股份公司决定发行方式、发行程序、发行条件的前提。股份公司发行股票，总的来说是为了筹集资金，但具体来说有所不同。

（1）筹集资本金。股份公司成立之初通过发行股票来筹集资本金，此时发行的股票称为始发股，这种股票的发行为公司获得了长期稳定的资本来源，从而使公司达到预定的资本规模。公司在经营过程中再次发行股票称为增资扩股，国家对此有一系列具体规定，通过增资扩股来扩大公司的资本规模。

（2）扩大影响。发行股票尤其是股票上市发行，必须经过严格的筛选，具备特定的条件。因此，能够向社会公众公开发售股票的有限公司，往往是有实力、有潜力的公司，这实际上是替公司做了一次免费广告，提高了公司信誉。

（3）分散风险。股份公司的发展，对资本需求量越来越大，原股权投资者往往财力有限，而且继续出资意味着风险过于集中。为了解决这些问题，可以通过发行股票的方式，既满足扩大资本规模的需求，又能吸引更多的投资者，从而把经营风险分散化。

（4）公积金转化为资本金。公司的资本公积金积累到一定数额，可将其一部分通过发行股票的方式转化为股本，此时的股票发行面向老股东，按原有股份的一定比例增发股票，老股东无须缴纳股金。在证券市场上，为此目的发行的股票被称为转增股。

（5）兼并与反兼并。公司的扩展有两条途径：一是依靠自己的力量不断积累壮大；二是兼并其他公司，而后者对于公司的扩展更为快捷。公司兼并其他企业可采用发行本公司的股票交换被兼并公司股票的方式进行，也可采用发行新股募集的资本购买被兼并公司的方式进行。同样，被列为被兼并对象的公司若要维持公司的经营权，解除被接管的威胁，也常常以发行新股的方式使对方的计划落空。

（6）股票分割。股票的分割是指股份公司将流通在外的股份按一定比例拆细的行为，也称拆股。当公司经营顺利，股价迅速上扬时，股票的分割可以降低股票的价格，吸引更多的投资者，有利于实现公司价值的最大化。

此外，发行股票还有其他目的。如向股东派发股票（送红股），将公司发行的可转换证券转换为股票等。

2. 股票发行的条件

虽然股份公司和股票市场是当今经济发展中极为普遍的现象，而且也是商品经济发达程度的重要标志，但股份公司发行股票必须符合一定的条件，遵循相应的法律法规，现对我国股票发行的条件做适当说明：

（1）新设立的股份有限公司申请公开发行股票，应当符合下列条件：

1）发起人认缴和向社会公开募集的股本达到法定资本的最低限额。

2）发起设立需由发起人认购公司应发行的全部股份。

3）募集设立的，发起人认购的股份不得少于公司股本总额的 35%，其余部分向社会公开募集。

4）发起人应有 5 人以上，其中半数以上在中国境内有住所。

5）发起人以工业产权、非专利技术作价出资的金额不得超过公司注册资本的 20％。

6）证监会规定的其他条件。

（2）原有企业改组设立股份有限公司申请公开发行股票，除应当符合上述条件外，还应当符合下列条件：

1）发行前一年末，净资产在总资产中所占比例不低于 30％，无形资产在净资产中所占比例不高于 20％，但证监会另有规定的除外。

2）近三年连续盈利。

3）国有企业改组设立股份有限公司并发行股票的，国家拥有的股份在公司拟发行股本总额中所占的比例，由国务院或国务院授权的部门规定。

4）必须采取募集方式。

（3）股份有限公司增资申请发行股票，必须具备下列条件：

1）前一次发行的股份已募足，并间隔 1 年以上。

2）公司在最近 3 年内连续盈利，并可向股东支付股利。

3）公司在最近 3 年内财务会计文件无虚假记载。

4）公司预期利润率可达到同期银行存款利率。

3. 股票发行的基本程序

根据国际惯例，各国股票的发行都有严格的法律规定程序，任何未经法定程序发行的股票都不发生效力。

（1）公司设立发行股票的基本程序。

1）发起人认购全部股份，交付股资。在发起设立方式下，发起人交付全部股资后，应选举董事会、监事会，由董事会办理设立登记事项。在募集设立方式下，发起人认足其应认购的股份并交付股资后，其余部分向社会公开募集。

2）提出募集股份申请。股份有限公司的设立必须经过有关部门批准。股份有限公司向社会公开发行募集股份的，还需向证券监督管理机构递交募股申请并经核准。

发起人在递交募股申请时，还要报送下列主要文件以备审查：批准设立公司的文件；公司章程；经营结算书；发起人的姓名或名称，认购的股份数，出资种类及验资证明；招股说明书；代收股款银行的名称和地址；承销机构名称及有关协议。

经证券监督管理机构批准向境外公开发行募集股份的股票，具体发行办法按特别规定执行。

3）公告招股说明书、制作认股书，签订承销协议和代收股款协议。募股申请获得核准后，发起人应在规定期限内向社会公告招股说明书。招股说明书应附有发起人制订的公司章程，并载明发起人认购的股份数，每股的标面金额和发行价格，无记名股票的发行总数，认股人的权利和义务，本次募股的起止期限及逾期未募足时认股人可撤回所认股份的说明等事项。

发起人在公告招股说明书的同时，还要制作认股书。认股书应载明招股说明书所列事项，还应由认股人填写所认股数、金额、认股人住所并签名、盖章。认股人将按照所认股数缴纳股款。

　　有些国家不允许股份公司自己发行股票，发起人向社会公开募集股份，应当与依法设立的证券经营机构签订协议，由证券经营机构承销股票。承销协议应载明当事人的姓名、住所及法定代表人的姓名，承销方式，承销股票的种类、数量、金额及发行价格，承销期，承销付款的日期及方式，承销费用，违约责任等。

　　发起人向社会募集股份，还应当与银行签订代收股款协议，由银行代收认股人缴纳的股款。

　　4）招认股份，缴纳股款。发行股票的公司或其承销机构一般用广告或通知的办法招募股份。认股者一旦填写了认股书，就是承担认股书中约定缴纳股款的义务。如果认股者总股数超过发起人拟招募总股数，可以采取抽签的方式确定哪些认股者有权认股。认股者应在规定的期限内向代收股款的银行缴纳股款，同时交付认股书。股款收足后，发起人应委托法定机构验资，出具验资报告。

　　5）召开创立大会，选举董事会、监事会。股款募足后，应在规定的期限内（法定30天）由发起人主持召开创立大会。创立大会应当由代表股份总数半数以上的认股人出席。

　　6）办理设立登记，交割股票。经创立大会选举产生的董事会，应在规定的期限内办理公司设立的登记事项。股份公司登记成立后，即向股东正式交割股票，公司登记成立前不得向股东交割股票。股票是公司签发的证明股东所持股份的凭证，必须采用纸面形式或者证券监督管理部门规定的其他形式。股票应由公司董事长签名，公司盖章，并载明下列主要事项：公司名称，公司登记成立日期，股票种类、票面金额及代表的股份数，股票的编号。发起人的股票应当标明"发起人股票"字样，以示与其他股票的区别。

　　（2）增资发行股票的基本程序。

　　1）作出发行新股的决议。公司应根据生产经营状况，提出发行新股的计划。公司发新股的种类、股数及发行价格应由股东大会根据公司股票在市场上的推销前景筹资的需要、公司的盈利和财产增值情况并考虑发行成本予以确定。

　　2）由董事会向国务院授权的部门或省级人民政府提出增资发行股票的申请并经批准。

　　3）公告新股招股说明书和财务会计报表及附属明细表，与证券经营机构签订承销合同，定向募集时向新股认购人发出认购公告或通知。

　　4）招认股份，缴纳股款，交割股票。

　　5）召开股东大会改选董事监事，办理变更登记并公告。

　　4. 股票发行的方式

　　股票发行方式是指公司通过何种途径发行股票。它可以按照不同的标准进行分类：

　　（1）按照股东是否需要出资分为有偿增资发行、无偿增资发行和有偿无偿并行增资发行三种。

　　有偿增资发行是指投资者须按股票面额或溢价，用现金或实物购买股票。股票发行主要是为了筹集资金，有公开招股发行、老股东配股发行和第三者配股发行三种。

　　无偿增资发行是指公司不向股东收取现金或实物财产，而是无代价地将公司发行的股票交付给股东。这种做法的目的不在于筹资，而是为了调整公司所有者权益的内部结构，增强股东的信心，提高公司的社会影响。它包括转增方式、股票股利方式和股票分割方式。

　　有偿无偿并行增资方式是指股份公司发行新股交付股东时，股东只交付一部分股款，其余部分由公司公积金抵免。这种发行方式兼有筹集资金和调整所有者权益内部结构的作用。

（2）按照股票是否公开发行分为公开间接发行和不公开直接发行两种方式。

公开间接发行是指通过中介机构，公开向社会公众发行股票。我国股份有限公司采用募集设立方式向社会公开发行新股时，须由证券经营机构承销的做法就属于股票的公开间接发行。这种发行方式的特点有：①发行范围广、发行对象多、易于足额募集资本；②股票的变现性强，流通性好；③股票的公开发行还有助于提高发行公司的知名度和扩大其影响力。但这种发行方式也有不足，主要是手续繁杂，发行成本较高。

不公开直接发行是指不公开对外发行股票，只向少数特定的对象直接发行，因而不需经中介机构承销。我国股份有限公司采用发起设立方式和无偿增资发行股票等方式均属于股票的不公开直接发行。这种发行方式弹性较大，发行成本低；但发行范围小，有时股票变现性差。

5. 股票推销方式

股票推销方式是指股份有限公司在发行股票时所采取的股票销售方法。一般可分为两类：

（1）自销。它是指股份有限公司自行直接将股票出售给投资者，而不经过证券经营机构承销。这种销售方式可以节省发行费用，直接控制发行过程，实现发行意图，但往往筹资时间长，发行风险完全由发行公司承担。一般适用于发行数额不多，发行风险较小，知名度较高且有实力的大公司的股票发行。

（2）承销。承销是指发行公司将股票销售业务委托给证券承销机构代理。这种销售方式是发行股票所普遍采用的。在我国，股份有限公司向社会公开发行股票，必须与依法设立的证券经营机构签订承销协议，由证券经营机构承销。承销包括包销和代销两种具体形式。

1）包销是指根据承销协议商定的价格，证券经营机构一次性全部购进发行公司公开募集的股份，然后以较高的价格出售给社会上的认购者。这种方式便于发行公司及时筹足资金，免于承担发行风险，但股票以较低的价格销售给承销商，发行成本较高。

2）代销是指由证券经营机构代替发行公司代售股票，并收取一定的代销佣金，在规定的期限内，如果证券经营机构未能将全部股票出售，则代理方没有认购剩余股票的义务。

6. 股票发行价格

股票的发行价格，是股份公司发行股票时，将股票出售给投资者所采用的价格。股票发行价格通常是发行公司根据股票的面额、每股税后利润、市盈率的大小进行测算，与证券经营公司协商确定后，报国务院证券管理机构核准。在测算时一般用下列计算公式：

新股发行价格＝每股税后利润×市盈率

其中每股税后利润以发行前一年每股税后利润和发行当年摊销后每股税后利润加权平均数计算，一般前者的权数为70％，后者的权数为30％。所谓"摊销"是指由于流通在外普通股股数增加而导致每股税后利润等指标的下降。市盈率的规定较为复杂，可考虑股市行情、流通盘大小、所属地区、所属行业和其他因素等分析确定，实际工作中，一般取值在14～22倍。

另外，初次发行时，少数公司有平价（按面值）发行股票的情况。再次发行股票时还有时价发行和中间价发行两种情况。

在我国，股票发行价格可以等于票面金额（平价），也可以超过票面金额（溢价），但不得低于票面金额（折价）。

（四）股票上市

股票上市是指股份有限公司公开发行的股票，符合规定条件，经过申请批准后在证券交易所作为交易的对象，进行挂牌交易。经批准在证券交易所上市交易的股票，称为上市股票，其股份有限公司称为上市公司。

1. 股票上市的目的

股份有限公司申请股票上市，其基本目的是增强本公司股票的吸引力，形成稳定的资金来源，在更大范围内筹集大量资金。具体来说主要有以下一些目的：

（1）促进公司股权的社会化，防止股权过于集中，分散风险。股票上市后，会有更多的投资者认购公司股份，公司则可将部分股份转售给这些投资者，再将得到的资金用于其他方面，这就分散了公司的风险。

（2）提高公司所发行股票的流动性和变现能力，便于投资者认购、交易。

（3）便于筹措新资金。股票上市必须经过有关机构的审查批准并接受相应的管理，执行各种信息披露和股票上市的规定，这就大大增强了社会公众对发行公司的信赖，使之乐于购买公司的股票。同时，由于一般人认为上市公司实力雄厚，也便于公司采用其他方式（如负债）筹措资金。

（4）提高公司的知名度，吸引更多顾客，扩大销售量。

（5）便于确定公司价值。股票上市后，公司股份有价可循，因而便于确定公司的价值，有利于促进公司财富最大化。

（6）有助于确定公司增发新股的发行价格。股票上市也有对公司不利的一面。这主要表现在：公司将负担较高的信息披露费用；各种信息公开的要求可能会暴露公司商业秘密；股价有时会歪曲公司的实际状况，甚至丑化公司声誉；可能会分散公司的控制权，造成管理上的困难。

2. 股票上市的条件

公司公开发行的股票进入证券交易所挂牌买卖（即股票上市），须受严格的条件限制，这在我国的《公司法》中都有明确的规定，本书不再赘述。

3. 股票上市的程序

股份有限公司申请股票上市，必须报经国务院证券监督管理机构核准，应当提交下列文件：

（1）上市报告书。

（2）申请上市的股东大会决议。

（3）公司章程和营业执照。

（4）经法定验证的最近三年的或者公司成立以来的财务会计报告。

（5）法律意见书和上市保荐书。

（6）最近一次的招股说明书。

获得国务院证券监督管理机构核准后，证券交易所应当自接到该股票发行人提交的规定文件之日起 6 个月内，安排该股票上市交易。上市公司应当在上市交易的 5 日前公告经核准的股票上市有关文件，并将该有关文件置备于指定场所供公众查阅。除此之外，还应当公告股票获准在证券交易场所交易的日期、持有公司股份最多的前 10 名股东的名单和持股份额、董事监事经理及有关高级管理人员的姓名与持有本公司股票债券的情况等。

4. 股票上市决策

一个股份公司即使具备了股票上市的条件，也应该在申请股票上市交易前对公司状况进行分析，对上市股票的股利政策、上市方式和上市时机做出决策。

（1）公司状况分析。以具备股票上市条件的公司，在申请股票上市前，需全面分析公司及股东的状况，权衡股票上市的利弊。如果公司面临的主要问题是资金不足或现有股东持股比例过高，风险过大，则可以通过股票上市予以解决；如果公司目前的关键是控制权问题。降低控制权就会导致经营的不稳定，影响公司的长远发展，则不宜股票上市。

（2）上市公司的股利政策。在一般情况下，上市公司的股利政策应当做到连续、一贯、丰厚，给股东以较好的回报，不能经常用"不分配""暂不配"来搪塞股东，更不能经常用虚假的财务报告欺骗投资者，利用股票单纯实现"圈钱"的目的。

（3）股票上市方式的决策。实现股票上市一般有公开出售和反向收购等方式，拟定股票上市的公司要根据股市行情、投资者和本公司的具体情况进行决策。

1）公开发售是股票上市的最基本方式。这种方式有利于达到公司增加现金资本的需要，有利于达到公司增加现金资本的需要，有利于原股东转让其所持有的部分股份。

2）反向收购是指申请上市的公司收购已上市的较小公司的股票。然后向被收购公司的股东配售新股，以达到筹资的目的，也称为"借壳上市"。一般情况下，被收购的公司是微利、流通盘较小，第一股东持股比例较低的上市公司。

（4）股票上市时机的选择。股票上市的最佳时机是公司预计未来年度将取得良好业绩的时候。除此之外，还应考虑拟定上市时的股市行情。因为在股市低迷时，股市的管理层往往要减缓甚至会停止股票的上市，即使获准上市，股价也相对较低，不便于筹资。

（五）普通股融资的利弊分析

1. 普通股融资的优点

与其他筹资方式相比，普通股筹资主要具有如下优点：

（1）普通股筹资没有固定的到期日和固定的利息负担。利用普通股筹集的是永久性的资金，一般不需偿还（除公司清算），股利的多少可根据公司的盈利情况和公司对资金的需求情况而定，若公司盈余较多且没有更好的投资项目时，就可以多分股利；若公司盈余较少，或虽然盈余较多但公司资金短缺或有更好更有利的投资项目时，就可以少分或不分股利。

（2）筹资风险小。因为普通股没有固定的到期日，不用支付固定的利息，所以这种筹资方式不存在不能偿付的风险，是一种风险最小的筹资方式。

（3）发行普通股能增加公司的信誉。普通股股本和由此产生的资本公积金是公司借入债务的基础。有了较多的普通股股本，就可为债权人提供较大的损失保障。因此，普通股筹资有利于提高公司的信用价值，同时也为筹集债务资金提供了强有力的支持。

（4）筹资限制相对较少。相对于利用优先股和债券筹资而言，普通股筹资限制相对较少。

2. 普通股筹资的缺点

（1）资本成本较高。首先，普通股的发行费用较高。其次由于抵税效应的存在，即利息可在税前扣除，股利要从净利中支付。最后从投资者的角度看，投资于普通股风险较大，相应地要求有较高的投资报酬率。因此，普通股筹资的成本一般要高于债务筹资的成本。

（2）分散公司的控制权。利用普通股筹资，发行新股，可能会引起原有股东持股比例的变动，扩大持股人范围，分散公司的控制权，因此，利用普通股筹资会受到很大的制约。

（3）公司过度依赖普通股筹资，会降低普通股的每股净收益，引发股价的下跌，进而影响公司其他融资手段的使用。

（六）留存收益筹资

留存收益是指企业从历年实现的利润中提取或形成的留存于企业的内部积累，它主要包括盈余公积和未分配利润。留存收益来源于企业在生产经营活动中所实现的净利润，所有权归企业的所有者，它的存在实质上是企业所有者向企业追加投资，是企业的一种筹资活动。所以，留存收益筹资也称内部筹资或收益留用筹资。

留存收益筹资是当今企业的重要筹资方式之一，与其他筹资方式相比，除了具有股票筹资方式的优点外留存收益还具有不发生取得成本的优点。企业从外部筹集资金，无论采用何种筹资方式，都要发生取得成本，特别是发行股票和债券，资金的取得成本是相当高的。因此，使用内部筹资对企业非常有利，可以为企业节约一大笔资金取得成本等支出。

留存收益筹资也有其缺点，主要表现在：保留留存收益往往会受到一些股东的反对；保留留存收益过多，股利支付过少，可能不利于股票价格的上涨，影响企业在债券市场上的现象，增加企业今后增发股票和发行债券的筹资难度。

第四节　长期负债筹资

负债筹资是指企业通过负债筹集所需资金。负债筹资包括向银行借款、发行公司债券、融资租赁和利用商业信用等几种形式。按照所筹资金可使用时间的长短，负债筹资可分为长期负债筹资与短期负债筹资，本章着重介绍长期负债筹资，短期负债筹资参见本书第八章营运资金管理。

一、银行借款筹资

银行借款筹资是指企业根据借款合同从有关银行或非银行金融机构借入所需资金的一种筹资方式。

（一）银行借款的分类

（1）按照借款的期限长短分为短期、中期和长期借款三种。短期借款是指借款期限在1年以内（含1年）的借款；中期借款是指借款期限在1年以上（不含1年）5年以下（含5年）的借款；长期借款是指借款期限在5年以上（不含5年）的借款。

（2）按照借款的条件可分为信用借款、担保借款和票据贴现三种。信用借款是指以借款人的信誉为依据而获得的借款，它无须企业的财产做抵押。担保借款是指以一定的财产做抵押或以一定的保证人做担保为条件所取得的借款。票据贴现是指企业以持有的未到期的商业票据向银行贴付一定的利息而取得的借款。

（3）按提供贷款的机构可划分为政策性银行贷款、商业银行贷款和其他金融机构贷款。政策性银行贷款是指执行国家政策性贷款业务的银行向企业发放的贷款，包括国家开发银行提供的贷款、中国进出口银行提供的贷款、中国农业发展银行提供的贷款等。商业银行贷款是指商业银行向企业提供的贷款，这种贷款主要满足企业建设竞争性项目的资金需要，企业取得贷款后应自主决策，自担风险，到期还本付息。其他金融机构贷款是指除银行以外的金融机构向企业提供的贷款，主要包括企业向财务公司、信托投资公司、投资公司、保险公司等金融机构借入的款项。

（二）向银行借款的程序

企业向银行借款一般要经过提出申请、银行审批、签订合同、取得借款、归还借款支付利息几个步骤。

1. 提出申请

企业向银行借入资金必须具备贷款条件。企业申请贷款应具备的条件主要有：①具备法人资格；②生产经营方向和业务范围符合国家政策，且贷款用途符合银行贷款办法规定的范围；③借款企业具有一定的物资和财产保证，或担保单位具有相应的经济实力；④具备还贷能力；⑤在银行开立账户，办理结算。

已具备贷款条件的企业，除填写包括借款金额、借款用途、偿还能力及还款方式等主要内容的《借款申请书》外，还应提供下列资料：①借款人及保证人的基本情况；②财政部门或会计师事务所核准的上年度财务报告；③原有的不合理借款的纠正情况；④抵押物清单及同意抵押的证明，保证人拟同意保证的有关证明文件；⑤项目建议书和可行性报告；⑥银行认为需要提交的其他资料等。

2. 银行审批

银行收到企业的《借款申请书》及有关资料后，应根据贷款原则和贷款条件，对借款企业进行审查，按照审批权限，核准企业申请的借款金额和用款计划。我国金融部门对贷款规定的原则是按计划发放、择优扶植、有物资保障、按期归还。

银行审查的主要内容是企业的财务状况、信用情况、盈利的稳定性、发展前景、借款投资项目的可行性、抵押品和担保情况等。

3. 签订合同

借款申请被批准后，为了维护借贷双方的合法权益，保证资金的合理使用，双方应正式签订借款合同，以明确贷款的数额、利率、期限和一些约束性条款等。

4. 取得借款

借款合同签订后，企业可在核定的贷款指标范围内，根据用款计划和实际需要，一次或分次将贷款转入企业的存款结算户，以便使用。

5. 归还借款支付利息

企业应依据借款合同按期清偿本息，如果企业不能按期归还借款，应在借款到期之前，向银行申请贷款展期。

（三）借款利息的支付方式

1. 利随本清

利随本清，又称收款法，是指在借款到期时向银行支付利息的方法。采用这种方法，借款的名义利率（即借款合同协定利率）等于其实际利率（即有效利率）。

2. 贴现法

贴现法是指银行向企业发放贷款时，先从本金中扣除利息部分，到期时借款企业再偿还全部本金的一种计息方法。采用这种方法，企业可利用的贷款额只有本金扣除利息后的差额部分，因此实际利率高于名义利率。

计算公式为

$$贴现贷款实际利率 = \frac{利息}{款金 - 利息} \times 100\%$$

或　　　　　　　　　　$$贴现贷款实际利率 = \frac{名利率}{1-名利率} \times 100\%$$

3. 定期等额还本付息法

定期等额还本付息法是指在贷款期内连本带息均按相等金额分期偿还的方法。分期偿还计划可按季、半年或一年制定。计算每期偿还额时，可将每次偿还额看成年金，用贷款本金除以年金现值系数求出每期偿还额。

（四）借款筹资的利弊分析

1. 银行借款筹资的优点

银行借款筹资的优点如下：

（1）筹资成本低。利用银行借款筹资，其利息可在税前支付，故可减少企业实际负担的利息费用，因此比股票筹资的成本要低；就目前我国情况来看，利用银行借款所支付的利息要比发行债券支付的利息低，并且也不需支付大量的发行费用。

（2）筹资速度快。银行借款筹集资金，不像发行股票、债券那样经过印刷、申报、审批、推销等过程需要花费较长时间，它只需与银行等贷款机构达成协议即可。其程序相对简单，花费时间较短，企业可以迅速获得所需资金。

（3）借款弹性强。在借款之前，企业可根据当时的资金需求与银行等贷款机构直接商定贷款的时间、数量和条件。在借款期间，若企业的财务状况发生某些变化，也可与银行等金融机构进行协商，修改借款数量、时间和条件，或提前偿还利息。借款到期后，如有正当理由，还可申请延期归还。

（4）便于利用财务杠杆效应。由于借款利息一般是固定或相对固定的，这就为企业利用财务杠杆效应创造了条件。若企业的资本报酬率超过了贷款利率，就会增加普通股股东的每股收益，提高企业的净资产报酬率。

（5）不改变企业的控制权。银行借款筹集的资金属于负债筹资，债权人无权管理企业，所以银行借款筹资不改变企业的控制权。

2. 银行借款筹资的缺点

银行借款筹资的缺点如下：

（1）财务风险较大。企业举借长期借款，必须按期足额还本付息，企业在经营不利的情况下，可能会产生不能偿付的风险，甚至可能导致破产。

（2）限制性条款较多。在借款合同中，对借款用途都有明确规定，企业不得改变借款用途，必须定期报送有关报表等，另外银行对企业资本支出额度、再融资等行为也有较严格的约束，这些条款可能会限制企业的经营活动。

（3）筹资数额有限。银行借款的数额往往要受到贷款机构资本实力的制约，不可能像发行债券、股票那样一次筹集到大笔资金。

二、债券筹资

债券是债务人为筹集资金而发行的、约定在一定期限内还本付息的一种有价证券。在我国，非公司制企业发行的债券称为企业债券，股份有限公司和有限责任公司发行的债券称为公司债券。从性质上讲，债券与借款一样是企业的债务，发行债券一般不影响企业的控制权，发行企业无论盈利与否必须到期还本付息。

（一）债券的分类

债券可以从不同的角度进行分类，现主要介绍以下几种分类方法。

（1）按有无抵押担保，将债券分为信用债券、抵押债券和担保债券。

信用债券又称无抵押担保债券，是指没有具体财产担保而仅凭发行企业的信誉发行的债券。企业发行信用债券往往有许多限制条件，这些限制条件中最重要的是禁止企业将其财产抵押给其他债权人。由于这种债券没有具体的财产做抵押，所以，只有那些历史悠久信誉良好的公司才能发行这种债券。

抵押债券是指以一定的抵押品作抵押而发行的债券。抵押债券按抵押物品的不同又可以分为证券抵押债券、设备抵押债券和不动产抵押债券等。

担保债券是指由一定保证人作担保而发行的债券。这里的保证人应是符合《担保法》要求的企业法人，它必须具备以下条件：①净资产不能低于被保证人拟发行债券的本息；②近三年连续盈利，且有良好的业绩前景；③不涉及改组、解散等事宜或重大诉讼案件；④中国人民银行规定的其他条件。

（2）按债券是否记名，将债券分为记名债券和无记名债券。

记名债券是指在债券票面上注明债权人姓名或名称并在发行公司的债权人名册上进行登记的债券。对于这种债券发行方只对记名人凭身份证或其他有效证件偿本付息。在转让记名债券时，除要交付债券外，还要在债券上背书并在发行公司债权人名册上更换债权人姓名或名称。这种债券的优点是比较安全，缺点是转让时手续复杂。

无记名债券是指债券票面不记载债权人姓名和名称，也不用在发行公司债权人名册上进行登记的债券。这种债券的优点是转让时，只需将债券交付给受让人即发行效力，无须背书，比较方便；其缺点是丢失后不便于查找。我国发行的债券一般是无记名债券。

（3）按债券是否可以转换为股票，将债券分为可转换债券和不可转换债券。

可转换债券是指债券持有者在预定的期间内根据规定的价格转换为发行公司股票（一般为普通股）的债券。

不可转换债券是指不能转换为发行公司股票的债券。在我国大多数债券属于这种债券。

除上述分类外，还有一些其他分类方法，本书不再一一介绍。

（二）公司债券的发行

1. 债券发行的条件

我国的《公司法》中明确规定，股份有限公司、国有独资公司和两个以上的国有企业或者两个以上的国有投资主体投资设立的有限责任公司具有发行债券的资格。上述公司在发行公司债券时，需具备如下条件：

（1）股份有限公司的净资产额不低于人民币3000万元，有限责任公司的净资产额不低于人民币6000万元。

（2）累计债券总额不超过公司净资产的40%。

（3）近三年平均可分配利润足以支付公司债券一年的利息。

（4）筹集资金的投向符合国家产业政策。

（5）债券的利率不得超过国务院限定的利率水平。

（6）国务院规定的其他条件。

2. 债券发行的基本程序

（1）做出决议。公司在实际发行债券之前，必须由董事会做出发行债券的决议，以明确公司发行债券的总额、票面金额、发行价格、募集方法、偿还日期等内容。

（2）提出申请。公司发行债券必须向国务院证券管理部门提出申请，同时并提交公司登记证明、公司章程、公司债券募集办法、资产评估报告和验资报告等书面资料，由国务院证券管理部门进行审批。

（3）公告募集办法。发行公司债券的申请被批准后，发行公司应当向社会公告债券募集办法。

（4）委托证券机构发售。根据我国有关法律、法规的要求，发行公司可以选择代销或包销方式通过承销团向社会发售债券。

（5）交付债券，收缴款项，登记债券存根簿。

3. 债券的发行价格

资金市场上的利息率是经常变化的，而企业债券一经印制，就不便于再调整票面利息率。从债券的开始印刷到正式发行，往往需要经过一段时间，在这段时间内如果资金市场上的利率发生变化，就要靠调整发行价格的方法来使债券顺利发行。因此，债券的发行价格有等价发行、折价发行和溢价发行三种。

等价发行也称面值发行或平价发行，是指按债券的面值出售，此时票面利率与市场利率二者相等；折价发行是指以低于债券面值的价格出售，此时的票面利率低于市场利率；溢价发行是指以高于债券面值的价格出售，此时的票面利率高于市场利率。

在分期付息、到期一次还本，且不考虑发行费用的情况下，债券发行价格的计算公式为

$$债券发行价格 = \frac{票面金额}{(1+市场利率)^n} + \sum_{t=1}^{n} \frac{票面金额 \times 票面利率}{(1+市场利率)^t}$$

或　　债券发行价格＝票面金额×$(P/F, i_1, n)$＋票面金额×i_2×$(P/A, i_1, n)$

式中　n——债券期限；

　　　i_1——市场利率；

　　　i_2——票面利率。

在到期一次还本付息，且不考虑发行费用的情况下，债券发行价格的计算公式为

$$债券发行价格 = \frac{票面金额 \times (1+票面利率 \times n)}{(1+市场利率)^n}$$

或　　　　债券发行价格 ＝ 票面金额×$(1+i_2 \times n)$×$(P/F, i_1, n)$

经过上述公式测算后的发行价格，还应结合一些其他因素（如债券的流动性、期限长短、未来市场利率的变动趋势等）做出适当调整。

（三）债券的偿还

1. 债券的偿还时间

债券的偿还时间按其实际发生与规定的到期日之间的关系，可分为到期偿还和提前偿还两类，其中到期偿还又分为一次偿还和分批偿还两种。

提前偿还又称提前赎回或收回，是指在债券尚未到期之前就予以偿还。它必须在发行债券的契约中明确规定了有关允许提前偿还的条款，企业才可以提前偿还。提前偿还所支付的价格通常要高于债券的面值，并随到期日的临近而逐渐下降。当企业资金有结余时，可提前赎回债券；当预测利率下降时，也可提前赎回债券，以便将来再发行利率较低的新债券，所以有这种约定的债券，可使企业融资具有较大的弹性。

根据我国有关规定，面向社会公开发行的债券，在债券兑付起始日的 15 日前，发行人

或代理兑付机构，应通过广播、电视、报纸等宣传工具向投资人公布债券的兑付办法，其主要内容有：①兑付债券的发行人及债券名称；②代理兑付机构的名称及地址；③债券兑付的起止日期；④逾期兑付债券的处理；⑤兑付办法的公布单位及公章；⑥其他需要公布的事项。

债券兑付起始日 3 日前，债券发行人应将兑付资金划入指定的账户，以便用于债券的偿还。

2. 债券的偿还形式

债券的偿还形式是指偿还债券时使用什么样的支付手段。可使用的支付手段包括现金、新发行的本公司债券（简称新债券）、本公司的普通股票和本公司持有的其他公司发行的有价证券等。其中以新发行的本公司债券为支付手段的偿还形式称之为债券的调换，简称换债。

换债是当今企业运用较多的一种偿还形式。企业采用换债形式主要目的是：原有债券的契约中订有较多的限制性条件，不利于企业的发展，而更换新债券；把多次发行、尚未彻底清偿的债券进行合并，以减少管理费用；债券到期，但企业现金不足；实现节约利息费用和继续融资的双重目的等。

（四）债券筹资的利弊分析

1. 债券筹资的优点

（1）资本成本低。与股票相比，债券的利息允许在税前扣除，并且发行费用也相对较低，因此公司实际负担的资金成本一般低于股票。

（2）保证控制权。债券持有者一般无权参与发行公司的经营管理，因此发行债券一般不会分散公司股东的控制权。

（3）可以发挥财务杠杆作用。无论发行公司的盈利是多是少，债券持有者一般只收取固定的利息，而使更多的盈利用于分配给股东或留归企业。

2. 债券筹资的缺点

（1）筹资风险高。债券通常有固定的到期日和票面利率，需按期还本付息。在发行企业不景气时，还本付息将成为企业严重的财务负担，甚至有可能会导致企业破产。

（2）限制条件多。发行债券往往会有一些严格的限制性的条款，从而限制了企业对债券筹资的使用，甚至有些会影响企业的正常发展和今后的再筹资活动。

（3）筹资额有限。公司利用债券筹集资金一般要受到额度的限制。在我国的有关法规中明确指出，公司累计发行在外的债券总额不得超过公司净资产的 40%。

三、融资租赁

（一）融资租赁的含义

租赁是指出租人在承租人给予一定报酬的条件下，授予承租人在约定的期限内占有和使用财产权利的一种契约性行为。

租赁可分为融资租赁与经营租赁两种。经营租赁是指承租人为生产经营过程的临时性、季节性需要而向出租人短期租入资产的行为，它只是暂时取得租入资产的使用权。融资租赁又称为财务租赁，是一种转移了与资产所有权有关的全部风险和报酬的租赁。它最终可能转移资产所有权，也可能不转移。这种租赁的租期较长，一般为租赁资产经济寿命的 75% 及其以上，由于它可满足企业对资产的长期需要，所以有时也称为资本租赁，它是现代租赁的主要形式。

（二）融资租赁的形式

融资租赁可进一步细分为直接租赁、售后租回和杠杆租赁三种形式。

1. 直接租赁

直接租赁是指承租方直接向出租方提出承租方需要的资产，出租方按照承租方的要求选购或制造资产后，再出租给承租方。对于承租方来说，它类似于分期付款购入资产。这种形式既能满足承租方对资产的需求，又不需一次性地全额支付款项。直接租赁是融资租赁的主要形式。

2. 售后租回

售后租回是指承租方（即销货方，下同）因面临财务困难，急需资金时，将原来归自己所有的资产售给出租方（即购货方，下同），然后以租赁的形式从出租方原封不动地租回该资产。它类似于承租人以资产为抵押借入一笔资金（销货款），将来分期归还本息（租金）。这种形式一方面企业可以获得现金流入，缓解企业的资金需求，另一方面又能继续使用原资产，不影响企业的日常生产经营活动的持续进行。这种租赁形式对于承租人来说与直接租赁没有任何区别。

3. 杠杆租赁

杠杆租赁是指租赁涉及的资产价值昂贵时，出租方自己只投入部分（一般为资产价值的20%～40%）资金，其余资金以该资产作为担保向第三方（通常为银行）借入，然后将该资产租给承租方的一种租赁形式。由于出租方只用少量资金（资产价值的20%～40%）就盘活了巨额的租赁业务，就如同杠杆原理一样，故称为杠杆租赁。这种租赁形式对于承租人来说与直接租赁没有任何区别。

（三）融资租赁的程序

1. 选择租赁公司

企业决定采用融资租赁方式租入资产后，首先需了解各个租赁公司的经营范围、业务能力以及与其他金融机构的关系和资信情况，取得租赁公司的融资条件和租赁费率等资料，经过比较选出最佳租赁公司。

2. 办理租赁委托

企业选定租赁公司后，便可填写《租赁申请书》，说明所需设备的具体要求，同时提供企业的财务报表，以办理租赁委托手续。

3. 签订购货合同

如果是需要购入资产的租赁（一般为直接租赁或杠杆租赁），应由承租企业与租赁公司的一方或双方合作组织选定设备制造厂商，经过协商后，签订购货协议。

4. 签订租赁合同

租赁合同须由租赁双方共同签订，它是租赁业务的重要法律文件。

5. 办理验货与投保

租赁企业收到租赁设备，要进行验收。租赁公司可以向保险公司办理保险事宜。

6. 按期支付租金

根据租赁合同的约定，租赁企业按期支付租金。

7. 处理租赁期满的设备

租赁合同期满时，承租企业应按租赁合同的规定，实行返还、留购和优惠续租。

（四）融资租赁租金的计算

融资租赁租金的数额和支付方式对承租企业的未来财务状况具有直接的影响，也是租赁筹资决策的重要依据。

1. 融资租赁租金的构成

融资租赁的租金主要包括设备价款和租息，其中租息可分为融资成本和租赁手续费等。

（1）设备价款。它是租金构成的主要内容，包括租赁资产的买价、运杂费和途中保险费等。

（2）融资成本。它是租赁方为购买租赁资产所筹资金的成本，即资产租赁期间的利息。

（3）租赁手续费。它包括租赁方承办资产租赁业务时的营业费用和一定的盈利。

（4）租赁期限。一般而言，租赁期限的长短会影响租金总额，进而影响每期租金数额。

（5）租金的支付方式。按支付间隔期，分为年付、半年付、季付和月付；按在期初还是期末支付，分为先付和后付；按每次是否等额支付，分为等额支付和不等额支付。

下面介绍平均分摊法计算每次应付的租金。平均分摊法是指先以商定的利息率和手续费率计算出租赁期间的利息和手续费，然后连同设备成本按支付次数平均。公式表示：

$$A = \frac{(C-S)+I+F}{N}$$

式中　A——每次支付的租金；

　　　C——租赁设备购置成本；

　　　S——租赁设备预计残值；

　　　I——租赁期间利息；

　　　F——租赁期间手续费；

　　　N——租期。

2. 租金的支付方式

租金的支付方式可以按不同的标准进行分类。

（1）按支付的时期的长短划分，可分为年付、半年付、季付和月付等几种。

（2）按各支付时期的具体支付时间划分，可分为先付租金和后付租金两种。先付租金是指在期初支付，后付租金是指在期末支付。

（3）按各支付时期支付的金额是否相等划分，可分为等额支付和不等额支付。

3. 租金的计算方法

租金的计算原理是：各期支付租金的现值应等于设备价款与租息的现值。具体计算方法可参见第二章。

（五）融资租赁筹资的利弊分析

1. 融资租赁筹资的优点

（1）限制条件少。虽然融资租赁时类似于债券和银行借款的限制也有，但一般比较少。

（2）筹资速度快。融资租赁是筹资与购置资产同时进行的，所以它比从银行贷后再购置资产还要迅速，更不同于发行股票、债券那样要较长时间的前期准备和推销。

（3）设备淘汰风险小。融资租赁的租赁期一般为资产尚可使用年限的 75%，它不会像自己购入的设备等资产那样在整个寿命期都承担风险。

（4）税收负担轻。融资租赁的有关支出最终都将以各种方式（如折旧、摊销、直接列入费用）计入费用，并且在税前扣除，具有抵税效应。

（5）财务风险小。租金一般为分期支付，不用到期归还大量资金，从而把一次性不能偿付的风险在整个租期内分解，减小了不能偿付的风险。

2. 融资租赁筹资的缺点

融资租赁筹资的缺点如下：

（1）资本成本较高。一般来说，融资租赁要比银行借款和发行债券负担的利息要高得多。

（2）在企业财务困难时，固定的租金也会构成一项较沉重的负担。

另外，企业在选择筹资方式时，不要错误地按照："有钱就买，没钱就借，借不到就租"的思维模式，而是要考虑多种因素，综合分析比较。

第五节　混合性筹资

混合性筹资通常包括发行优先股筹资和发行可转换债券筹资，本节也介绍发行认股权证筹资。

一、发行优先股筹资

优先股股票是指由股份有限公司发行的，在分配公司收益和剩余财产方面比普通股票具有优先权的股票。它是介于股票与债券之间的一种有价证券，属于混合证券。

发行优先股所筹集的资金也属于所有者权益资本，但从控制权角度看，优先股股东一般没有表决权，发行优先股一般不会稀释公司普通股股东的控制权。所以发行优先股对于公司资本结构、股本结构的优化，提高公司的盈利水平，增强公司财务弹性等方面都具有十分重要的意义。

（一）优先股的种类

（1）按股息是否可以累积，可分为累积优先股与非累积优先股。

累积优先股是指可以将以往营业年度公司拖欠未付的股息累积起来，由以后营业年度的盈利来一并支付的优先股股票。也就是说，当公司营业状况不好，无力支付固定的股息时，可把应付而未付的股息积累下来，当公司营业状况好转，盈余增多时，再予以补付。公司在分派股利时，无论是以前年度优先股股息的补付，还是当年的优先股股息的支付都优先在普通股红利之前支付。

非累积优先股是指仅按当年利润分取股息，而不予以累积补付的优先股股票。

按照我国的有关法规规定，优先股股东无表决权，但公司连续三年不支付优先股股息时，优先股股东就享有普通股股东的权利。

（2）按优先股是否参与剩余利润的分配，可分为全部参与优先股、部分参与优先股和不参与优先股。

全部参与优先股是指优先股股东在利润分配上与普通股股东同股同利。部分参与优先股是指优先股股东除了按约定的固定股息获得股息收入外，还有权在一定额度内参与剩余利润的分配，超过规定额度部分的剩余利润，归普通股所有。不参与优先股是指优先股股东只按约定的固定股息取得股息收入，不能参与剩余利润的分配。

（3）按优先股是否可以转换为普通股，分为可转换优先股与不可转换优先股。

　　可转换优先股是指优先股股东在一定时期内可按一定比例把优先股转换成普通股的股票。可转换优先股到达预定时期是否转换为普通股，一般取决于持有该股票的股东。不可转换优先股是指不能转换成普通股的股票，它不能获得转换收益。

　　（4）按照是否可以赎回股票，分为可赎回优先股和不可赎回优先股。

　　可赎回优先股又称可收回的优先股，是指股份公司可以在预定时期按照预定价格收回的优先股股票。至于是否收回，在预定时期内的什么时间收回，则由发行股票的股份公司来决定。

　　不可赎回优先股是指不能收回的优先股股票。因为这种优先股要支付固定股息，且不可赎回，所以不可赎回优先股一旦发行，便会成为公司的一项永久性财务负担（特别是公司经营低迷时），实际工作中，股份公司很少发行不可赎回优先股。

　　（二）优先股融资的利弊分析

　　1. 利用优先股融资的优点

　　（1）没有固定到期日，不用偿还本金。利用优先股筹资，实际上相当于获得了一笔无限期的贷款，没有偿还本金的义务。大多数优先股为可赎回优先股，这就更使优先股筹集的资金具有弹性，当公司财务状况较弱时可发行，在财务状况转强时又可收回，能适应公司的资金需求。

　　（2）股息支付既固定，又有一定弹性。优先股的股息率一般为固定比率，当公司经营好的时候，增长的利润会大于支付给优先股股东的约定股息，则差额被普通股股东所分享，所以利用优先股筹资有助于提高普通股股东的每股收益，具有财务杠杆的作用。另外优先股的固定股息，并不构成公司的法定支付义务，当公司财务状况不佳时，可暂不支付或少支付股息，它不同于债务筹资，公司必须支付利息等费用，担心债权人提请公司破产。

　　（3）有利于增强公司信誉。优先股所筹集的资金属于所有者权益资金，因此，发行优先股必将提高所有者权益资金在公司资金总额中所占的比重，提高公司的偿债能力和举债能力，增强公司信誉。

　　（4）有利于维护普通股股东对公司的控制权。因为优先股股东无权过问公司的经营管理，不具有表决权，所以发行优先股一般不会稀释公司普通股股东的控制权。

　　2. 利用优先股筹资的缺点

　　（1）筹资成本较高。优先股的股息不能作为应税收益的抵减项目，起不到抵税效应，虽然它的筹资成本一般要低于普通股，但往往要高于债券等筹资成本。

　　（2）采用优先股筹资后对公司限制多。如公司不能连续三年拖欠股息，公司有盈余时必须先分给优先股股东，公司举债额度较大时应先征求优先股股东的意见等。

　　（3）优先股在股息分配、资产清算等方面拥有优先权，使得普通股股东在公司经营不佳时的收益受到影响，甚至成为公司的一项沉重的财务负担。

　　二、发行可转换债券筹资

　　（一）可转换债券的特性

　　可转换债券简称为可转债，是指由公司发行并规定债券持有人在一定期限内按约定的条件可将其转换为发行公司普通股的债券。

　　从筹资公司的角度看，发行可转换债券具有债务与股权筹资的双重属性，属于一种混合性筹资。利用可转换债券筹资，发行公司赋予可转换债券的持有人可将其转换为该公司股票的权利。因而，对发行公司而言，在可转换债券转换之前需要定期向持有人支付利息。如果在规定的转换期限内，持有人未将可转换债券转换为股票，发行公司还需要到期偿付债券本金，在这种情况下，可转换债券与普通债券筹资相似，具有债务筹资的属性。如果在规定的转换期限内，持有人将可转换债券转换为股票，则发行公司将债券负债转化为股东权益，从而具有股权筹资的属性。

（二）可转换债券的发行资格与条件

根据国家有关规定，上市公司和重点国有企业具有发行可转换债券的资格，但应经省级政府或者国务院有关企业主管部门推荐，报证监会审批。《上市公司证券发行管理办法》规定，上市公司发行可转换债券，除了满足发行债券的一般条件外，还应符合下列条件：

（1）最近 3 个会计年度加权平均净资产收益率平均不低于 6%，排出非经常损益后的净利率与扣除前的净利率相比，以低者作为加权平均净资产收益率的计算依据。

（2）本次发行后累计公司债券总额不超过最近一期期末净资产额的 40%。

（3）最近 3 个会计年度实现的年均可分配利率不少于公司债券 1 年的利息。此外，上市公司可以公开发行认股权和债券分离交易的可转换公司债券（简称分离交易的可转换公司债券）。分离交易的可转换公司债券是指发行人一次捆绑发行公司债券和认股权证两种交易品种，公司债券和认股权证可以分开，单独在流通市场上自由买卖。发行分离交易的可转换公司债券，除了满足发行债券的一般条件外，还应符合下列条件：

（1）公司最近一期未经审计的净资产不低于人民币 15 亿元。

（2）最近 3 个会计年度实现的年均可分配利率不少于公司债券 1 年的利息。

（3）最近 3 个会计年度经营活动产生的现金流量净额平均不少于公司债券 1 年的利息，但符合"最近 3 个会计年度加权平均净资产收益率平均不低于 6%（扣除非经常性损益后的净利润与扣除前的净利润相比，以低者作为加权平均净资产收益率的计算依据）"条件的公司除外。

（4）本次发行后累计公司债券总额不超过最近一期期末净资产额的 40%，预计所附认股权全部行权后募集的资金总量不超过拟发行公司债券金额。

（三）可转换债券的转换

可转换债券的转换涉及转换期限、转换价格和转换比率。

（1）可转换债券转换期限。可转换债券的转换期限是指按发行公司的约定，持有人可将其转换为股票的期限。一般而言，可转换债券的转换期限的长短与可转换债券的期限有关。在我国，可转换债券的期限按规定最短期限为 1 年，最长期限为 6 年。分离交易的可转换公司债券的期限最短为 1 年。

按照规定，上市公司发行可转换债券，在发行结束 6 个月后，持有人可以依据约定的条件随时将其转换为股票。重点国有企业发行的可转换债券，在该企业改制为股份有限公司且其股票上市后，持有人可以依据约定的条件随时将其转换为股票。

可转换债券转换为股票后，发行公司股票上市的证券交易所应当安排股票上市流通。

（2）可转换债券的转换价格。可转换债券的转换价格是指以可转换债券转换为股票的每股价格。这种转换价格通常由发行公司在发行可转换债券时约定。

按照我国的有关规定，上市公司发行可转换债券的，以发行可转换债券前一个月股票的平均价格为基准，上浮一定幅度作为转换价格。重点国有企业发行的可转换债券，以拟发行股票的价格为基准，折扣一定比例作为转换价格。

【例6】　某上市公司拟发行可转换债券，发行前一个月该公司股票的平均价格经测算为每股20元。预计本股票的未来价格有明显的上升趋势，因此确定上浮的幅度为25％，则该公司可转换债券的转换价格为

$$20×（1+25％）=25（元）$$

可转换债券的转换价格并非固定不变。公司发行可转换债券并约定转换价格后，由于有增发新股、配股及其他原因引起公司股份发生变动的，应当及时调整转换价格，并向社会公布。

（3）可转换债券的转换比率。可转换债券的转换比率是以每份可转换债券所能转换的股份数，等于可转换债券的面值除以转换价格。

【例7】　某上市公司发行的可转换债券每份面值1000元，转换价格为每股25元，则转换比率为

$$1000÷25=40（股）$$

即每份可转换债券可以转换40股股票。

可转换债券持有人请求转换时，其所持债券面额有时发生不足以转换为1股股票的余额，发行公司应当以现金偿付。例如，前例每份可转换债券的面额1000元，转换价格在发行时为25元，发行后根据有关情况变化决定调整为每股27元。某持有人持有10份可转换债券，总面额10000元，决定转换为股票，则其转换股票股数为370股（即1000/27），同时可转换债券总面额尚有不足以转换为1股股票的余额10元，在这种情况下，发行公司应对该持有人交付股票370股，另外现金10元。

（四）可转换债券筹资的优缺点

1. 可转换债券筹资的优点

发行可转换债券是一种特殊的筹资方式，其优点主要如下：

（1）有利于降低资本成本。可转换债券的利率通常低于普通债券，故在转换前，可转换债券的资本成本低于普通债券；转换为股票后，又可节省股票的发行成本，从而降低股票的资本成本。

（2）有利于筹资更多资本。可转换债券的转换价格通常高于发行时的股票价格，因此，可转换债券转换后，其筹资额大于当时发行股票的筹资额；另外也有利于稳定公司的股价。

（3）有利于调整资本结构。可转换债券是一种兼具债务筹资和股权筹资双重性质的筹资方式。可转换债券在转换前属于发行公司的一种债务，若发行公司希望可转换债券持有人转股，还可以借助诱导，促其转换，借以调整资本结构。

（4）有利于避免筹资损失。当公司的股票价格在一段时期内连续高于可转换价格超过某一幅度时，发行公司可按赎回条款中事先约定的价格赎回未转换的可转换债券，从而避免筹资上的损失。

2. 可转换债券筹资的缺点

可转换债券筹资的缺点主要如下：

（1）转股后可转换债券筹资将失去利率较低的好处。

（2）若确需股票筹资，但股价并未上升，可转换债券持有人不愿转股时，发行公司将承

受偿债压力。

（3）若可转换债券转股时股价高于转换价格，则发行遭受损失。

（4）回售条款的规定可能使发行公司遭受损失。当公司的股票价格在一段时期内连续低于转换价格并达到一定幅度时，可转换债券持有人可按事先约定的价格将所持债券回售公司，从而使发行公司受损。

三、发行认股权证筹资

发行认股权证是上市公司的一种特殊筹资手段，其主要功能是辅助公司的股权性筹资，并可直接筹措现金。

（一）认股权证的特点

认股权证是由股份有限公司发行的可认购其股票的一种买入期权。它赋予持有者在一定期限内以事先约定的价格购买发行公司一定股份的权利。

对于筹资公司而言，发行认股权证是一种特殊的筹资手段。认股权证本身含有期权条款，其持有者在认购股份之前，对发行公司既不拥有债权也不拥有股权，而是只拥有股票认购权。尽管如此，发行公司可以通过发行认股权证筹取现金，还可用于公司成立时对承销商的一种补偿。

（二）认股权证的作用

在公司的筹资实务中，认股权证的运用十分灵活，对发行公司具有一定的作用。

（1）为公司筹集额外的现金。认股权证不论是单独发行还是附带发行，大多都为发行公司筹取一笔额外现金，增强公司的资本实力和运营能力。

（2）促进其他筹资方式的运用。单独发行的认股权证有利于将来发售股票。附带发行的认股权证可促进其所依附证券发行的效率。例如，认股权证依附于债券发行，用以促进债券的发售。

（三）认股权证的种类

在国内外的公司筹资实务中，认股权证的形式多种多样，可分为不同种类。

（1）长期与短期的认股权证。认股权证按允许认股的期限可分为长期认股权证和短期认股权证。长期认股权证的认股期限通常持续几年，有的是永久性的。短期认股权证的认股期限比较短，一般在 90 天以内。

（2）单独发行与附带发行的认股权证。认股权证按发行方式可分为单独发行的认股权证和附带发行的认股权证。单独发行的认股权证是指不依附于其他证券而独立发行的认股权证。附带发行的认股权证是指依附于债券、优先股、普通股或短期票据发行的认股权证。

（3）备兑认股权证与配股权证。备兑认股权证是每份备兑权证按一定比例含有几家公司的若干股份。配股权证是确认股东配股权的证书，它按股东的持股比例定向派发，赋予股东以优惠的价格认购发行公司一定份数的新股。

【案例】

山东联科科技股份有限公司首次公开发行股票筹资分析

一、公司概况

1. 公司简介

公司是一家专业从事二氧化硅和炭黑的研发、生产与销售的高新技术企业，其中二氧化硅产品主要包括 LK、LKHD 及 LKSIL 系列橡胶工业用二氧化硅和非橡胶工业用二氧化硅；炭黑产品主要包括 N100、N200、N300、N500、N600、N700 系列及 LK 系列橡胶用炭黑和特种炭黑。公司两大系列产品主要用于轮胎和工业橡胶制品、电缆屏蔽料、色母料及饲料和日化行业等领域。公司客户包括国内外知名轮胎企业、橡胶制品企业、橡塑企业、饲料企业和鞋业公司等，产品销售覆盖中国大陆、韩国、东南亚、欧洲等多个国家和地区。公司为中国无机盐工业协会理事单位、中国橡胶工业协会炭黑分会理事单位、中国汽车工业协会相关工业分会会员单位。公司以"深化能源综合利用、发展绿色循环经济"为企业使命，坚持"众心相联、科技立业"经营理念，经近二十年的发展、积累和沉淀，已成为轮胎助剂行业的区域龙头企业。公司以资源高效综合利用为导向、以技术创新为驱动，致力向产业链专业化与精细化方向发展；坚持打造循环经济产业链，实现能源节约和循环利用，遵循"保护环境，绿色低碳，和谐发展"的节能环保理念；建设以质量、成本具有高度竞争力的二氧化硅和炭黑制造基地。

2. 主要业务

公司是一家专业从事二氧化硅和炭黑的研发、生产与销售的高新技术企业，其中二氧化硅产品主要包括 LK、LKHD 及 LKSIL 系列橡胶工业用二氧化硅和非橡胶工业用二氧化硅；炭黑产品主要包括 N100、N200、N300、N500、N600、N700 系列及 LK 系列橡胶用炭黑和特种炭黑。公司两大系列产品主要用于轮胎和工业橡胶制品、电缆屏蔽料、色母料及饲料和日化行业等领域。公司客户包括国内外知名轮胎企业、橡胶制品企业、橡塑企业、饲料企业和鞋业公司等，产品销售覆盖中国大陆、韩国、东南亚、欧洲等多个国家和地区。公司为中国无机盐工业协会理事单位、中国橡胶工业协会炭黑分会理事单位、中国汽车工业协会相关工业分会会员单位。

3. 本次发行概况

（1）股票种类：人民币普通股（A 股）。

（2）每股面值：人民币 1.00 元。

（3）本次发行股数：本次公开发行的股份数量为 4550.00 万股，占公司发行后股份总数的 25%。

（4）发行方式：采用网下向符合条件的投资者询价配售和网上向持有深圳市场非限售 A股股份或非限售存托凭证市值的社会公众投资者定价发行相结合的方式进行。

（5）发行对象：符合资格的网下投资者和证券交易所开户的境内自然人、法人等投资者（中国法律、行政法规、所适用的其他规范性文件及公司须遵守的其他监管者要求所禁止者除外）或中国证监会规定的其他对象。

（6）承销方式：余额包销。

二、分析要点

分析要点包括：

（1）公司 IPO 考虑的要点。

（2）募集资金的具体用途。

（3）筹集与使用资金的风险。

三、案例分析

（一）行业背景分析

1. 行业的市场需求

我国涂料行业起步虽晚但发展迅速，根据中国国家统计局统计，2019 年我国涂料产量快速增长约达到 2412.37 万吨，较去年同期增加 652.58 万吨，同比增长 37.08%。随着我国经济持续不断增长，人们追求环保、安全、健康的意愿更加强烈，涂料行业向着健康环保、水性化方向快速发展，随着水性木器漆、水性防腐漆、水性防锈漆、水性金属漆等众多创新产品不断推出并逐渐占据涂装市场的主导地位，作为水性环保涂料消光剂和增稠剂的沉淀法二氧化硅将被大量采用，预计未来涂料用特种超细二氧化硅将保持较高增长速度。根据前瞻产业研究院预测，未来五年内我国水性涂料以 23% 的平均增速增长，且占比将达到20% 左右；2018 年水性涂料产量约 284 万吨，到 2023 年达到 700 万吨。

2. 行业利润率水平的变动趋势及变动原因

橡胶工业是二氧化硅的主要消费领域。根据《2020 年中国炭黑年册》，该领域消费的二氧化硅约占二氧化硅消费总量的 76.19%。为了推动中国绿色轮胎产业化，加快轮胎行业转型升级和产品结构调整，减少二氧化碳排放，2016 年 9 月，中国橡胶工业协会发布《轮胎分级标准》和《轮胎标签管理规定》，对滚动阻力、湿滑路面抓地力、噪声等性能指标进行分级，轮胎分级正式进入自愿实施阶段，这将有力地推动绿色轮胎的推广普及。今后几年，特别是随着绿色轮胎的快速发展，二氧化硅在轮胎应用领域的市场空间巨大，行业利润水平有望持续增长，特别是替代进口高端二氧化硅部分的产品利润会更加可观炭黑行业的利润水平与轮胎企业的景气度有着较强的相关性。在我国汽车工业快速发展的带动下，国内橡胶轮胎和炭黑产销量也保持了较高幅度的增长。炭黑行业的利润水平也较为可观。炭黑行业的利润水平还与石油价格有一定关系。国内炭黑生产的主要原料为煤焦油，国外主要为催化裂化澄清油。石油价格下降会导致国内外炭黑生产成本差距的缩小，进而影响国内炭黑出口的竞争力。同时，中国炭黑行业存在一定的结构性产能过剩的情况，同质化竞争较为严重。在低端炭黑产品市场，市场竞争激烈，产品价格调整难度较大，行业利润空间有限，而在中高端产品市场，高性能炭黑（如绿色轮胎需要的低滚动阻力炭黑）、特种炭黑等产品，仍有很大的需求缺口，保持着较高的利润水平。

（二）公司经营状况和竞争力分析

1. 行业竞争格局

根据中国炭黑网统计数据显示，截至 2019 年年底，国内生产沉淀法二氧化硅厂家有 54 家，总生产能力达到 234.5 万吨，实际产量达到 176 万吨，其中产能规模在 5 万吨以上的厂家共有 17 家，产能合计为 169.1 万吨，产量合计为 138.1 万吨，产能产量占整个行业的比重均在 72.11% 以上，行业集中度较高。2019 年，我国主要沉淀法二氧化硅生产企业产品产能及收入情况列示见表 4-6。

表 4-6　　　　2019 年我国主要沉淀法二氧化硅生产企业产品产能及收入情况表

序号	企业名称	产能（万吨）	收入（亿元）
1	确成硅化学股份有限公司	31.0	11.51
2	株洲兴隆新材料股份有限公司	15.0	5.28
3	山东联科科技股份有限公司	10.0	3.19
4	吉药控股集团股份有限公司（原通化双龙）	6.6	2.29
5	金能科技股份有限公司	6.0	1.44
6	江西黑猫炭黑股份有限公司	5.0	2.18
7	龙星化工股份有限公司	3.5	1.17
8	金三江（肇庆）硅材料股份有限公司	2.6	1.89
9	山西同德化工股份有限公司	1.5	0.48
	合计	81.2	28.43

2. 公司主营业务

公司主要产品为二氧化硅和炭黑，还生产和销售部分硅酸钠等产品。二氧化硅产品包括橡胶工业用二氧化硅（高分散型和普通型）、非橡胶工业用二氧化硅（如饲料添加剂以及其他特殊用途二氧化硅）；炭黑包括橡胶用炭黑和非橡胶用炭黑（如导电炭黑、色素炭黑，又统称特种炭黑）；硅酸钠为生产二氧化硅的原材料，除部分对外销售外，绝大部分自用。公司主营业务收入按照产品类型情况见表 4-7。

表 4-7　　　　　　公司主营业务收入按照产品类型情况表　　　　　　单位：万元

项目	2020 年		2019 年		2018 年	
	金额	占比	金额	占比	金额	占比
二氧化硅	34260.09	35.20%	31898.19	33.47%	32910.26	35.52%
炭黑	60016.40	61.67%	58544.89	61.44%	52982.66	57.18%
硅酸钠	3039.77	3.12%	4850.74	5.09%	6760.40	7.30%
合计	97316.27	100.00%	95293.82	100.00%	92653.31	100.00%

（三）募集资金的主要用途

本次发行成功后，所募集的资金将用于以下项目的投资建设：募集资金到位前，公司将根据项目实际进度以自筹资金先行投入，募集资金到位后，公司将严格按照有关的制度使用募集资金，募集资金可用于置换前期投入募集资金投资项目的自筹资金以及支付项目剩余款项。若实际募集资金不能满足项目投资需要，资金缺口将由公司自筹解决。公司已建立了《募集资金管理制度》，规定募集资金应当存放于董事会决定的专户集中管理，专户不得存放非募集资金或者用作其他用途。公司募集资金运用情况见表 4-8。

表 4-8　　　　　　　　公司募集资金运用情况表　　　　　　　　单位：万元

序号	项目名称	投资总额	募集资金使用金额
1	10 万吨/年高分散二氧化硅及 3 万吨/年硅酸项目	30000.00	27155.20
2	研发检测中心建设项目	8297.49	8297.49
3	偿还银行贷款项目	12000.00	12000.00
4	补充流动资金项目	12178.59	12178.59
	合计	62897.49	59631.28

（四）问题与风险

1. 市场风险

（1）宏观经济及市场需求波动的风险。公司属于化工行业，主要生产二氧化硅、炭黑。报告期内，二氧化硅销售收入分别为 32910.26 万、31898.19 万、34260.09 万元，占主营业务收入的比例分别为 35.52%、33.47% 和 35.20%；炭黑销售收入分别为 52982.66 万、58544.89 万、60016.40 万元，占主营业务收入的比例分别为 57.18%、61.44% 和 61.67%。上述产品的市场需求及价格波动，对公司的经营业绩产生重要影响。若未来宏观经济形势下行、下游需求不足或者炭黑行业产能过剩的情况得不到有效改观，可能导致公司业绩下滑。

（2）主要原材料价格波动的风险。公司二氧化硅产品生产所用的主要原材料包括纯碱、硫酸和石英砂，炭黑生产所用的主要原材料包括炭黑油、蒽油、煤焦油等。2018、2019、2020 年公司采购纯碱的金额分别为 9162.06 万、7907.88 万、6371.57 万元，占当期原材料采购金额的比例分别为 15.95%、12.52%、11.47%；采购炭黑油的金额分别为 16608.59 万、18315.66 万、17055.94 万元，占当期原材料采购金额的比例分别为 28.91%、29.00%、30.69%；采购煤焦油的金额分别为 12310.79 万、13982.79 万、12841.40 万元，占当期原材料采购金额的比例分别为 21.43%、22.14%、23.11%。纯碱、炭黑油、煤焦油为大宗原材料，其价格受环保政策、原油价格、国内外市场供需影响而波动，公司存在主要原材料价格大幅波动给生产经营带来不利影响的风险。

（3）新型冠状病毒肺炎疫情对公司生产经营影响的风险。2020 年年初以来，我国及欧美地区、韩国、日本、伊朗等国家和地区发生了新型冠状病毒肺炎疫情。如果后续疫情发生不利变化及对公司下游轮胎行业以及汽车行业产生较大影响等情况，将对公司生产经营带来一定影响。此外，公司客户及目标客户可能受到整体经济形势或新型冠状病毒肺炎疫情的影响，进而对公司货款的收回、业务的开拓等造成不利影响。

2. 财务风险

（1）毛利率下降的风险。受宏观经济运行及下游供需状况的影响，公司产品价格波动较大，导致毛利率波动较大。报告期内，公司综合毛利率分别为 24.28%、18.30% 和 25.30%，二氧化硅毛利率分别为 38.71%、31.80% 和 37.60%，炭黑毛利率分别为 16.41%、11.40% 和 18.23%。未来如果宏观经济形势下行、下游需求不足、公司非橡胶用客户拓展不达预期，产品销售价格进一步下降，公司将面临主营业务毛利率下降的风险。

（2）经营业绩下滑的风险。报告期内，公司净利润分别为 9538.07 万、6681.03 万元和 12021.84 万元，归属于母公司所有者的净利润分别为 8823.69 万、6615.33 万、11842.36 万元。公司所处行业景气度波动较大且行业景气度对公司利润水平影响较大，2018 年公司所处行业的景气度较高，利润水平相对较高，2019 年随着公司所处行业景气度的下降公司经营业绩有所降低。2020 年下半年公司所处行业景气度回升，利润规模大幅增加。未来，如果公司所处行业景气度继续下降或公司未能采用有效措施降低行业景气度下降对公司的负面影响，公司将面临经营业绩下降的风险。

（3）高新技术企业税收优惠风险。公司于 2015 年 12 月 10 日取得编号为 GR201537000268 的《高新技术企业证书》，并于 2018 年 11 月 30 日通过高新技术企业重新认定，取得编号为 GR201837001190 的《高新技术企业证书》，有效期为三年；子公司联科新材料于 2017 年 12 月 28 日取得编号为 GR201737000667 的《高新技术企业证书》，有效期为三年，截至本招股说明书签署日，联科新材料已经通过《山东省 2020 年第一批拟认定高新技术企业名单》公示；子公司联科卡尔迪克于 2016 年 12 月 15 日取得编号为 GR201637000840 的《高新技术企业证书》，并于 2019 年 11 月 28 日通过高新技术企业重新认定，并取得编号为 GR201937001480 的《高新技术企业证书》，有效期为三年。公司及子公司报告期内享受 15% 的企业所得税税收优惠，如果未来公司及子公司未能持续被评定为高新技术企业，会对公司的盈利水平产生一定的影响。

（4）资产负债率较高的风险。2018 年年末、2019 年年末、2020 年年末，公司资产负债率（合并）分别为 63.30%、53.28%、52.17%，流动比率分别为 0.95、1.04、1.12，速动比率分别为 0.80、0.84、0.94。报告期内公司产销规模扩大，应收账款、应收票据、存货占用了大量流动资金，公司主要通过短期借款和开具应付票据来满足资金需求，使得流动负债增加。如遇银行降低对公司的授信规模，则会给公司资金管理带来一定的压力，若不能通过其他融资方式获得资金，则可能存在资金短缺的风险。

（5）土地房产抵押权被行使的风险。截至 2020 年 12 月 31 日，公司用于抵押的房屋建筑物账面价值合计 6033.81 万元，用于抵押的土地使用权账面价值合计 8275.91 万元。如果公司不能及时偿还银行借款，面临抵押权被行使的风险。

3. 生产经营风险

（1）核心技术人员流失风险。核心技术人员的技术水平和研发能力是公司保持技术优势并对市场做出快速反应的保障。能否维持核心技术人员队伍的稳定并不断吸引优秀技术人员加盟，关系到公司未来发展的潜力。如果未来市场竞争加剧，公司出现核心技术人员流失或无法及时引进相关人才，将制约公司未来的持续发展，对经营业绩造成不利影响。

（2）环境保护风险。化工企业在生产过程中产生的污水、废气和固体废物对生态环境会造成一定的影响。近年来，随着国家环保要求不断提高，人们的环保意识不断增强，对化工企业的环保排放标准要求也逐步提升。未来，如果国家环保政策进一步趋严，会对公司今后的生产经营在环保方面提出更高的要求，可能会进一步增加公司的环保费用支出，从而对公司的经营业绩产生一定影响。

（3）安全生产风险。公司炭黑生产所需的煤焦油等原材料具有易燃性，二氧化硅生产所需的硫酸为危险化学品，且产品生产过程中的部分工序为高温高压环境。因此，公司存在因物品保管及操作不当、设备故障或自然灾害导致安全事故发生的可能性，从而影响生产经营正常进行的风险。

4. 募集资金投资项目风险

（1）净资产收益率下降的风险。2018、2019、2020 年，归属于公司普通股股东的加权平均净资产收益率分别为 31.80%、17.32%、24.02%。本次发行后，公司净资产将有较大幅度提高，但由于项目的建设投产及研发的应用投产尚需一定的周期，因此存在发行后短期内净资产收益率被摊薄的风险。

（2）产能不能及时消化风险。募集资金投资项目全部建成投产后，公司将新增高分散二氧化硅生产能力 10 万吨/年。由于募投项目的实施与市场供求、行业竞争、技术进步、公司管理及人才储备等情况密切相关，因此不排除项目达产后存在市场需求变化、竞争加剧或市场拓展不利等因素引致的产能无法消化、公司现有业务及募集资金投资项目产生的收入及利润水平未实现既定目标等情况，对公司业绩产生不利影响的风险。

5. 管理风险

（1）规模快速扩张导致的管理风险。随着募集资金投资项目的实施，公司资产和经营规模将扩大，管理体系和组织结构将趋于复杂化，如果管理人员素质、内控制度的建设不能相应提高，将面临管理模式、管理人才和内控制度不能适应公司经营规模的风险。因此，公司面临规模扩张带来的管理风险。

（2）实际控制人控制不当风险。本次发行前，公司实际控制人吴晓林先生、吴晓强先生合计持有公司 76.28％的股份。公司存在着实际控制人利用其对本公司的控制地位，通过行使表决权或运用其他直接或间接方式对公司经营决策、投资方向、重要人事安排等进行不当控制，从而给公司的生产经营及其他股东的利益带来损失的可能。

思 考 题

1. 企业的筹资动机是什么？
2. 目前，我国企业筹资渠道主要有哪些？
3. 可供企业在筹措资金时选用的具体筹资形式有哪些？
4. 简述筹资渠道与筹资方式的关系。
5. 什么是股票？股票有哪几种？
6. 如何评价普通股股票与优先股股票筹资？
7. 什么是公司债券？公司债券有哪几种？
8. 如何评价债券筹资？
9. 如何计算股票的发行价格？
10. 如何计算债券的发行价格？
11. 许多企业都发行可转换公司债券，为什么企业选择发行可转换公司债券，而不是从一开始就发行普通股？

练 习 题

1. 茂华建筑安装公司 20×0～20×4 年各年的资金使用情况见表 4-9。

表 4-9   20×0～20×4 年各年的资金使用情况表

年份	销售收入（万元）	资金需要量（万元）
20×0	1000	300
20×1	1050	310
20×2	1080	320
20×3	1120	350
20×4	1260	370

假定 20×5 年该公司预计全年销售收入为 1500 万元。试分别用高低点法和（线性）回归分析法预测 20×5 年资金需要量。

2. 聚源公司是一家财务状况比较稳定的企业，20×1 年 12 月 31 日的简要资产负债见表 4-10：该公司 20×1 年的营业收入为 6000 万元，假定税后利润率为营业收入的 10%，向投资者分配利润比率为 50%，公司现有生产能力尚未饱和。如果 20×2 年的营业收入将在 20×1 年的基础上增长 25%。请用销售百分比法预测聚源公司 20×2 年需要从外部筹资的数额。

表 4-10　　　　　　聚源公司 20×1 年 12 月 31 日的简要资产负债表　　　　单位：万元

资产	金额	负债与所有者权益	金额
货币资金	300	应付账款	300
应收账款	900	应交税费	600
存货	1800	长期借款	2700
固定资产净值	2100		
无形资产	300	实收资本	1200
		留用利润	600
资产合计	5400	负债与所有者权益合计	5400

3. 红星公司按年利率 5% 向银行借款 100 万元，期限 3 年；根据公司与银行签订的贷款协议，银行要求保存贷款总额的 15% 的补偿性余额，不按复利计息。

要求：试计算红星公司实际可用的借款额和实际负担的年利率。

4. 同方公司拟发行面额 1000 元，票面利率 6%，5 年期债券一批，每年年末付息一次。

要求：试分别测算该债券在不同市场利率下的发行价格：

(1) 市场利率为 5%；

(2) 市场利率为 6%；

(3) 市场利率为 7%。

5. 某企业于 20×2 年 1 月 1 日从租赁公司租入一套设备，价值 50 万元，租期为 5 年，预计租赁期满时的残值为 1.5 万元，归租赁公司，年利率 9%，租赁手续费率为设备价值的 2%。租金每年年末支付一次。该套设备租赁每次支付的租金是多少？

第五章　筹资管理（下）

第一节　资　本　成　本

一、资本成本概述

（一）资本成本的定义

资本成本是指企业为筹集和使用资本而付出的代价。资本成本有广义和狭义之分，其中广义的资本成本包括各种资本的资本成本；狭义的资本成本仅指长期资本的资本成本，它包括资本的取得成本和占用成本。

资本的取得成本是指企业在筹集资本过程中所发生的各种费用，也称之为筹资费，如发行股票、债券支付的印刷费、发行手续费、律师费、资信评估费、公证费、担保费、广告费和行政费用等。取得成本与筹资的次数相关，与所筹集资本的数量关系不大，一般属于一次性支付的固定成本。

资本的占用成本是指企业因占用资本而支付的费用，如普通股票的股利、优先股的股息、债券的利息、银行借款的利息等，资本占用成本具有经常性、定期性支付的特征，它与筹资本额、使用期限的长短有关，可视为变动成本。

（二）资本成本的性质

1. 资本成本是商品经济条件下资本所有权与使用权相分离的必然结果

资本成本是资本使用者向资本所有者和中介机构支付的费用，是资本所有权与使用权相分离的结果。当资本所有者有充裕的资本而被闲置时，可以直接通过中介机构将其闲置的资本的使用权转让给急需资本的筹资者，让渡资本的使用权后，它必然要求获得一定的回报，而资本成本就表现为让渡资本使用权所带来的报酬；对筹资者来说，由于取得了资本的使用权，也必须支付一定的代价，资本成本便表现为取得资本使用权所付出的代价。因此，资本成本是资本所有权与使用权相分离的必然结果。

2. 资本成本是利益分配关系的体现

资本成本作为一种耗费，最终要通过收益来补偿，所以资本成本体现了一种利益分配关系。

3. 资本成本是资金时间价值与风险价值的统一

资本成本与资金时间价值既有联系，又有区别。资金时间价值是资本成本的基础，二者为正相关关系；资本成本不仅包括资金时间价值，而且还包括风险价值、筹资费用等因素的影响。

（三）资本成本的作用

资本成本是财务管理中的重要概念，它在企业筹资决策和投资决策中具有重要作用。

1. 资本成本在企业筹资决策中的作用

不同的资本来源，具有不同的资本成本。企业为了以较少的支出取得企业所需要的资本，就必须认真分析各种资本成本的高低，因此，资本成本对企业筹资决策具有重大影响，是筹资决策时需要考虑的首要问题，其作用具体表现在以下几个方面：

（1）资本成本是企业选择资本来源的基本依据。企业的资本可以从不同的来源渠道来筹集，企业究竟选择何种来源渠道，首先要考虑各种来源渠道所筹集资本的资本成本。

（2）资本成本是企业选用筹资方式的参考因素。企业在筹集资本时，可选用不同的筹资方式，如发行股票、债券、向银行借款等，企业最终选择何种方式，必须充分考虑资本成本这一因素。

（3）资本成本是影响企业筹资总额的重要因素。即使通过同一资本来源渠道，采用同一筹资方式来筹集资本，资本成本也会随着筹资总额的变动而变动。因此，企业必须根据自身的经营需要，在不超过企业资本成本的承受限度内，合理确定筹资总额，节约使用资本。

（4）资本成本是确定最优资本结构的主要依据。一个企业的资本结构是否合理，是否达到最优状态，不仅要看企业的财务风险，还要看企业的资本成本，最优的资本结构必然是资本成本低、财务风险小、企业价值高。

2. 资本成本在投资决策中的作用

资本成本是评价投资方案、进行投资决策的重要标准。对多个相容的投资项目进行评价时，只要预期投资报酬率大于资本成本，则该投资项目就具有经济上的可行性；对多个不相容投资项目进行评价时，可以将各自投资报酬率与其资本成本相比较，其中正差额最大的项目是效益最高的，应予以首选。因此，资本成本是企业投资项目的"最低收益率"或者是判断投资项目可行性的"取舍率"。

3. 资本成本是评价企业经营业绩的重要依据

资本成本是企业使用资本应获得收益的最低界限。资本成本的高低不仅能反映企业资本管理人员的管理水平，还可以用于衡量企业整体的经营业绩，反映企业整体的经营理念。

二、资本成本的计量

不同的筹资方式，其资本成本的计量也各不相同。即使如此，在计算各种筹资方式的资本成本时也有一般的通用模型，即

$$资本成本率 = \frac{资本占用成本}{筹资总额 - 资本取得成本}$$

或

$$资本成本率 = \frac{资本占用成本率}{1 - 资本取得成本率}$$

（一）长期借款成本

长期借款的占用成本一般是借款利息，取得成本是手续费，其中借款利息在所得税前扣除，可以起到抵税的作用。因此，在分期付息、到期一次还本的普通贷款方式下，资本成本率是通用模型公式乘以（1−所得税率），即

$$K_L = \frac{i \cdot L \cdot (1 - T)}{L(1 - F)} = \frac{i(1 - T)}{1 - F}$$

由于银行借款筹资费 F（即手续费）较低，为简化计算，也可以忽略不计，则上式可简化为

$$K_L = \frac{i \cdot L \cdot (1 - T)}{L} = i \cdot (1 - T)$$

式中 K_L——银行借款成本率；

L——银行借款筹资总额；

i——银行借款利息率；

T——所得税税率；

F——银行借款筹费率。

【例1】 宏伟建筑公司取得5年期长期借款300万元，年利率为10%，每年付息一次，到期一次还本，筹资费用率为0.5%，企业所得税率为25%。该长期借款的资本成本为

$$K_L = \frac{300 \times 10\% \times (1-25\%)}{300 \times (1-0.5\%)} = 7.54\%$$

如果银行借款在有补偿余额条款、贴现付息的情况下，应将银行借款名义利息利率转化为实际利息率才能正确计算出长期借款的资本成本率。

（二）债券资本成本

债券资本成本的计算与银行借款成本的计算基本一致，在不考虑货币时间价值的情况下，一次还本，分期付息债券的资本成本的计算公式为

$$K_B = \frac{I(1-T)}{B_0(1-F)} = \frac{i \cdot B(1-T)}{B_0(1-F)}$$

式中 K_B——债券资本成本率；

I——债券每年支付的利息；

T——所得税税率；

B——债券面值；

B_0——债券的发行价格计算的筹资额；

i——债券票面利率；

F——债券筹资费率。

上述计算债券资本成本的方法，比较简便易行，如果需要将债券资本成本计算得更为准确，则应当先依据下面的方法：

第一步，采用内插法求出税前的债券资本成本。

$$B_0(1-F) = \sum_{t=1}^{n} \frac{i \cdot B}{(1+K)^t} + \frac{B}{(1+K)^n}$$

第二步，计算出税后的债券资本成本。

$$K_B = K(1-T)$$

式中 K——所得税前的债券成本；

K_B——所得税后的债券成本。

【例2】 某建筑股份有限公司发行面额为500万元的10年期债券，票面利率12%，发行费用率5%，发行价格600万元，公司所得税率25%。该债券的资本成本计算如下：

第一步，计算所得税前的债券资本成本。

$$600 \times (1-5\%) = \sum_{t=1}^{10} \frac{500 \times 12\%}{(1+K)^t} + \frac{500}{(1+K)^{10}}$$

即 $$570 = 60 \times (P/A, K, 10) + 500 \times (P/F, K, 10)$$

运用内插法求得税前债券资本成本为 $K = 9.76\%$。

第二步，计算税后债券资本成本。

$$K_B = 9.76\% \times (1-25\%) = 7.32\%$$

（三）优先股成本

优先股成本中的占用成本具体表现为股息，一般按年支付，比较固定；取得成本主要包括股票发行过程中的印刷费、手续费、律师费、广告费等筹资费用。优先股资本成本率可按通用公式模型公式进行计算，公式如下：

$$K_P = \frac{D_P}{P_P(1-F)}$$

式中　K_P——优先股资本成本率；

　　　D_P——优先股每年支付的股息；

　　　P_P——优先股发行额。

（四）普通股成本

普通股成本的确定方法与优先股成本基本相同。但是，普通股的股利一般不是固定的，通常是逐年增长的。下面介绍几种计算方法。

1. 评价法

评价法也称为股利固定增长模型法。其计算公式如下：

$$K_S = \frac{D}{P_C(1-F)} + G$$

式中　K_S——普通股的资本成本率；

　　　P_C——普通股发行价格总额；

　　　F——普通股的取得成本率；

　　　D——普通股预期年股利；

　　　G——普通股股利的固定增长率。

【例3】　宏达建筑工程公司发行面值为3元的普通股1000万股，发行价格为5元，发行费用率为发行所得的4%，第一年股利率为20%，以后每年以5%的速度增长。该普通股资本成本率为

$$K_S = \frac{1000 \times 3 \times 20\%}{(1000 \times 5) \times (1-4\%)} + 5\% = 17.5\%$$

2. 贝他系数法

贝他系数法也称为资本资产定价模型法。普通股的资本成本率可以用投资者对发行公司的风险程度与股票投资承担的平均风险水平来评价。其计算公式为

$$\text{普通股的资本成本率} = \text{无风险报酬率} + \text{贝他系数} \times \left(\text{股票市场平均报酬率} - \text{无风险报酬率}\right)$$

即

$$K_S = R_F + \beta(R_m - R_F)$$

实践研究证明，一般情况下，股票市场平均报酬率通常比无风险报酬率高5%～7%。

【例4】　通达建筑公司普通股的贝他系数为2，国家长期债券利率为4%，股票市场平均报酬率为10%，该公司普通股的资本成本率为

$$K_S = 4\% + 2 \times (10\% - 4\%) = 16\%$$

贝他系数法在理论上是比较严密的，但它同样建立在一定的假设基础上，即假设风险与报酬率呈线性关系，投资者进行了高度的多元化投资组合。因此，这种方法可能会有些不切

合实际。

3. 风险溢价法

风险溢价法是根据某项投资"风险大，要求的报酬率越高"的原理，普通股股东对企业的投资风险大于债券投资者，因而会在债券投资者要求的收益率上再要求一定的风险溢价。实践研究表明，风险溢价率一般为3%～5%。当市场利率达到历史性高点时，风险溢价率通常较低，在3%左右；当市场利率处于历史性低点时，风险溢价通常较高，在5%左右；一般情况，常常采用4%的平均风险溢价率，其计算公司为

普通股资本成本率＝债券资本成本率＋风险溢价率

这种方法要求有一定的主观判断能力，所以往往在判断不准时会出现较大误差。

4. 历史报酬率法

历史报酬率法要求企业在计算资本成本时，假设股东在过去买进股票，一直持有到现在，并且按市价出售股票。这时股东所获得的累计报酬就是普通股的资本成本总额，以此计算普通股的资本成本率。

【例5】 东方建筑公司5年前按面值10元的价格发行普通股1000万股，每年每股支付股利0.15元，该股票现行市价为15元。则资本成本率为

$$K_S = [0.15 + (15 - 10)/5]/10 = 11.5\%$$

由于历史报酬率法建立在诸多假设基础上，并且预计公司未来经营业绩没有重大变化，利率水平没有重大变化，投资者对风险的态度没有变化等比较苛刻的条件，所以采用这种方法必须多加小心。

5. 市盈率法

市盈率法就是以市盈率的倒数作为普通股的资本成本率。虽然这种方法计算比较简便，但亏损和零利润企业无法计算市盈率，并且有些股票的价格严重偏离价值，市盈率失真，在实际工作中应用较少。

（五）留存收益资本成本率

留存收益是企业税后净利润扣除当年股利后形成的，其所有权属于普通股股东，其实质是对企业的追加投资。从表面上看，留存收益不需要现金流出，似乎不用计算资本成本，实际上是留存收益也有资本成本，只不过是表现为机会成本。因此，留存收益也必须计算资本成本率，其计算方法与普通股相似，唯一的区别是留存收益的资本成本没有资本的取得成本。

三、综合资本成本

由于受总体经济环境、法律、风险和其他多种因素的制约，企业不可能只使用某种单一的筹资方式，往往需要通过多种方式筹集所需资本。为了进行筹资决策，就要计算确定企业全部长期资本的总成本，即综合资本成本。

综合资本成本是以各种个别资本占全部资本的比重为权数，对个别资本成本进行加权平均确定的资本成本，又称加权平均资本成本或整体资本成本。其计算公式为

$$K_W = \sum_{j=1}^{n} K_j W_j$$

式中　K_W——综合资本成本；

　　　K_j——第 j 种筹资方式的个别资本成本；

　　W_j——第 j 种筹资方式的资本占全部资本的比重。

　　由此可见，按照前述个别资本成本计算方法确定了个别资本成本后，计算综合资本成本的关键是权数的确定，即以个别资本的何种价值来确定个别资本成本的权数的问题。现主要介绍以下四种价值形式。

　　1. 按账面价值确定权数

　　按个别资本的账面价值来确定权数的优点是资料容易取得，可以直接从资产负债表的右方得到。其缺点是账面价值反映的是过去的资本结构，不适应未来的筹资决策；当债券和股票市场价格脱离账面价值较大时，影响计算结果的准确性。

　　2. 按现行市价确定权数

　　按个别资本的现行市价来确定权数的优点是能够反映实际的资本成本。其缺点是现行市价经常处于变动之中，不易取得；现行市价只反映现实的资本结构，也不适应未来的筹资决策。

　　3. 按目标价值确定权数

　　按目标价值确定权数就是以未来预计的目标市场价值来确定权数。这种价值形式计算的综合资本成本，对企业筹措新资本，反映期望的资本结构是非常有益的。其不足之处就在于目标价值的确定难免有主观性。

　　4. 按修正的账面价值确定权数

　　按修正的账面价值确定权数就是以各个个别资本的账面价值为基础，根据债券和股票的市价脱离账面价值的程度，适当对账面价值予以修正，据以计算权数的一种形式。这种方法能比较好地反映实际资本成本和资本结构，但修正时也往往带有一些主观性。

　　需要指出的是，个别资本成本和综合资本成本，都是企业过去筹集的或目前使用的资本成本，主要侧重于对过去或现在所占用资本的分析评价。

　　【例6】 某市第一建筑工程公司拥有长期资本 400 万元，其中长期借款 60 万元，资本成本为 3%；长期债券 100 万元，资本成本为 10%；普通股 240 万元，资本成本为 13%。该公司的综合资本成本为

$$
\begin{aligned}
K_W &= \sum_{j=1}^{n} K_j W_j \\
&= 3\% \times \frac{60}{400} + 10\% \times \frac{100}{400} + 13\% \times \frac{240}{400} \\
&= 3\% \times 15\% + 10\% \times 25\% + 13\% \times 60\% \\
&= 10.75\%
\end{aligned}
$$

四、边际资本成本

　　边际资本成本是企业追加筹措资本的成本，即每增加一个单位的资本而增加的成本。边际资本成本也是按加权平均法计算的，是追加筹资所使用的加权平均成本。下面通过实例来说明边际资本成本的计算和应用。

　　【例7】 接【例6】现该公司由于有新的项目，拟筹集新资本。经调查分析，认为筹集新资本后仍保持目前的资本结构，其有关资料见表 5-1，试确定再筹集资本的资本成本。

表 5 - 1　　　　　　　　　　　　某公司资本筹集情况表

资本种类	目标资本结构（%）	新筹资额（万元）	资本成本（%）
长期借款	15	4.5 以下 4.5～9 9 以上	3 5 7
长期债券	25	20 以下 20～40 40 以上	10 11 12
普通股	60	30 以下 30～60 60 以上	13 14 15

　　1. 计算筹资突破点

　　由于花费一定的资本成本只能筹集到一定限度的资本，超过这一限度多筹集资本就要多支付资本成本，引起原资本成本的变化，我们把此时的资本限度就称为现有资本结构下的筹资突破点。在筹资突破点范围内筹资时资本成本不会改变；一旦筹资额超过筹资突破点，即使维持现有的资本结构，其资本成本也会提高。筹资突破点的计算公式为

$$筹资突破点 = \frac{某种资本的成本分界点}{该种资本在资本结构中所占的比重}$$

　　资本成本率为 3% 时，取得的长期借款筹限额为 4.5 万元，其筹资突破点为

$$\frac{4.5}{15\%} = 30（万元）$$

　　资本成本为 5% 时，取得的长期借款筹资限额为 9 万元，其筹资突破点为

$$\frac{9}{15\%} = 60（万元）$$

　　按此方法，资料中各种情况下的筹资突破点的计算结果见表 5 - 2。

表 5 - 2　　　　　　　　　　　　筹资突破点计算结果表

资本种类	目标资本结构（%）	新筹资额（万元）	资本成本（%）	筹资突破点（万元）
长期借款	15	4.5 以下 4.5～9 9 以上	3 5 7	30 60 —
长期债券	25	20 以下 20～40 40 以上	10 11 12	80 160 —
普通股	60	30 以下 30～60 60 以上	13 14 15	50 100 —

　　2. 计算边际资本成本

　　根据上一步骤计算的筹资突破点，可以将筹资总额分为七组，对这七组筹资总额分别计

算加权平均资本成本，即可得到各种筹资范围的边际成本，其计算结果见表 5 - 3。

表 5 - 3　　　　　　　　　　　　　　各种筹资范围的边际成本

筹资总额（万元）	资本种类	资本结构（%）	资本成本（%）	边际资本成本（%）	
30 以下	长期借款	15	3	3×15%=0.45	
	长期债券	25	10	10×25%=2.5	10.75
	普通股	60	13	13×60%=7.8	
30～50	长期借款	15	5	5×15%=0.75	
	长期债券	25	10	10×25%=2.5	11.05
	普通股	60	13	13×60%=7.8	
50～60	长期借款	15	5	5×15%=0.75	
	长期债券	25	10	10×25%=2.5	11.65
	普通股	60	14	14×60%=8.4	
60～80	长期借款	15	7	7×15%=1.05	
	长期债券	25	10	10×25%=2.5	11.95
	普通股	60	14	14×60%=8.4	
80～100	长期借款	15	7	7×15%=1.05	
	长期债券	25	11	11×25%=2.75	12.20
	普通股	60	14	14×60%=8.4	
100～160	长期借款	15	7	7×15%=1.05	
	长期债券	25	11	11×25%=2.5	12.55
	普通股	60	15	15×60%=9	
160 以上	长期借款	15	7	7×15%=1.05	
	长期债券	25	12	12×25%=3	13.05
	普通股	60	15	15×60%=9	

　　若此时共有 6 个投资项目可供公司选择，且各投资项目的情况为：项目一的投资总额为 30 万元，内含报酬率为 13%；项目二的投资总额为 40 万元，内含报酬率为 12.9%；项目三的投资总额为 20 万元，内含报酬率为 12.5%；项目四的投资总额为 30 万元，内含报酬率为 12%；项目五的投资总额为 15 万元，内含报酬率为 10.8%；项目六的投资总额为 25 万元，内含报酬率为 10%。公司筹集资本首先用于内含报酬率最大的项目一，其次再选择项目二、项目三，若继续选择项目四进行投资，需累计新筹资（30+40+20）+30＝120（万元），此时的边际资本成本为 12.55%，项目四的内含报酬率为 12%，所以项目四应舍去，不应选择该投资项目，项目五、项目六也同样应予舍去。

第二节　杠　杆　利　益

　　杠杆是物理学的专用名词，是指在力的作用下能绕固定支点转动的杆，如果改变支点和力的作用点之间的距离，可以起到固定大小的力产生大小不同的力矩的作用。经济学中的杠杆是无形的，主要有营业杠杆、财务杠杆和复合杠杆三种。

杠杆分析是财务经理在进行财务分析时经常运用的工具，为分析方便，做以下假设：①公司仅销售一种产品，且价格不变；②经营成本中的单位变动成本和固定成本总额在相关范围内保持不变。

一、营业杠杆

营业杠杆（operating leverage），又称经营杠杆或营运杠杆，是企业在经营决策时对经营成本中固定成本的利用。运用营业杠杆，企业可以获得一定的营业杠杆利益，同时也承受相应的营业风险。

（一）营业杠杆利益与营业风险

营业杠杆利益（benefit on operating leverage）是指在其他条件不变的情况下，业务量的增加虽然不会改变固定成本总额，但会降低单位固定成本，提高单位利润，使息税前利润的增长率大于业务量的增长率，从而为企业创造更多的经济利益。

营业风险（business risks）也称经营风险，是指在其他条件不变的情况下，业务量的减少虽然不会改变固定成本总额，但会提高单位固定成本，降低单位利润，使息前税前利润的下降率大于业务量的下降率，从而给企业带来更大的营业风险。

【例8】 某建筑预制件厂的基准销售额为200万元，变动成本率为70%，固定成本总额为50万元。试分别计算：

（1）销售额增长5%，息税前利润的增长率。

（2）销售额降低3%，息税前利润的降低率。

基准销售额时：

变动成本为200×70%＝140（万元）。

固定成本为50万元。

息税前利润为200－（140＋50）＝10（万元）。

销售额增长5%时：

销售额为200×（1＋5%）＝210（万元）。

变动成本为210×70%＝147（万元）。

固定成本为50万元。

息税前利润为210－（147＋50）＝13（万元）。

息税前利润增长率为（13－10）÷10＝30%。

即销售额增长5%时息税前利润增长30%。

销售额降低3%时：

销售额为200×（1－3%）＝194（万元）。

变动成本为194×70%＝135.8（万元）。

固定成本为50万元。

息税前利润为194－（135.8＋50）＝8.2（万元）。

息税前利润增长率为（10－8.2）÷10＝18%。

即销售额降低3%时息税前利润下降18%。

即销售额增长5%，息税前利润却增长30%；销售额降低3%，息税前利润却降低18%。

由此可见，由于固定成本的存在，若业务量有一小的增长，息税前利润就会有一大的增长，从而为企业带来杠杆利益；若业务量有一小的降低，息税前利润就会有一大的降低，从而给企业带来一定的风险。

（二）营业杠杆系数

为了反映营业杠杆的作用程度，估计营业杠杆利益的大小，评价营业风险的高低，需要测算营业杠杆系数。

营业杠杆系数（degree of operating leverage，DOL），也称营业杠杆程度，是息税前利润的变动率与业务量变动率之间的比率，其计算公式为

$$DOL_Q = \frac{\Delta EBIT/EBIT}{\Delta Q/Q}$$

也可用销售额来计算，其公式为

$$DOL_S = \frac{\Delta EBIT/EBIT}{\Delta S/S}$$

为便于计算，还可将上述两式变换如下：

由于

$$EBIT = Q(P-V) - F = S - VC - F$$

故有简化公式：

$$DOL_Q = \frac{Q(P-V)}{Q(P-V)-F}$$

或

$$DOL_S = \frac{S-VC}{S-VC-F} = \frac{EBIT+F}{EBIT}$$

以上式中 DOL_Q、DOL_S——两种营业杠杆系数；

$EBIT$——息税前利润；

Q——业务量或销售量；

P——单位销售价格；

V——单位变动成本；

S——营业收入或销售额；

Δ——变化值；

VC——变动成本总额；

F——固定成本总额。

【例 9】 通达建筑安装公司 20×1 年与 20×2 年的年销售额、固定成本总额、变动成本总额等有关资料见表 5-4。

表 5-4 年销售额、固定成本总额、变动成本总额等有关资料 单位：万元

项目	20×1 年	20×2 年	变动额	变动率（%）
销售额	1000	1200	200	20
变动成本	600	720	120	20
固定成本	200	200	0	0
息税前利润	200	280	80	40

试计算该公司 20×2 年的经营杠杆系数。

根据表中资料可用上述公式得

$$DOL = \frac{(280-200)/200}{(1200-1000)/1000} = \frac{40\%}{20\%} = 2$$

或

$$DOL = \frac{1000-600}{1000-600-200} = 2$$

（三）经营杠杆与经营风险的关系

引起企业经营风险的主要原因，是产品需求、售价的变动和单位产品变动成本的变化，经营杠杆本身并不是利润不稳定的根源。但是，当产销量增加时，息税前利润将以 DOL 的倍数增加；当产销业务量减少时，息税前利润又将以 DOL 的倍数减少。由此可见，经营杠杆扩大了市场和生产等因素对利润变动的影响。而且经营杠杆系数越高，利润变动越激烈，企业的经营风险就越大。因此，企业一般可以通过增加销售额、降低单位产品变动成本、降低固定成本在总成本中的比重等措施使企业的经营杠杆系数得以降低，从而降低经营风险，但是这些措施往往要受到条件的制约。

二、财务杠杆

财务杠杆（financial leverage）又可称融资杠杆或资本杠杆，是企业在制定资本结构决策时对债务筹资的利用。运用财务杠杆，企业可以获得一定的财务杠杆利益，同时也承受相应的财务风险。

（一）财务杠杆利益与财务风险

财务杠杆利益（benefit on financial leverage）是指利用债务筹资这个杠杆而给股权资本带来的额外收益。在企业资本结构一定的条件下，企业从息税前利润中支付的债务利息（及优先股股息，余同）是相对固定的，当息税前利润增长时，每一元息税前利润所负担的债务利息就会相应地降低，使普通股的每股收益以更快的速度增长，从而给普通股股东带来更多的经济利益。

财务风险（financial risk）也称融资风险或筹资风险，是指在企业资本结构一定的条件下，企业从息税前利润中支付的债务利息是相对固定的，当息税前利润下降时，每一元息税前利润所负担的债务利息就会相应地增长，使普通股的每股收益以更快的速度下降，从而给企业带来更大的财务风险。

【例 10】　设某建筑预制件厂 20×2 年的息税前利润为 20 万元，债务利息为 5 万元，所得税率为 25%，在资本结构一定，债务利息保持不变的条件下，试分别计算息税前利润增长 20% 与下降 10% 两种情况的税后利润变动率。

息税前利润为 20 万元时：

　　所得税额为 $(20-5) \times 25\% = 3.75$（万元）。

　　税后利润为 $20-5-3.75 = 11.25$（万元）。

息税前利润增长 20% 时：

　　所得税额为 $[20 \times (1+20\%)-5] \times 25\% = 4.75$（万元）。

　　税后利润为 $20 \times (1+20\%)-5-4.75 = 14.25$（万元）。

　　税后利润增长率为 $(14.25-11.25)/11.25 = 26.67\%$。

息税前利润下降 10% 时：

　　所得税额为 $[20 \times (1-10\%)-5] \times 25\% = 3.25$（万元）。

税后利润为 $20×(1-10\%)-5-3.25=9.75$（万元）。

税后利润降低率为 $(11.25-9.75)/11.25=13.33\%$。

即息税前利润增长 20%，税后利润却增长 26.67%；息税前利润下降 10%，税后利润却下降 13.33%。

（二）财务杠杆系数

为了反映财务杠杆的作用程度，估计财务杠杆利益的大小，评价财务风险的高低，需要测算财务杠杆系数。

财务杠杆系数（degree of financial leverage，DFL），又称财务杠杆程度，是指普通股每股利润变动率（或普通股本利润率的变动率或非股份制企业的净资产利润率的变动率）与息税前利润变动率之间的比率。其计算公式为

$$DFL = \frac{\Delta EPS/EPS}{\Delta EBIT/EBIT}$$

由于

$$EPS = \frac{(EBIT-I)(1-T)}{N}$$

$$\Delta EPS = \frac{\Delta EBIT(1-T)}{N}$$

故可得公式：

$$DFL = \frac{EBIT}{EBIT-I}$$

式中　DFL——财务杠杆系数；

　　　　EPS——普通股每股利润；

　　　　I——债务利息。

其余符号含义同前。

在有优先股的条件下，由于优先股股息通常也是固定的，并且在税后扣抵，所以上述公式应改为

$$DFL = \frac{EBIT}{EBIT-I-PD/(1-T)}$$

式中　PD——优先股股息；

　　　　T——所得税税率。

其余符号含义同前。

【例11】　东方建筑安装公司全部资本为 1000 万元，债务资本比率为 0.4，债务利息率为 10%，所得税率为 25%。息税前利润为 120 万元，其财务杠杆系数为

$$DFL = \frac{120}{120-1000×0.4×10\%} = 1.5$$

财务杠杆系数为 1.5，表示当息税前利润增长 1 倍时，普通股每股利润将增长 1.5 倍；反之，当息税前利润下降 1 倍时，普通股每股利润将下降 1.5 倍。当资本结构、债务利率、息税前利润等因素发生变化时，财务杠杆利益和财务风险也不同程度地发生变动，具体表现为：财务杠杆系数越大，对财务杠杆利益的影响就越强，财务风险也就越高。因此，企业所有者为了提高自身利益，在正常经营情况下，往往要多筹集债务资本，提高债务资本比率，以获取财务杠杆利益；为了降低财务风险，往往要适当调整资本结构，降低债务资本比率

等，以降低财务杠杆系数，达到降低财务风险的目的。

三、复合杠杆

通过上述分析可知，经营杠杆是通过扩大销售量来影响息税前利润的；财务杠杆是通过扩大息税前利润来影响普通股每股利润的。二者最终都影响到普通股的收益。如果企业同时利用经营杠杆和财务杠杆，那将对普通股收益的影响会更大，风险会更高。我们把综合利用经营杠杆和财务杠杆给企业普通股股东收益造成的影响就称谓复合杠杆或联合杠杆。

复合杠杆系数（degree of combined leverage，DCL）是用于反映经营杠杆和财务杠杆综合利用程度的，其计算公式为

$$DCL = DOL \times DFL = \frac{\Delta EPS/EPS}{\Delta Q/Q} = \frac{\Delta EPS/EPS}{\Delta S/S}$$

【例 12】 某建筑公司经营杠杆系数为 2，财务杠杆系数为 1.6，则该公司的复合杠杆系数为

$$DCL = 2 \times 1.6 = 3.2$$

复合杠杆系数为 3.2，表示销售量或营业收入每增长 1 倍时，普通股每股收益将增长 3.2 倍；反之，当销售量或营业收入每下降 1 倍时，普通股每股收益将下降 3.2 倍。综合反映了复合杠杆给公司带来的总风险的大小。

第三节 资本结构决策

资本结构决策是企业筹资决策的核心问题。企业应综合考虑有关影响因素，运用适当的方法确定最佳资本结构，并在以后追加筹资中继续保持。若企业现有资本结构不合理，应通过筹资活动主动调整，使其趋于合理，达到最优化状态。

一、资本结构概述

（一）资本结构的含义

资本结构是指企业各种资本的构成及其比例关系。一个企业的资本结构既可以用各种资本的绝对数（金额）来反映，也可用各种资本的相对数（所占比例）来表示。

资本结构有广义和狭义之分。广义的资本结构是指企业全部资本的构成。狭义的资本结构是指长期资本结构，不包括短期资本。

企业的资本结构是由企业采用各种筹资方式筹集形成的。各种筹资方式的不同组合决定着企业的资本结构及其变化。通常情况下，企业都采用债务筹资和权益筹资的组合，由此形成的资本结构又称为"搭配资本结构"或"杠杆资本结构"。因此，资本结构问题总的来说是债务资本比率问题，即债务资本在资本结构中安排多大比例的问题。

（二）资本结构中债务资本的作用

一个企业的债务资本是企业外部债权人对企业的投资，企业使用债权人的投资进行经营就是举债经营。通过举债经营，为企业和股东创造更大的经济利益，被认为是最精明的举动。

1. 举债可以降低资本成本

债务资本的利息率一般低于权益资本的股息率或分红率；债务资本的利息在所得税前扣除，具有抵税效应。因此，债务的成本一般要低于权益资本的成本。

2. 举债可以获得财务杠杆利益

企业资本结构中债务资本比重越高、固定融资费用越高、息税前利润水平越低，财务杠杆效应越大，反之则相反。

3. 举债可以增加权益资本收益

这除了财务杠杆利益的原因之外，还由于在经济上升阶段，企业经营比较顺利，获利水平往往较高，特别是投资收益率大于债务资本利息率时，企业举债越多，权益资本收益率就会越高。

4. 举债可以减少货币贬值的损失

在通货膨胀加重的情况下，利用举债扩大再生产，比利用权益资本更为有利，它可以减少因通货膨胀而造成的贬值损失。

但是，举债经营也并非完美无缺，这主要表现在举债经营可以发挥财务杠杆作用的同时，也给企业带来了一定的财务风险。

二、资本结构决策的方法

（一）最佳资本结构

在我国，最佳资本结构是指企业在一定条件下，使企业的加权平均资本成本最低、企业价值最大的资本结构。

在西方国家，主要有 MM 理论和权衡理论。MM 理论认为：在无公司税的情况下，资本结构不影响企业价值和资本成本；在有公司税的情况下，负债会因税赋节约而增加企业价值，负债越多，企业价值越大，权益资本的所有者获得的收益也越大。权衡理论认为：负债企业的价值等于无负债企业价值加上税赋节约，减去预期财务拮据成本（指因财务拮据而发生的成本）的现值和代理成本（指为处理股东和经理之间，债券持有者与经理之间的关系而发生的成本，即监督成本）的现值。最优资本结构存在于税赋节约与财务拮据成本和代理成本相互平衡的点上。

（二）最佳资本结构的选择

1. 每股利润分析法

资本结构是否合理，可以通过每股利润的变化进行分析。一般情况下，凡是能够提高每股利润的资本结构是合理的；反之，则认为是不合理的。然而，每股利润的高低，不仅要受资本结构的影响，还要受销售收入的影响。要处理这三者的关系，则必须运用"每股利润无差别点"的方法来分析。每股利润分析法就是利用每股利润无差别点来进行资本结构决策的方法。

每股利润无差别点是指两种资本结构下，每股收益相等时的息税前利润点（或销售额点），也称息税前利润平衡点或筹资无差别点。其计算公式为

$$\frac{(\overline{EBIT}-I_1)(1-T)}{N_1}=\frac{(\overline{EBIT}-I_2)(1-T)}{N_2}$$

或

$$\frac{(\overline{S}-VC-F-I_1)(1-T)}{N_1}=\frac{(\overline{S}-VC-F-I_2)(1-T)}{N_2}$$

式中 $\overline{EBIT}$——每股利润无差别点或息税前利润平衡点；

   $\overline{S}$——每股利润无差别点的销售额；

   I_1、I_2——两种资本结构下的长期债务年利息；

N_1、N_2——两种资本结构下的普通股股数。

其余符号含义同前。

当预期息税前利润（或销售额）大于（小于）该无差别点时，资本结构中债务比重高（低）的方案为较优方案。这种方法侧重于从资本的产出角度进行分析。下面举例说明该方法的应用。

【例 13】　宏远建筑安装公司目前资本结构为：长期资本总额为 1000 万元，其中债务为 300 万元，普通股为 700 万元，每股面值 7 元，100 万股全部发行在外，目前市场价为 10 元/股。债务利息率为 10%，所得税税率为 25%。公司由于扩大业务需追加筹资 200 万元，现有两个方案可供选择。

方案一：全部发行普通股，向现有股东配售，4 配 1，每股股价 8 元，共配发 25 万股。

方案二：向银行借入 200 万元，因风险加大，银行要求的利息率为 15%。

根据会计人员的测算，变动成本率为 50%，固定成本为 180 万元，追加筹资后销售额可达到 830 万元，试对上述两个方案进行决策。

设每股利润无差别点的销售额为 $\bar{S}$，则

方案一：每股利润 $EPS_1 = \dfrac{(\bar{S} - \bar{S} \times 50\% - 180 - 300 \times 10\%) \times (1 - 25\%)}{100 + 25}$

方案二：每股利润 $EPS_2 = \dfrac{(\bar{S} - \bar{S} \times 50\% - 180 - 300 \times 10\% - 200 \times 15\%) \times (1 - 25\%)}{100}$

令上述两式相等，即 $EPS_1 = EPS_2$，解得每股利润无差别点的销售额 $\bar{S} = 720$ 万元（或无差别点的 $\overline{EBIT} = 180$ 万元），在此点上，两个方案的每股收益 EPS 相等，均为 0.9 元。因该企业的预期销售额为 830 万元，大于无差别点销售额 720 万元，所以资本结构中负债比重较高的方案，即方案二为较优方案。

2. 综合资本成本比较法

综合资本成本比较法就是计算和比较企业的各种可能的筹资组合方案的综合资本成本，从中选择综合资本最低的方案为资本结构的最优方案。这种方法计算简便，但只从资本投入的角度对资本结构进行优选分析，较为片面。因此，这种方法在实际应用时还应考虑企业的其他因素，对上述分析结果进行修正。

3. 综合分析法

每股利润分析法与综合资本成本比较法都没有考虑风险因素，显然是不够全面合理的。综合分析法正好克服了这个缺点，是将综合资本成本、企业总价值及风险综合考虑进行资本结构决策的一种方法。在计算分析时，主要有以下几个问题：

（1）企业价值的测算。对于一个企业的价值，目前尚有不同的认识及测算方法，主要有：①企业价值等于未来净收益的现值；②企业价值是其股票的现行市场价值；③企业价值等于其债务和股票的现值。这里采用第三种观点，企业的总价值 V 等于债务的现值 B 加上股票的现值 S，即 $V = B + S$。

其中，为简化计算，债务的现值等于债务的本金（或面值）；股票的现值按未来净收益贴现测算，即

$$S = \frac{(EBIT - I)(1 - T)}{K_S}$$

式中其他符号含义与前面相同。

（2）资本成本的测算。企业的综合资本成本可按下列公式测算：

$$K_W = K_W = \sum_{j=1}^{n} K_j W_j = K_B \cdot \frac{B}{V} + K_S \cdot \frac{S}{V}$$

（3）企业最佳资本结构的测算及判断。在风险变动的情况下，企业价值最大、综合资本成本最低时的资本结构为最优结构。

【例14】 某公司的现有资本结构中全部为普通股，账面价值2000万元，期望的息税前利润为500万元，假设无风险报酬率为6%，市场证券组合平均报酬为10%，所得税率为25%。该公司认为现有资本结构不能发挥财务杠杆作用，拟举债购回部分股票予以调整，经测算，目前的债务利率和贝他系数值见表5-5。

表5-5　　　　　　　　　　　　　债务利率和贝他系数值

债务的市场价值（万元）	债务利率（%）	贝他值	债务的市场价值（万元）	债务利率（%）	贝他值
0	—	1.5	600	9	1.8
200	8	1.55	800	10	2
400	8.3	1.65	1000	12	2.3

根据上述资料，可计算出资本结构中不同债务时企业的总价值和综合资本成本。计算结果见表5-6。

表5-6　　　　　　　　　　某公司总价值与资本成本表　　　　　　　　　单位：万元

债务的市场价值	股票的市场价值	公司总价值	贝他值	债务利息率（%）	债务资本成本（%）	普通股资本成本（%）	综合资本成本（%）
①	②	③	④	⑤	⑥	⑦	⑧
0	2343.75	2343.75	1.5	0	—	16.00	16.00
200	2240.74	2440.74	1.55	8.00	6.00	16.20	15.36
400	2109.04	2509.04	1.65	8.30	6.225	16.60	14.95
600	1944.77	2544.77	1.8	9.00	6.75	17.20	14.74
800	1750.00	2550.00	2	10.00	7.50	18.00	14.71
1000	1484.38	2484.38	2.3	12.00	9.00	19.20	15.09

计算过程说明：

债务资本成本：⑥＝⑤×（1-25%）

普通股资本成本：⑦＝6%+④×（10%-6%）

股票的市场价值：②＝[（500-①×⑤）×（1-25%）]/⑦

公司总价值：③＝①+②

综合资本成本：⑧＝⑥×（①÷③）+⑦×（②÷③）

可以看出，在没有债务的情况下，公司的总价值也就是原有股票的价值；当公司增加一部分债务时，财务杠杆开始发挥作用，公司总价值上升，综合资本成本下降；在债务达到800万元时，公司总价值最高，综合资本成本率最低；债务超过800万元之后，随着利息率的不断上升，财务杠杆作用逐步减弱（即财务风险逐渐加大），公司总价值下降，综合资本成本上升。因此，该公司的债务为 800 万元时的资本结构是其最佳资本结构。

4. 因素分析法

在实际工作中，通过计算准确地确定最佳资本结构几乎是不可能的，其主要原因是选择企业的资本结构不仅要在风险和报酬之间进行权衡，还要认真考虑影响资本结构的其他因素，并根据这些因素的定性分析来合理地确定企业的资本结构。因为采用这种方法时，关键是要科学地分析影响资本结构的各种因素，所以，通常把这种方法称为因素分析法。

确定企业资本结构时应分析的主要因素如下：

（1）企业经营者与所有者的态度。企业的资本结构决策是由企业经营者（包括企业的财务管理人员）和所有者做出的，所以他们的态度对企业的资本结构的选择具有重要影响。

从经营者的角度看，企业一旦发生财务危机，经营者的职务和利益将会受到重大影响。因此，经营者一般愿意尽量降低债务资本的比例；与之相反，企业的所有者往往不愿分散其控制权，而不愿增发新股，要求经营者去举债。经营者与所有者在资本结构上的矛盾必然影响到企业资本结构决策。另外，即使二者的态度一致，喜欢冒险的决策者，可能会安排比较高的负债比例；喜欢稳健的决策者，可能会安排少举债的策略。

（2）企业的成长性与稳定性。在一般情况下，企业发展速度快，成长性好，往往对企业外部资本的依赖性就强；企业的销售量稳定，则可较多地负担固定的财务费用，而选择举债经营；如果企业的发展速度慢，成长性差或经营不稳定，则负担固定财务费用将会有较大的财务风险，应选择少举债。

（3）企业的盈利能力。盈利能力强的企业可以产生大量的税后利润，其内部积累可以在很大程度上满足企业扩大再生产的资本需求，因而对债务资本的依赖程度较低。

（4）企业信用等级与债权人的态度。企业能否（或能有多少）以举债的方式筹资，不仅取决于企业经营者和所有者的态度，而且还取决于企业的信用等级和债权人的态度。如果企业的信用等级不高或现有的负债已经较高，债权人将不愿意向企业提供信用，使企业无法达到它所希望的负债水平。

（5）法律限制。现行法规对企业的筹资行为是有限制的。企业必须在法律允许的范围内合法筹资。

（6）行业因素。不同的行业，其资本结构存在着很大的差异。企业必须考虑本企业所处的行业，以便正确做出资本结构决策。

（7）所得税税率的高低。举债可以有抵税效应，因此所得税税率越高，负债的好处越多；所得税税率越低，举债的抵税效应就越差。

（8）利息率的变动趋势。若利息率暂较低，预计不久的将来就会上升，则企业应筹集长期负债；反之，若利息率暂时较高，预计不久的将来就会下降，则企业应少举债或少筹集长期负债。

除上述外，还有其他等因素，企业财务管理人员应在认真分析各种影响因素的基础上，结合自身实践经验来合理确定资本结构。

三、资本结构调整的实用方法

在企业财务管理实践中，当发现现有的资本结构不合理时，企业可以采用下列方法进行调整。

（一）债转股、股转债

债转股是债权转为股权的简称。有广义与狭义之分。广义的债转股不仅包括企业之间债权与股权的交换，而且还包括可转换公司债券转换成股票成为企业的股东。狭义的债转股则特指我国近期出台的一项政策，即以新成立的金融资产管理公司为投资主体，将商业银行原有的不良资产转给该公司，作为其持有原债务企业的股权。通过债转股，使商业银行与债务企业因信贷资本而建立的债权债务关系转变为金融资产管理公司与实施债转股操作企业之间的投资与受资关系，由原来的企业向商业银行还本付息转变为向金融资产管理公司按股分红。债转股后，金融资产管理公司实际上成为企业阶段性的股东，依法行使股东的权利，在企业经营情况好转后，通过上市、转让或企业回购等形式，最终把这笔资本收回。

债转股对债务企业来说，并非是一种筹资手段，它旨在降低其资产负债率，优化资本结构。

（二）调整权益资本结构

主要有优先股转换为普通股，股票回购减少公司股本、国有股减持（指按照特定方法减少国有股比重，增加其他股份的比重）等。

（三）调整现有负债结构

与债权人协商，将短期负债转为长期负债，或将长期负债列入短期负债，收回发行在外的可提前收回债券等。

（四）兼并其他企业、控股企业或进行企业分立，改善企业的资本结构

通过兼并其他企业、控股企业，可使企业获得优质净资产，调整企业资本结构；通过进行企业分立，可以剥离不良净资产，完善企业资本结构。

（五）从外部取得增量资本

通过从外部取得增量资本同样也可以调整资本结构。

思 考 题

1. 什么是资本成本？资本成本的作用有哪些？
2. 试比较长期借款、债券、普通股三种筹资方式资本成本的大小。
3. 什么是综合资本成本与边际资本成本？
4. 计算综合资本成本时权数的确定形式有哪些？各有何优缺点？
5. 什么是每股利润无差别点？为什么要确定每股利润无差别点？
6. 企业应如何衡量和规避筹资风险？
7. 什么是企业的最佳资本结构？应如何确定？

练 习 题

1. 某建筑公司存银行取得长期借款 50 万元，年利率为 10％，期限为三年，每年付息一次，到期还本。假定筹资费用率为 1％，所得税率为 25％。试计算该借款的成本。
2. 某建筑安装有限公司在筹资前根据市场预测，拟发行一种面值为 100 元，票面利率为 7.8％，期限 20 年，每年付息一次的债券。每张债券扣除发行费用后，筹资净额为 98

元，所得税率为 25%。试计算债券的资本成本。（用两种方法计算）

3. 某建筑安装有限公司拟发行优先股，面值总额为 100 万元，股息率为 15%，筹资费率预计 5%，该股票溢价发行，发行价总额 150 万元，试计算优先股的成本。

4. 某建筑安装有限公司发行普通股 500 万股，面值为 1 元，筹资总额 1500 万元，筹资费率为 4%，已知第一年每股股利 0.25 元，以后各年按 5% 的比率增长，试计算该股票的成本。

5. 某建筑安装有限公司发行普通股前要对其成本进行估计。已知国库券收益率为 8.5%，市场平均的投资收益率为 13%，β 系数为 1.5，试计算该股票的成本。

6. 某建筑工程公司的长期资本账面价值 1050 万元，其具体资料见表 5-7。试计算该公司各资本来源的比重和综合资本成本（填入表中）。

表 5-7　　　　　　　　　　　　　具体资料

资本来源	账面价值（万元）	比重（%）	资本成本（%）
公司债券	400		10.0
银行借款	200		6.7
普通股	300		14.5
留存收益	150		15.0
合计	1050	100.00	

7. 同达建筑安装有限公司拥有资本 100 万元，为了满足追加投资的需要，拟准备筹措新资本，有关资料见表 5-8。试计算各筹资范围下的边际资本成本。

表 5-8　　　　　　　　　　　　　有关资料

资本种类	目前资本金额（万元）	目标资本结构（%）	新筹资的数量范围（万元）	资本成本（%）
应付债券	20	20	1 以下 1~4 4 以上	6 7 8
优先股	5	5	0.25 以下 0.25 以上	10 12
普通股	75	75	2.25 以下 2.25~7.5 7.5 以上	14 15 16

8. 某建筑预制件厂生产 A 预制件，固定成本为 60 万元，变动成本率为 40%，试计算企业的销售额分别为 200 万、300 万、400 万元时的经营杠杆系数。

9. 某建筑安装公司全部长期资本为 1000 万元，其中借入资本为 300 万元，利率为 10%；普通股股本为 700 万元，无优先股。预期息税前利润为 200 万元，所得税率 25%。试计算该公司的财务杠杆系数。

10. 某房地产开发公司目前拥有资本 1000 万元，其结构为：负债 200 万元（年利息 20 万元），普通股 800 万元（100 万股，每股面值 8 元）。现准备追加筹资 400 万元，有两种筹资方案可供选择。方案一：发行普通股 50 万股，每股面值 8 元；方案二：全部向银行借入，利率为 10％。公司追加筹资后，息税前利润预计为 160 万元，所得税率为 25％。试计算每股利润无差别点及无差别点的每股收益并对公司的筹资方案进行决策。

第六章 项目投资管理

第一节 项目投资管理概述

一、项目投资的含义

（一）项目的含义

"项目"已成为人们使用越来越频繁的词汇了。项目各种各样，涉及社会生活的各个领域，大到国家重点建设的三峡水利枢纽工程、西气东输工程等项目，小到一个城市基础设施建设项目，一个企业精心筹划的新产品上马项目，甚至连请朋友来家聚会，都可以当作一个项目来对待。

项目指在特定条件下，具有特定目标的一次性工作任务。一般说来，项目具有以下基本属性。

1. 一次性

这是项目与其他重复性操作工作最大的区别。项目有明确的起点和终点，通常都没有可以完全照搬的先例，将来也不可能有相同的重复，这使得项目具有一次性的特征。正是基于这一特征，使得大多数项目具有某种创业和创新的性质。

2. 独特性

有些项目即使所提供的产品和服务是类似的，但它们在时间和地点、内部环境和外部环境、自然和社会条件等方面都会存在差别。因而项目的过程总是具有它自身的独特性。

3. 目标的确定性

项目必须要有明确的目标，即必须明确实施项目预期要达到什么样的结果，其含义不仅指时间目标，也包括成果性目标、约束性目标，以及其他需要满足的条件。当然，目标也允许修改，一旦项目目标发生实质性改变，它就不再成为原来的项目，修改后的目标也就成了新项目的目标。

4. 成果的不可挽回性

项目必须确保成功，这主要是因为在项目特定的条件下资源是有限的，一旦项目失败了，就可能永远失去了重新实施项目的机会。即使可以卷土重来，也可能因时过境迁，再也没有可能实现预期的项目目标了。这些都决定了项目具有较大的不确定性，它的过程是渐近的，具有各种潜在的风险。

（二）项目投资

实施任何项目都需要个人或组织投入资金及其他资源。没有不需要投资的项目，而资金要实现增值也必须落实到具体项目的实施上，从这个意义上讲，项目与投资之间存在密切的联系，所有项目都可以归结为投资项目。

个人或组织为了实现预期的目标，通过投入人力、物力、财力和信息等资源，实施某一项目的活动就称为项目投资。为确保预期的项目目标得以实现，就必须对项目投资的全过程进行管理。

财务管理学中研究项目投资问题，主要是从实现企业生存和发展的总目标出发，研究如何将筹集来的资金投资于有关的项目，确保企业资金的增值。显然，财务管理学所研究的项目投资，就其对象即投资项目而言，只是我们前面介绍的一般意义上项目的一部分，并且这些投资项目是直接与实现企业价值最大化的财务目标联系在一起的。因而，我们研究的项目投资，通常是指以企业特定的投资项目为对象，直接与新建项目或更新改造项目有关的内部长期投资行为。

就一般企业而言，其项目投资通常可以分为以新增生产能力为目的新建项目投资和以恢复或改善生产能力为目的更新改造项目两大类。而新建项目按其涉及内容进一步细分为单纯的固定资产项目投资和完整的项目投资。前者简称为固定资产投资，其特点在于只包括为取得固定资产而发生的资本资产投入，而不涉及营运资产的投入；完整的企业项目投资，不仅包括资本资产投入，而且还包括形成企业生产能力必需的运营资产的投入，比如增设一条生产线，除了发生购建生产线所需资本投入外，还必须要垫付新增生产能力所需的配套营运资金，甚至包括项目投资所需要的其他资金投入。

二、项目投资管理的基本内容

对一个投资项目进行管理，从过程来看，包括从项目开始构想到项目结束的各个阶段，而每一个阶段又包括若干环节，通常会涉及各种具体的管理内容。如一项基础设施建设项目，它要经过发起、可行性研究、规划与设计、施工、移交和投入使用各个阶段，就发起和可行性研究而言，具体又包括项目可行性调研、项目评估等各项内容。从财务管理的角度研究项目投资，主要集中在项目的可行性研究阶段，通过对各个项目备选方案进行深入的技术经济分析和方案比较，对各个项目方案进行财务可行性评估。

实际上，一个投资项目能否实施，除了具有财务可行性以外，通常还涉及以下几个方面的可行性问题：

（1）技术可行性。投资项目在技术上应该是先进的。

（2）组织体制可行性。实践证明，项目实施组织和投产后的组织机构、人事制度、管理体制等，都对项目执行和今后的效益产生重大影响。

（3）经济可行性。从宏观出现衡量项目的经济价值，包括实施该项目所耗费的自然和环境资源，以及实施项目后对提高国民经济增长率和增加国民收入所起的作用，也就是能否为整个国民经济带来利益。

（4）社会可行性。考察项目收益的分配对社会不同阶层的影响，项目收益用于投资还是用于消费。

对投资项目进行财务可行性评估，主要从两个方面入手：一方面从成本和收益的对比分析中，研究项目在财务上是否符合经济效益原则，只有收益大于投入的项目，在财务上才可能是可行的；另一方面，要对投资项目的风险进行评估，并将这一评估结果融入项目的成本效益分析中，只有这样才有助于实现企业价值最大化的财务管理目标。

综上所述，从财务管理角度对投资项目进行管理，主要是对其在财务上的可行性进行论证，因而投资项目的财务可行性评估便成为企业财务管理人员进行项目投资管理的基本内容。

三、项目投资财务可行性评估的基本程序

对投资项目进行财务可行性评估通常按以下步骤进行：

（1）提出拟实现投资目标的各个备选项目投资方案。

（2）估算出各方案投资有效期各年的现金流量。

（3）估计预期现金流量的风险。

（4）确定资本成本的一般水平或必要报酬率。

（5）计算备选方案的评价指标。

（6）将评价指标与可接受标准进行比较，进行方案取舍。

在这里需强调两点：①一个投资项目在财务上可行，并不意味着这个方案一定能被采纳。因为一个项目能否被采用，除了具备财务可行性外，还需要综合考虑其他各方面的评估结果，这一点在学习时务必清楚。②在投资项目的财务评价中，现代财务管理是以现金流量作为基础指标进行研究的，因而准确地估算投资项目的预期现金流量便成为投资评价的重要环节，因而必须采用科学方法，全面、合理地估算投资项目的现金流量。

第二节　投资项目评价的基本方法

一、投资项目的现金流量

项目投资中，现金流量是指投资项目在其计算期内（即从项目投资建设开始到最终清理结束整个过程的全部时间）引起企业现金流入和现金流出增加的数量。这里的"现金"是广义的现金概念，它不仅包括各种货币资金，而且还包括项目需要投入的企业拥有的非货币性资源的变现价值。在这里应注意将我们在项目投资中所使用的现金流量概念与财务会计按年编报的现金流量表中所使用的现金流量概念进行区别，不可混为一谈。

（一）现金流量的构成

一个投资项目在其计算期内的现金流量，我们可以从两个角度对其构成进行分析。

1. 根据项目投资的阶段划分

（1）初始现金流量。初始现金流量是指在项目投资建设期内发生的现金流量，一般包括以下几个部分：

1）用于固定资产的投资。包括固定资产的购置、建造及安装成本等，这部分投资是形成固定资产价值的主要部分。

2）用于营运资产的投资。项目投资扩大了企业的生产能力，往往需要投入相应配套的营运资金，这部分资金具有垫支性，通常在项目投产当年的年初投入，在项目清理结束时，可如数收回移作他用。

3）其他投资。主要是指与项目投资有关的，除用于前面两项投资以外的其他资金投入。

（2）营业现金流量。营业现金流量是指项目建成投产后，在其使用周期内由于生产经营所带来的现金流入和流出的数量。这种现金流量通常按年计算。我们假定企业产销平衡，销售产品取得营业收入均在当年能收回现金，这样企业通过该项目投资当年获得的现金流入就等于其全年营业收入。企业为取得营业收入而发生的成本中，当年实际支付现金的部分称为付现成本。另外，企业根据应税收益向国家缴纳的所得税也构成项目的一项现金流出。据此，项目的年营业现金净流量可用以下公式来计算：

年营业现金净流量＝营业收入－付现成本－所得税

企业为取得收入而付出的代价即营业成本中，除了当年需实际支付现金的付现成本外，其余部分是不需支付现金的，这部分成本主要由固定资产折旧构成。为简化计算，通常将营业成本中的非付现成本用折旧来近似地代替，于是有下式：

$$付现成本＝营业成本－折旧$$

这样年营业现金净流量可进一步推导为

$$年营业现金净流量＝营业收入－（营业成本－折旧）－所得税$$
$$＝（营业收入－营业成本）×（1－所得税税率）＋折旧$$
$$＝利润总额×（1－所得税税率）＋折旧$$
$$＝净利润＋折旧$$

可见，项目的年营业现金净流量实际上由两部分组成：一部分是企业销售产品所赚取的利润引起的企业现金流量的增加；另一部分则是企业以现金方式收回的折旧额。

使用上述两式计算项目的年营业现金净流量时，往往受到一些局限，因此我们从项目投资评估实用的角度出发，在上两式的基础上推导出以下公式：

$$年营业现金净流量＝净利润＋折旧$$
$$＝（营业收入－营业成本）×（1－所得税税率）＋折旧$$
$$＝（营业收入－付现成本－折旧）×（1－所得税利率）＋折旧$$
$$＝营业收入×（1－所得税税率）－付现成本×（1－所得税税率）$$
$$－折旧×（1－所得税税率）＋折旧$$
$$＝营业收入×（1－所得税税率）－付现成本×（1－所得税税率）$$
$$＋折旧×所得税税率$$

在对投资项目进行财务评估时，我们可以对投资项目预期的营业收入、付现成本作出预测，年折旧额也可以通过计算取得，这样就可以很方便地利用上式确定投资项目的年营业现金净流量，这使上式在投资项目的财务可行性评价中具有重要的作用。

（3）终结现金流量。终结现金流量是指投资项目在清理报废或变卖时所发生的现金流入和流出增加的数量，通常由以下几部分构成：

1）固定资产残值的变价收入；

2）收回垫支的营运资金；

3）其他与项目清理有关的资金收回。

2. 根据现金流量的流向划分

（1）现金流入量。一个投资项目的现金流入量是指投资项目所引起的企业现金流入增加的数量，如生产经营引起的营业现金流入、项目清理时的残值收入。

（2）现金流出量。现金流出量是指投资项目所引起的企业现金流出增加的数量。如项目建设期内为购建固定资产而发生的款项支出、项目投产前投入的垫支营运资金等。

（3）现金净流量。现金净流量是指一定期间项目引起的企业现金流入量与现金流出量之间的差额。这里所说的"一定期间"通常指一年内，有时指投资项目持续的整个年限内。

现代财务管理将现金流量作为基础性指标，通过计算一系列评价指标对投资项目进行财务可行性评估时，为了简化计算，通常将上述按期间预测的现金流入量和现金流出量这些时期指标转化为时点指标，一般假定各年的投资在年初发生，各年的营业现金净流量在各年年末一次发生，项目清理报废时的终结现金流量看作在最后一年年末发生。有了这样假定，我们就可以很方便地进行评价指标的计算了。

（二）现金流量的估算

前面已提到，预测投资项目的现金流量是项目投资评价中重要的一步，全面、准确地预测一个投资项目的预期现金流量是投资项目财务可行性评价必不可少的一环。

在确定投资方案的现金流量时，应遵循的最基本的原则是：只有增量现金流量才是与项目相关的现金流量。所谓增量现金流量，是指接受或拒绝某个项目投资方案后，企业总的现金流量会因此而发生变动。只有那些由于采纳某个项目引起的现金流出的增加额，才是该项目的现金流出；只有那些由于采纳某个项目引起的现金流入的增加额，才是该项目的现金流入。

为了正确地确定投资项目的现金流量，在对投资项目预期现金流量进行分析时，应特别关注以下几个方面。

1. 现金流量与投资项目之间的相关性

相关性是指列入投资项目评价的现金流量必须是与项目投资有关的，是由项目投资所引起的，而且是在项目评价时必须要考虑的现金流入或现金流出。现金流量的相关性与投资项目的一次性有关，离开相关性来考虑现金流量，往往容易导致现金流量估计的不准确，对项目评估带来不良结果。

例如，房地产开发公司多年前计划利用公司已有的一块空地进行特种经营开发项目的评估，曾向有关部门支付项目前期费用 10 万元，后由于某种原因，项目被推迟进行，直至最后取消。五年后的今天，新任经理重新提及这块空地的开发利用，拟兴建商品房。在进行兴建商品房投资项目评估时，就不应当把五年前已发生的项目前期费用考虑在内。因为该笔开支与本次项目评估不具相关性。本次项目投资与否，五年前的那笔开支都已成为沉没成本，与本次项目评估无关。

之所以强调现金流量的相关性，是因为如果在项目评估时，把不相关的现金流量纳入项目评估中，则可能会使一个有利的项目方案变得不利，反之，可能使一个不利的方案，从项目评估的结果来看，判定为一个在财务上可行的方案，最终误导决策。

2. 全面考虑机会成本

企业用于投资的资源是有限的，而一项资源在具体投资项目的使用上，只能用于一个项目，而不可能同时用于几个项目。在对资源的具体使用上，如果企业选择了某个项目投资，则必须放弃其他可能的投资机会，其他投资机会可能取得的收益，是实行本方案的一种代价，这一代价则称为本投资项目的机会成本。

例如，企业现有一台旧设备，原值 50 万元，已使用 5 年，已提折旧 25 万元，企业在考虑可否利用一台新设备来替换这台旧设备，需对继续使用的旧设备和启用新设备两方案的经济可行性进行了评价。单就旧设备继续使用而言，有两种选择：一种选择是放弃继续使用，可能获得变价收入 20 万元，同时可获得纳税上的好处 1.25 万元；另一种选择是继续使用旧设备，在考虑继续使用旧设备时，就必须放弃将其出售的机会，而放弃这一机会所可能取得的收益 21.25 万元，就是继续使用旧设备的机会成本，相对于出售旧设备而言，继续使用旧设备相当于企业投资 21.25 万元购置一台旧设备。

在全面考虑投资项目的机会成本时，应注意两点：①机会成本不是通常意义上理解的成本概念，它不是一种现实的支出，并没有实际发生，而是一种潜在的收益；②机会成本总是针对被放弃的具体方案而言的，这个具体方案是被放弃的所有方案中的最佳方案，该方案可能取得的收益才是我们所说的拟建项目的机会成本。

在项目投资评估中，之所以要全面考虑机会成本，旨在全面考虑可能采取的各种方案，以便为企业的既定资源找到最有利的使用途径。

3. 必须考虑拟建项目对本企业其他部门的影响

当我们采纳一个新的项目后，该项目可能对公司的其他部门造成有利或不利的影响。在对投资项目进行财务可行性评价时，必须考虑这种影响。

例如，若新建生产线生产的产品上市后，原有的其他产品的销路可能减少，而且公司的销售额不增反降。因此，公司在进行投资分析时，不应将新生产线的销售收入作为增量收入来处理，而应扣除其他部门因此减少的销售收入。当然，也可能产生相反情况，新产品上市后将促进其他部门的销售增长。具体的影响要看新项目和原有部门之间是竞争关系还是互补关系。企业在进行项目投资时，必须考虑这种影响，这有助于企业对拟建项目进行全面、有效地评估。

4. 项目需要垫支的营运资金也是项目投资的一部分

在一般情况下，当公司开办一项新业务并使销售额扩大后，对于存货和应收账款等流动资产的需求也会增加，公司必须筹措新的资金以满足这种额外的资金需求；另一方面，公司扩充的结果，应付账款与一些应付费用等流动负债也会同时增加，从而降低公司对营运资金的实际需要，其结果可能导致企业垫支一部分营运资金，其数额等于增加的流动资产与增加的流动负债之间的差额。

（三）项目投资评估中使用现金流量的原因

财务会计上会计利润的确定是按照权责发生制原则作为基础，通过计算收入和成本，并以一定时期的收入抵补其成本费用后的结果作为收益，来评价企业经济效益的。在项目投资中，在对投资项目进行财务评价时，是按以收付实现制原则确定的现金净流量作为评价项目经济性的基础指标，在此基础上评价投资项目经济效益的。在项目投资评价中之所以把现金流量作为研究重点，而把对利润的研究作为次重点，主要基于以下原因：

（1）整个项目投资有效年限内，利润总计与现金净流量总计是相等的，因而可以使用现金净流量取代利润指标作为评价项目净收益的指标。

对这一结论我们可以进行简单的证明，为此作如下假定：

$$I = f + g$$

式中 I——项目投产后每年营业现金净流量；

f——各年的净利润；

g——每年以现金方式收回的折旧。

这样，项目整个有效年限现金净流量的公式为

$$现金净流量 = -C_1 - C_2 + \sum_{t=1}^{n} I + M_1 + M_2$$

$$= -C_1 - C_2 + \sum_{t=1}^{n} f + \sum_{t=1}^{n} g + M_1 + M_2$$

式中 C_1——固定资产投资；

C_2——垫支营运资金；

n——项目的寿命期；

M_1——清理时的残值收入；

M_2——项目结束后收回的垫支营运资金。

由于上式中 $\sum_{t=1}^{n} g + M_1 = C_1, C_2 = M_2$。

故上式可写为现金净流量 $= \sum_{t=1}^{n} f$（项目全部净利润），结论得到证明。

（2）采用现金流量作为基础性指标研究，有利于科学地考虑时间价值因素。资金时间价值是客观存在的，科学地进行项目投资评价，必须认真考虑资金时间价值因素。这就要求在项目评价时，一定弄清每笔预期现金流出和现金流入的具体时间，因为不同时点上的资金在价值量上是不相同的。因此在衡量方案优劣时，应根据各投资项目寿命周期内各年的现金流量，按照资本成本，结合时间价值来确定项目投资评估的各项指标，进而对投资项目各方案做出评估。利用利润作为评价项目投资收益的指标，在这一点上是做不到的。可见，在项目投资评价中考虑时间价值因素，就必须使用现金流量指标。

（3）采用现金流量指标对投资项目进行评估更符合客观实际。由于受到折旧方法等人为因素的影响，即使同一个项目的折旧，由于固定资产折旧方法的不同，使得每期计提的折旧额不同，从而导致按权责发生制计算的项目各年利润的分布则存在很大差异。而在考虑时间价值的情况下，早期的收益与晚期的收益有明显的区别，为确保评估的正确性，收益的分布应当具有客观性，不受人为选择的影响，由于现金流量的分布不受以上诸多人为因素影响，正好能适应这种需要，可以保证评估的客观性。

二、投资项目评估的一般方法

投资项目评估主要是通过一系列的评估指标来进行的。用于项目投资评估的评价指标是衡量和比较项目可行性，据此进行方案评估的量化标准和尺度，通常是由一系列综合反映项目投资效益、投入产出比的量化指标所构成。这些指标又根据计算时是否考虑时间价值因素，将其区分为两类：一类是贴现指标，即计算时考虑时间价值因素的指标，主要包括净现值、现值指数、内含报酬率等指标；另一类是非贴现指标，即没有考虑时间价值因素的指标，主要包括投资利润率、投资回收期等指标。根据分析指标的差别，投资项目评价的方法，也区分为贴现的分析评价方法和非贴现的分析评价方法两种。

（一）贴现的分析评价方法

1. 净现值法

净现值法使用净现值作为评价方案优劣的指标。所谓净现值，是指特定方案未来现金流入的现值与未来现金流出的现值之间的差额。按照这种方法，所有未来现金流入和流出都要按预定贴现率折算成它们的现值，然后再计算它们的差额。如果净现值为正数，即贴现后的现金流入大于贴现后的现金流出，表明该投资项目的实际报酬率大于预定的贴现率。如果净现值为零，即贴现后的现金流入等于贴现后的现金流出，表明该投资项目的实际报酬率相当于预定的贴现率。如果净现值为负数，即贴现后的现金流入小于贴现后的现金流出，表明该投资项目的实际报酬率小于预定的贴现率。

计算净现值的公式为

$$NPV = \sum_{k=0}^{n} \frac{NCF_k}{(1+i)^k}$$

或

$$NPV = \sum_{k=0}^{n} \frac{I_k}{(1+i)^k} - \sum_{k=0}^{n} \frac{O_k}{(1+i)^k}$$

式中 NPV——净现值;

n——投资涉及的年限;

NCF_k——第 k 年的净现金流量;

I_k——第 k 年的现金流入量;

O_k——第 k 年的现金流出量;

i——预定的贴现率,即资本成本或要求的必要报酬率。

投资项目净现值的计算包括以下步骤:

(1) 估算投资项目每年的净现金流量(或每年的现金流入量和流出量);

(2) 选用适当的贴现率,将投资项目各年的折现系数通过查表确定下来;

(3) 将各年净现金流量乘以相应的折现系数求出现值;

(4) 汇总各年现金流量的现值,得出投资项目的净现值。

净现值是折现后的项目净收益指标,运用净现值法评价项目的标准是:如果投资方案的净现值大于或等于零,该方案为可行方案;如果投资方案的净现值小于零,该方案为不可行方案;如果投资方案的投资额相同,且净现值均大于零,那么净现值最大的方案为最优方案。

【例1】 设必要报酬率为 12%,某投资项目有三个方案可选,具体资料见表 6-1。

表 6-1　　　　　　　　　甲、乙、丙三个投资方案的净现金流量表

期间	甲方案净现金流量 NPV_j	乙方案净现金流量 NPV_y	丙方案净现金流量 NPV_b
0	(30000)	(18000)	(40230)
1	13000	9000	17000
2	14000	6000	17000
3	11000	4100	17000

$NPV_j = 13000 \times (P/F, 12\%, 1) + 14000 \times (P/F, 12\%, 2) + 11000$
$\qquad \times (P/F, 12\%, 3) - 30000$
$\qquad = 13000 \times 0.893 + 14000 \times 0.797 + 11000 \times 0.712 - 30000$
$\qquad = 599(元)$

$NPV_y = 9000 \times (P/F, 12\%, 1) + 6000 \times (P/F, 12\%, 2) + 4100$
$\qquad \times (P/F, 12\%, 3) - 18000$
$\qquad = 9000 \times 0.893 + 6000 \times 0.797 + 4100 \times 0.712 - 18000$
$\qquad = -2261.8(元)$

$NPV_b = 17000 \times (P/A, 12\%, 3) - 40230$
$\qquad = 17000 \times 2.402 - 40230$
$\qquad = 604(元)$

甲、丙两项投资的净现值为正数,说明两方案的实际报酬率都超过 12%。如果企业的资金成本或要求的必要报酬率为 12%,则这两个方案是有利的,因而是可以接受的;乙方案的净现值为负数,说明该方案的实际报酬率达不到 12%,因而应予放弃。甲方案和丙方

案相比，丙方案更好些。

应当指出的是，在项目评价中，正确地选择贴现率至关重要，它直接影响项目评价的结论。如果选择的贴现率过低，则会导致一些经济效益较差的项目得以通过，从而浪费了有限的社会资源；如果选择的贴现率过高，则会导致一些效益较好的项目不能通过评价，从而使有限的社会资源不能充分地发挥作用。在实务中，一般按以下几种方法确定项目的贴现率：

（1）以投资项目的资金成本作为折现率。

（2）以投资的机会成本作为折现率。

（3）根据不同阶段采用不同的折现率。在计算项目建设期现金流量的现值时，以贷款的实际利率作为贴现率；在计算项目经营期现金流量现值时，以全社会资金的平均收益率作为贴现率。

（4）以行业平均资金收益率作为项目的贴现率。

采用净现值法进行项目财务可行性评价的优点表现为以下三个方面：

（1）考虑了资金时间价值因素，增强了投资经济性的评价。

（2）考虑了项目计算期的全部现金流量，体现了流动性与收益性的统一。

（3）考虑了投资风险，因为贴现率的大小与风险大小有关，风险越大贴现率越高。

净现值法的缺点也是明显的，主要表现为以下三个方面：

（1）不能从动态的角度直接反映投资项目的实际收益率水平，当各项目投资额不等时，仅用净现值无法确定投资方案的优劣。

（2）现金流量的估算和贴现率的确定比较困难，而它们的正确性对计算净现值有着重要影响。

2. 内含报酬率法

内含报酬率法是根据方案本身的内含报酬率来评价方案优劣的一种方法。所谓内含报酬率，是指能够使未来现金流入量现值等于未来现金流出量现值的贴现率，或者说是使投资方案净现值为零的贴现率，即投资项目的实际报酬率，用 IRR 表示，显然内含报酬是使下式成立的贴现率：

$$NPV = \sum_{k=0}^{n} \frac{NCF_k}{(1+IRR)^k} = 0$$

或

$$\sum_{k=0}^{n} \frac{I_k}{(1+IRR)^k} - \sum_{k=0}^{n} \frac{Q_k}{(1+IRR)^k} = 0$$

式中　IRR——项目的内含报酬率。

其他符号同前。

内含报酬率的计算，通常需要借助"逐步测试法"和"内插法"两种方法的配合使用才能计算出来。首先估计一个贴现率，用它来计算方案的净现值；如果净现值为正数，说明方案本身的报酬率超过估计的贴现率，应提高贴现率后进一步测试；如果净现值为负数，说明方案本身的贴现率低于估计的贴现率，应降低贴现率后进一步测试。经过多次测试，寻找出使净现值等于或接近于零的贴现率，即为方案本身的内含报酬率。

经过逐次测试判断，有可能找到内含报酬率 IRR。每一轮判断的原则相同。若设 r_j 为第 j 次测试的贴现率，NPV_j 为按 r_j 计算的净现值，则有：

（1）当 $NPV_j > 0$ 时，$IRR > r_j$，继续测试。

（2）当 $NPV_j < 0$ 时，$IRR < r_j$，继续测试。

（3）当 $NPV_j = 0$ 时，$IRR = r_j$，测试完成。

若经过有限次测试，已无法继续利用有关资金时间价值系数表，仍未求得内含报酬率 IRR，则可以利用最为接近于零的两个净现值的正负临界值 NPV_m 和 NPV_{m+1} 及相关的贴现率 r_m 和 r_{m+1}，使用"内插法"计算近似的内含报酬率，即如果以下关系成立：

$$NPV_m > 0$$
$$NPV_{m+1} < 0$$
$$r_m < r_{m+1}$$
$$r_m - r_{m+1} < 5\%$$

就可按下列具体公式计算内含报酬率 IRR：

$$IRR = 低折现率 + \frac{低折现率计算的净现值（即正数）}{两个折现率计算的净现值之差} \times 高低两个折现率之差$$

$$IRR = r_m + \frac{NPV_m - 0}{NPV_m - NPV_{m+1}} \cdot (r_{m+1} - r_m)$$

内含报酬率反映投资项目本身的收益能力，是其内在的实际收益率，计算出各方案的内含报酬率后，可以将这一比率与其资金成本或要求的必要报酬率对比，如果方案的内含报酬率大于其资金成本或要求的必要报酬率，该方案为可行方案；如果投资方案的内含报酬率小于其资金成本或要求的必要报酬率，为不可行方案。如果几个投资方案的内含报酬率都大于其资金成本或要求的必要报酬率，且各方案的投资额相同，那么内含报酬率与资金成本或要求的必要报酬率之间差异最大的方案为最优方案；如果几个方案的内含报酬率均大于其资金成本或要求的必要报酬率，但各方案的原始投资额不等，其决策标准应是"投资额×（内含报酬率－资金成本或要求的必要报酬率）"最大的方案为最优方案。

【例2】 我们以【例1】资料为例，计算甲方案的内含报酬率如下：

按照"逐步测试法"的要求，自行设定贴现率并计算净现值，据此判断调整贴现率，得到以下数据（计算过程略），见表6-2。

表6-2 逐步测试选定的贴现率及计算的净现值表

测试次数	选定折现率（%）	净现值（元）	测试次数	选定折现率（%）	净现值（元）
1	8	2770	3	12	599
2	10	1642	4	14	−595

因为当 $r_m = 12\%$ 时，$NPV_m = 599$；$r_{m+1} = 14\%$ 时，$NPV_{m+1} = -595$。

所以可以断定 IRR 一定在 12% 与 14% 之间，即

$$12\% < IRR < 14\%$$

应用"内插法"，求内含报酬率的近似值为

$$IRR = 12\% + \frac{599}{599 - (-595)} \times (14\% - 12\%) \approx 13.10\%$$

因甲方案的内含报酬率为 13.10%，大于必要报酬率 12%，故甲方案可行。如果在甲、乙、丙三个方案中选其一，还需要计算乙和丙的内含报酬率，然后用上面的标准做决策。

内含报酬率法的优点是非常注重资金时间价值，能从动态的角度直接反映投资项目的实

际收益水平，且不受行业基准收益率高低的影响，比较客观。但该指标的计算过程十分麻烦，当经营期大量追加投资时，又有可能会导致多个 IRR 出现，或偏高偏低，缺乏实际意义。

3. 现值指数法

这种方法使用现值指数作为评价方案的指标。所谓现值指数，是未来现金流入量的现值与现金流出量的现值的比率，也称现值比率、获利指数、贴现后收益—成本比率等，记作 PI。

计算现值指数的公式：

$$PI = \frac{\sum_{k=1}^{n} \dfrac{NCF_k}{(1+i)^k}}{C}$$

或

$$PI = \sum_{k=0}^{n} \frac{I_k}{(1+i)^k} \div \sum_{k=0}^{n} \frac{O_k}{(1+i)^k}$$

式中   PI——现值指数；

        C——初始投资额。

其他符号含义同前。

现值指数是一个折现的相对量评价指标，利用这一指标进行投资项目评价的标准是：如果投资方案的现值指数小于 1，该方案为不可行方案；如果几个方案的现值指数均大于 1，那么现值指数越大，投资方案越好。但在采用现值指数法进行互斥方案的选择时，其正确的选择原则不是选择现值指数最大的方案，而是在保证现值指数大于 1 的条件下，使追加投资所得的追加收入最大化。

根据表 6-1 的资料，三个方案的现值指数如下：

现值指数（甲）30599÷30000＝1.02

现值指数（乙）15739.8÷18000＝0.87

现值指数（丙）40834÷40230＝1.01

甲、丙两项投资机会的现值指数均大于 1，说明其收益超过成本，即实际投资报酬率超过预定的贴现率。乙投资机会的现值指数小于 1，说明其实际报酬率没有达到预定的贴现率。如果现值指数为 1，说明贴现后现金流入等于现金流出，投资的实际报酬率与预定的贴现率相同。

现值指数法的主要优点是，可以进行独立投资机会获利能力的比较。在【例 1】中，甲方案的净现值是 599 元，丙方案的净现值是 664 元。如果这两个方案之间是互斥的，当然丙方案较好。如果两者是独立的，哪一个应优先给予考虑，可以根据现值指数来选择。甲方案现值指数为 1.02，大于丙方案的 1.01，所以甲方案优于丙方案。现金指数可以看成是 1 元原始投资可望获得的现值净收益，因此，可以作为评价方案的一个指标，它是一个相对数指标，反映投资的效率，而净现值指标是绝对数指标，反映投资的效益。

现值指数法的优缺点与净现值法的优缺点基本相同，但有一重要区别是，现值指数法可以从静态的角度反映项目投资的资金投入与总产出之间的关系，可以弥补净现值法在投资额不同的方案之间不能比较的缺陷，使投资方案之间可直接用现值指数进行比较；其缺点是无法直接反映投资项目的实际报酬率，且计算复杂。

4. 三种评价方法的比较

在不存在资本限量情况下，净现值法是首选分析评价方法。在互斥方案选择中，选择净现值为正数且最大的投资项目方案为可行方案；在独立方案的分析评价中，净现值为正者均可入选。

在存在资本限量情况下，对于互斥方案的选择，在资本限量内应选择净现值为正且最大的投资项目作为入选方案；而对于独立方案的分析评价，在资本限量内取净现值为正数且最大的投资组合为入选投资方案。项目投资的优先顺序应按内含报酬率或现值指数的大小排定。

（二）非贴现分析方法

1. 投资利润率法

投资利润率又称投资报酬率（记作 ROI），是指达产期正常年度利润或年均利润占投资总额的百分比。其公式为

$$投资利润率 = \frac{年平均利润额}{投资总额} \times 100\%$$

或

$$ROI = \frac{P（或 P'）}{I'} \times 100\%$$

式中 P——一个正常达产年份的利润总额；

　　　P'——经营期内全部利润除以经营年数的平均数；

　　　I'——投资总额。

投资利润率的决策标准是：投资项目的投资利润率越高越好，低于无风险投资利润率的方案为不可行方案。

【例3】 某项目预计投产后每年可获利润 20 万元，建设期 2 年，固定资产投资 100 万元，每年借款利息 12 万，则其投资利润率计算如下：

$$投资利润率 ROI = \frac{20}{100 + 12 \times 2} \times 100\% = 16.13\%$$

投资利润率法的优点是简单明了，易于掌握，且该指标不受建设期的长短、投资方式、回收额的有无以及净现金流量的大小等条件的影响，能够说明各投资方案的收益水平。

投资利润率法的缺点是：①没有考虑资金时间价值因素，不能正确反映建设期长短及投资方式不同对项目的影响。②该指标的分子分母其时间特征不一致（分子是时期指标，分母是时点指标），因而在计算口径上可比基础较差。③该指标的计算无法直接利用净现金流量信息。

2. 投资回收期法

投资回收期（PP）是指回收全部初始投资所需要时间，一般以年为单位，它代表回收投资所需要的时间，回收期限越短，方案越有利。

如果项目投产后每年的现金净流量相等，则使用以下公式计算：

$$投资回收期 = \frac{投资额}{每年现金净流量}$$

【例4】 根据表 6-1 丙投资项目的资料，因其投产后每年的现金净流量相等，所以其投资回收期的计算为

$$投资回收期（丙） = \frac{40230}{17000} = 2.37（年）$$

如果项目投产后每年的现金净流量不相等，计算投资回收期要根据每年年末尚未回收的投资额加以确定。

【例5】 如表6-1中乙投资方案，其投资回收期计算如下：

$$投资回收期 = 2 + \frac{18000 - 9000 - 6000}{4100} = 2.73（年）$$

投资回收期法容易理解，计算也比较简单，但因其没有考虑时间价值因素，没有考虑回收投资后项目的获利情况，因而缺点也是显而易见的。事实上，有战略意义的长期投资往往早期收益较低，而中后期收益较高。投资回收期法容易导致先考虑急功近利的项目，有可能放弃长期有利的方案。该方法是过去评价投资方案最常用的方法，目前是作为辅助方法使用的，主要用来测定方案的流动性而非营利性。

在实际的项目投资评价中，是以贴现分析评价方法为主，而将非贴现分析评价方法作为辅助方法使用的，实践证明两类分析评价方法结合使用，可收到很好的评价效果。

第三节　项目投资分析评价方法的应用

本节将结合项目投资实例来研究项目投资分析评价方法的应用。

一、设备购置与租赁项目评价

企业进行设备投资，通常具有投入资金量大，回收时间长，且中途变现力差的特点。企业因生产经营需要某项设备时，如有足够的资金则可考虑购置，并承担由此可能引起的一切风险；如果企业没有足够资金，或者即使有资金但由于设备投资风险大而不愿承担更多的风险时，则可以考虑进行租赁。是选择购置，还是选择租赁，通常需要对两者采用年金成本法在经济上的可行性作出评价。

$$年金成本＝现金净流出成本现值/年金现值系数$$

【例6】 某建筑工程公司因业务开展的需要，急需一台塔吊。根据目前的市场行情，购买一台新塔吊需支付买价15万元，另需支付运输及保险等费用5万元，设备使用后每年需支付维护费用1万元，预计可使用5年，报废时可得残值收入0.5万元；如果选择向租赁公司租入，则每年年初需支付租金4万元，使用过程中每年年末需开支维护管理费1万元。假设资金成本为6%，试对购置设备和租赁设备两方案的财务可行性进行评价，并做出选择。

分析：企业无论通过哪种途径获取设备，给企业带来的生产能力是相同的，都能满足企业目前生产经营的需要，因而两个项目给企业带来的收益是相同的。在两个方案的预期收益相同的情况下，运行成本最低的方案也就是在经济上最有效的方案。

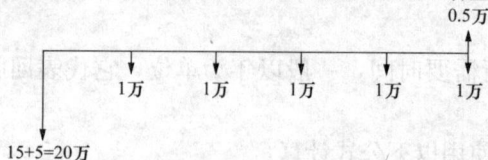

图6-1　5年中每年现金流量分布

解：1. 购入塔吊

（1）5年中每年现金流量分布如图6-1所示。

（2）设备运行支出总现值：

$$NPV = 1 \times (P/A, 6\%, 5) - 0.5 \times (P/F, 6\%, 5) + 20$$
$$= 1 \times 4.2124 - 0.5 \times 0.7473 + 20$$
$$= 23.84（万元）$$

（3）年金成本为

$$\overline{NPV} = \frac{NPV}{(P/A, 6\%, 5)} = \frac{23.84}{4.2124} = 5.65(万元)$$

2. 租入塔吊

（1）5 年中每年现金流量分布如图 6-2 所示。

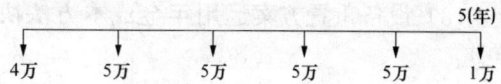

（2）5 年中支付的租金及维护费用总现值为

图 6-2 5 年中每年现金流量分布

$$NPV = 5 \times (P/A, 6\%, 4) + 1 \times (P/F, 6\%, 5) + 4$$
$$= 5 \times 3.465 + 1 \times 0.7473 + 4$$
$$= 22.07(万元)$$

（3）年金成本为

$$\overline{NPV} = \frac{NPV}{(P/A \cdot 6\% \cdot 5)} = \frac{22.07}{4.2124} = 5.24(万元)$$

从以上分析可以看出，购买设备方案的平均年金成本为 5.65 万元，选择租入的话，每年金成本为 5.24 万元，如选择租赁方案每年可相对节约 0.41 万元，所以选择租赁方案在经济上更合算。

【例 7】甲公司拟购置一套监控设备，有 X 和 Y 两种设备可供选择，二者具有同样的功能。X 设备的购买成本为 48000 元，每年付现成本为 40000 元，使用寿命为 6 年。改设备采用直线法折旧，年折旧额为 80000 元，税法残值为 0，最终报废残值为 12000 元。Y 设备使用寿命为 5 年，经测算，年金成本为 105000 元。投资决策采用的折现率为 10%，公司适用的企业所得税税率为 25%。运用年金成本法，判断公司应该选择哪一种设备。

解： X 设备每年的税后付现成本 = 40000 × (1 − 25%) = 30000(元)

X 设备每年的折旧抵税额 = 80000 × 25% = 20000(元)

最后一年末的税后残值收入 = 12000 − (12000 − 0) × 25% = 9000(元)

$NPV = -480000 - (30000 - 20000) \times (P/A, 10\%, 6) + 9000 \times (P/F, 10\%, 6) = -518472.5(元)$

X 设备的年金成本 = 518472.5/(P/A, 10%, 6) = 119044.04(元)

选择 Y 设备。由于 X 设备的年金成本 119044.04 元大于 Y 设备的年金成本 105000 元，所以应当选择 Y 设备。

二、设备更新项目评价

固定资产更新是对技术上或经济上不宜继续使用的旧设备用新的设备更新，或用先进的技术对原有设备进行局部改造。固定资产更新决策主要研究两个问题：一个是是否更新，即继续使用旧资产还是更换新资产；另一个是研究选择什么样的资产来更新。实际上这两个问题是结合在一起考虑的，如果市场上没有比现有设备更合适的设备，那么就继续使用旧设备。因为旧设备总可以通过修理继续使用，所以更新决策就成为一个继续使用旧设备还是购置新设备的选择问题。

（1）继续使用旧设备的初始现金流量 = −（变现价值 + 清理净损失 × 所得税税率）=

－（变现价值－清理净收益×所得税税率）

（2）项目终结回收残值的流量＝最终残值＋残值净损失×所得税税率＝最终残值－残值净收益×所得税税率。

（3）设备重置方案运用年金成本方法决策时，残值变价收入应作为现金流出的抵减项考虑。

【例8】 某建筑工程公司有一台旧设备，工程技术人员提出更新要求，建议用一台新的效率更高的设备来代替旧设备。旧设备原购置成本为 61 万元，已使用 5 年，预计还可以使用 5 年，已计提折旧 30 万元，如果现在出售可得变价收入 25 万元，使用该设备每年可获营业收入 50 万元，每年的付现成本为 40 万元，报废时的残值收入预计为 1 万元；购置新设备需支付购置成本 57 万元，预计可使用 5 年，设备投入使用需垫支营运资金 5 万元，期满残值收入 2 万元。使用新设备每年可获取收入 80 万元，每年的付现成本 55 万元。该公司的资本成本为 12％，所得税税率为 25％。旧设备采用直线法计提折旧，新设备采用年数总和法计提折旧。试对该公司继续使用旧设备和使用新设备两方案的财务可行性进行论证，并做出选择。

解： 1. 使用旧设备

（1）继续使用旧设备的机会成本由两部分构成：一部分为变价收入；另一部分则是清理设备可获得纳税上的好处，共计为

$$25+[(61-30)-25]\times 25\% = 26.5(万元)$$

（2）年营业现金净流量的计算：

$$年折旧额 = \frac{61-30-1}{5} = 6(万元)$$

年营业现金净流量＝50×（1－25％）－40×（1－25％）＋6×25％＝9（万元）

（3）设备清理可得残值收入 1 万元。

（4）整个使用期的现金流量分布如图 6-3 所示。

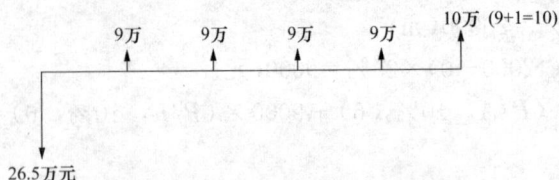

图 6-3　整个使用期的现金流量分布

（5）净现值为

$$NPV_{旧} = 10(P/F,12\%,5)$$
$$+9(P/A,12\%,4) - 26.5$$
$$= 6.533(万元)$$

2. 使用新设备

（1）初始投资为 57＋5＝62（万元）。

（2）设备年折旧情况。

第 1 年的折旧额：$\frac{5}{15}\times(57-2) = 18$（万元）（保留至整数位）。

第 2 年的折旧额：$\frac{4}{15}\times(57-2) = 15$（万元）。

第 3 年的折旧额：$\frac{3}{15}\times(57-2) = 11$（万元）。

第 4 年的折旧额：$\frac{2}{15}\times(57-2) = 7$（万元）。

第 5 年的折旧额：$(57-2)-18-15-11-7 = 4$（万元）。

（3）每年营业现金流量。

第 1 年营业现金净流量为 $(80-55)\times(1-25\%)+18\times25\%=23.25$（万元）。

第 2 年营业现金净流量为 $(80-55)\times(1-25\%)+15\times25\%=22.5$（万元）。

第 3 年营业现金净流量为 $(80-55)\times(1-25\%)+11\times25\%=21.5$（万元）。

第 4 年营业现金净流量为 $(80-55)\times(1-25\%)+7\times25\%=20.5$（万元）。

第 5 年营业现金流净量为 $(80-55)\times(1-25\%)+4\times25\%=19.75$（万元）。

（4）终结现金流入量为 $5+2=7$（万元）。

（5）使用期各年的现金流量如图 6-4 所示。

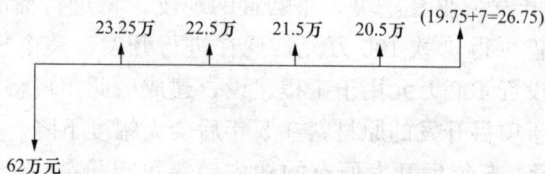

图 6-4　使用期各年的现金流量

$$NPV_{新}=23.25\times(P/F,12\%,1)+22.5\times(P/F,12\%,2)+21.5\times(P/F,12\%,3)$$
$$+20.5\times(P/F,12\%,4)+26.75\times(P/F,12\%,5)-62$$
$$=26.75\times0.567+20.5\times0.636+21.5\times0.712+22.5\times0.797$$
$$+23.25\times0.893-62$$
$$=20.208(万元)$$

显然，$NPV_{旧}<NPV_{新}$，即使用新设备比使用旧设备可多获利 13.675 万元（$20.208-6.533=13.675$），因而使用新设备在经济上更合算。

这里需要说明的是，在讨论这一问题时，应把继续使用旧设备和购置新设备看成是两个互斥的方案，而不是一个更换设备的特定方案。也就是说，要有正确的"局外观"，即从局外人角度来考虑此问题。

三、项目投资开发时机的评价

企业在进行项目投资时，选择最有利的投资时机是十分重要的。从财务上看，应选择使投资项目为企业带来最多回报的年份进行投资，为此进行必要的分析评价是必不可少的。

若项目投资开发的计划不同，导致项目期的年限不同，则需要使用等额年金法，进行判断。

等额年金法：

（1）计算两项目的净现值（NPV）。

（2）计算两个项目的年金净流量（$ANCF$）。

$$年金净流量=该方案的净现值/(P/A,i,n)$$

若资本成本相同，则选择 $ANCF$ 大的项目。

若资本成本不同，则选择永续净现值最大的方案。

（3）计算永续净现值。

$$永续净现值=等额年金/资本成本$$

【例 9】　现有 A、B 两个互斥项目，A 项目的净现值为 50 万元，折现率为 10%，年限 4 年；B 项目的净现值为 60 万元，折现率为 12%，年限 6 年。请判断两个项目的优劣。

解：（1）计算两个项目净现值：$NPV_A = 50$（万元）；$NPV_B = 60$（万元）。

（2）计算净现值的等额年金额：

A 净现值的等额年金额 $= 50/(P/A, 10\%, 4) = 15.77$（万元）

B 净现值的等额年金额 $= 60/(P/A, 12\%, 6) = 14.59$（万元）

（3）计算永续净现值：

A 的永续净现值 $= 15.77/10\% = 157.7$（万元）

B 的永续净现值 $= 14.59/12\% = 121.6$（万元）

结论：项目 B 优于项目 A。

【例 10】 某房地产开发企业有一块 5 年购置的地皮，将进行商品房项目开发，根据市场分析，这块地现在出售可得价款 100 万元，现在进行开发，整个投资的建设期预计为两年，建设期每年年初需投资 400 万元用于工程建设，建成后两年可将房屋售完，每年可得价款 700 万元；据预测用于项目开发的原材料在 5 年后会大幅度下降，但是用于人力资源方面开支会有所增加。据测算，5 年后开发原有的地皮销售可得价款 140 万元，建设期为两年，建设期每年年末需投资 430 万元，建成后房屋一年即可售完，可得全部房款 1600 万元。公司要求的必要报酬率为 10%，试对以上商品房开发项目的开发时机做出选择。

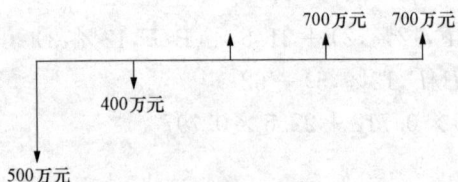

图 6-5　4 年的现金流量分布

解： 1. 先讨论现在开发的情况

（1）现在开发至房屋全部售完，4 年的现金流量分布如图 6-5 所示。

（2）现在开发项目的净现值为

$$NPV = 700 \times (P/A, 10\%, 2) \times (P/F, 10\%, 2) - 400 \times (P/F, 10\%, 1) - 500$$
$$= 700 \times 1.736 \times 0.826 - 400 \times 0.909 - 500$$
$$= 140（万元）$$

（3）现在开发项目的年金净流量为

$$ANCF = \frac{140}{(P/A, 10\%, 4)} = 44.16（万元）$$

2. 5 年后开发

（1）5 年后开发至房屋全部售完，各年的现金流量分布如图 6-6 所示。

（2）项目 5 年后开发到开发年初的净现值为

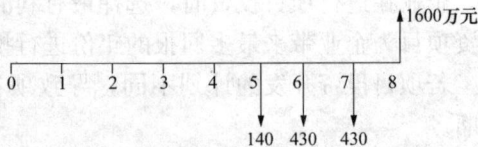

图 6-6　各年的现金流量分布

$$NPV = 1600 \times (P/F, 10\%, 3) - 430 \times (P/A, 10\%, 2) - 140$$
$$= 1600 \times 0.751 - 430 \times 1.736 - 140$$
$$= 315（万元）$$

（3）将 5 年后开发的净现值折算为现在立即开发的净现值为

$$NPV = 315 \times (P/F, 10\%, 5) = 315 \times 0.621 = 196（万元）$$

（4）5 年后开发项目的年金净流量为

$$ANCF = \frac{196}{(P/A, 10\%, 8)} = 36.74（万元）$$

显然，现在立即开发的年金净流量为 44.16 万元，5 年开发的年金净流量为 36.74 万元，因而选择现在立即开发在经济上更合适。

四、项目建设期选择的财务评价

投资项目建设期的长短，通常会受到诸多客观条件和项目开发自身规律的制约，但在尊重客观规律的前提下，可以充分利用现代技术进行相应的人为调节。对于一个在建项目来说，缩短建设期对于企业及早投产、及早获利具有重要意义，但缩短建设期往往是以支付更多成本为代价的。实际中，是否缩短建设期，通常需要进行相应的财务可行性评价。

【例 11】 某建设单位进行一个生产车间的建设，正常建设期为 3 年，第 1、第 2 年每年年初均需向施工单位预付工程款 350 万元，第 3 年年末需一次支付设备购置及安装调试费 500 万元，并垫支营运资金 500 万元。项目建成后每年的现金净流量为 800 万元，使用期 5 年，报废时预计残值收入 100 万元。为了使项目能动早日建成投产，如果进行冬季施工可将工期缩短为 2 年，为此每年年初需向施工单位预付工程款 380 万元外，另需在每年年末向施工单位支付冬季施工附加费及材料费 50 万元，项目经营期开始时需垫支营运资金 780 万元，项目的营业期与竣工后每年现金净流量不发生改变，报废时预计残值收入为 120 万元。企业要求的必要报酬率为 12%。试对该项目是否缩短建设期做出财务评价。

解： 1. 正常建设期的情况

（1）整个寿命期的现金流量分布如图 6-7 所示。

（2）计算其净现值：

$$NPV = 800 \times (P/A,12\%,5) \times (P/F,12\%,3) + 600 \times (P/F,12\%,8)$$
$$\quad - 1000 \times (P/F,12\%,3) - 350 \times (P/F,12\%,1) - 350$$
$$\quad = 800 \times 3.605 \times 0.712 + 600 \times 0.404 - 1000 \times 0.712 - 350 \times 0.893 - 350$$
$$\quad = 921.26 (万元)$$

$$ANCF = \frac{921.26}{(P/A,12\%,8)} = \frac{921.26}{4.968} = 185.44 (万元)$$

2. 缩短建设期的情况

（1）整个寿命期的现金流量分布如图 6-8 所示。

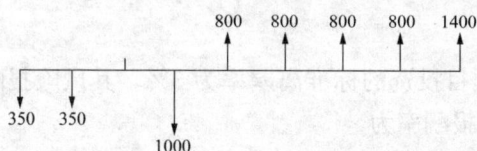

图 6-7 整个寿命期的现金流量分布

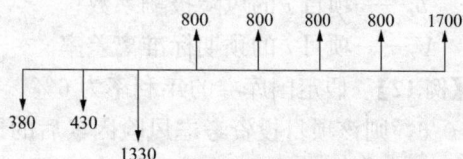

图 6-8 整个寿命期的现金流量分布

（2）计算其净现值。

$$NPV = 800 \times (P/A,12\%,5) \times (P/F,12\%,2) + 900 \times (P/F,12\%,7) - 1330$$
$$\quad \times (P/F,12\%,2) - 430(P/F,12\%,1) - 380$$
$$\quad = 800 \times 3.605 \times 0.797 + 900 \times 0.452 - 1330 \times 0.797 - 430 \times 0.893 - 380$$
$$\quad = 881.35 (万元)$$

$$ANCF = \frac{881.35}{(P/A,12\%,7)} = \frac{881.35}{4.564} = 193.11 (万元)$$

显然，正常建设期的年金净流量为 185.44 万元，缩短建设期的年金净流量为 193.11 万元。所以，企业应选择缩短建设期施工。

第四节　项目投资的风险分析

前面在讨论投资项目的财务评价时，避开了风险问题，均假定投资项目未来的现金流量是确定的。实际上，任何项目投资活动在最初进行可行性研究时，都是面向未来的，尽管在估算项目的预计现金流量时，采用了科学的预测估算方法，但是投资活动充满了不确定性和风险性。当项目投资面临的不确定性和风险比较大，并足以影响到方案的选择时，那么就应对它们进行科学计量并在评价时予以考虑。

有风险情况下进行项目投资财务评价的方法很多，常用的方法：按风险调整贴现率法和按风险调整现金流量法两种。

一、按风险调整贴现率法

按风险调整贴现率法是投资项目风险分析的常用方法，这种方法的基本思想就是在计算评价指标时，对于高风险的项目，采用较高的贴现率去计算；对于低风险的项目，采用较低的贴现率去计算。相应贴现率的确定，通常思路是将与投资项目风险相当的风险报酬率加到无风险情况下的企业资本成本或必要报酬率中，从而形成与项目风险相当的贴现率，并据以进行投资项目的财务评价。

按风险调整贴现率法的关键在于风险调整贴现率的确定，通常有以下两种方法。

（一）按风险报酬率模型来调整贴现率

前已指出，一项投资的总报酬可分为无风险报酬率和风险报酬率两部分，如下式所示：

$$K = R_F + bV$$

因此，特定项目按风险调整的贴现率可按下式计算：

$$K_i = R_F + b_i V_i$$

式中　K_i——项目 i 按风险调整的贴现率；

　　　R_F——无风险报酬率；

　　　b_i——项目 i 的风险报酬系数；

　　　V_i——项目 i 的预期标准离差率。

【例 12】　假定国库券的年利率为 6%，某项目投资的标准离差率为 3%，其风险报酬系数为 0.6，则该项目投资考虑风险因素后的预期报酬率为

$$K = R_F + b_i V_i = 6\% + 0.6 \times 3\% = 7.8\%$$

（二）用资本资产定价模型来调整贴现率

在第二章中我们已经讲过了资本资产定价模型，其公式为

$$K_j = R_F + \beta_j \times (R_M - R_F)$$

式中　K_j——项目 j 按风险调整的贴现率；

　　　R_F——无风险报酬率；

　　　β_j——项目 j 的不可分散风险的 β 系数；

　　　R_M——所有项目平均的贴现率或必要报酬率。

资本资产定价模型是在有效的证券市场中建立的，实物资本市场不可能像证券市场那样

有效，但其基本逻辑关系是一样的。我们可以借助这个模型将项目要求的收益率按项目风险的大小将其确定下来。

【例13】　假定国库券的年利率为6%，市场平均报酬率为14%，甲项目的风险报酬系数为2，乙项目风险报酬系数为1.2，则：

甲项目的风险调整贴现率为6%＋2×（14%－6%）＝22%。

乙项目的风险调整贴现率为6%＋1.2×（14%－6%）＝15.6%。

按风险调整的贴现率确定下来后，便可以结合具体投资项目预期的、未来带有不确定性的现金流量，通过计算相应指标来对投资项目做出评价。

按风险调整贴现率以后，具体的评价方法与无风险的情况基本相同。这种方法，对风险高的项目采用较高的贴现率，对风险低的项目采用较低的贴现率，简单明了，便于理解，因此被广泛采用。但这种方法把时间价值和风险报酬混在一起，并据此对现金流量进行贴现，意味着风险随着时间推移而加大，这有时与事实不符，这种人为地假定风险一年比一年大，是不合理的。

二、按风险调整现金流量法

这种方法的基本思路是由于不确定性或风险的客观存在，使得投资项目各年的现金流量变得不确定，这时可以按照一定方法将有风险情况下的现金流量调整为无风险情况下的现金流量，然后根据无风险贴现率进行贴现，计算有关的评价指标，进行财务评价。

按风险调整现金流量法中，最常用的方法是肯定当量法。

使用肯定当量法，关键是利用一个系数，称之为肯定当量系数，将各年不肯定现金流量折算成肯定的现金流量。肯定当量系数通常用 d 表示。在进行项目评价时，可根据各年现金流量风险的大小，选用不同的肯定当量系数。当现金流量未确定时，可取 $d＝1.00$；当现金流量的风险很小时可取 $1.00＞d≥0.80$；当风险一般时，可取 $0.80＞d≥0.40$；当现金流量风险很大时，可取 $0.40＞d＞0$。

肯定当量系数的选用可能会因人而异，敢于冒险的分析者会选用较高的肯定当量系数，而不愿冒险的投资者可能选用较低的肯定当量系数。为了防止因决策者的偏好不同而造成决策失误，有些企业根据标准离差率来确定肯定当量系数。因为标准离差率是衡量风险大小的一个很好指标，因而，用它来确定肯定当量是合理的。标准离差率与肯定当量系数的经验对照关系详见表6-3。

表6-3　　　　　　　　　　**标准离差率与肯定当量系数的经验对照关系表**

标准离差率	约当系数	标准离差率	约当系数
0.00～0.07	1	0.33～0.42	0.6
0.08～0.15	0.9	0.43～0.54	0.5
0.16～0.23	0.8	0.55～0.70	0.4
0.24～0.32	0.7	…	…

当肯定当量系数确定后，就可以根据经计算取得的投资项目未来各年现金流量的标准离差率资料，将各年的不肯定的现金流量转化成肯定的现金流量，然后根据前面介绍的分析方法进行评价分析。

【例14】　某房地产开发企业拟进行一处商品房开发项目，建设期3年，商品房销售期为 2 年，各年的现金流量分布如图 6-9 所示。

图 6-9　各年的现金流量分布

已知无风险报酬率为 12%，用 d_i 表示肯定当量系数，其中 i 表示年份，各年的肯定当量系数分别为：$d_0=1.0$、$d_1=0.7$、$d_2=0.68$、$d_3=0.65$、$d_4=0.6$、$d_5=0.55$，试分析该项目在经济上可行。

根据以上资料，利用净现值法进行评价，计算如下：

$$NPV = 600 \times d_5 \times (P/F,12\%,5) + 500 \times d_4 \times (P/F,12\%,4) - 150 \times d_2 \times (P/F,12\%,2) - 300 \times d_1 \times (P/F,12\%,1) - 300 \times d_0$$
$$= 600 \times 0.55 \times 0.567 + 500 \times 0.6 \times 0.636 - 150 \times 0.68 \times 0.797 - 300 \times 0.7 \times 0.893 - 300 \times 1.0$$
$$= -190.91（万元）$$

因为项目未来现金流量的净现值小于零，则说明如果实施该项目，企业则会亏损 190.91 万元，因而在财务上是不可行的。

采用肯定当量法来对现金流量进行调整，进而做出相应的决策，克服了调整贴现率法夸大远期风险的缺点，但如何合理、准确地确定肯定当量系数是一个十分复杂的问题。

【案例】

安保公司固定资产更新决策

一、基本情况

安保公司现有旧设备一台，由于节能减排的需要，准备予以更新。当期贴现率为 15%，假设所得税税率为 25%，其他有关资料见表 6-4。

表 6-4　　　　　　　　　　　安保公司新旧设备资料　　　　　　　　　　单位：元

项目	旧设备	新设备
原价	35000	36000
预计使用年限（年）	10	10
已经使用年限（年）	4	0
税法残值	5000	4000
最终报废残值	3500	4200
目前变现价值	10000	36000
每年折旧费（直线法）	3000	3200
每年营运成本	10500	8000

二、分析要点

设备重置方案运用年金成本方式决策时，应考虑的现金流出量主要如下：

（1）新旧设备目前市场价值。对于新设备而言，目前市场价格就是新设备的购价，即原始投资额；对于旧设备而言，目前市场价值就是旧设备的重置成本或变现价值。

（2）新旧设备残值变价收入，残值变价收入应作为现金流出量的抵减。原始投资额与残值变价收入现值的差额，称为投资净额。

（3）新旧设备的年营运成本，即年付现成本。如果考虑每年的营业现金流入，应作为每年现金流出量的抵减。

（4）每年折旧抵税应作为每年现金流出量的抵减。

（5）固定资产的年金成本，如果考虑货币的时间价值，它是设备寿命期内各年现金流出量的总现值与普通年金现值系数的比值，即平均每年的现金流出量。

三、案例分析

（一）继续使用旧设备

年折旧额＝（35000－5000）/10＝3000（元）

目前的账面价值＝35000－3000×4＝23000（元）

旧设备 $\begin{cases} 变现\begin{cases} ①+10000元 \\ ②+（23000-10000）×25\%=3250（元）\end{cases} \\ 使用：机会成本13250元（10000+3250）\end{cases}$

项目终结点处置固定资产现金净流入量＝3500＋（5000－3500）×25％＝3875（元）

继续使用旧设备各年的现金流出量 $\begin{cases} ①投资期：10000+3250=13250（元）\\ ②营业期\begin{cases}（1）10500×（1-25\%）\\（2）-3000×25\%\end{cases} \\ ③终结点：-3875元\end{cases}$

继续使用旧设备现金净流出量的总现值＝13250＋10500×（1－25％）×$(P/A,15\%,6)$－3000×25％×$(P/A,15\%,6)$－3875×$(P/F,15\%,6)$＝13250＋7875×3.7845－750×3.7845－3875×0.4323＝38539.4（元）

年金成本＝现金净流出量的总现值/$(P/A,15\%,6)$＝10183.49（元）

（二）购买新设备

年折旧额＝（36000－4000）/10＝3200（元）

项目终结点处置固定资产现金净流入量＝4200－（4200－4000）×25％＝4150（元）

购买新设备各年的现金流出量 $\begin{cases} ①投资期：36000元\\ ②营业期\begin{cases}（1）8000×（1-25\%）\\（2）-3200×25\%\end{cases} \\ ③终结点：-4150元\end{cases}$

购买新设备现金净流出量的总现值＝36000＋8000×（1－25％）×$(P/A,15\%,10)$－3200×25％×$(P/A,15\%,10)$－4150×$(P/F,15\%,10)$＝36000＋6000×5.0188－800×5.0188－4150×0.2472＝61071.88（元）

年金成本＝现金流出量的总现值/$(P/A,15\%,10)$＝12168.62（元）

因为继续使用旧设备的年金成本10183.49元小于购买新设备的年金成本12168.62元，所以安保公司应该选择继续使用旧设备。

四、问题探讨

投资决策中为什么要分析计算"现金流量"？

在投资决策中使用现金流量，其目的主要有两个。

1. 采用现金流量有利于科学地考虑时间价值因素

科学的投资决策必须认真考虑资金的时间价值，这就要求在决策时一定要弄清每一笔预期收入款项和支出款项的具体时间，因为不同时间的资金具有不同的价值。因此，在衡量方案优劣时，应根据各投资项目寿命周期内各年的现金流量，按照资金成本，结合资金的时间价值来确定。而利润的计算，并不考虑资金收付的时间，它是以权责发生制为基础的。

现金流量与利润的差异主要表现在：①购置固定资产付出大量现金时不计入成本；②将固定资产的价值以折旧或损耗的形式逐期计入成本时，却又不需要付出现金；③计算利润时不考虑垫支的流动资产的数量和回收的时间；④只要销售行为已经确定，就计算为当期的销售收入，尽管其中有一部分并未于当期收到现金；⑤项目寿命终了时，以现金的形式回收的固定资产残值和垫支的流动资产在计算利润时也得不到反映。

2. 采用现金流量更符合客观实际情况

在长期投资决策中，应用现金流量能更科学、更客观地评价投资方案的优劣，而利润则明显地存在不科学、不客观的成分。究其原因：①利润的计算没有一个统一的标准，在一定程度上要受存货估价、费用摊配和折旧计提的不同方法的影响。因而，净利润的计算比现金流量的计算有更大的主观随意性，作为决策的主要依据不太可靠。②利润反映的是某一会计期间"应计"的现流量，而不是实际的现金流量。若以未实际收到现金的收入作为收益，具有较大风险，容易高估投资项目的经济效益，存在不科学、不合理的成分。

思 考 题

1. 什么是项目？其基本属性如何？
2. 什么是项目投资？项目投资管理的基本内容是什么？
3. 什么是项目投资的贴现分析方法？基本的方法有哪些？
4. 什么是项目投资的非贴现分析方法？基本的方法有哪些？
5. 什么是现金流量？如何估算一个投资项目的现金流量？
6. 项目投资中，为什么把现金流量作为研究的重点，而把对利润的研究作为次重点？
7. 各种具体的贴现分析方法的评价依据是什么？有何优缺点？
8. 各种具体的非贴现分析的评价标准是什么？有何优缺点？
9. 贴现分析方法和非贴现分析方法在现代投资项目分析评价中的地位如何？为什么？
10. 什么是按风险调整贴现率法？其基本思路是什么？有何不足？
11. 什么是肯定当量法？其基本思路是什么？有何长处？

练 习 题

1. 假设某项目需投资 20000 元，建设期 1 年，项目投资额为借款，年利率为 5%，采用直线法计提折旧，项目寿命期为 5 年，净残值为 1000，投产需垫支的流动资金为 10000 元，要求：计算项目投资总额。

2. A 公司拟购买一台新型机器设备，新机器购买价格为 120000 元，购入时支付一半价款，剩下的一半价款下年付清，按 15% 计息。新机器购入后当年即投入使用，使用年限 5 年，报废后估计有残值收入 10000 元，按直线法计提折旧。使用新机器后，公司每年新增净利润 30000 元（未扣除利息）。当时的银行利率为 10%。

要求：试用净现值分析该公司能否购买新机器。

3. 某企业现有一旧生产线，企业考虑是否对其进行技术更新。旧生产线原购置成本为82000元，已计提折旧40000元，估计还可使用5年，每年折旧8000元，期末残值2000元。使用该生产线目前每年的销售收入为100000元，付现成本为50000元。如果采用新生产线，新生产线的购置成本为120000元，估计可使用5年，每年折旧20000元，最后残值20000元，新生产线还需要追加流动资金10000元，5年后收回。使用新生产线后，每年的销售收入预计为160000元，每年付现成本为80000元。由于采用新生产线，原有的生产线可出售获得现金40000元。该企业所得税税率为25%，项目的必要报酬率为10%。该企业是否应该更新现有生产线？

4. 某公司现有生产线已满负荷运转，鉴于其产品在市场上供不应求，公司准备购置一条生产线，公司及生产线的相关资料如下：

资料一：某公司生产线的购置有两个方案可供选择。

A方案生产线的购买成本为7200万元，预计使用6年，采用直线法计提折旧，预计净残值率为10%，生产线投产时需要投入营运资金1200万元，以满足日常经营活动需要，生产线运营期满时垫支的营运资金全部收回，生产线投入使用后，预计每年新增销售收入11880万元，每年新增付现成本8800万元，假定生产线购入后可立即投入使用。

B方案生产线的购买成本为200万元，预计使用8年，当设定贴现率为12%时净现值为3228.94万元。

资料二：某公司适用的企业所得税税率为25%，不考虑其他相关税金，公司要求的最低投资报酬率为12%，部分时间价值系数见表6-5。

表6-5 货币时间价值系数表

年度（n）	1	2	3	4	5	6	7	8
(P/F，12%，n)	0.8929	0.7972	0.7118	0.6355	0.5674	0.5066	0.4523	0.4039
(P/A，12%，n)	0.8929	1.6901	2.4018	3.0373	3.6048	4.1114	4.5638	4.9676

要求：

（1）根据资料一和资料二，计算A方案的下列指标：①投资期现金净流量；②年折旧额；③生产线投入使用后第1~第5年每年的营业现金净流量；④生产线投入使用后第6年的现金净流量；⑤净现值。

（2）分别计算A、B方案的年现金净流量，据以判断乙公司应选择哪个方案，并说明理由。

第七章 证券投资管理

第一节 证券投资管理概述

一、证券投资的含义

（一）证券的概念

证券是有价证券的简称，它是根据一国政府的有关法律规定发行的，票面载有一定金额，代表财产所有权或债权，可以依法有偿转让的一种信用凭证。证券主要有三个特征：一是证券必须依法设置，证券必须依照国家法律或行政法规的规定签发，必须依照法定格式书写或制作，证券上记载的内容必须合法；二是证券上记载的权利受法律保护，对持有人和当事人都具有法律约束力；三是证券必须采用书面形式或具有同等效力的其他形式。

证券有广义和狭义之分。广义的证券一般指财务证券（如货运单、提单等）、货币证券（如支票、汇票、本票等）和资本证券（如股票、公司债券、投资基金等）。狭义的证券仅指资本证券。我国《证券法》规定的证券为股票、公司债券和国务院依法认定的其他证券。其他证券主要指投资基金凭证、非公司企业债券、国家政府债券等。

（二）证券投资

证券投资是以国家或外单位公开发行的有价证券为投资对象的投资行为，它是构成企业投资的重要组成部分。科学地进行证券投资，可以充分地利用企业的资金，增加企业的收益，减少投资风险，有利于实现企业的财务目标。

二、证券投资的分类

按不同标准，可对证券投资进行不同的分类。根据证券投资对象的不同，可将证券投资区分为债券投资、股票投资、证券投资基金投资和组合投资。

（一）债券投资

债券投资是指企业将资金投向各种各样的债券。例如，企业购买国库券、公司债券和短期融资券等都属于债券投资。与股票投资相比，债券投资能获得稳定的收益，投资风险较低。当然，投资于一些期限长、信用等级低的债券，也会承担较大风险。

（二）股票投资

股票投资是指企业将资金投向其他股份有限公司所发行的股票，将资金投向优先股、普通股都属于股票投资。企业投资于股票，尤其是投资于普通股股票，要承担较大风险，但在通常情况下，也会取得较高收益。

（三）证券投资基金投资

证券投资基金投资是企业将资金投向基金发行单位发行的证券投资基金的投资行为。由于证券投资基金以间接的方式进行组合投资，并且一般由投资基金管理公司聘请具有相当经验和业务素质的专家来管理基金，因而与股票投资和债券投资相比，其收益和风险通常处于二者之间。

（四）组合投资

组合投资又叫证券投资组合，是指企业将资金同时投资于多种证券。例如，既投资于国库券，又投资于企业债券，还投资于股票。组合投资可以有效地分散证券投资风险，是企业等法人进行证券投资时常用的投资方式。

三、证券投资的目的

与项目投资相比，证券投资属于间接投资，它除了具有一般投资的目的外，还有其自身的特殊目的，主要表现为以下几个方面。

（一）作为现金替代物

企业在生产经营中，应该置备一定数量的现金，以满足日常的生产经营需要，但是现金这种资产不能给企业带来更多的收益，现金储备过多是一种浪费。因此，企业可以利用暂时闲置的现金进行短期证券投资，以获取相对多的收益。当企业可以利用的某一时期的现金流出量超过现金流入量时，可以随时出售证券，以取得经营所需的现金。这样，短期证券投资实际上就成为现金的替代品，它既能满足企业对现金的需要，又能在一定程度上增加企业的收益。

（二）与筹集长期资金相配合

处于成长期或扩张期的企业，一般每隔一段时间就会发行长期证券（如股票或公司债券）。但发行长期证券所获得的资金一般并不一次用完，而是逐渐、分次使用。这样，暂时不用的资金可投资于有价证券，以获取一定收益。而当企业进行投资需要资金时，则可卖出有价证券，以获得现金。

（三）用于投机目的

有时企业进行短期证券投资完全是出于投机的目的，以获取较高的收益。有的企业为了获取投机利润，也会进行证券投机。因此这种短期证券投资，从表面上看是一种投资活动，但一般风险较大，应当使用企业较长时期闲置不用的资金进行投资，但是必须要控制风险，不能因此而损伤企业整体的利益。

（四）为了获取较高的投资收益

有的企业可能拥有大量闲置的现金，而本企业在较长的时期内没有大量的现金支出，也没有盈利较高的投资项目，就可以利用这笔资金进行长期证券投资，购买风险较小、投资回报较高的有价证券。这样，可以充分利用闲置的资金，获取较高的投资效益。

（五）取得对被投资企业的控制权

有时企业从长远的利益考虑，要求控制与其处在同一产业或相关产业链条上的企业，可以通过对其进行长期证券投资实现对这些企业的控制权。这种投资属于股权性投资，通过购买被投资企业的股票来实现。

第二节 债 券 投 资

一、债券的相关概念

债券是发行者为筹集资金，向债权人发行的，在约定时间支付一定比例的利息，并在到期时偿还本金的一种有价证券，是企业进行筹资的主要方式之一。

与债券相关的概念主要有：

（1）债券面值。债券面值是指设定的票面金额，它代表发行人借人并且承诺于未来某一特定日期偿付给债券持有人的金额。

（2）债券票面利率。债券票面利率是指债券发行者预计一年内向投资者支付的利息占票面金额的比率。票面利率不同于实际利率。实际利率通常是指按复利计算的一年期的利率。

债券的计息和付息方式有多种，可能使用单利或复利计息，利息支付可能半年一次、一年一次或到期日一次支付，这就使得票面利率可能不等于实际利率。

（3）债券的到期日。债券的到期日指偿还本金的日期。债券一般都规定到期日，以便到期时归还本金。

企业运用债券形式从资本市场上筹资，或企业以购买债券的形式进行投资，都必须要知道债券如何定价。如果定价偏高，发行债券的企业会因此发行失败，或购买债券的企业会因付出更多现金而遭受损失；如果定价偏低，发行债券的企业因此也会遭受损失。因此，无论是筹资方还是投资方都会对债券进行估价以便决定以什么价格发行或购买债券更加有利。

二、债券投资的特点

债券投资是企业通过购买其他单位发行的债券进行投资的投资行为，与股票投资、证券投资基金投资相比，通常具有以下特点：①无论是短期债券投资，还是长期债券投资，都有到期日，债券的发行单位必须按预定期限还本付息。②债券投资的收益具有较强的稳定性，通常是事先约定的。③债券要按期还本付息，收益较为稳定，特别是对于国家发行的各种公债、国库券，由于其以国家财政作保证，因而风险是很小的。④债券投资在各种证券投资方式中，债券投资者的权利最小，债券持有人无权参与企业的经营管理。⑤债券投资的风险最小，相应的收益也是各种证券投资中最低的。

三、债券投资收益的评价

评价债券收益水平的指标有债券价值指标和债券的到期收益率指标。

（一）债券价值的计算

债券的估价即评估债券的内在价值，债券的内在价值是发行者按照合同规定从持有债券至债券到期日所支付的款项的现值，或债券的购买者持有债券未来获得的现金流入的现值。计算现值时使用的贴现率，取决于当前的利率和现金流量的风险水平，即债券的市场利率或投资者要求的必要报酬率。

投资者在进行债券投资时，首先遇到的问题就是所选择的债券价值是多少，是否值得投资，这实际上是一个债券估价的问题。债券估价就是对债券的价值进行评估。投资者进行债券投资都是预期在未来某段时期内可以取得一笔已经发生增值的货币收入，这笔收入主要包括将来收回的本金和利息。这样，目前债券的价值实际上就是按投资者要求的必要报酬率对未来的这笔货币收入进行折现的结果。因此，债券价值主要由两个因素决定，即债券的预期货币收入和投资者要求的必要投资报酬率。债券的预期货币收入主要包括到期前定期支付的利息和到期时兑付的票面金额。投资者要求的必要投资报酬率一般可以比照具有可比风险的其他金融工具的报酬率来确定。只有当债券的价值大于现实购买价格时，才值得购买。

1. 债券估价的基本模型

典型的债券模式是固定利率、每年计算并支付利息、到期归还本金。按照这种模式，债券价值计算的基本模型：

$$PV = \frac{I_1}{(1+i)^1} + \frac{I_2}{(1+i)^2} + \cdots + \frac{I_n}{(1+i)^n} + \frac{M}{(1+i)^n}$$

式中　PV——债券价值；

　　　　I——每年利息；

　　　　M——债券本金；

　　　　i——贴现率；

　　　　n——债券期数。

【例1】　某公司计划购买另一公司发行的债券，该债券的票面金额为 1500 元，票面利率为 10%，期限为 5 年，按年支付利息，到期一次支付本金。已知目前的市场利率为 12%，债券的市场价格为 1450 元。要求计算该债券的价值并做出是否购买的决定。

解：

$$V = 1500 \times 10\% \times (P/A, 12\%, 5) + 1500 \times (P/F, 12\%, 5)$$
$$= 150 \times 3.605 + 1500 \times 0.567$$
$$= 1391 (元)$$

经计算，该债券的价值为 1391 元，而市场价格为 1450 元，说明市场对该债券的评价过高，企业不宜购入该债券。

【例2】　某公司拟于某年 5 月 1 日发行面值为 1000 元、票面利率为 8%、期限为 5 年的债券。每年 5 月 1 日计算并支付一次利息。市场上同等风险投资的必要报酬率为 10%，不考虑发行费用，公司的发行价格应为多少？

解：根据上述公式，每期利息＝1000×8%＝80（元）

$$PV = 80/(1+10\%) + 80/(1+10\%)^2 + 80/(1+10\%)^3 + 80/(1+10\%)^4$$
$$+ (80+1000)/(1+10\%)^5 = 924.18(元)$$

可见，影响债券估价的主要因素有必要报酬率（贴现率）、票面利率、计息期和到期时间等。对于投资者而言，发行价格只有定价在 924.18 元以下才能获得必要报酬率。

2. 债券价值与必要报酬率

由于债券发行后其面值、票面利率和到期日通常根据债券契约是保持不变的，因此债券估价模型中的每年利息和债券本金一般保持不变，但是作为贴现率的投资者必要报酬率却是随着市场行情经常变化的，由此会导致债券价值的变动。投资者必要报酬率变化的原因，一方面来自经济条件变化引起的市场利率变化；另一方面来自公司风险水平的变化。当债券的票面利率低于投资者的必要报酬率时，债券价值低于票面价值，此时债券将折价出售；当债券的票面利率高于投资者的必要报酬率时，债券价值高于票面价值，此时债券将溢价出售；当债券的票面利率等于投资者的必要报酬率时，债券价值等于票面价值，此时债券将平价出售。

【例3】　如果上述例题的必要报酬率是 8%，则债券价值为

$$PV = 80 \times (P/A, 8\%, 5) + 1000 \times (P/F, 8\%, 5)$$
$$= 80 \times 3.9927 + 1000 \times 0.6806 = 1000(元)$$

如果上述例题的必要报酬率是 6%，则债券价值为

$$PV = 80 \times (P/A, 6\%, 5) + 1000 \times (P/F, 6\%, 5)$$
$$= 80 \times 4.2124 + 1000 \times 0.7473 = 1084.29(元)$$

3. 债券价值与到期时间

债券价值除了受必要报酬率的影响外，还受债券到期时间的影响。在必要报酬率保持不变的情况下，不论其高于或低于票面价值，债券价值随到期时间的缩短逐渐向债券面值靠

近，至到期日债券价值等于债券面值；在必要报酬率发生变动的情况下，债券价值也会因此而变动，随到期时间的缩短必要报酬率对债券价值的影响越来越小。

当票面利率低于必要报酬率时，债券折价发行，但随着时间向到期日靠近，债券价值逐渐提高，最终等于债券面值；当票面利率等于必要报酬率时，债券平价发行，债券价值一直等于票面价值；当票面利率高于必要报酬率时，债券溢价发行，但随着时间向到期日靠近，债券价值逐渐下降，最终等于债券价格。

【例4】 如果上述例题的必要报酬率是 10%，持有期 5 年，现在已持有 3 年，则债券价值为

$$PV = 80 \times (P/A, 10\%, 2) + 1000 \times (P/F, 10\%, 2)$$
$$= 80 \times 1.7355 + 1000 \times 0.8264 = 965.24(元)$$

债券价值从原来距到期时间 5 年至距到期时间 2 年，价值从 924.18 元到 965.24 元，逐渐向面值靠近。

如果上述例题的必要报酬率是 8%，持有期 5 年，现在已持有 3 年，则债券价值为

$$PV = 80 \times (P/A, 8\%, 2) + 1000 \times (P/F, 8\%, 2)$$
$$= 80 \times 1.7833 + 1000 \times 0.8573 = 1000(元)$$

债券平价发行，随着时间向到期日靠近，债券价值始终等于债券面值，即到期时间对债券价值没有影响。

如果上述例题的必要报酬率是 6%，持有期 5 年，现在已持有 3 年，则债券价值为

$$PV = 80 \times (P/A, 6\%, 2) + 1000 \times (P/F, 6\%, 2)$$
$$= 80 \times 1.8334 + 1000 \times 0.8900 = 1036.67(元)$$

债券价值从原来距到期时间 5 年至距到期时间 2 年，价值从 1084.29 元到 1036.67 元，逐渐向面值靠近。

4. 债券价值与利息支付方式

债券利息支付的方式有许多种，典型的债券还本付息方式是每年支付一次利息到期还本，实际中还有很多利息支付方式，不同的利息支付方式也会对债券价值产生影响，常见的债券有纯贴现债券、平息债券、永久债券、流通债券、可赎回债券等。

（1）纯贴现债券，也称为"零息债券"，是指发行者承诺在未来某一确定日期作单笔支付的债券。在到期日前，这种债券购买者不能得到任何利息，债券购买价格与债券到期所得到的面值及利息之差，就是投资该债券所得的收益。纯贴现债券的价值为

$$PV = F(P/F, i, n)$$

【例5】 假设有一纯贴现债券，面值为 1000 元，10 年期，投资者所要求的必要报酬率为 10%，则该债券的价值为

$$PV = 1000(P/F, 10\%, 10) = 385.5(元)$$

如上例，假设票面利率 8%，每年单利计息，到期一次还本付息，则该债券的价值为

$$PV = (1000 \times 8\% \times 10 + 1000)(P/F, 10\%, 10) = 694.8(元)$$

（2）平息债券。平息债券是指在到期时间内平均支付利息的债券。支付的频率可能是一年一次、半年一次或每季度一次等。平息债券价值的计算公式为

$$PV = I/m(P/A, i/m, n \times m) + M(P/F, i/m, n \times m)$$

式中　I——每年支付的利息；

m——每年支付利息的次数；

i——年利率。

【例 6】　假设有一债券面值为 1000 元，票面利率为 8%，每半年支付一次利息，5 年到期。假设投资者所要求的必要报酬率为 10%，则该债券的价值为

$$PV = 80/2 \times (P/A, 10\%/2, 5 \times 2) + 1000 \times (P/F, 10\%/2, 5 \times 2)$$
$$= 40 \times 7.7217 + 1000 \times 0.6139$$
$$= 922.768(元)$$

此时债券价值比每年付息一次的价值（924.18 元）降低了。

如上例，假设必要报酬率为 6%，则该债券的价值为

$$PV = 80/2 \times (P/A, 6\%/2, 5 \times 2) + 1000 \times (P/F, 6\%/2, 5 \times 2)$$
$$= 40 \times 8.5302 + 1000 \times 0.7441$$
$$= 1085.31(元)$$

此时债券价值比每年付息一次的价值（1084.29 元）上升了。

债券在折价出售时，付息期越短，付息次数越多，价值越低；债券溢价出售时，付息期越短，付息次数越多，价值越高。

（3）永久债券。永久债券是指没有到期日，永不停止定期支付利息的债券。优先股实际上也是一种永久债券，如果公司的股利支付没有问题，将会持续地支付固定的优先股股息。

永久债券的价值计算公式如下：

$$PV = A/i$$

【例 7】　有一优先股，承诺每年支付优先股息 40 元。假设必要报酬率为 10%，则其价值为

$$PV = 40/10\% = 400(元)$$

5. 流通债券价值

流通债券是指已发行并在二级市场上流通的债券。流通债券与新发行债券的区别主要有两点：一是流通债券到期时间小于债券发行在外的时间；二是流通债券估价的时间点不在发行日，可以是任何时间点，会产生"非整数计息期"的计算问题。

流通债券的估价方法一般采用以估价时间点为折算起点，历年现金流量按非整数计息期折现或以最近一次付息时间为折算时间点，计算历次现金流量现值，然后将其折算到现在时间点。可见，无论采用哪种方法，都需要用计算非整数期的折现系数。

【例 8】　有一面值为 1000 元的债券，票面利率为 8%，每年支付一次利息，2016 年 4 月 1 日发行，2021 年 4 月 1 日到期。现在是 2019 年 3 月 1 日，假设投资者的必要报酬率为 10%，问该债券的价值是多少？

解：2019 年 4 月 1 日时的价值：

$$PV = 80(P/A, 10\%, 2) + 1000(P/F, 10\%, 2) = 1045.24(元)$$

现在的价值：

$$PV = (1045.24 + 80) \times (P/F, 10\%, 1/12) \approx 1116.27(元)$$

6. 可赎回债券价值

可赎回债券是指在债券契约中有可赎回条款，可以按照事先约定的价格在债券到期日前从投资者手中赎回的债券。当市场利率持续下降时，发行方会再发行利率较低的债券，并以

新筹得的资金赎回原较高利率的债券，以减少损失，可赎回债券价值一般即为债券赎回价格。

【例9】　假设有一可赎回债券，假设投资者按照面值1000元购买，票面利率为10％，期限15年，每年支付一次利息，到期还本，公司预计5年后市场利率下降到6％，5年后拟以1200元的价格收回，则该债券赎回时的价值为1200元。

（二）债券收益率的计算

债券估价除了评估其内在价值外，还可以采用计算债券收益率的方法来评估债券价值。债券收益率有多种表示方法，如债券本期收益率、债券到期收益率、债券可赎回收益率、零息债券收益率等。对于投资者来说，只有当上述收益率大于等于其必要报酬率时，购买该债券才能获得收益，否则应放弃。

1. 本期收益率

本期收益率＝每年支付的利息额/债券当前价格。

2. 到期收益率

债券的到期收益率是指购进债券后，一直持有该债券至到期日可获取的收益率。这个收益率是按复利计算的收益率，它是使未来现金流入现值等于债券购入价格的折现率。实际上债券的到期收益率，也就是企业购入债券至到期日可获取的真实报酬率，它的计算与第七章介绍的内含报酬率的计算十分相似，必要时也需要借助"逐步测试法"和"内插法"的配合使用才可以计算出来。

债券的到期收益率，也就是使下式成立的折现率：

$$P = \sum_{k=1}^{n} \frac{I_k}{(1+i)^k} + \frac{M}{(1+i)^n}$$

式中　P——债券的买价；

　　　I_k——第k年利息；

　　　M——债券的面值；

　　　i——到期收益率；

　　　n——到期年数；

　　　k——计息期数。

【例10】　某公司在证券二级市场上于2018年2月1日购入一张于2016年2月1日发行的债券，面值为2000元，期限为5年，于2021年2月1日到期，按年支付利息，债券的票面利率为8％，买价为2100元，试计算该债券的到期收益率。

解： 假定到期收益率为i，则其应满足以下等式：

$$2100 = 2000 \times 8\% \times (P/A, i, 3) + 2000 \times (P/F, i, 3)$$

逐步测试计算，得：

当$i=6\%$时，$2000 \times 8\% \times (P/A, i, 3) + 2000 \times (P/F, i, 3) = 2107$（元）

当$i=8\%$时，$2000 \times 8\% \times (P/A, i, 3) + 2000 \times (P/F, i, 3) = 1956$（元）

由此可以断定，要求的到期收益率一定在6％与8％之间，利用"内插法"计算如下：

到期收益率＝$6\% + (2107-2100)/(2107-1956) \times (8\%-6\%) = 6.09\%$

到期收益率是指导选购债券的标准。它可以反映债券投资按复利计算的真实收益率，如果高于投资人所要求的报酬率，则买进该债券，否则应放弃买入。其结论与计算债券的价值相同。

【例 11】 某公司 20×2 年 7 月 1 日平价发行面值为 1000 元、票面利率为 6%、期限为 3 年的债券。每年 7 月 1 日计算并支付一次利息，该公司持有债券至到期。求该债券的到期收益率为多少？

解：根据上述公式，每期利息＝1000×6%＝60（元）

$$1000=60(P/A,i,3)+1000(P/F,i,3)$$

采用"逐步测试法"或利用 Excel 计算出到期收益率为 6%。

如上例，发行价格为 950 元，则该债券的到期收益率为

$$950=60(P/A,i,3)+1000(P/F,i,3)$$

采用"逐步测试法"或利用 Excel 计算出到期收益率为 8%。

如上例，发行价格为 1050 元，则该债券的到期收益率为

$$1050=60(P/A,i,3)+1000(P/F,i,3)$$

采用"逐步测试法"或利用 Excel 计算出到期收益率为 4%。

由此可见，到期收益率与债券价格有关，对于每年付息一次，到期一次还本的典型债券，平价发行的债券，其到期收益率等于票面利率；债券价格小于票面价值，即折价发行的债券，其到期收益率大于票面利率；债券价格大于票面价值，即溢价发行的债券，其到期收益率小于票面利率。需要注意的是，如果债券不是定期付息，而是到期时一次还本付息或用其他方式付息，那么即使平价发行，其到期收益率也与票面利率不同。

3. 可赎回债券收益率

可赎回债券收益率指在债券契约中有可提前赎回条款，当市场利率下降时，发行方可按照约定的价格提前赎回债券，此时投资者获得的收益率为可赎回收益率。

【例 12】 假设有一可赎回债券，假设投资者按照面值 1000 元购买，票面利率为 10%，期限 15 年，每年支付一次利息，到期还本，公司规定 5 年后以 1200 元的价格收回，预计 5 年后市场利率下降到 6%，则该债券的可赎回收益率为多少？

$$1000=100×(P/A,i,5)+1200×(P/F,i,5)$$

采用"逐步测试法"或利用 Excel 计算出到期收益率为 13%。看起来可赎回收益率比到期收益率高，但这只是头 5 年的收益率，如果将赎回债券价格 1200 元的资金，按照 6% 的市场利率继续投资 10 年，整体下来的收益率还是要低于到期收益率，一般可赎回债券得赎回会使投资者遭受损失。

4. 零息债券收益率

零息债券收益率即纯贴现债券收益率，投资者获得的不是利息报酬率，而是折价购入价格与面值的差额形成的投资增值收益率。

【例 13】 假设某公司以 650 元发行价格发行面值为 1000 元的纯贴现债券，期限 5 年，该债券的收益率为多少？

$$650=1000(P/F,i,5)$$

采用"逐步测试法"或利用 Excel 计算出到期收益率为 9%。

四、债券投资风险的评估

尽管债券投资的利率是固定的，债券投资仍然与其他投资一样是有风险的。债券投资的风险通常可以分为违约风险、利率风险、购买力风险、变现力风险和再投资风险五种。

（一）违约风险

违约风险是债券的发行人不能履行合约规定的义务，无法按期支付利息和偿还本金的风险。不同种类的债券，其违约风险是不一样的。政府债券是以国家财政作为担保，一般不会发生违约，可以看作是无违约风险的债券。通常所说的政府债券是无风险债券，所指的风险就是这种风险，但其他风险还是存在的。除政府债券外，其他债券一般都存在违约风险，只不过大小不同罢了。评价一种债券违约风险的大小，经常要参考信用评级机构对债券的信用评级，高信用等级的债券的违约风险要比低信用等级的债券的违约风险要小。避免违约风险的最好办法是不买质量差的债券。

（二）利率风险

债券的利率风险是指由于利率的变动而使投资者遭受损失的风险。由于债券的价格会随利率的变动而变动，即使没有违约风险的国库券，也存在利率风险。利率风险是各种债券都面临的风险，一般说来，利率风险与债券价格成反比变化，市场利率的上升，会引起债券市场价格的下跌；市场利率的下降，会引起债券市场价格的上升。

不同期限的债券，其利率风险也不一样，期限越长，利率风险越大。所以长期债券的利率要比短期债券的利率高。减少利率风险的最好办法是分散债券的到期日。

（三）购买力风险

购买力风险是指由于通货膨胀而使货币购买力下降，从而使投资者遭受损失的风险，又称为通货膨胀风险。

在纸币流通的条件下，通货膨胀是不可避免的。在通货膨胀比较严重的时期，购买力风险对投资者的影响比较大，因为投资于债券只能得到一笔固定的利息收益，而由于货币贬值，这笔收益的购买力会下降。一般而言，在通货膨胀情况下，固定收益的债券比变动收益的债券要承受更大的购买力风险，因此普通股被认为是比公司债券和其他固定收益的债券能更好地避免购买力风险。然而，如果发生过度的通货膨胀，任何资本市场都无法避免购买力风险，投资者会纷纷将资金投向房地产等实物资产，从而导致各种证券价格的下跌，加大了风险。

（四）变现力风险

变现力风险是指债券持有人无法在短期内将债券以合理的价格出售的风险。也就是说，如果债券持有人现在有一个更好的投资机会，想把债券变现来投资这个项目，而无法在短期内以合理的价格将债券出售，最后只能以低于理想价格的价格出售，由此给债券持有人造成损失的可能性就是所说的变现力风险。变现力风险的高低，主要取决于市场的成熟与否和市场参与者的数量。在一个组织不健全、不成熟的证券市场上购买债券，投资者就会承担较大的变现力风险；如果积极的市场参与者较少，也同样会降低债券的变现性。债券的变现性一般可以用债券的买卖价差来衡量，买卖价差大，说明市场参与者较少，有行无市，债券的变现性较差；反之，说明债券的变现性较高。一般说来，政府债券及一些大公司的债券的变现性较强，而那些大家很少熟悉的小公司债券的变现力是较差的。

（五）再投资风险

购买了短期债券，而没有购买长期债券，会有再投资风险。例如，长期债券的利率为10%，短期债券的利率为8%，为减少利率风险你购买了短期债券。在短期债券到期回收现金后，如果利率降低到6%，投资者只能找到报酬率大约为6%的投资机会，不如当初购买长期债券仍可获利 10%。

五、债券投资的优缺点

(一) 债券投资的优点

(1) 本金安全性高。与股票相比,债券投资风险比较小。特别是政府债券,由于有国家的财政作为后盾,其本金的安全性是非常高的,通常视为无风险债券。企业债券的持有者拥有优先求偿权,即当企业破产时,可以优先于股东参与企业剩余财产的分配,因此,其本金损失的可能性小。

(2) 收入稳定性强。债券的票面一般都标有固定的利息率,债券的发行人有按期支付利息的法定义务。因此,在正常情况下,投资于债券都能获得较为稳定的收入。

(3) 市场流动性好。许多债券都具有较强变现性,特别是政府及大企业的债券一般都可以在金融市场上迅速出售,变现性好。

(二) 债券投资的缺点

(1) 购买力风险大。债券的面值和利息率在债券发行时就已经确定,如果投资期间通货膨胀率较高,则本金和利息的购买力都会受到不同程度的影响,特别是在通货膨胀率十分高时,投资者名义上拿到了一定的货币收益,实际上,这些收益与本金的贬值相比,根本无法弥补本金购买力的降低。

(2) 不能参与企业的经营管理。投资于债券只能获得一定的收益,作为债权人,无权像股东那样可以不同程度上参与企业的经营管理。

第三节 股 票 投 资

一、股票的相关概念

股票是股份公司发给股东的所有权凭证,是股东借以取得股利的一种有价证券。

股票持有者即为该公司的股东,对该公司财产有要求权。股票可以按不同的方法和标准分类:按股东所享有的权利,可分为普通股和优先股;按票面是否标明持有者姓名,分为记名股票和无记名股票;按股票票面是否记明入股金额,分为有面值股票和无面值股票;按能否向股份公司赎回自己的财产,分为可赎回股票和不可赎回股票。我国发行的常见股票是不可赎回的记名的有面值的普通股票。

(1) 股票价格。股票是一种凭证,它之所以有价格,可以买卖,是因为它能给持有人定期带来收益。一般说来,公司第一次发行股票时,要规定发行总额和每股金额,一旦股票发行后上市买卖,股票价格就与原来的面值分离了。这时的价格主要由预期股利和当时的市场利率决定,即股利的资本化价值决定了股票价格。此外,股票价格还受整个经济环境变化和投资者心理等复杂因素的影响。

股市上的价格分为开盘价、收盘价、最高价和最低价等,投资人在进行股票估价时主要使用收盘价。股票的价格会随着经济形势和公司的经营状况而升降。

(2) 股利。股利是经过公司股东大会投票表决,从公司的净利润中留出一部分作为对股东投资的回报,股利分配给股东,股利是股东所有权在分配上的体现。

二、股票投资的特点

股票投资是企业通过认购股份有限公司发行的股票进行的投资活动,与其他证券投资方式相比，股票投资通常具有以下特点：①股票投资收益由于受股份有限公司盈余情况及股利政策等多种因素影响，事先不能确定，具有较大的波动性。②债券投资按事先的约定还本付息，收益较为稳定，投资风险较小，而股票投资因股票分红收益的不确定性和股票价格起伏不定，成为风险最大的有价证券。③在各种投资方式中，股票投资者的权利最大，作为股东有权参与企业的经营管理。

三、股票价值的评估

股票的价值是指股票的持有者持有股票所获得的未来收益的现值，也叫股票的内在价值。与债券投资一样，股票投资也需要对股票进行估价。股票估价实际是对股票的投资价值进行评估。

股票价值的确定主要方法是通过股票估价模型计算其价值，然后和股票市价比较，视其低于、高于或等于市价，决定买入、卖出或继续持有。

（一）按股票估价的基本模型确定的股票价值

股票带给持有者的现金流入包括股利收入和出售时的资本利得两部分。股票的内在价值是由一系列的股利和将来出售股票时售价的现值所构成的。

如果股东永远地持有股票，他只获得股利，是一个永续的现金流入。这个现金流入的现值就是股票的价值：

$$V = \frac{D_1}{(1+R_S)^1} + \frac{D_2}{(1+R_S)^2} + \cdots + \frac{D_n}{(1+D_S)^n} + \cdots \sum_{t=1}^{\infty} \frac{D_t}{(1+R_S)^t}$$

式中　D_t——t 年的股利；

　　　R_S——折现率，即必要的收益率；

　　　t——年份。

上式是股票评价的一般模式。实际应用时，面临的主要问题是如何预计未来每年的股利，以及如何确定折现率。

股利的多少，通常取决于每股盈利和股利支付比率两个因素。对其估计的方法是历史资料的统计分析，例如回归分析、时间序列的趋势分析等。股票评价的基本模型要求无限期地预计历年的股利（D_t），这实际上不可能做到的。

折现率的主要作用是把所有未来不同时间的现金流入折算为现在的价值。折算现值的折现率应当是投资者所要求的收益率。那么，投资者要求的收益率应当是多少呢？一种方法是根据股票历史上长期的平均收益率来确定；另一种方法是参照债券的收益率，加上一定的风险报酬率来确定。还有一种更常见的方法是直接使用市场利率，市场利率是投资于股票的机会成本，所以市场利率可以作为折现率。

（二）按长期持有，股利每年不变的股票估价模型确定的股票价值

若企业投资某种股票，一旦购入，将长期持有，并且股票投资的股利收入每年保持不变，这样股票估价的基本模型就简化为

$$V = \sum_{t=1}^{\infty} \frac{D_t}{(1+R_S)^t} \ \text{由于}(D_1 = D_2 = D_3 \cdots D_n) = \frac{D}{R_S}$$

式中　D_t——t 年的股利；

　　　R_S——折现率，即必要的收益率；

　　　t——年份。

在这种情况下，股票价值确定就变成计算一个永续年金的问题。

【例 14】　若某公司普通股每年每股发放股利 2 元，企业要求的必要报酬为 10％，则该普通股的价值为

$$V = \frac{2}{10\%} = 20（元）$$

若该股票的市场价格高于 20 元，说明市场对该股票评价太高，企业不宜投资该股票；若该股票的市场价格低于 20 元，说明市场对该股票评价偏低，企业可以投资该股票。

（三）按长期持有，股利固定增长股票估价模型确定的股票价值

若企业投资于某种股票，并将长期持有，而该股票每年股票固定增长，前已述及这样的股票估价模型为

$$V = \frac{D_0(1+g)}{k-g}$$

式中　V——股票价值；

D_0——当年股利；

k——必要报酬率；

g——股利年增长率。

【例 15】　某公司普通股当年每股股利为 4 元，预计每股股利以 5％的年增长率增长，公司要求的必要报酬为 12％，则该股票的价值为

$$V = \frac{D_0(1+g)}{k-g} = \frac{4 \times (1+5\%)}{12\%-5\%} = 60（元）$$

【例 16】　某投资者要求的最低报酬率为 12％，某公司股利年增长率为 8％，该公司最近发放每股 2 元的股利，则该公司的股票价值为

$$V = 2 \times (1+8\%)/(12\%-8\%) = 54（元）$$

即只有该公司的股票价格低于 54 元时，投资者购买才能够获得预期报酬。

【例 17】　某人持有某公司的股票，预计该公司未来三年股利的增长率为 20％，以后预计增长率为 12％，公司最近支付的股利为每股 2 元，假设他所接受的最低报酬率为 15％，则该公司的股票价值为

前三年非正常增长期的股票价值：

$PV = 2(1+20\%)(P/F,15\%,1)+2(1+20\%)2(P/F,15\%,2)+2(1+20\%)3(P/F,15\%,3)$
$= 6.539（元）$

第三年年底股票的内在价值：

$$PV = 2(1+20\%)3(1+12\%)/(15\%-12\%)(P/F,15\%,3) = 84.9（元）$$

该公司的股票价值 $P = 6.539+84.9 = 91.439（元）$

（四）按短期持有，未来准备出售股票估价模型确定的股票价值

若企业购入股票，出于种种考虑，不准备长期持有，待机销售，这样股票的估价问题与债券价值的确定十分类似，前已述及其估价模型为

$$V = \sum_{t=1}^{n} \frac{D_t}{(1+R_S)^t} + \frac{M}{(1+R_S)^t}$$

式中　D_t——第 t 年股利；

n——持有年限；

R_S——必要报酬率；

M——出售时所得价款收入；

t——第 t 年。

【例18】 某企业拟购入某股票，该股票第 1 年、第 2 年、第 3 年的股利预计分别为：$D_1=2$、$D_2=3$、$D_3=1$，第 3 年出售可得价款 20 元，要求的必要报酬率为 12%，则该股票价值为

$$V = 2 \times (P/F, 12\%, 1) + 3 \times (P/F, 12\%, 2) + 1 \times (P/F, 12\%, 3) + 20 \times (P/F, 12\%, 3)$$
$$= 2 \times 0.893 + 3 \times 0.797 + 1 \times 0.712 + 20 \times 0.712$$
$$= 19(元)$$

四、股票的收益率

股票估价既可以计算其内在价值，又可以计算其收益率。

假设股票价格是公平的市场价格，证券市场处于均衡状态，在任一时点证券价格都能完全反映有关该公司的任何可获得的公开信息，而且证券价格对新信息能迅速做出反应。在这种假设条件下，股票的期望收益率等于其必要的收益率。

根据固定增长股利模型，可以得到：

$$R_S = D_1/PV + g$$

股票的总收益率可以分为两个部分：第一部分 D_1/PV，叫作股利收益率，它是根据预期现金股利除以当前股价计算出来的。第二部分是增长率 g，叫作股利增长率。由于股利的增长速度也就是股价的增长速度，因此 g 可以解释为股价增长率或资本利得增长率。g 的数值可以根据公司的可持续增长率估计。

PV 是股票市场形成的价格，只要能预计出下一期的股利，我们就可以估计出股东的预期报酬率，在有效市场中它就是与该股票风险相适应的必要报酬率。

【例19】 某股票的价格为 20 元，预计下一期的股利是 1 元，该股利将以大约 7% 的速度持续增长。该股票的期望报酬率是多少？

$$R_S = 1/20 + 7\% = 12\%$$

五、股票投资风险的评估

与其他证券投资相比，股票投资的风险最大。对股票投资风险的正确评估非常重要，它直接影响着投资人的收益情况。股票投资作为一种资产投资的形式，关于其风险的衡量，我们在第二章风险分析里就有所提及。根据引起股票投资原因及是否可以分散，可将股票投资风险的类型分为两类：一类是可分散风险，又叫作非系统性风险或公司特有风险；另一类风险是不可分散风险，又叫作系统性风险或市场风险。（具体概念可以参考第二章第二节）在这两类风险中，可分散风险可以通过证券组合来消减；而不可分散风险一般是由市场变动而产生的，它对所有股票都有影响，不能通过证券组合而消除，我们往往通过贝他系数来衡量。

从第二章中得知，贝他系数是反映个别股票相对于平均风险股票的变动程度的指标。它可以衡量出个别股票的市场风险，也就是不可分散风险。

贝他系数可用直线回归方程求得

$$Y = \alpha + \beta X + \varepsilon$$

式中 Y——证券的收益率；

X——市场平均收益率；

α——与 Y 轴的交点；

β——回归线的斜率；

ε——随机因素产生剩余收益。

根据 X 和 Y 的若干历史资料，可以求出 α 和 β 的数值。

假设某种股票的贝他系数等于 1，表明该股票的市场风险与市场平均风险相同，这就是当市场收益率上涨 1%，则该种股票的收益率也上涨 1%；如果贝他系数等于 2，则表明它的风险程度是股票市场的平均风险的 2 倍。这就是市场收益率上涨 1%，则该种股票的收益率上升 2%；如果贝他系数等于 0.5，则它的风险程度是市场平均风险的一半。这就是说，市场收益率上涨 1%，则该种股票的收益率只上升 0.5%。

贝他系数可以反映各种股票不同的市场风险程度，既然股票的特有风险可以通过投资组合分散掉，市场风险就成了投资人注意的焦点，因此贝他系数成为股票投资决策的重要依据。

应当注意，贝他系数不是衡量某种股票的全部风险，而只是与市场有关的那部分风险，另一部分风险是与市场无关的，只与企业本身的活动有关。企业的特有风险可通过多角化投资分散掉，而贝他系数反映的市场风险是不能被分散的。

六、股票投资的优缺点

(一) 股票投资的优点

股票投资是一种最具有挑战性的投资，其收益和风险都比较高。股票投资的优点主要表现在以下几个方面：

(1) 投资收益高。普通股票的价格虽然变动频繁，但从长期来看，优质股票的价格总是上涨的居多，只要选择得当，都能取得优厚的投资收益。

(2) 购买力风险低。普通股的股利不固定，在通货膨胀率比较高时，由于物价普遍上涨，股份有限公司盈利也会增加，股利的支付也随之增加，因此，与固定收益的证券相比，普通股能有效地降低购买力风险。

(3) 拥有经营控制权。普通股股东是股份有限公司的所有者，有权监督和控制企业的生产经营情况，因此，欲控制一家企业最好是收购这家企业的股票。

(二) 股票投资的缺点

股票投资的缺点主要是投资风险大，主要基于以下几个方面的原因：

(1) 求偿权居后。普通股对企业资产和盈利的求偿权均居于最后。企业破产时，股东原来的投资可能得不到全额补偿，甚至一无所有。

(2) 价格不稳定。普通股的价格受众多因素的影响，很不稳定。政治因素、经济因素、投资人心理因素、企业的盈利情况、风险情况，都会影响到股票价格的变动，这也使股票投资具有较高的风险。

(3) 收入不稳定。普通股股利的多少，视企业经营状况和财务状况而定，其有无、多寡均无法律上的保证，其收入的风险也远远大于固定收益的证券。

【案例】

2014 年第一期阜新市城市基础设施建设
投资有限责任公司债券上市公告书

债券简称：14 阜新 01
债券代码：127065
发行总额：人民币 8 亿元
上市时间：2015 年 2 月 16 日
上市地点：上海证券交易所
上市推荐人：国开证券有限责任公司

一、绪言

重要提示：阜新市城市基础设施建设投资有限责任公司（以下简称"阜新城投"、"发行人"或"本公司"）董事会成员已批准本上市公告书，确信其中不存在任何虚假、误导性陈述或重大遗漏，并对其真实性、准确性、完整性负个别的和连带的责任。上海证券交易所（以下简称"上证所"）对本期债券上市的核准，不表明对该债券的投资价值或者投资者的收益做出实质性判断或者保证。因公司经营与收益的变化等引致的投资风险，由购买债券的投资者自行负责。本期债券信用级别为 AA 级，发行人长期主体信用等级为 AA；中审华寅五洲会计师事务所（特殊普通合伙）对发行人 2011 年至 2013 年的财务报表出具的标准无保留意见的审计报告（中审华寅五洲京专字〔2014〕1126 号）。截至 2013 年 12 月 31 日，发行人总资产为 1491821.77 万元，总负债 565282.65 万元，所有者权益为 927371.70 万元。2013 年度，公司实现主营业务收入 372103.06 万元，利润总额 35271.52 万元，净利润 35305.11 万元。债券上市前，公司最近三个会计年度实现的年均可分配利润为 772268399.513 元，依照发行利率 7.18% 计算，超过债券一年利息的 1.5 倍。

二、发行人简介

（一）阜新市城市基础设施建设投资有限责任公司
（二）住所：阜新市海州区西山路 17 号
（三）法定代表人：胡国勇
（四）企业类型：有限责任公司（国有独资）
（五）注册资本：7000 万元人民币（人民币柒仟万元）
（六）发行人基本情况

阜新市城市基础设施建设投资有限责任公司是阜新市人民政府批准于 2005 年成立的有限责任公司。公司是阜新市最重要的城市基础设施建设与城市开发建设的投融资与国有资产运营平台。截至 2013 年 12 月 31 日，发行人经审计的资产总额为 1491821.77 万元，负债总额为 65282.65 万元，所有者权益为 927371.70 万元，资产负债率为 37.89%。2013 年发行人实现主营业务收入 372103.06 万元，利润总额 35271.52 万元，净利润 35305.11 万元。公司持续盈利能力强，资产负债率低。

（七）发行人面临的风险

1. 发行人经营风险

发行人是阜新市大型国有独资公司，是阜新市重要的城市建设项目投融资主体和国有资产运营主体，承担着城市建设和授权经营范围内的国有资产运营重任。目前，发行人收入来源比较集中，且在建、拟建项目资金需求量较大，面临较大的融资压力，且经营性现金流较为紧张。

对策：目前发行人的收入主要来源于城市基础设施建设等业务。为了改变目前收入来源相对集中的问题。对此，发行人将积极探索新的经营理念，强化自有资产的经营管理力度，加强与市政府有关部门沟通，探索城市特许经营权的有效运行模式，提高自身的盈利能力。针对在建，拟建项目资金需求量较大，面临较大的融资压力的风险，发行人在发展的过程中，将进一步加强与银行等金融机构的紧密联系，通过银行、资本市场等多渠道筹措建设资金，缓解自身融资压力。目前，发行人各项偿债指标均保持在行业较高水平，对有息债务的偿债能力较强。未来还将进一步加强债务期限结构的管理，形成多层次，互为补充的财务安排，强化自身的偿债能力。另外，自 2014 年发行人将逐步完工验收部分工程项目，经营性现金流也将趋于好转。

2. 项目建设投资风险

本期债券发行募集资金投资项目主要为棚户区改造项目，存在建设周期长、投资规模大等特点。建设期内的施工成本受建筑材料、设备价格和劳动力成本等多种因素影响，项目实际投资有可能超出项目的投资预算，影响项目按期竣工及投入运营，并对项目收益的实现产生不利影响。项目管理包括项目建设方案设计与论证、施工管理、工程进度安排、资金筹措及使用管理、财务管理等诸多环节，涉及多个政府部门、施工单位、项目工程所在区域的居民和企业的协调和配合等多个方面，如果项目管理人的项目管理制度不健全或项目管理能力不足或项目管理过程中出现重大失误，将会对募集资金投资项目的建设进度、项目现金流及收益产生重大影响。对策：本期债券募集资金投资项目均已由阜新市人民政府相关部门和发行人详细周密的研究和论证，并经相关管理部门的批准。本期债券募投项目的施工单位选择与确定均采用公开、公平、公正的招标形式确定，严格实行计划管理，有效防止工程延期、施工缺陷等风险。同时，发行人具有完善的项目管理和财务管理制度，公司将坚持投资项目业主制、招投标制、监理制和合同管理制，严格按基建程序完善建设手续，并按国家有关工程建设的法规建立健全质量保证体系，确保工程按时按质竣工以及投入资金的合理使用，最大限度地降低项目管理风险。

3. 对政府依赖性较高风险

阜新财政收入规模相对薄弱，发行人盈利对上级补助依赖程度较高，应收账款规模较大，账龄偏长，资金占用明显，基础设施建设收入回款性情况较差。对策：阜新市近年来财政收入增长较快，这将对发行人未来的发展形成坚强后盾。另外，发行人将在阜新市人民政府的大力支持下，经营好原有业务，并积极探索其他的有效运行模式，以提高自身的盈利能力。针对由于阜新市政府支付发行人基础设施建设项目款项较慢从而使发行人的应收账款规模较大，账龄偏长等问题，阜新市政府专门出具了《关于阜新市城市基础设施建设投资有限责任公司公司债券应收账款形成原因和还款计划的通知》，并安排了详细的还款计划。在加强与政府沟通力度的同时，发行人还将加强投资和项目管理，从项目选择开始，将根据阜新市财政的支付力度，选择财政支付的公益性项目还是投资收益性较好的项目。

4. 发行人对外担保风险

风险：截至 2013 年 12 月 31 日，发行人总部对外担保总额达到 15040 万元，占公司总资产比例达到 1.01%，担保对象违约将会对公司带来或有负债的风险。对策：公司目前对外担保对象经营状况稳定、信誉良好。公司建立了企业对外担保的跟踪监督机制和风险防范机制，定期了解被担保企业的财务经营情况，对其偿债能力进行动态分析，以及时防范风险。公司将建立企业对外担保风险防范的紧急处理预案，提高相关不利事项出现后的反应速度和处理能力，在风险状况发生后积极以法律手段维护自身利益。

5. 是否合规使用债券资金风险

风险：发行人每年需要完成的工程量较大，如果非本期债券募投项目急需资金支持，有发生使用本期债券募集资金投向其他项目的可能。对策：发行人由专人负责与监管银行对接，跟踪募集资金发放情况，并及时向当地政府汇报，每年就募集资金使用情况形成书面报告，总结当年募集资金使用的总体情况、风险控制情况及收益情况。

三、债券发行、上市概况

（1）发行人：阜新市城市基础设施建设投资有限责任公司。

（2）债券名称：2014 年第一期阜新市城市基础设施建设投资有限责任公司公司债券（简称"14 阜新城投债 01"）。

（3）发行总额：8 亿元。

（4）债券期限和利率：本期债券为 7 年期固定利率债券，每年付息一次，附提前偿还条款，自债券存续期第 3 个计息年度起（即后五年）每年平均按照 20% 的比例偿还债券本金。后 5 年利息随本金的兑付一起支付，每年付息时按债权登记日日终在托管机构托管名册上登记的各债券持有人所持债券面值应获利息进行支付。年度付息款项自付息日起不另计利息，本金自兑付日起不另计利息。本期债券票面年利率根据 Shibor 基准利率加上基本利差制定，基本利差的区间上限为 3.00%，Shibor 基准利率为发行公告日前五个工作日全国银行间同业拆借中心在上海银行间同业拆放利率网（www.shibor.org）上公布的一年期 Shibor（1Y）利率的算术平均数（四舍五入保留两位小数）。本期债券的最终基本利差和最终票面利率将根据簿记建档结果确定，并报国家有关主管部门备案，在本期债券存续期内固定不变。根据簿记建档结果，本期债券最终票面利率为 7.18%。本期债券采用单利按年计息，不计复利，逾期不另计利息。

（5）发行方式及对象：本期债券以簿记建档、集中配售的方式，采用通过承销团成员设置的发行网点向境内机构投资者（国家法律、法规另有规定除外）公开发行和通过上海证券交易所向机构投资者（国家法律、法规禁止购买者除外）协议发行。在承销团成员设置的发行网点发行对象为在中央国债登记公司开户的中国境内机构投资者（国家法律、法规另有规定者除外）；在上海证券交易所市场的发行对象为在中国证券登记公司上海分公司开立合格基金证券账户或 A 股证券账户的机构投资者（国家法律、法规禁止购买者除外）。

（6）发行价格：债券面值 100 元人民币，平价发行。以 1000 元为一个认购单位，认购金额必须是 1000 元的整数倍且不少于 1000 元。

（7）债券形式及托管方式：本期债券为实名制记账式债券，投资者在上海证券交易所认购的本期债券由中国证券登记公司上海分公司登记托管；在承销团成员设置的发行网点认购的债券由中央国债登记公司登记托管。

（8）上市或交易流通安排：本期债券发行结束后 1 个月内，发行人将就本期债券提出在经批准的证券交易场所上市或交易流通的申请。

（9）发行期限：不超过 2 个工作日，即自发行首日起至不晚于 2014 年 12 月 25 日。

（10）簿记建档日：2014 年 12 月 23 日。

（11）发行首日：本期债券发行期限的第一日，即 2014 年 12 月 24 日。

（12）还本付息方式：本期债券每年付息一次，自债券发行后第三年起，在债券存续期内的第三、第四、第五、第六、第七年年末均按照债券发行总额 20％的比例偿还债券本金。后五年利息随本金的兑付一起支付，每年付息时按债权登记日日终在托管机构托管名册上登记的各债券持有人所持债券面值所应获利息进行支付。年度付息款项自付息日起不另计利息，本金自兑付日起不另计利息。

（13）计息期限：本期债券计息期限为 2014 年 12 月 24 日起至 2021 年 12 月 23 日止。

（14）本息兑付方式：通过本期债券登记机构和有关机构办理。

（15）起息日：自发行首日开始计息，本期债券存续期限内每年的 12 月 24 日为该计息年度的起息日。

（16）付息日：2015 年至 2021 年每年的 12 月 24 日为上一个计息年度的付息日。如遇国家法定节假日或休息日则顺延至其后的第一个工作日。

（17）兑付日：2017 年至 2021 年每年的 12 月 24 日，兑付款项自兑付日起不另计利息。如遇国家法定节假日或休息日则顺延至其后的第一个工作日。

（18）承销方式：承销团以余额包销方式进行承销。

（19）承销团成员：本期债券的主承销商为国开证券有限责任公司、齐鲁证券有限公司；分销商为东北证券股份有限公司、民生证券股份有限公司、宏信证券有限责任公司、五矿证券有限公司。

（20）信用安排：本期债券无担保。

（21）信用评级：经联合资信评估有限公司、联合信用评级有限公司综合评定，发行人长期主体信用等级为 AA 级，本期债券的信用等级为 AA 级。

（22）募集资金监管银行：阜新银行股份有限公司。

（23）债权代理人：国开证券有限责任公司。

（24）偿债资金监管银行：中国建设银行股份有限公司阜新分行。

（25）税务提示：根据国家有关法律、法规的规定，投资者投资本期债券应缴纳的税款由投资者自行承担。

四、债券上市与托管基本情况

（1）经上海证券交易所同意，2014 年第一期阜新市城市基础设施建设投资有限责任公司公司债券将于 2015 年 2 月 16 日起在上海证券交易所挂牌交易。本期债券简称为"14 阜新 01"，上市代码为"127065"。

（2）根据中国证券登记结算有限责任公司上海分公司登记托管的相关规定，本期债券在中国证券登记结算有限责任公司上海分公司的托管金额为 2.1 亿元。

五、发行人主要财务状况

中审华寅五洲会计师事务所（特殊普通合伙）已经对发行人 2011～2013 年三年连审的会计报表进行了审计，并出具了文号为中审华寅五洲京专字〔2014〕1126 号的标准无保留意见的审计报告。本募集说明书中 2011～2013 年度的财务数据均来源于发行人经审计的会计报表。在阅读下文的相关财务报告中的信息时，应当参照发行人经审计的财务报表、注释以及本期债券募集说明书中其他部分对发行人的历史财务数据的注释。截至2013 年 12 月 31 日，发行人的总资产金额 1491821.77 万元，总负债 565282.65 万元，所有者权益为 927371.70 万元。2013 年度，公司实现主营业务收入 372103.06 万元，利润总额 35271.52 万元，净利润 35305.11 万元。发行人 2011—2013 年经审计的会计报表（略）。

六、本期债券的偿付风险及对策措施

在本期债券存续期限内，受国家政策法规、行业和市场等不可控因素的影响，发行人的经营活动可能没有带来预期的回报，从而使发行人不能从预期的还款来源获得足够的资金，可能影响本期债券的按期偿付。对策：目前，发行人运行稳健，经营情况和财务状况良好，现金流量充裕。发行人将进一步提高管理与经营效率，严格控制成本支出，不断提升其持续发展能力。发行人将加强对本期债券募集资金使用的监控，严格控制资本支出，积极预测并应对投资项目所面临的各种风险，确保募集资金投资项目的正常建设和运营，提高建设项目的现金流和收益水平。

七、债券跟踪评级安排说明

根据有关要求，联合资信评估有限公司（联合资信）将在本期公司债券存续期内每年进行一次定期跟踪评级，并根据情况开展不定期跟踪评级。阜新市城市基础设施建设投资有限责任公司应按联合资信跟踪评级资料清单的要求，提供相关资料。阜新市城市基础设施建设投资有限责任公司如发生重大变化，或发生可能对信用等级产生较大影响的重大事件，应及时通知联合资信并提供有关资料。联合资信将密切关注阜新市城市基础设施建设投资有限责任公司的经营管理状况及相关信息，如发现阜新市城市基础设施建设投资有限责任公司出现重大变化，或发现其存在或出现可能对信用等级产生较大影响的重大事件时，联合资信将落实有关情况并及时评估其对信用等级产生的影响，据以确认或调整信用等级。

八、发行人已发行尚未兑付的债券

截至本募集说明书出具日，发行人存在一笔已发行尚未兑付的企业债券 12 亿元。发行人于 2012 年 10 月 10 日发行了 12 亿元的 2012 年阜新市城市基础设施建设投资有限责任公司公司债券（以下简称"12 阜新债"），债券期限为 7 年期，固定利率，票面年利率为7.55%，每年付息一次，从债券发行后第三年起，即从债券存续期内第 3、第 4、第 5、第 6、第 7 年，每年除按时付息外分别按照债券发行总额 20% 的比例偿还债券本金。截至本募集说明书出具日，募集资金 12 亿元已全部用于阜新市老城区改造项目建设。本期债券未处于违约或延期兑付的状态。除此之外，发行人及其全资、控股子公司无其他已发行尚未兑付的企业（公司）债券、中期票据、短期融资券、资产证券化产品、信托计划、保险债权计划、理财产品及其他私募债权类产品，不存在融资租赁、售后回租等方式融资的情况。

九、发行人近三年是否存在违法违规情况的说明

经发行人自查，近三年在所有重大方面不存在违法违规情况。

十、募集资金的运用

本期债券拟募集资金 8 亿元，将全部用于发行人阜新市城市基础设施建设投资有限责任公司承建的阜新市第四期棚户区改造建设项目。募集资金使用安排具体情况十一、其他重要事项。

本公司董事会将严格遵守《中华人民共和国公司法》《中华人民共和国证券法》等法律、法规和中国证监会的有关规定，承诺自公司债券上市之日起做到：根据国家有关税收法律、法规的规定，投资者投资本期债券所获利息收入应缴纳的所得税由投资者承担。本期债券发行后至本上市公告书公告之日，公司运转正常，未发生可能对本期债券还本付息产生重大影响的重要事项。

十一、有关当事人（略）

其他（略）。

第四节 证券基金投资

一、证券基金投资的特点

（一）证券投资基金概念

证券投资基金是指一种利益共享、风险共担的集合证券投资方式，即通过发行基金单位，集中投资者的资金，由基金托管人托管，由基金管理人管理和运用资金，从事股票、债券等金融工具投资的方式。证券投资基金主要有如下特点。

1. 投资基金的单位面值低

在我国，每份基金单位面值为1元人民币。投资基金的管理费用和购买费用一般都比较低。美国的基金管理费用为基金资产净值的1‰～5‰之间，开放型基金买卖时不收手续费。在国际市场上，投资基金的管理费一般为基金资产净值1‰～2.5‰，投资者购买基金缴纳的费用，通常为认购数额的2.5‰。单位面值低、管理费用和购买费用较低都有利于吸引社会闲散资金。

2. 实行专家管理

投资者的资金集中起来组成基金，一般都是由投资基金管理公司去管理使用资产，这种公司都聘请投资专家来管理。这比起在股票投资中由投资人自行决定买卖股票来说，可使投资者减少盲目投资，同时也有利于资产得到更高的投资回报。

3. 实行组合投资

根据我国《证券投资基金暂行办法》的规定，一个基金投资于股票、债券的比例，不得低于该基金资产总值的80％。一个基金持有一家上市公司的股票，不得超过该基金资产净值的10％。这种组合投资的做法，有利于分散风险，保障投资者资产的安全。

4. 以间接投资的形式取得直接投资的效果

证券投资基金是一种间接的证券投资方式，投资者是通过购买基金而间接地投资于证券市场。投资者通过购买基金而持有公司的股票，进而能享受公司的利润分配，但投资者本身并不参与公司的经营管理。

证券投资基金的种类很多，有开放式基金与封闭式基金、股票基金与债券基金等。开放式基金是指基金发行总额不固定，基金单位总数随时增减，投资者可以按基金的报价在国家规定的营业场所申购或者赎回基金单位的一种基金。基金单位是指发起人向不特定的投资者发行的、表示持有人对基金享有资产所有权、收益分配权和其他相关权利，并承担相应义务的凭证。封闭式基金是指事先确定发行总额，在封闭期内基金单位总数不变，基金上市后投资者可以通过证券市场转让、买卖基金单位的一种基金。股票基金是指主要投资于股票的基金，债券基金是指主要投资于债券的基金。根据我国《证券投资基金管理暂行办法》的规定，基金发行人可以申请设立开放式基金，也可以申请设立封闭式基金。

（二）证券投资基金投资的特点

证券投资基金投资从投资对象上看主要是股权投资，是一种特殊形态的股票投资，与其他证券投资方式相比，有以下特点：

（1）证券投资基金可以为投资者提供更多的投资机会。许多投资形式所要求的投资起点高，使一般投资者因资金不足而无法参与，通过投资证券投资基金，则可获得较多的投资机会。

（2）投资基金的投资者只需付少量的管理费用，便可获得专业化管理的服务。现代的金融投资需要有丰富的专业知识和经验，一般投资者并不具备这样的能力；而投资基金组织专业人员管理和运行基金，投资者只需支付少量的费用就可获得这种服务，而且管理人员的报酬与其经营业绩相联系，投资者的利益可以得到较好的保障。

（3）投资基金种类较多，投资者可以根据自己的喜好，自由选择。

（4）投资基金的变现能力强，由于各种基金的净资产是证券化的，投资者可随时了解各种基金的市价，及时做出投资决策，很方便地投入和收回资金。

二、证券投资基金的决策

企业进行证券投资基金投资，投资于何种投资基金，首先要仔细阅读基金的说明书或投资基金的公司章程，了解基金的性质、内容、基金受益凭证转让方式、投资政策与限制、基金投资收益分配办法、基金负担费用项目、基金收益人的权利等详细情况。

其次，了解基金的实际管理和运作人员的情况。管理人员的素质包括经验、能力等会直接影响到基金的收益水平，应分析他们能否胜任有关工作。

最后，与股票投资一样，投资基金也要重视运作方式，要认真研究基金投资策略和技术，在基金投资的风险与收益之间进行权衡。

三、投资基金的优缺点

（一）投资基金的优点

将资金投向投资基金的最大优点是能够在不承担太大风险的情况下获得较高的收益。原因分为以下两种。

1. 投资基金具有专家理财优势

投资基金的管理人都是投资方面的专家，他们在投资前均进行多种研究，这能够降低风险，提高收益。

2. 投资基金具有资金规模优势

我国的投资基金一般拥有资金 20 亿元以上，西方大型投资基金一般拥有资金百亿美元以上，这种资金优势可以进行充分的投资组合，能够降低风险，提高收益。

（二）投资基金的缺点

（1）无法获得很高的投资收益。投资基金在投资组合过程中，在降低风险的同时，也丧失了获得巨大收益的机会。

（2）在大盘整体大幅度下跌的情况下，进行基金投资也可能会损失较多，投资人承担较大风险。

第五节 证券投资组合

一、证券投资组合的含义

证券投资组合又叫证券组合，是指在进行证券投资时，不是将所有的资金都投向单一的某种证券，而是有选择地投向一组证券，这种同时投资多种证券的做法便叫证券的投资组合。

通过有效地进行证券投资组合，可以消减证券风险，达到降低风险的目的。

投资风险存在于各个国家的各种证券中，它们随经济环境的变化而不断变化，时大时小，此起彼伏。简单地把资金全部投向一种证券便要承受巨大的风险，一旦失误，就会全盘皆无。因此，证券市场上经常可听到这样一句名言：不要把全部鸡蛋放在同一个篮子里。证券投资组合是证券投资的重要武器，它可以帮助投资者全面捕捉到获利机会，降低投资风险。

二、证券组合投资收益的确定

我们在第二章中已经探讨过，投资者进行证券组合投资与进行单项投资一样，都要求对承担的风险进行补偿，股票的风险越大，要求的收益就越高。但是，由于非系统风险可以通过证券组合抵消掉，因而证券组合投资要求补偿的只是不可分散风险。如果有可分散风险的补偿存在，善于科学地进行投资的投资者将购买这部分股票，并抬高其价格，其最后的收益率只反映不能分散的风险。因此，证券组合的风险收益是投资者因承担不可分散风险而要求的，超过时间价值的那部分额外收益。前述及其计算公式：

$$R_P = \beta_P \times (K_M - R_F)$$

可见，证券组合的收益率：$R = R_F + R_P$。

【例20】 某公司持有由甲、乙、丙三种股票构成的证券组合，它们的 β 系数分别是 2.0、1.0 和 0.5，它们在证券组合中所占的比重分别为 60％、30％ 和 10％，股票的市场收益率为 14％，无风险收益率为 10％，试确定这种证券组合的风险收益率。

解：1. 确定证券组合的 β 系数

$$\beta_P = \sum x_i \beta_i = 60\% \times 2.0 + 30\% \times 1.0 + 10\% \times 0.5 = 1.55$$

2. 计算该证券组合的风险收益率

$$R_P = \beta_P \times (K_M - R_F) = 1.55 \times (14\% - 10\%) = 6.2\%$$

当然，计算出风险收益率后，便可根据投资额和风险收益率计算出风险收益的数额。从以上计算中可以看出，在其他因素不变的情况下，风险收益取决于证券组合的 β 系数，β 系数越大，风险收益就越大；反之亦然。

【例21】 在上例中，该公司为降低风险，售出部分甲股票，买进部分丙股票，使甲、乙、丙三种股票在证券组合中所占的比重变为 10％、30％、60％，试计算此时的风险收益率。

解：证券组合的 β 值为

$$\beta_P = \sum x_i \beta_i = 10\% \times 2.0 + 30\% \times 1.0 + 60\% \times 0.5 = 0.80$$

那么，此时的证券组合的风险收益率为

$$R_P = \beta_P(K_M - R_F) = 0.80 \times (14\% - 10\%) = 3.2\%$$

从以上计算可以看出，调整各种证券在证券组合中的比重可改变证券组合的风险、风险收益率和风险收益额。

三、证券投资组合的策略与方法

从以上分析我们知道，通过证券投资组合能有效地分散风险，那么企业在进行证券投资组合时应采用什么策略，用何种方法进行组合呢？

（一）证券投资组合策略

在证券组合理论的发展过程中，形成了各种各样的派别，从而也形成了不同的组合策略，现介绍其中最常见的几种。

1. 保守型策略

这种策略认为，最佳证券投资组合策略是要尽量模拟市场现状，将尽可能多的证券包括进来，以便分散掉全部非系统风险，得到与市场所有证券的平均收益同样的收益。1976 年，美国先锋基金创造的指数信托基金，便是这一策略的最典型代表。这种基金投资于标准与普尔股票价格指数中所有的全部 500 种股票，其投资比例与 500 家企业价值比重相同。这种投资有以下好处：①能分散掉全部可分散风险；②不需要高深的证券投资的专业知识；③证券投资的管理费比较低。但这种组合获得的收益不会高于证券市场上所有证券的平均收益。因此，此种策略属于收益不高、风险不大的策略，故称之为保守型策略。

2. 冒险型策略

这种策略认为，与市场完全一样的组合不是最佳组合，只要投资组合做得好就能击败市场或超越市场，取得远远高于平均水平的收益。这种组合中，一些成长型的股票比较多，而那些低风险、低收益的证券不多。另外，其组合的随意性强，变动频繁。采用这种策略的人都认为，收益就在眼前，何必死守苦等。对于追随市场的保守派，他们是不屑一顾的。这种策略收益高，风险大，因此称冒险型策略。

3. 适中型策略

这种策略认为，证券的价格，特别是股票的价格，由特定企业的经营业绩来决定。市场上股票价格的一时沉浮并不重要，中型企业经营业绩好，股票一定会升到其本来的价值水平。采用这种策略的人，一般都善于对证券进行分析，如行业分析、企业业绩分析、财务分析等，通过分析，选择高质量的股票和债券，组成投资组合。适中型策略如果做得好，可获得较高的收益，而又不会承担太大风险。但进行这种组合的人必须具备丰富的投资经验，拥有进行证券投资的各种专业知识。这种投资策略风险不太大，收益却比较高，所以是一种最常见的投资组合策略。各种金融机构、投资基金和企事业单位在进行证券投资时一般都采用此种策略。

（二）证券投资组合的方法

进行证券投资组合的方法有很多，但最常见的方法通常有以下几种。

1. 选择足够数量的证券进行组合

这是一种最简单的证券投资组合方法。在采用这种方法时，不是进行有目的的组合，而是随机选择证券，随着证券数量的增加，非系统风险会逐步减少，当数量足够时，大部分非系统风险都能分散掉。根据投资专家的估计，在美国纽约证券市场上，随机地购买 40 种股票，其大多数非系统风险都能分散掉。为了有效地分散风险，每个投资者拥有股票的数量最好不少于 14 种。我国股票种类还不太多，同时投资于 10 种股票，就能达到分散风险的目的了。

2. 把风险大、风险中等、风险小的证券放在一起进行组合

这种组合方法又称 1/3 法，是指把全部资金的 1/3 投资于风险大的证券、1/3 投资于风险中等的证券、1/3 投资于风险小的证券。一般而言，风险大的证券对经济形势的变化比较敏感，当经济处于繁荣时期，风险大的证券却会遭受巨额损失；相反，风险小的证券对经济形势的变化则不十分敏感，一般都能获得稳定收益，而不致遭受损失。因此，这种 1/3 的投资组合法，是一种进可攻、退可守的组合法，虽不会获得太高的收益，但也不会承担巨大风险，是一种常见的组合方法。

3. 把投资收益呈负相关的证券放在一起进行组合

一种股票的收益上升而另一种股票的收益下降的两种股票，称为负相关股票。把收益呈负相关的股票组合在一起，能有效地分散风险。例如，某企业同时持有一家汽车制造公司的股票和一家石油公司的股票，当石油价格大幅度上升时，这两种股票便呈负相关。因为油价上涨，石油公司的收益会增加，但油价的上升，会影响汽车的销量，使汽车公司的收益降低。只要选择得当，这样的组合对降低风险有十分重要的意义。

【案例】

云南恩捷新材料股份有限公司公开发行可转换公司债券

一、基本案情

（一）公司简介

云南恩捷新材料股份有限公司前身为云南创新新材料股份有限公司，公司成立于 2006 年 4 月 5 日，2016 年 9 月在深圳证券交易所成功上市，股票简称：恩捷股份，股票代码：002812。公司主要从事包装装潢及其他印刷品印刷，商品商标印制（含烟草、药品商标），商标设计；包装盒生产，加工，销售，彩色印刷，纸制品（不含造纸）塑料制品及其他配套产品的生产，加工，销售；生产，加工，销售印刷用原料，辅料；生产，加工。销售塑料薄膜，改性塑料；生产，加工，销售镭射转移纸，金银卡纸，液体包装纸，电化铝、高档包装纸；生产，加工，销售防伪标识，防伪材料；包装机械，包装机械零配件的设计，制造，加工，销售；生产，加工，销售新能源材料以及相应新技术，新产品开发货物进出口（国家限制和装止的项目除外）。

（二）公司转债主要情况

1. 转债的发行规模、票面金额、期限、利率

根据《深圳证券交易所股票上市规则》《深圳证券交易所可转换公司债券业务实施细则》的有关规定，云南恩捷新材料股份有限公司（以下简称"公司"）现将 2021 年第四季度可转换公司债券（以下简称"可转债"）转股及公司股份变动的情况公告如下：

（1）可转换公司债券发行情况。经中国证券监督管理委员会"证监许可〔2019〕2701 号"文核准，公司于 2020 年 2 月 11 日公开发行了 1600.00 万张可转换公司债券，每张面值 100 元，发行总额 160000.00 万元，期限 6 年。

（2）可转换公司债券上市情况。经深圳证券交易所"深证上〔2020〕109 号"文同意，公司 160000.00 万元可转换公司债券于 2020 年 2 月 28 日起在深圳证券交易所挂牌交易，债

券简称"恩捷转债"，债券代码"128095"。

2. 转股时间

转股时间：2020 年 8 月 17 日至 2026 年 2 月 11 日。

3. 转股价格的确定和调整方法

可转换公司债券转股及转股价格调整情况。根据《深圳证券交易所股票上市规则》等有关规定和《云南恩捷新材料股份有限公司公开发行可转换公司债券募集说明书》的约定，本次发行的可转换公司债券转股期限自发行结束之日起满六个月后的第一个交易日起至可转换公司债券到期日止，即 2020 年 8 月 17 日至 2026 年 2 月 11 日，初始转股价为 64.61 元/股。证券代码：002812。股票简称：恩捷股份。公告编号：2022－002。债券代码：128095。债券简称：恩捷转债。2020 年 5 月 21 日，公司实施 2019 年年度权益分派方案，根据《云南恩捷新材股份有限公司公开发行可转换公司债券募集说明书》的相关条款，"恩捷转债"发行之后，若公司发生派送红股、转增股本、增发新股（不包括因本次发行的可转换公司债券转股而增加的股本）、配股以及派发现金股利等情况，应对转股价格进行调整。"恩捷转债"转股价格由 64.61 元/股调整为 64.49 元/股，调整后的转股价格自 2020 年 5 月 21 日（除权除息日）起生效。详见公司在指定信息披露媒体《中国证券报》《上海证券报》《证券时报》《证券日报》和巨潮资讯网（www.cninfo.com.cn）刊登的《关于可转换公司债券转股价格调整的公告》（公告编号：2020－083 号）。经中国证券监督管理委员会《关于核准云南恩捷新材料股份有限公司非公开发行股票的批复》（证监许可〔2020〕1476 号）核准，公司以非公开发行股票的方式向 22 名特定投资者非公开发行人民币普通股 69444444 股（A 股），新增股份于 2020 年 9 月 4 日在深圳证券交易所上市。根据可转债转股价格调整的相关条款，公司对"恩捷转债"的转股价格做相应调整，自 2020 年 9 月 4 日起"恩捷转债"转股价格调整为 65.09 元/股。详见公司在指定信息披露媒体刊登的《关于可转换公司债券转股价格调整的公告》（公告编号：2020－158 号）。2020 年 7 月 13 日，公司第四届董事会第五次会议和第四届监事会第五次会议审议通过了《关于对公司〈2017 年限制性股票激励计划〉部分激励股份回购注销的议案》，因公司《2017 年限制性股票激励计划》第三次解锁时 4 名激励对象个人考核等级为"良"，公司对其持有的公司限制性股票合计 23120 股进行回购注销，回购价格为 8.426 元/股。公司于 2019 年 9 月 28 日完成了前述限制性股票的回购注销手续。由于本次回购注销股份占公司总股本比例较小，经测算，本次回购注销完成后，"恩捷转债"转股价格不变，仍为 65.09 元/股。2021 年 4 月 30 日，公司实施 2020 年年度权益分派方案，根据《云南恩捷新材料股份有限公司公开发行可转换公司债券募集说明书》的相关条款，"恩捷转债"发行之后，若公司发生派送红股、转增股本、增发新股（不包括因本次发行的可转换公司债券转股而增加的股本）、配股以及派发现金股利等情况，应对转股价格进行调整。"恩捷转债"转股价格由 65.09 元/股调整为 64.92 元/股，调整后的转证券代码：002812。股票简称：恩捷股份。公告编号：2022－002。债券代码：128095。债券简称：恩捷转债。股价格自 2021 年 4 月 30 日（除权除息日）起生效。

二、分析要点

（1）恩捷转债条件主要财务数据指标。

（2）恩捷转债的主要优势分析。

（3）恩捷转债的主要风险分析。

三、案例分析

（一）恩捷转债条件主要财务数据指标（见表 7 - 1）

表 7 - 1   **主要财务数据指标**   单位：亿元

项目	2018 年	2019 年	2020 年	2021 年第一季度
母公司口径数据				
货币资金	0.92	1.74	13.56	5.79
刚性债务	0.85	3.6	11.81	10.37
所有者权益	46.76	47.23	106.49	107.70
经营性现金净流入量	0.25	2.08	1.72	−0.14
合并口径数据及指标				
总资产	77.02	121.93	205.72	210.40
总负债	36.30	73.12	89.76	89.17
刚性债务	20.04	56.05	64.34	68.94
所有者权益	40.72	48.81	115.96	121.23
营业收入	24.57	31.60	42.83	14.43
净利润	6.80	9.36	11.76	4.56
经营性现金净流入量	1.71	7.63	10.55	1.97
EBITDA	9.75	14.65	20.79	—
资产负债率（%）	47.13	59.97	43.63	42.38
权益资本与刚性债务比率（%）	203.16	87.09	180.23	175.84
流动比率（%）	139.35	118.77	203.00	243.28
现金比率（%）	20.63	25.23	89.31	97.24
利息保障倍数（倍）	10.53	7.25	4.80	—
净资产收益率（%）	18.02	20.90	14.27	—
经营性现金净流入量与流动负债比率（%）	11.23	24.52	24.77	—
非筹资性现金净流入量与负债总额比率（%）	−37.72	−42.23	−51.82	—
EBITDA/利息支出（倍）	13.46	9.15	6.57	—
EBITDA/刚性债务（倍）	0.64	0.38	0.35	—

注 根据恩捷股份经审计的 2018 年备考财务报表、经审计的 2019—2020 年财务报表及未经审计的 2021 年第一季度财务数据整理、计算。

（二）恩捷转债的主要优势

（1）细分市场地位领先。恩捷股份产能规模进一步扩大，锂电池隔膜市场龙头地位得到巩固，具备较强的规模优势及技术优势，在国际市场也具备较强竞争实力。

（2）经营业绩保持增长。跟踪期内，恩捷股份收入及盈利规模保持增长，主业现金净流入持续增加。

（3）资本实力提升。2020 年，恩捷股份非公开发行股票募集资金 50 亿元，资本实力显著提升，资产负债率下降。

（三）恩捷转债的主要风险分析

（1）产能集中释放压力。近年来包括恩捷股份在内的锂电池隔膜企业产能持续扩张，产品价格下降，且后续或面临产能集中释放压力。

（2）客户集中度高且议价能力较弱。恩捷股份锂电池隔膜业务客户仍主要集中于少数几家企业，虽然有助于产生规模效应，但产业链地位较弱，经营占款规模大，单一客户的变动可能对公司业务造成较大影响。

（3）营业周期延长。跟踪期内，恩捷股份营业周期持续拉长，应收账款及存货周转率进一步下降。

（4）资本性支出压力。恩捷股份后续仍有大规模产能扩建计划，且其中需自筹资金的规模较大，持续面临资本性支出压力及融资压力。

（5）商誉减值风险。2020年恩捷股份收购苏州捷力等子公司形成一定规模商誉，如所收购企业业绩不达预期，将产生商誉减值风险。

（6）可转债到期未转股风险。如恩捷股份股票价格低迷或未达到债券持有人预期等原因导致可转债未转股，公司需对可转债偿付本息，增加资金压力。

思 考 题

1. 什么是证券投资？其包括哪些内容？
2. 证券投资的目的是什么？
3. 什么是债券投资？其特点如何？
4. 债券价值如何计算？
5. 债券投资的风险包括哪些内容？
6. 债券投资的优缺点是什么？
7. 股票投资的特点是什么？
8. 如何确定股票价值？
9. 股票投资的优缺点是什么？
10. 什么是基金投资？有何特点？
11. 基金投资的优缺点是什么？
12. 证券投资组合风险包括哪些内容？
13. 为什么要进行证券组合投资？
14. 证券投资组合收益如何确定？
15. 如何进行证券组合投资？

练 习 题

1. 有一债券面值为1000元，票面利率为8％，每半年支付一次利息，5年到期。假设必要报酬率为10％，计算该债券的价值。

2. 张某想进行债券投资，某债券面值为100元，票面利率为8％，期限为3年，每年付息一次，已知张某要求的必要报酬率为 12%，请问债券发行价格为多少时，可以进行购买？

3. 有一面值为 1000 元的债券，票面利率为 4%，单利计息到期一次还本付息，期限为 3 年，20×2 年 6 月 1 日发行，假设投资人要求的必要报酬率为 8%（复利，按年计息）。请计算：

（1）该债券在发行时的价值。

（2）该债券在 20×3 年 6 月 1 日的价值。

（3）假设 20×3 年 6 月 1 日以 900 元的价格购入，计算到期收益率（复利，按年计息）。

4. 某公司股票的 β 系数为 2.0，无风险利率为 6%，平均股票的必要报酬率为 10%。请计算：

（1）若该股票为固定成长股票，投资人要求的必要报酬率一直不变，股利成长率为 4%，预计一年后的股利为 1.5 元，则该股票的价值为多少？

（2）若股票未来三年股利为零增长，每年股利额为 1.5 元，预计从第 4 年起转为正常增长，增长率为 6%，同时 β 系数变为 1.5，其他条件不变，则该股票的价值为多少？

5. 甲企业计划利用一笔长期资金投资购买股票。现有 A 公司股票和 B 公司股票可供选择，甲企业只准备投资一家公司股票。已知 A 公司股票现行市价为每股 9 元，上年每股股利为 0.15 元，预计以后每年以 6% 的增长率增长。B 公司股票现行市价为每股 7 元，上年每股股利为 0.60 元，股利分配政策将一贯坚持固定股利政策。甲企业所要求的投资必要报酬率为 8%。请计算：

（1）利用股票估价模型，分别计算 A、B 公司股票价值。

（2）为甲企业做出股票投资决策。

6. 甲公司持有 A、B、C 三种股票，在由上述股票组成的证券投资组合中，各股票所占的比重分别为 50%、30% 和 20%，其 β 系数分别为 2.0、1.0 和 0.5。市场收益率为 15%，无风险收益率为 10%。A 股票当前每股市价为 12 元，刚收到上一年度派发的每股 1.2 元的现金股利，预计股利以后每年将增长 8%。请计算：

（1）甲公司证券组合的 β 系数。

（2）甲公司证券组合的风险收益率（R_P）。

（3）甲公司证券组合的必要投资收益率（K）。

（4）投资 A 股票的必要投资收益率。

（5）利用股票估价模型分析当前出售 A 股票是否对甲公司有利。

第八章　营运资金管理

第一节　营运资金的概念与特点

一、营运资金的概念

营运资金是指在企业生产经营活动中占用在流动资产上的资金。营运资金有广义和狭义之分，广义的营运资金又称毛营运资金，是指一个企业流动资产的总额；狭义的营运资金又称净营运资金，是指流动资产减流动负债后的余额。营运资金的管理既包括流动资产的管理，又包括流动负债的管理。

（一）流动资产

流动资产是指可以在一年以内或超过一年的一个营业周期内变现或运用的资产，流动资产具有占用时间短、周转快、易变现等特点，企业拥有较多的流动资产，可在一定程度上降低财务风险。流动资产按不同的标准可进行不同分类。

（1）按实物形态，可分为现金、短期金融资产、应收及预付款项和存货。

1）现金，是指可以立即用于购买物品、支付各项费用或用来偿还债务的交换媒介或支付手段，主要包括库存现金和银行活期存款，有时也将即期或到期的票据看作现金。现金是流动资产中流动性最强的资产，可直接支用，也可以立即投入流通。拥有大量现金的企业具有较强的偿债能力和承担风险的能力。但因为现金不会带来报酬或只有极低的报酬，所以在财务管理比较健全的企业，都不会保留过多的现金。

2）短期金融资产，是指各种准备随时变现的有价证券以及不超过一年的其他投资，主要是指有价证券投资。企业进行有价证券投资，一方面能带来较好的收益；另一方面又能增强企业资产的流动性，降低企业的财务风险。因此，适当持有有价证券是一种较好的财务策略。

3）应收及预付款项，是指企业在生产经营过程中所形成的应收而未收的或预先支付的款项，包括应收账款、应收票据、其他应收款和预付账款。在商品经济条件下，为了加强市场竞争能力，企业拥有一定数量的应收及预付款项是不可避免的，企业应力求加速账款的回收、减少坏账损失。

4）存货，是指企业在生产经营过程中为销售或者耗用而储存的各种资产，包括商品、产成品、半成品、原材料、辅助材料、低值易耗品、包装物等。存货在流动资产中占的比重较大。加强存货的管理与控制，使存货保持在最优水平上，是财务管理的一项重要内容。

（2）按在生产经营中的作用，可分为生产领域中的流动资产和流通领域中的流动资产。

1）生产领域中的流动资产是指在产品生产过程中发挥作用的流动资产，如原材料、辅助材料、低值易耗品等。

2）流通领域中的流动资产是指在商品流通过程中发挥作用的流动资产。商业企业的流动资产均为流通领域中的流动资产，工业企业的流动资产中的产成品、现金、外购商品等也属于流通领域中的流动资产。

（二）流动负债

流动负债是指需要在一年或者超过一年的一个营业周期内偿还的债务。流动负债又称短期融资，具有成本低、偿还期短的特点。流动负债按不同标准可做不同分类。

（1）以应付金额是否确定为标准，可把流动负债分成应付金额确定的流动负债和应付金额不确定的流动负债。

1）应付金额确定的流动负债是指那些根据合同或法律规定，到期必须偿付，并有确定金额的流动负债。如短期借款、应付票据、应付账款、应付短期融资券等。

2）应付金额不确定的流动负债是指那些要根据企业生产经营状况，到一定时期才能确定的流动负债或应付金额需要估计的流动负债。如应交税费、应付股利、应付产品质量担保债务等。

（2）按流动负债的形成情况为标准，可以分为自然性流动负债和人为性流动负债。

1）自然性流动负债是指不需要正式安排，由于结算程序的原因自然形成的那部分流动负债。在企业生产经营过程中，由于法定结算程序的原因，使一部分应付款项的支付时间晚于形成时间，这部分已形成但尚未支付的款项便成为企业的流动负债。因为它不需要做正规安排，是自然形成的，所以称之为自然性流动负债。

2）人为性流动负债是指由财务人员根据企业对短期资金的需求情况，通过人为安排所形成的流动负债。如银行短期借款、应付短期融资券等。

二、营运资金的特点

为了有效地管理企业的营运资金，必须研究营运资金的特点，以便有针对性地进行管理。营运资金一般具有如下特点。

（一）营运资金的周转具有短期性

企业占用在流动资产上的资金，周转一次所需时间较短，通常会在一年或一个营业周期内收回，对企业影响的时间比较短。根据这一特点，营运资金可以用商业信用、银行短期借款等短期筹资方式来加以解决。

（二）营运资金的实物形态具有易变现性

短期金融资产、应收账款、存货等流动资产一般具有较强的变现能力，如果遇到意外情况，企业出现资金周转不灵、现金短缺时，便可迅速变卖这些资产，以获取现金。这对财务上应付临时性资金需求具有重要意义。

（三）营运资金的数量具有波动性

流动资产的数量会随企业内外条件的变化而变化，时高时低，波动很大。季节性企业如此，非季节性企业也如此。随着流动资产数量的变动，流动负债的数量也会相应发生变动。

（四）营运资金的实物形态具有变动性

企业营运资金的实物形态是经常变化的，一般在现金、材料、在产品、产成品、应收账款、现金之间顺序转化。企业筹集的资金，一般都以现金的形式存在；为了保证生产经营的正常进行，必须拿出一部分现金去采购材料，这样，有一部分现金转化为材料；材料投入生产后，当产品尚未最后完工脱离加工过程以前，便形成在产品和自制半成品；当产品进一步加工完成后，就成为准备出售的产成品；产成品经过出售有的可直接获得现金，有的则因赊销而形成应收账款；经过一定时期以后，应收账款通过收现又转化为现金。总之，流动资金每次循环都要经过采购、生产、销售过程，并表现为现金、材料、在产品、产成品、应收账款等具体形成。为此，在进行流动资产管理时，必须在各项流动资产上合理配置资金数额，以促进资金周转顺利进行。

（五）营运资金的来源具有灵活多样性

企业筹集长期资金的方式一般比较少，主要有吸收直接投资、发行股票、发行债券、银行长期借款等方式。而企业筹集营运资金的方式却较为灵活，通常有银行短期借款、短期融资券、商业信用、应交税费、应付股利、应付职工薪酬、应付费用、预收账款、票据贴现等。

三、营运资金管理的内容

营运资金管理主要是对公司的流动资产与流动负债的管理，其主要内容有以下几个方面：

（1）公司营运资金管理的综合策略的制定。营运资金综合管理策略是指公司的流动资产与流动负债的匹配策略，也就是说在满足公司经营需要的流动资产占用量的基础上，其流动负债筹资的匹配情况。不同的营运资本管理策略，体现公司管理者对待风险与收益的态度也不尽相同。

（2）现金管理。现金管理体现在公司资产的流动性上。从公司的角度来说，现金是不产生收益的资产，因此公司从价值最大化的角度分析，应尽量减少现金的持有量，但公司由于经营的需要，又不可能不置存现金，那么就涉及在满足公司生产经营需要的条件下，如何降低公司的现金持有量。这就是现金管理的主要内容。

（3）应收账款管理。应收账款是公司赊销的结果，赊销就涉及公司的信用政策的制定，应收账款的管理一方面要确定公司的信用标准和信用条件；另一方面制定收款政策，加速应收账款的收回。

（4）存货管理。存货在公司流动资产中所占的比例最大，它涉及公司的供、产、销全过程，财务管理要确定用于存货的短期资金是多少，如何筹集这部分资金并使存货占用的资金成本最低。

四、营运资金管理的原则

企业的营运资金在全部资金中占有相当大的比重，而且周转期短，形态易变，所以是企业财务管理工作的一项重要内容。企业进行营运资金管理，必须遵循以下原则。

（1）认真分析生产经营状况，合理确定营运资金的需要数量。企业营运资金的需要数量与企业生产经营活动有直接关系，当企业产销两清时，流动资产会不断增加，流动负债也会相应增加，而当企业产销量不断减少时，流动资产和流动负债也会相应减少。因此，企业财务人员应认真分析生产经营状况，采用一定的方式预测营运资金的需要数量，以便合理使用营运资金。

（2）在保证生产经营需要的前提下，节约使用资金。在营运资金管理中，必须正确处理保证生产经营需要和节约合理使用资金二者之间的关系。要在保证生产经营需要的前提下，遵守勤俭节约的原则，挖掘资金潜力，精打细算地使用资金。

（3）加速营运资金周转，提高资金的利用效果。营运资金周转指企业的营运资金从现金投入生产经营开始，到最终转化为现金的过程。在其他因素不变的情况下，加速营运资金的周转，相应地提高了资金的利用效果。因此，企业要千方百计地加速存货、应收账款等流动资产的周转，以便用有限的资金取得最优的经济效益。

（4）合理安排流动资产与流动负债的比例关系，保证企业有足够的短期偿债能力。流动资产、流动负债以及二者之间的关系能较好地反映企业的短期偿债能力。流动负债是在短期内需要偿还的债务，而流动资产则是在短期内可以转化为现金的资产。因此，如果一个企业的流动资产比较多，流动负债比较少，说明企业的短期偿债能力较强；反之，则说明短期偿债能力较弱。根据惯例，流动资产是流动负债的一倍是比较合理的。因此，在营运资金管理中，要合理安排流动资产和流动负债的比例关系，以便既节约使用资金，又保证企业有足够的偿债能力。

第二节　现　金　管　理

现金是流动性最强的资产，拥有足够的现金对降低企业财务风险、增强企业资金的流动性具有十分重要的意义。

一、现金管理的目的与内容

为了说明现金管理的目的与内容，必须了解企业持有现金的动机。

（一）企业持有现金的动机

1. 支付的动机

支付的动机是指持有现金以便满足日常支付的需要，如用于购买材料、支付工资、交纳税款、支付股利等。企业每天的现金收入和现金支出很少同时等额发生，保留一定的现金余额可使企业在现金支出大于现金收入时，不致中断交易。需要支付现金的数量，取决于其销售水平。正常营业活动所产生的现金收入和支出以及它们的差额，一般同销售量呈正比例变化。其他现金的收支，如买卖有价证券、购入机器设备、偿还借款等，比较难以预测，但随着销售数量的增加，都有增加的倾向。

2. 预防的动机

预防的动机是指持有现金以应付意外事件对现金的需求。企业预计的现金需要量一般是指正常情况下的需要量，但有许多意外事件会影响企业现金的收入与支出。例如地震、水灾、火灾等自然灾害，生产事故，主要顾客未能及时付款等，都会打破企业的现金收支计划，使现金收支出现不平衡。持有较多的现金，便可使企业更好地应付这些意外事件的发生。预防动机所需要现金的多少取决于以下三个因素：①现金收支预测的可靠程度；②企业临时借款能力；③企业愿意承担的风险程度。

3. 投机的动机

投机的动机是指企业持有现金，以便当证券价格剧烈波动时，从中获得收益。当预期利率上升、有价证券的价格将要下跌时，投机的动机就会鼓励企业暂时持有现金，直到利率停止上升为止。当预期利率将要下降，有价证券的价格将要上升时，企业可能会将现金投资于有价证券，以便从有价证券价格的上升中得到收益。

（二）现金管理的目的

现金管理的目的是在保证企业生产经营所需现金的同时，节约使用资金，并从暂时闲置的现金中获得最多的利息收入。企业的库存现金没有收益，银行存款的利息率也远远低于企业的资金利润率。现金结余过多，会降低企业的收益；但现金太少，又可能会出现现金短缺，影响生产经营活动。现金管理应力求做到既保证企业交易所需资金降低风险，又不使企业有过多的闲置现金，以增加收益。

（三）现金管理的内容

（1）编制现金收支计划，以便合理地估计未来的现金需求。

（2）对日常的现金收支进行控制，力求加速收款，延缓付款。

（3）用特定的方法确定最佳的现金余额，当企业实际的现金余额与最佳的现金余额不一致时，采用短期融资策略或采用归还借款和投资于有价证券等策略来达到理想状况。

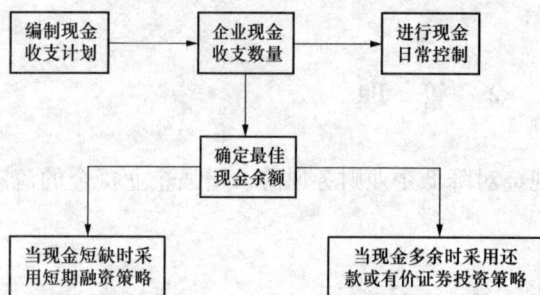

图 8-1　现金管理的内容

现金管理的内容如图 8-1 所示。

二、现金预算的编制

现金预算是预计未来一定时期企业现金的收支状况，并进行现金平衡的计划，是企业财务管理的一个重要工具。

现金预算的编制方法很多，不同的方法采用不同的预算表格形式。现以收支预算法为例，列示现金预算的基本格式，见表 8-1。

表 8-1　　　　　　　　宏远公司现金收支预算　　　　　　　　单位：万元

序号	现金收支项目	上月实际数	本月预算数
1	（一）现金收入		
2	（1）营业现金收入		
3	现销和当月应收账款的收回		600
4	以前月份应收账款的收回		600
5	营业现金收入合计		1200
6	（2）其他现金收入		
7	固定资产变价收入		100
8	利息收入		80
9	租金收入		50
10	股利收入		70
11	其他现金收入合计		300
12	（3）现金收入合计（3）＝（1）＋（2）		1500
13	（二）现金支出		
14	（4）营业现金支出		
15	材料采购支出		500
16	当月支付的采购材料支出		250
17	本月付款的以前月份采购材料支出		250
18	工资支出		100
19	管理费用支出		80
20	销售费用支出		80
21	财务费用支出		40

续表

序号	现金收支项目	上月实际数	本月预算数
22	营业现金支出合计		800
23	(5) 其他现金支出		
24	厂房、设备投资支出		200
25	税款支出		50
26	利息支出		50
27	归还债务		60
28	股利支出		100
29	证券投资		40
30	其他现金支出合计		500
31	(6) 现金支出合计 (6) = (4) + (5)		1300
32	(三) 净现金流量		
33	(7) 现金收入减现金支出 (7) = (3) - (6)		200
34	(四) 现金余缺		
35	(8) 期初现金余额		100
36	(9) 净现金流量		200
37	(10) 期末现金余额 (10) = (8) + (9) = (8) + (3) - (6)		300
38	(11) 最佳现金余额		180
39	(12) 现金多余或短缺 (12) = (10) - (11)		120

从表 8-1 可以看到，宏远公司预算期末出现现金富余，公司管理层可以考虑将其投资于适当的项目，获取更多的收益。

1. 现金收入

现金收入包括营业现金收入和其他现金收入两部分。

(1) 营业现金收入主要指产品销售收入，其数字可从销售计划中取得。销售计划是编制企业其他计划的基础，一般应最先编制。财务人员根据销售计划资料编制现金收支预算时，应注意以下两点：①必须把现销和赊销分开，并单独分析赊销的收款时间和金额；②必须考虑企业收账中可能出现的有关因素，如现金折扣、销货退回、坏账损失等。

(2) 其他现金收入包括固定资产变价收入、利息收入、租金收入、股利收入等。

2. 现金支出

(1) 营业现金支出主要有材料采购支出、工资支出和其他支出。

在确定材料采购支出时，必须注意以下几点：

1) 要确定材料采购付款的金额和时间与销售收入的关系。材料采购的现金支出与销售量存在一定联系，但在不同企业、不同条件下这种关系并不相同，财务人员必须认真分析两者关系的规律性，以合理确定采购资金支出的数量和时间。

2) 要分清现购和赊购，并单独分析赊购的付款时间和金额。

3) 设法预测外界的影响，如价格变动、材料供应紧张程度等。

4) 估计采购商品物资中可能发生的退货、可能享受的折扣等，以合理确定现金的支出数额。

工资支出指直接人工的工资，有可能随销售量和生产量的增长而增长，但在计时工资制下，工资的变动相对稳定，当生产稍有上升时，可能并不马上增加人员，只有当产销量大幅度变动或工资调整时，才会引起工资数额的大幅度变动。如果采用计件工资制，工资的数额将随生产同比例地变化。

另外，对销售费用和管理费用也必须做合理的预测和估计。

（2）其他现金支出，主要包括固定资产投资支出、偿还债务的本金和利息支出、所得税支出、股利支出或上缴利润等。固定资产投资支出一般都要事先规划，可从有关规划中获得这方面数据。债务的本金和利息的支付情况可从有关筹资计划中获得。所得税的数额应以当年预计的利润为基础进行估算。股利支出或上缴利润数额可根据企业利润分配政策进行测算。

3. 净现金流量

净现金流量是指现金收与现金支出的差额。可按下式计算：

$$\text{净现金流量} = \text{现金收入} - \text{现金支出} = \left(\text{营业现金收入} + \text{其他现金收入}\right) - \left(\text{营业现金支出} + \text{其他现金支出}\right)$$

4. 现金余缺

现金余缺是指计划期现金期末余额与最佳现金余额（又称理想现金余额）相比后的差额。如果期末现金余额大于最佳现金余额，说明现金有多余，应设法进行投资或归还债务；如果期末现金余额小于最佳现金余额，则说明现金短缺，应进行筹资予以补足。期末现金余缺额的计算公式为

$$\text{现金余缺额} = \text{期末现金余额} - \text{最佳现金余额} = \left(\text{期初现金余额} + \text{现金收入} - \text{现金支出}\right) - \text{最佳现金余额} = \text{期初现金余额} \pm \text{净现金流量} - \text{最佳现金余额}$$

三、最佳现金余额的确定

现金是一种流动性最强的资产，又是一种盈利性最差的资产。现金过多，会使企业盈利水平下降，而现金太少，又有可能出现现金短缺，影响生产经营。在现金余额问题上，也存在风险与报酬的权衡问题。在西方财务管理中，确定最佳现金余额的方法很多，现结合我国实际情况，介绍最常用的几种方法。

（一）现金周转模式

现金周转期是指从现金投入生产经营开始到最终转化为现金的过程。它大致包括以下三个方面：

（1）存货周转期，是指将原料转化成产成品并出售所需要的时间。

（2）应收账款周转期，是指将应收账款转换为现金所需要的时间，即从产品销售到收回现金的期间。

（3）应付账款周转期，是指从收到尚未付款的材料开始到现金支出之间所用的时间。

现金周转期可用下列算式表示：

$$\text{现金周转期} = \text{存货周转期} + \text{应收账款周转期} - \text{应付账款周转期}$$

现金周转期确定后，便可确定最佳现金余额。其计算公式如下：

$$\text{最佳现金余额} = \frac{\text{企业年现金需求总额}}{360} \times \text{现金周转期}$$

【例1】 某企业预计存货周转期为90天，应收账款周转期为40天，应付账款周转期为30天，预计全年需要现金720万元，求最佳现金余额。

$$现金周转期＝90＋40－30＝100（天）$$

$$最佳现金余额＝\frac{720}{360}\times100＝200（万元）$$

现金周转模式简单明了，易于计算。但是这种方法假设材料采购与产品销售产生的现金流量在数量上一致，企业的生产经营过程在一年中持续稳定地进行，即现金需要和现金供应不存在不确定的因素。如果以上假设条件不存在，则求得的最佳现金余额将发生偏差。

（二）成本分析模式

成本分析模式（cost analysis model）是根据现金有关成本，分析预测其总成本最低时现金持有量的一种方法。企业持有现金资产需要负担一定的成本，其中与现金持有量关系最为密切的是机会成本和短缺成本。

（1）机会成本，是指企业因保留一定的现金余额而增加的管理费用及丧失的投资收益。这种投资收益是企业不能用该现金进行其他投资获得的收益，与现金持有量成正比例关系：

$$机会成本＝现金持有量\times有价证券利率$$

（2）短缺成本，是指在现金持有量不足又无法及时将其他资产变现而给企业造成的损失，包括直接损失和间接损失。现金的短缺成本与现金持有量成反比例关系。

图8-2对这两种现金持有成本与现金持有量的关系进行了描述。当两种成本之和，即总成本达到最小值时，企业所持有的现金水平为最佳持有量。

成本分析模式的计算步骤如下：

（1）根据不同现金持有量测算各备选方案的有关成本数值。

（2）按照不同现金持有量及其有关部门成本资料，计算各方案的机会成本和短缺成本之和，即总成本，并编制最佳现金持有量测算表。

（3）在测算表中找出相关成本最低时的现金持有量，即最佳现金持有量。

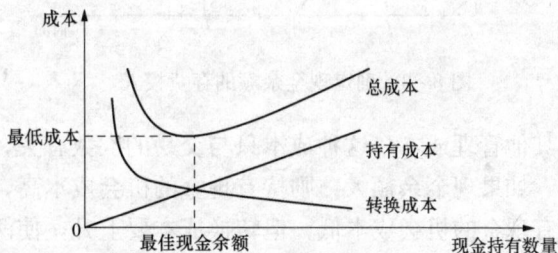

图8-2 现金持有成本与最佳现金持有量

【例2】 宏远公司现有A、B、C、D四种现金持有方案，有关成本资料见表8-2。

表8-2 宏远公司的备选现金持有方案 单位：万元

项目	方案A	方案B	方案C	方案D
现金持有量	100	200	300	400
机会成本率	12%	12%	12%	12%
短缺成本	50	30	10	0

根据表8-2计算的最佳现金持有量测算见表8-3。

表 8 - 3　　　　　　　　宏远公司最佳现金持有量测算表　　　　　　单位：万元

方案	现金持有量	机会成本	短缺成本	相关总成本
A	100	100×12%＝12	50	12＋50＝62
B	200	200×12%＝24	30	24＋30＝54
C	300	300×12%＝36	10	36＋10＝46
D	400	400×12%＝48	0	48＋0＝48

根据分析，应该选择成本最低的方案 C。

（三）存货模式

确定现金最佳余额的存货模式来源于存货的经济批量模型（economic - order quantity model）。这一模式最早由美国学者 W. J. Baumol 于 1952 年提出的，故又称鲍默尔模型。

在存货模式中，假设收入是每隔一段时间发生的，而支出则是在一定时期内均匀发生的。在此时期内，企业可通过销售有价证券获得现金。现用图 8 - 3 加以说明。

在图 8 - 3 中，假定公司的现金支出需要在某一期间（例如一个月）内是稳定的。公司原有 N 元资金，当此笔现金在 t_1 时用掉之后，出售 N 元有价证券补充现金；随后当这笔现金到 t_2 时又使用完了，再出售 N 元有价证券补充现金，如此不断重复。

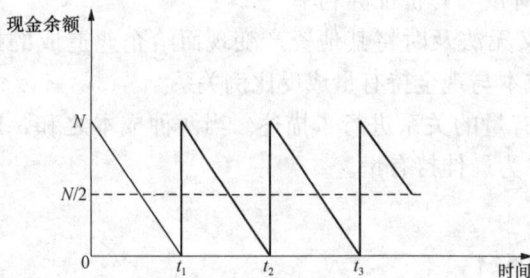

图 8 - 3　确定现金余额的存货模式

存货模式的目的是要求出使总成本最小的 N 值。现金余额总成本包括两个方面：

（1）现金持有成本，即持有现金所放弃的报酬，是持有现金的机会成本，这种成本通常为有价证券的利息率，它与现金余额成正比例的变化。

（2）现金转换成本，即现金与有价证券转移的固定成本，如经纪人费用、捐税及其他管理成本，这种成本只与交易的次数有关，而与持有现金的金额无关。

如果现金余额大，则持有现金的机会成本高，但转换成本可减少。如果现金余额小，则持有现金的机会成本低，但转换成本要上升，使两种成本之和最低的现金余额即为最佳现金余额。

假设：TC 表示总成本；b 表示现金与有价证券的转换成本；T 表示特定时间内的现金需要量总额；N 表示理想的现金转换数量（最佳现金余额）；i 表示短期有价证券利息率。

则有

$$TC = \frac{N}{2}i + \frac{T}{N}b$$

总成本、持有现金的机会成本和转换成本的关系如图 8 - 4 所示。

图 8 - 4 中，TC 是一条凹形曲线，可用导数方法求出最小值。

$$TC' = \left(\frac{N}{2}i + \frac{T}{N}b\right)' = \frac{i}{2} - \frac{Tb}{N^2}$$

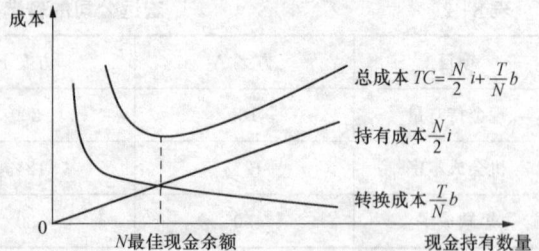

图 8 - 4　最佳现金余额图

令 $TC'=0$，则 $\dfrac{1}{2}=\dfrac{Tb}{N^2}$，$N^2=\dfrac{2Tb}{i}$。

最佳现金余额 $N=\sqrt{\dfrac{2Tb}{i}}$。

【例 3】 某企业预计全年需要现金 6000 元，现金与有价证券的转换成本为每次 100 元，有价证券的利息率为 30%，则最佳现金余额为

$$N=\sqrt{\dfrac{2\times 6000\times 100}{30\%}}=2000\ (元)$$

最佳现金余额为 2000 元，这就意味着公司从有价证券转换为现金的次数为 3 次（即 6000/2000）。

存货模式可以精确地测算出最佳现金余额和变现次数，表述了现金管理中基本的成本结构，它对加强企业的现金管理有一定作用。但是这种模式以货币支出均匀发生、现金持有成本和转换成本易于预测为前提条件。因此，只有在上述因素比较确定的情况下才能使用此种方法。

（四）因素分析模式

因素分析模式是根据上年现金占用额和有关因素的变动情况，来确定最佳现金余额的一种方法。其计算公式如下：

$$\begin{matrix}最佳现金\\余额\end{matrix}=\left(\begin{matrix}上年现金\\平均占用额\end{matrix}-\begin{matrix}不合理\\占用额\end{matrix}\right)\times\left(1\pm\begin{matrix}预计销售收\\入变化的百分比\end{matrix}\right)$$

【例 4】 某企业 20×1 年平均占用现金为 1000 万元，经分析其中有 50 万元的不合理占用额，20×2 年销售收入预计较 2013 年增长 10%，则 20×2 年最佳现金余额为

$$(1000-50)\times(1+10\%)=1045(万元)$$

因素分析模式考虑了影响现金余额高低的最基本因素，计算也比较简单。但是这种模式假设现金需求量与营业量呈同比例增长，有时情况并非完全如此。

以上各种计算模式分别从不同角度来计算最佳现金余额，各有优缺点，在实际工作中，可结合起来加以运用。另外，现金余额的多少是多种因素作用的结果，数学模型并不能把各种因素的变化都考虑进去，所以在多数情况下，还需财务管理人员根据经验加以确定。

（五）米勒—欧尔模型

米勒—欧尔模型（the miller - orr model）由默顿·米勒（Merton Miller）和丹尼尔·欧尔（Daniel Orr）创建，是一种基于不确定性的现金管理模型。该模型假定企业无法确切地预知每日的现金实际收支状况，现金流量服从正态分布，而且现金与有价证券之间能够自由兑换。模型假设企业的现金余额在上限（U）与下限（L）之间随机波动。当现金余额降到下限水平时，企业应当出售部分有价证券补充现金；当现金余额升到上限水平时，企业则应适当投资有价证券，降低现金的实际持有水平。Z^* 为最佳现金余额，也是现金余额随机波动的均衡点和目标水平。根据米勒—欧尔模型，最佳现金余额 Z^* 的计算公式为

$$Z^*=L+\sqrt[3]{\dfrac{3b\sigma^2}{4r}}$$

式中 L——现金余额下限；

b——证券交易成本；

σ——每日现金余额的标准差；

r——有价证券的日收益率。

四、现金的日常控制

在现金管理中，企业除合理编制现金收支计划和认真确定最佳现金余额外，还必须进行现金的日常控制。

（一）加速收款

为了提高现金的使用效率，加速现金周转，企业应尽量加速收款，即在不影响未来销售的情况下，尽可能地加快现金的收回。如果现金折扣在经济上可行，应尽量采用，以加速账款的收回。企业加速收款的任务不仅是要尽量使顾客早付款，而且要尽快地使这些付款转化为可用现金。为此，必须满足如下要求：①减少顾客付款的邮寄时间；②减少企业收到顾客开来支票与支票兑现之间的时间；③加速资金存入自己企业银行的过程。为达到以上要求，可采用以下措施。

1. 集中银行

集中银行是指通过设立多个策略性的收款中心来代替通常在公司总部设立的单一收款中心，以加速账款回收的一种方法。其目的是缩短从顾客寄出账款到现金收入企业账户这一过程的时间。

具体做法如下：

（1）企业以服务地区和各销售区的账单数量为依据，设立若干收款中心，并指定一个收款中心（通常是设在公司总部所在地的账中心）的账户为集中银行。

（2）公司通知客户将货款送到最近的收款中心而不必送到公司总部。

（3）收款中心将每天收到的货款存到当地银行，然后再把多余的现金从地方银行汇入集中银行——公司开立的主要存款账户的商业银行。

设立集中银行主要有以下优点：

（1）账单和货款邮寄时间可大大缩短。账单由收款中心寄发该地区顾客，与由总部寄发相比，顾客能较早收到。顾客付款时，货款邮寄到最近的收款中心，通常也比直接邮往总公司所需时间短。

（2）支票兑现的时间可缩短。收款中心收到顾客汇来的支票存入该地区的地方银行，而支票的付款银行通常也在该地区内，因而支票兑现较方便。

但集中银行也有如下缺点：

（1）每个收款中心的地方银行都要求有一定的补偿余额，而补偿余额是一种闲置的不能使用的资金。开设的中心越多，补偿余额也越多，闲置的资金也越多。

（2）设立收款中心需要一定的人力和物力，花费较多。所以，财务主管在决定采用集中银行时，一定要权衡利弊得失。

【例5】 某企业现在平均占用现金 1000 万元，企业准备改变收账办法，采用集中银行方法收账。经研究测算，企业增加收款中心预计每年多增加支出 8 万元，但可节约现金 100 万元，企业加权平均的资金成本为 9%，问是否应采用集中银行制。

采用集中银行制度，企业从节约资金中获得的收益是 $100 \times 9\% = 9$（万元），比增加的支出 8 万元多 1 万元。因此，采用集中银行制度更加有利。

2. 锁箱系统

锁箱系统是通过承租多个邮政信箱，以缩短从收到顾客付款到存入当地银行的时间的一种现金管理办法。

采用锁箱系统的具体做法如下：

（1）在业务比较集中的地区租用当地加锁的专用邮政信箱。

（2）通知顾客把付款邮寄到指定的信箱。

（3）授权公司邮政信箱所在地的开户行，每天数次收取邮政信箱的汇款并存入公司账户，然后将扣除补偿余额以后的现金及一切附带资料定期送往公司总部。这就免除了公司办理收账、货款存入银行的一切手续。

采用锁箱系统的优点是大大地缩短了公司办理收款、存储手续的时间，即公司从收到支票到将这些支票完全存入银行之间的时间差距消除了。这种方法的主要缺点是需要支付额外的费用。由于银行提供多项服务，因此要求有相应的报酬，这种费用支出一般来说与存入支票张数成一定比例。所以，如果平均汇款数额较小，采用锁箱系统并不一定有利。是否采用锁箱系统方法要看节约资金带来的收益与额外支出的费用孰小。如果增加的费用支出比收益小，则可采用该系统；反之，就不宜采用。

3. 其他方法

除以上两种方法外，还有一些加速收现的方法。例如，对于金额较大的货款可采用直接派人前往收取支票并送存银行，以加速收款。另外，公司对于各银行之间以及公司内部各单位之间的现金往来也要严加控制，以防有过多的现金闲置在各部门之间。

（二）控制支出

企业在收款时，应尽量加快收款的速度，而在管理支出时，应尽量延缓现金支出的时间，在西方财务管理中，控制现金支出的方法有以下几种。

1. 运用"浮存"

所谓现金的浮存是指企业账户上存款余额与银行账户上所示的存款余额之间的差额。有时，公司账簿上的现金余额已为零或负数，而银行账簿上该公司的现金余额还有很多。这是因为有些支票公司虽已开出，但顾客还没有到银行兑现。如果能合理估计浮存并加以利用，可节约大量资金。

当一个公司在同一国家内有多个银行存款户时，则可选用一个能使支票流通在外的时间最长的银行来支付货款，以扩大资金的浮存。

利用现金的浮存，公司可适当减少现金数量，达到现金的节约。但是，一家公司取得利益的同时，另一家或几家公司可能出现损失，因而，利用浮存往往会对供应商不利，有可能破坏公司和供应商之间的关系，对这种情况应加以考虑。

2. 控制支出时间

为了最大限度地利用现金，合理地控制现金支出的时间是十分重要的。例如，企业在采购材料时，如果付款条件是"2/10，$n/45$"，应安排在发票开出日期后的第 10 天付款，这样，企业可以最大限度地利用现金，同时又不丧失现金折扣。

3. 工资支出模式

许多公司都为支付工资而单独设立一个存款账户。这种存款账户余额的多少，也会影响公司现金总额。为了减少这一存款数额，公司必须合理预测所开出支付工资的支票到银行兑现的具体时间。假设某企业在 1 月 3 日支付工资 10 万元，根据历史资料，3、4、5、6 日及 7 日以后的兑现比率分别为 20%、40%、20%、10%、5% 和 5%，这样公司就不必在 3 日存够 10 万元。

（三）现金支出的综合控制

以上已说明现金收入和现金支出的控制方法，现在再阐述对现金的综合性控制手段。

1. 现金流入与流出同步

如果企业能尽量使现金流入与现金流出发生的时间趋于一致，就可以使其所持有的交易性现金余额降到较低水平，这就是所谓的现金流量同步。基于这种认识，企业可以重新安排付出现金的时间，尽量使现金流入与现金流出趋于同步。

2. 实行内部牵制制度

在现金管理中，要实行管钱的不管账，管账的不管钱，使出纳人员和会计人员互相牵制，互相监督。凡有库存现金收付，应坚持复核制度，以减少差错，堵塞漏洞。出纳人员调换时，必须办理交接手续，做到责任清楚。

3. 及时进行现金的清理

库存现金的收支应做到日清月结，确保库存现金的账面余额与实际库存额相互符合；银行存款账余额与银行对账单余额相互符合；现金、银行存款日记账数额分别与现金、银行存款总账数额相互符合。

4. 遵守国家规定的库存现金的使用范围

按我国有关制度规定，企业可以在下列范围内使用库存现金：

（1）职工工资、津贴；

（2）个人劳动报酬；

（3）根据国家规定颁发给个人的科学技术、文化艺术、体育等各种奖金；

（4）各种劳保、福利费用以及国家规定的对个人的其他支出；

（5）向个人收购农副产品和其他物资的价款；

（6）出差人员必须随身携带的差旅费；

（7）结算起点以下的零星支出；

（8）中国人民银行确定需要支付的其他支出。

5. 做好银行存款的管理

企业超过库存现金限额的现金应存入银行，由银行统一管理。企业银行存款主要有以下两种类型：

（1）结算户存款。结算户存款是指企业为从事结算业务而存入银行的款项。其资金主要来自企业出售商品的货款、提供劳务的收入、从银行取得的贷款、发行证券筹得的资金等。结算户存款企业随时可以支取，具有与库存现金一样灵活的购买力，比较灵活方便。但结算户存款的利息率很低，企业获得的报酬少。

（2）单位定期存款。单位定期存款是企业按银行规定的存储期限存入银行的款项。企业向开户行办理定期存款，应将存款金额从结算户转入储户存储，由银行签发存单。存款到期凭存单支取，只能转入结算户，不能直接提取为库存现金。单位定期存款的利息率较高，但使用不太方便，只有闲置的、一定时期内不准备动用的现金才能用于定期存款。

加强对银行存款的管理具有重要意义，企业应做好以下几项工作：

（1）按期对银行存款进行清查，保证银行存款安全完整。

（2）当结算户存款结余过多，一定时期内又不准备使用时，可转入定期存款，以获取较多的利息收入。

（3）与银行保持良好的关系，使企业的借款、还款、存款、转账结算能顺利进行。

6. 适当进行证券投资

企业库存现金没有利息收入，银行活期存款的利息率也比较低，因此，当企业有较多闲置不用的现金时，可投资于国库券、大额定期可转让存单、企业债券、企业股票，以获取较多的利息收入，而当企业现金短缺时，再出售各种证券获取现金。这样既能保证有较多的利息收入，又能增强企业的变现能力，因此，进行证券投资是调整企业现金余额的一种合适的方法。

第三节　应收账款管理

应收账款是企业营运资金管理的一个重要项目。在市场经济高度发达的条件下，企业间竞争的加剧，使得企业常常采取赊销的形式推销其商品，应收账款就是运用赊销方式推销商品的一种产物。

一、应收账款的功能与成本

（一）应收账款的功能

（1）增加销售的功能。在激烈的市场竞争中，为了增加销售，往往都采用赊销的方式吸引顾客，达到增加利润的目的。

（2）扩大市场占有率的功能。企业为了扩大市场占有率或开拓新市场，也常常采用赊销的方式推销其商品，对于某些准备进入市场的新产品更是如此。

（3）减少存货的功能。当企业商品积压过多，通过赊销的方式可以大大减少存货，从而减少存货成本。

（二）应收账款的成本

1. 应收账款所占用资金的资金成本

应收账款所占用的资金若是企业的自有资金，则其占用资金的成本就相当于用其投资于有价证券的收益，因而它实际上是一种机会成本；若所占用的资金来源于银行借款，则其资金成本就等于借款利息与手续费之和。

2. 应收账款的管理成本

产生了应收账款，就要对其进行日常管理，与管理相关的费用主要有：①顾客信用状况调查费用。②收集各种信息的费用。③应收账款核算费用。④应收账款收款费用。⑤其他管理费用。

3. 坏账损失成本

实际情况表明，应收账款并不能保证百分之百的收回，总有一部分形成坏账，从而给企业带来经济损失。这一数量一般与应收账款的数量同方向变动。

应收账款有扩大销售、增加企业利润的一面，又有增加企业成本的另一面。对应收账款的管理，就是在利润与成本之间做出权衡，最终达到增加企业利润的目的。对利润与成本权衡的操作，是通过制定有效的信用政策来实现的。

二、信用政策

信用政策也称应收账款政策。其主要内容包括信用标准、信用条件和收账方针三个方面。企业要实现对应收账款的有效管理，事先必须制定出合理的信用政策。在制定政策时，必须遵守收益大于成本的原则。

（一）信用标准

信用标准是判断顾客是否有资格享受企业提供的商业信用以及可以享受多少信用数额的一个标准。制定信用标准的关键在于考虑顾客拖延付款或拒付而给企业带来坏账损失的可能性。信用标准通常用允许的坏账损失率来表示。

【例6】　星星公司经营情况及信用标准见表8-4，所有销售成本均为变动成本。

表8-4　　　　　　　　　　　　　星星公司经营情况及信用标准

项目	数据
销售收入 S_0（元）	100000
销售利润率 P'（%）	20
平均收现期 $\overline{C}_0$（天）	45
平均坏账损失率 $\overline{B}_0$（%）	6
应收账款占用资金的机会成本率 R_0（%）	15

星星公司现准备改变信用标准，提出了A、B两个方案。方案A采用较紧的信用标准；方案B采用较松的信用标准。预计两个方案对销售收入与应收账款的影响，见表8-5。

表8-5　　　　　　　　　　　　　星星公司备选的两种信用标准

方案A	销售收入：减少10000元
	收现期：销售收入90000元的平均收现期为40天
	坏账损失率：销售收入90000元的平均坏账损失率降为5.7%
方案B	销售收入：增加15000元
	收现期：销售收入增加部分的平均收现期为75天，原100000元的平均收现期仍为45天
	坏账损失率：销售收入增加部分的坏账损失率为12%，原100000元的平均坏账损失率仍为6%

为了评价备选的两种信用标准的优劣，必须计算两个方案各自将产生的收益和成本，并对两个方案能产生的净收益进行比较。我们分别对这两个方案测算如下。

1. 采用方案A对成本和净收益的影响

（1）销售利润。

$$P_A = (S_0 + S_A) \times P' = (100000 - 10000) \times 20\% = 18000(元)$$

（2）应收账款机会成本。

$$I_A = \left[(S_0 + \Delta S_A) \times \frac{\overline{C_A}}{360} \right] \times R_0$$

$$= (100000 - 10000) \times 15\% \times \frac{40}{360}$$

$$= 1500(元)$$

（3）坏账损失。

$$K_A = (S_0 + \Delta S_A) \times \overline{B_A}$$
$$= (100000 - 10000) \times 5.7\%$$
$$= 5130(元)$$

（4）净收益。

$$P_{mA} = P_A - I_A - K_A$$
$$= 18000 - 1500 - 5130$$
$$= 11370(元)$$

2. 采用方案 B 对成本和净收益的影响

（1）销售利润。

$$P_B = (S_0 + S_B) \times P'$$
$$= (100000 + 15000) \times 20\%$$
$$= 23000(元)$$

（2）应收账款机会成本。

$$I_B = \left[(S_0 + \Delta S_B) \times \frac{\overline{C_B}}{360} \right] \times R_0$$
$$= \left(100000 \times \frac{45}{360} + 15000 \times \frac{75}{360} \right) \times 15\%$$
$$= 2344(元)$$

（3）坏账损失。

$$K_B = (S_0 + \Delta S_B) \times \overline{B_B}$$
$$= 100000 \times 6\% + 15000 \times 12\%$$
$$= 7800(元)$$

（4）净收益。

$$P_{mB} = P_B - I_B - K_B$$
$$= 23000 - 2344 - 7800$$
$$= 12856(元)$$

注：计算过程采用四舍五入的取整结果。

可见，采用较宽松的信用标准，即方案 B，能使星星公司获得较多的净收益，因此方案 B 可行。上述方法对 A、B 两种信用政策各自可能产生的净收益进行了计算，并在比较二者净收益的基础上进行决策，这种方法通常被称为"总量法"。另一种常用的决策方法是"增量法"，即通过比较不同信用政策所产生的增量收益来得出结论。在这种情况下，通常需要测算如下项目的变化情况：①信用标准变化对销售利润的影响；②应收账款机会成本的变化；③坏账成本的变化；④管理成本的变化（【例6】中这项成本忽略不计）。

（二）信用条件

信用条件是企业要求顾客支付货款的有关条件，包括信用期间和现金折扣两项内容。

1. 信用期间

信用期间即企业为顾客规定的最长付款时间。如 30 天付款、60 天付款等。信用期间越长，销量越大，利润越高，但会增加应收账款数额，从而导致资金占用成本与坏账损失成本的增加。因此，是否延长信用期间，关键是要权衡延长信用期间所带来的收益是否大于所增加的成本。

2. 现金折扣

现金折扣即在顾客早付款时给予的优惠。目的是鼓励顾客及早付款、加速货款收回，减少坏账损失。但这样做要增加折扣支出，账单上常见的"2/10，$n/30$"是指顾客在 10 天内付款，可以享受货款金额 2%的折扣，即只需付货款的 98%。如果不想取得折扣，这笔货款必须在 30 天内付清。是否提供现金折扣，提供多少折扣，也要比较相应的收益与成本。

【例 7】 某公司按 30 天内付清货款为信用条件，预计年销售量为 80000 件，单价为 6 元，平均单位成本为 4.5 元。如果将信用条件确定为 60 天内付清货款，则年销量可达 100000 件，单位变动成本下降 0.3 元。由于信用期延长，平均收账期由 30 天延长到 60 天，预计收账费用由 8000 元上升到 10000 元，坏账损失由 1%上升到 1.5%。公司的资金成本率为 25%，根据这些资料，可测算出这两种信用条件的有关指标，见表 8-6。

表 8-6 两种信用条件有关指标

项目	30 天付款	60 天付款
①销量（件）	80000	100000
②销售额（元）	480000＝80000×6	600000＝100000×6
③销售成本（元）	360000＝80000×4.5	420000＝4.2×100000
④边际贡献（②－③）	120000	180000
⑤收账费用	8000	10000
⑥坏账损失	4800＝480000×1%	9000＝600000×1.5%
⑦平均占用资金量	$30000=\dfrac{480000\times30}{360}\times\dfrac{4.5}{6}$	$70000=\dfrac{600000\times60}{360}\times\dfrac{4.2}{6}$
⑧资金成本	7500＝30000×25%	17500＝70000×25%
⑨税前净利（④－⑤－⑥－⑧）	99700（元）	143500（元）

测算结果表明，放宽信用期限至 60 天比信用期限为 30 天增加利润 136000－97200＝38800（元）。因此，信用期限为 60 天是可行的。

在【例 7】中，如果将 30 天付款的信用条件改为"2/10，$n/30$"，预计全部顾客都在 10 天内付款，均获得现金折扣，应收账款余额为 0，收账费用和坏账损失均为 0。如果将 60 天付款的信用条件改为"2.5/10，$n/60$"，预计有一半顾客在 10 天内付款，收款费用、坏账损失将减少一半，则测算的有关结果见表 8-7。

表 8-7 考虑现金折扣的两种信用条件有关指标

项目	30 天付款	60 天付款
①边际贡献（元）	120000	180000
②现金折扣（元）	9600＝480000×2%	15000＝600000×2.5%
③收账费用（元）	0	5000＝10000×1/2
④坏账损失（元）	0	4500＝9000×1/2
⑤平均占用资金量（元）	0＝0×10/360	$40833=\{[600000\times(10\times50\%+60\times50\%)]/360\}\times(4.2/6)$

续表

项目	30 天付款	60 天付款
⑥资金成本（元）	$0=0\times25\%$	$10208=40833\times25\%$
⑦税前净利（①-②-④-⑥）（元）	110400	145292

可见，在原方案基础上，提供现金折扣都将增加企业的税前利润，并且最优决策为：放款信用政策至 60 天且提供现金折扣"$2.5/10$，$n/60$"。

（三）收款方针

收款方针是指顾客违反信用条件时，企业所采取的收款政策。积极的收款方针可以减少坏账损失或资金占用成本，但会增加收账费用，且可能会恶化与顾客的关系。反之，消极的收款方针则可减少收账费用，但必然增加坏账损失和资金占用成本。因此，究竟应采取什么样的收账方针，应根据具体情况以及有关的经验来确定。

（四）综合信用政策

企业要制定最优的信用政策，必须将信用标准、信用条件和收款方针结合起来测算对收益与成本的综合影响结果，收益大于成本是决策的基本原则。

三、应收账款的日常管理

应收账款的日常管理工作，就是按照已确定的信用政策对顾客的信用情况做出详细的调查和分析，以便决定是否给予顾客信用，采取什么样的收账措施等。

（一）对顾客进行信用调查

对顾客的信用评价是应收账款管理活动中最重要的一环，只有在对顾客的信用状况有正确评价的前提下，才可能正确地执行企业的信用政策。对顾客进行信用调查，收集其有关资料，是评价其信用情况的基础。顾客的信用资料一般可从以下几个方面获得。

1. 财务报告

顾客最近的资产负债表、利润表和现金流量表是信用资料的重要来源，这些报表很容易取得。财务状况良好的企业，也乐于提供这些方面的资料，拒绝提供财务报告的顾客多为财务基础较差的公司，根据报告中的数据，计算其流动比率、速动比率、存货及应收账款周转率，便能判断企业的偿债能力和信用状况。

2. 信用评估机构

许多国家都有信用评估的专门机构。它们定期发布有关企业的信用等级报告。如美国的 Dun&Bradstreet 公司就是一家最有名、提供信息最多的信用等级评审机构。该公司为其客户提供许多公司的信用等级资料。我国的信用评估机构目前有两种形式：一是独立的社会评估机构，不受行政干预和集团利益牵制，独立自主地开办信用评估业务，如会计师事务所；二是由银行组织的评估机构，一般吸收有关专家参与对其客户进行评估。在评估等级方面，较常用的是三款九级制，即将企业信用情况分为 AAA、AA、A、BBB、BB、B、CCC、CC、C 九等。评估机构是一种专门的信用评估部门，其可信度较高。

3. 商业银行

许多银行都设有规模很大的信用部门，为自己的往来户调查商业信用是其服务项目之一。企业的往来银行一般都能取得被调查对象的存款余额、借款情况、经营状况等信用资料，且愿与其他银行共享这些信息。因此，企业可委托其往来银行代理信用调查。

4. 企业自身的经验

企业自己的经验是判断顾客信用好坏的重要依据。通过对顾客过去付款行为的分析，以及企业内部的推销员、经常收账的财务人员的经验所提供的资料，基本上能判断出顾客的信用情况。

5. 其他方面的资料

企业还可以从税务部门、顾客的上级主管部门、工商银理部门及证券交易部门收集有关顾客的信用资料。

（二）对顾客进行信用分析与评价

在调查掌握了有关资料后，就应运用特定的方法，对顾客信用状况进行分析和评价。常用的方法有 5C 分析法和信用评分法。

1. 5C 分析法

5C 分析法即通过重点分析影响信用状况的五个方面因素来评估顾客信用状况的方法。这五个方面因素的英文均以 C 开头，因此称为 5C 分析法。

（1）品德（character）。其指顾客愿意履行其偿债义务的可能性，即顾客是否愿意尽自己的努力来归还货款。一般认为，品德是信用评估中最重要的因素。

（2）能力（capacity）。其指顾客偿还债务的能力，包括顾客的历史记录，特别是流动比率和负债比率进行分析和判断。

（3）资本（capital）。其指顾客的一般财务状况，主要根据各种财务比率，特别是流动比率和负债比率进行分析和判断。

（4）抵押品（collateral）。其指顾客是否愿意提供担保物以获取商业信用。如有担保物，在信用标准上可适当放宽。

（5）情况（conditions）。其指社会经济形势或某一特殊情况对顾客偿付能力的影响。

企业通过对顾客进行以上五个方面的分析，基本上可以判断顾客的信用状况，这就为是否为其提供商业信用做好了准备。

2. 信用评分法

信用评分法是一种从数量分析的角度来评价顾客信用的方法。其基本公式为

$$S = a_1x_1 + a_2x_2 + \cdots + a_nx_n = \sum_{i=1}^{n} a_ix_i$$

式中　S——顾客的信用评分；

　　　x_i——顾客第 i 种财务比率或信用状况的评分；

　　　a_i——事先拟定的第 i 种财务比率或信用状况的加权权数（$\sum a_i = 1$）。

【例 8】　对某公司信用评分的分析见表 8-8。

表 8-8　　　　　　　　　　　公司信用评分表

项目	信用状况	x_i	a_i	a_ix_i
流动比率	1.78	86	0.2	17.2
利息周转倍数	5	85	0.1	8.5
净利率	12%	90	0.1	9
评估机构评价	A 级	80	0.25	20

续表

项目	信用状况	x_i	a_i	$a_i x_i$
付款历史	好	85	0.2	17
企业未来情况	尚好	78	0.1	7.8
其他因素	好	90	0.05	4.5
合计			$\sum a_i = 1$	$\sum_{i=1}^{n} a_i x_i = 84$

表 8-8 中财务比率和信用状况由收集的资料分析而得，分数 x_i 是由第一栏的资料及企业财务人员判断而得（采用百分制），第三栏是根据财务比率和信用状况的重要程度事先确定。

一般来说，评分在 80 分以上的，说明顾客信用良好；在 60~80 之间的，信用一般；60 分以下的，信用较差。【例 7】中顾客的信用评分为 84，说明信用良好。

（三）决定是否向顾客提供信用

在收集分析了顾客的信用资料，对其信用做出评价之后，就要做出是否向顾客提供信用的决策。在进行决策时，要分别对新顾客和老顾客采用不同的方法。

（1）如果是新顾客，主要根据企业信用政策中制定的信用标准来做出决策。例如，可根据有关资料，分析出信用评分与坏账损失率的关系见表 8-9。

表 8-9　　　　　　　　　　　信用评分与坏账损失率关系

信用评分	60 以下	60~70	70~75	75~80	80~85	85~90	90~100
坏账损失率（%）	20 以上	10~20	5~10	2~5	1~2	0.5~1	0~0.5

如果企业的信用标准为允许坏账损失率等于 5%，则对信用评分为 75 以上的顾客提供信用。

（2）如果是老顾客，其情况又未发生大的变化，一般不必再对其进行信用分析。主要是决定给予一个信用额度，即允许顾客赊购货物的最大限度。例如，核定给某顾客的信用额度为 30 万元，第一次购货金额为 20 万元，若货款尚未支付，则第二次购货时，最多允许其赊购 10 万元的货物。信用额度一般必须定期核定，以适应顾客情况的变化，否则可能给企业带来经济损失。

（四）收账策略

收账策略是指对顾客逾期未付的应收账款采取的方法和措施。理想的收账策略是既要顺利收回账款，又要维护好与顾客的关系，并降低收账费用。催收账款的程序是信函通知、电话催收、派人面谈、法律解决。

当顾客逾期未付时，可先发一封措辞礼貌的信函或一个催账电话，提醒对方是否忘记了付款日期；若仍无反应，企业需派专人登门催收，如果顾客确实暂时有困难，可以协商延期付款的时间。假如上述方法都不成功，最后不得不采取法律措施。要注意的是，企业在决定采用法律手段解决问题之前，必须慎重考虑两个因素：一是会恶化同顾客的关系；二是由法律解决后收回款项的可能性，因为对方可能正希望通过法律手段宣告破产，以解除其财务困境，而待其清算的资产支付清算费、职工工资、国家税金及有担保的债务后，已所剩无几。

因此，法律手段主要用于个别不讲信誉、故意拖欠、试图赖账的顾客。

（五）其他日常管理方法

除上述方法外，还有其他日常管理应收账款的方法。如 ABC（重点）管理法、账龄分析法。账龄分析法指通过编制应收账款账龄分析表检测应收账款账龄发展趋势，当账龄分析表显示过期账户所占的百分比逐渐增加时，就必须考虑紧缩企业的信用政策。

在国外，对应收账款还有信用保险的管理办法。如果企业的财务状况不太理想，其应收账款又集中于一两个风险较大的顾客身上，就十分有必要向保险公司申请对其应收款进行信用保险。

第四节 存 货 管 理

存货在流动资产总额中占有很大的比重，存货管理是企业财务人员的重要工作内容。对存货管理的成功与否，直接影响到企业的正常经营与效益。

一、存货的概念

存货是指企业在生产经营过程中为销售或耗用而储备的物资，主要包括原材料、在产品及产成品。

存货按其储存目的可分为为生产或耗用而储存的存货和为销售而储存的存货，前者包括材料、燃料、外购零件以及在产品，后者包括库存商品和产成品。存货按其存放地点不同又可分为库存存货、在途存货、委托加工存货与代销存货。

二、存货的功能与成本

（一）存货的功能

（1）储存一定量的原材料和在产品，防止正常生产的中断。如果无必要的原材料存货，一旦未能按时采购材料，或者运输途中发生意外，或者质量、规格、数量方面出现差错，都将迫使企业停产。同样，如果没有在产品存货，当生产线上某一环节出现故障，其后的所有工序都将受到影响。所以，为保证生产正常进行，必须要有一定量的原材料和在产品存货。

（2）必要的商品或产品存货是保证销售正常的需要。首先，当市场需求突然增加时，充足的存货能有效地供应市场，满足客户的需要；其次，顾客为节约采购费用，享受数量折扣，也会成批购买，当企业的产量未达到顾客要求的批量时，也会形成存货短缺。

（3）便于均衡生产、降低产品成本。有的产品属于季节性需求产品，有的产品其需求量极不稳定。如果企业根据产品的需求状况安排生产，必须出现有时超负荷生产，有时生产能力又过剩的情况，这种不规则的生产状况会增加产品的成本。为了均衡生产，自然就会形成一定量的产成品存货。

（4）便于享受数量折扣，减少采购成本。成批地购进原材料、零部件或商品，往往可以获得价格上的优惠，享受到数量折扣，同时又可以减少采购、管理费用，从而降低采购成本。这样做，也会形成一定数量的存货。

（5）适应市场价格变动，减少通货膨胀所带来的损失。当将出现严重通货膨胀时，为减小原材料或欲购进商品价格上涨带来的损失，通常也要及早大量进货，这同时加大了存货量。

（二）存货的成本

企业必须储备一定的存货，但存货的成本也是不可忽视的。存货成本可分为以下三类。

（1）储存成本。储存成本即与存货储存相关的成本。可分为三种：第一种是存货占用资金的资金成本；第二种是由于保管存货而发生的仓库费、保险费、保暖、照明、保管工人工资等；第三种是存货发生变质、损坏、陈旧或报废的成本等。

（2）取得成本。取得成本指为取得某种存货而支出的成本，分为订货成本和购置成本。其中，购置成本指购买存货的金额，订货成本指除购买价格以外的那些为使存货送达企业所发生的必要的费用。如果存货来自企业外部，订货成本就是请购、订购、运输、收货、验查和入库等活动所发生的费用；如果存货属于企业自己生产的，则订货成本就是指与安排存货的生产而发生的生产调整准备费。

（3）缺货成本。缺货成本指由于缺少存货而使生产中断或丧失销售机会而造成的损失，如停工损失；或临时高价采购材料而发生的额外支出；不能按时交货而产生的信誉损失等。缺货成本不易计量，但确实是一项重要因素。我们将在后面讨论其处理办法。

三、存货管理的目的

从存货的功能与成本不难看出，企业没有存货是不可能的，从利用存货功能的角度出发，当然是存货越多越好；但持有存货又必然增加其储存成本，因此，从降低储存成本的立场出发，存货越少越好。如何处理好存货的成本与功能的关系、确定一个合适的存货量，就是存货管理的主要目的。或者说，存货管理的主要目的就是控制存货水平，在充分发挥存货功能的基础上，尽量降低存货成本。

四、存货管理模型

（一）经济批量模型

前面的讨论说明了与存货有关的成本主要有储存成本、取得成本与缺货成本。在不考虑缺货成本的情况下，存货总成本就等于储存成本与取得成本之和。

假设企业全年需求量为 D 件产品，每次的订货数量均为 Q 件，则企业每年要订货 N 次 $\left(N=\dfrac{D}{Q}\right)$。若每次订货要付出订货成本 C_0 元，每件产品购买价格为 P 元，则

$$取得成本 = 订货成本 + 购置成本 = \frac{D}{Q} \times C_0 + P \cdot D$$

若在企业储存存货的过程中，仓库库存量最低为 0 件，最高为 Q 件，储存一件存货一年需要储存成本 C_H 元，则

$$储存成本 = \frac{0+Q}{2} \times C_H = \frac{Q}{2} \times C_H$$

所以，总成本为

$$TC = \frac{Q}{2} \times C_H + \frac{D}{Q} \times C_0 + P \cdot D$$

可见，储存成本与每次的订货数量成正比，订货成本与每次的订货数量成反比，而购置成本与每次的订货数量无关，如图 8-5 所示。

当储存成本与订货成本相等时，存货总成

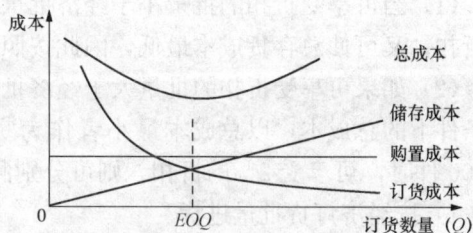

图 8-5 经济批量模型

本最低。为此，对总成本 TC 求关于 Q 的导数，并令其等于 0。

则有

$$\frac{\mathrm{d}(TC)}{\mathrm{d}Q} = \frac{C_{\mathrm{H}}}{2} - \frac{D}{C_0} \times \frac{1}{Q^2} = 0$$

可得

$$Q = \sqrt{\frac{2C_0 D}{C_{\mathrm{H}}}}$$

即当订货批量 $Q = \sqrt{\dfrac{2C_0 D}{C_{\mathrm{H}}}}$ 时，存货总成本可达到最小，则此时的订货数量为经济订货批量，用 EOQ 表示，则

$$EOQ = \sqrt{\frac{2C_0 D}{C_{\mathrm{H}}}}$$

式中　EOQ——经济订货批量（economic order quantity）；

　　　C_0——单位订货成本（ordering cost）；

　　　C_{H}——储存一件存货一年得储存成本（holding cost）；

　　　D——全年需求量（demand）。

由该公式同样可推导出

存货相关的总成本 $[TC(Q)]$ ＝ 储存成本 ＋ 订货成本 ＝ $\dfrac{Q}{2} \times C_{\mathrm{H}} + \dfrac{D}{Q} \times C_0 = \sqrt{2C_0 D C_{\mathrm{H}}}$

【例 9】　大兴百货公司经销某种商品，预计全年销量为 26000 件，每件进货单价为 4.92 元。每批订货成本为 1000 元。

$$EOQ = \sqrt{\frac{2C_0 D}{C_{\mathrm{H}}}} = \sqrt{\frac{2 \times 1000 \times 26000}{0.25}} \approx 14422（件）$$

全年的订货次数为

$$N = \frac{D}{EOQ} = \frac{26000}{14422} \approx 2（次）$$

存货相关的总成本 ＝ $TC(Q^*)$ ＝ $\sqrt{2C_0 D C_{\mathrm{H}}}$ ＝ $\sqrt{2 \times 1000 \times 26000 \times 0.25} \approx 3606（元）$

（二）有数量折扣的经济批量模型

在实际购销过程中，供应商为促进其商品的销售，往往采取提供数量折扣的办法鼓励购货方多进货。即当每次进货量达到一定水平时，在价格上给予一定优惠。在这种情况下，究竟是按经济批量进货，还是按可享受折扣的批量进货，必须做进一步的测算与比较，可分为两种情况来讨论。

（1）当可享受折扣的批量小于经济批量时，问题比较简单，按经济批量进货既可享受批量折扣，又可使总存货成本最低，因此按照经济订货批量进行订货。

（2）如果可享受折扣的批量大于经济批量，就要增加考虑采购成本的因素，比较两种批量条件下的总成本，以总成本最小者作为实际进货批量。在【例 9】中，假设当批量达到 15000 件时，可享受 2% 的折扣，则可分别测算如下：

1）按经济订货批量进货。

总成本（TC）＝购置成本＋订货成本＋储存成本

　　　　　　＝26000×4.92＋3606（见【例 9】）

$$=131526（元）$$

2）按可享受折扣的批量进货。

总成本（TC）＝购置成本＋订货成本＋储存成本

$$=26000×4.92×(1-2\%)+\frac{26000}{15000}×1000+\frac{15000}{2}×0.25$$

$$=128969.93（元）$$

由此可见，按可享受数量折扣的批量进货，比按经济批量进货可降低成本（131526－128969.93）2556.07 元，所以应按每批 15000 件进货。

（三）再订货点的确定

再订货点是指订购下一批存货时，本批存货还剩下的储存量。由于从订货到货物入库需要一定的时间，企业不能在库存耗尽时才订货，必须有一个提前量，那么在本批存货还剩下多少时，就应订购下一批货物呢，这就是要确定再订货点。

如果企业的耗用量均匀，且交货期（从订货到入库的时间）也稳定，则再订货点的确定较为简单，此时：

$$再订货点＝交货期×平均耗用量$$

若 ABC 公司，全年需求量为 26000 件，经济订货批量为 6500 件。该公司订货后两周才能周到商品，全年按 52 周计，每周耗用量为 26000/52＝500（件），则再订货点＝2×500＝1000（件）。即当存货下降到 1000 件时，就应订货，如图 8-6 所示。当存货下降为 0 时，下一批货刚好入库。这样就不至于影响生产和销售，也不增加存货。

（四）安全存量下的存货模型

上述讨论中，我们假设存货的耗用量是均匀的，交货期是稳定的。而实际经营过程中，耗用量是波动的，交货期也可能因种种原因而发生延迟。因此，在确定订货模型时，要考虑这些实际因素。

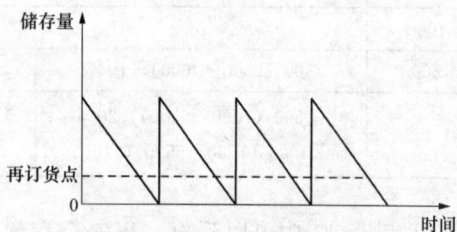

图 8-6 再订货点

1. 考虑安全存量时再订货点的确定

为防止因耗用量突然增加或交货期延迟，企业应保持一定的安全储备量。ABC 企业每周正常耗用量是 500 件，若有突发情况，每周最大耗用量可达 1000 件。如果再订货点仍为 1000 件，则 1000 件也许只能维持一周的耗用，订货后要两周才能收到货物。因此，极有可能缺货一周。缺货量可能达到 1000 件。为此，企业需增加 1000 件的安全存量。初次订货时，批量为 6500＋1000＝7500（件），以后当存货下降到 2000 件时，就开始按经济批量 6500 件订货。因此再订货点为 2000 件。考虑安全存量时的存货模型如图 8-7 所示。所以，考虑安全存量时，其再订货点的计算公式为

$$再订货点＝交货期×平均耗用量＋安全存量$$

2. 安全存量的计算

在确定安全存量时，要考虑两个方面的成本：一个是安全存量的储存成本，另一个是因存货不足所造成的缺货成本。显然，安全存量

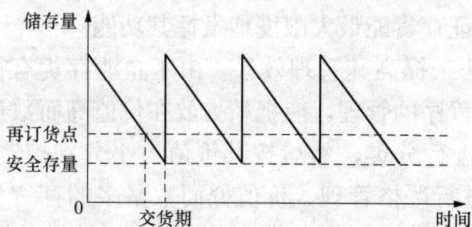

图 8-7 安全存量与再订货点

越大，储存成本越高，而缺货成本越低。反之，安全存量越小，储存成本越低，缺货成本越高。因此，当储存成本与缺货成本之和为最小时的安全存量是最合理的，如图 8 - 8 所示。

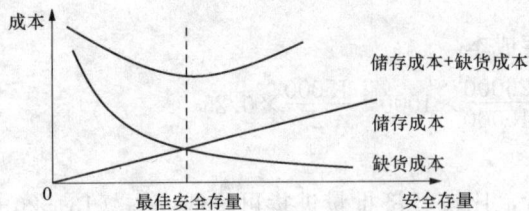

图 8 - 8　最佳安全存量模型

由于耗用量的突然增加以及交货期的延迟都是随机发生的，所以，要计算缺货成本，就必须知道缺货成本发生的概率及发生时的实际成本。假设 ABC 企业在一个批量周期内的耗用量及相应的概率见表 8 - 10。

表 8 - 10　　　　　　　　　　　　　　　　存货耗用量及相应概率表

耗用量	5500	6000	6500	7000	7500
概率（%）	10	20	40	20	10

假设每缺货一件造成的损失为 5 元，单位储存成本 1 元一件，全年共需要订货 4 次，则根据相关资料可计算不同安全存量下的成本，见表 8 - 11。

表 8 - 11　　　　　　　　　　　　　ABC 公司的最佳安全存量计算表

安全存量	缺货件数及概率	缺货成本	储存成本	总成本
1000	0	0	$1000 \times 1 = 1000$	1000
500	500（7500－7000），10%	$5 \times 500 \times 10\% \times 4 = 1000$	$500 \times 1 = 500$	1500
0	①500（7000－6500），20% ②1000（7500－6500），10%	$5 \times 500 \times 20\% \times 4 + 5 \times 1000 \times 10\% \times 4 = 4000$	0	4000

从表 8 - 11 中可以看出，当安全存量为 1000 件时，总成本最小。因此，企业最佳安全存量为 1000 件。

这里只讨论了因耗用量波动而引起缺货时安全存量的确定问题。同理，可讨论因交货期延迟引起缺货时安全存量的确定以及因耗用量波动与交货期延迟共同引起缺货时的安全存量问题。

五、存货的日常控制

以存货的管理，除了根据企业的情况计算经济批量、安全存量及订货点外，对日常在库的存货进行管理，尽量减少其管理费以及损坏、变质、过时等损失也是存货管理的内容之一。企业应制定出具体的存货日常管理制度，以保证存货能最大限度地发挥其功能。

在对存货的日常管理中，常用 ABC 重点管理法来提高其管理效果。由于企业存货有很多不同的种类，因而不可能对每种存货都进行相同程序的管理，应把精力放在价值高而数量相对较少的存货上。ABC 分类管理法就是对存货进行分类，然后按其价值大小分别控制。具体方法是：价值高数量少的存货为 A 类，对其进行严格管理。价值低而数量多的存货为 C 类，对其进行简单管理即可。B 类是介于 A 类与 C 类之间的存货，对其控制的方法也介于二者之间。对存货分类的一般标准如下：

（1）A 类存货：品种数量约占总存货的 10%，而其价值约占总存货价值的 70%。

（2）B 类存货：品种数量约占总存货的 20%，其价值也约占总存货价值的 20%。

（3）C 类存货：品种数量约占总存货的 70%，其价值约占总存货价值的 10%。

【例 10】 某企业有 20 种存货，共占用资金 100000 元，按占用资金多少的顺序排列后，根据上述标准可划分为 A、B、C 三类，其划分情况可用表 8 - 12 表示。

显然抓住了 A 类，就抓住了重点。可将主要精力放在对 A 类的管理上，对 C 类不必费多少精力。B 类存货介于 A、C 之间，应给予相当的重视，但不必像 A 类存货那样管理。

表 8 - 12   存货 ABC 管理法类别划分

存货品种	占用资金总额（元）	类别	各类存货的数量与比重	各类存货占用资金数量与比重
1	50000	A	2	75000
2	25000		10%	75%
3	10000	B		
4	5000			
5	2500		5	20000
6	1500		25%	20%
7	1000			
8	900	C		
9	800			
10	700			
11	600			
12	500			
13	400			
14	300		13	5000
15	200		65%	5%
16	190			
17	180			
18	170			
19	50			
20	10			
合计	100000		20	100000
			100%	100%

第五节 短期负债筹资管理

短期筹资是指为满足公司临时性流动资产需要而进行的筹资活动。由于短期资本一般是通过流动负债方式取得，因此，每期筹资也可称为流动负债筹资或短期负债筹资。

与长期负债筹资相比，短期负债筹资具有如下特点：

（1）速度快。申请短期借款往往比申请长期借款更容易、更便捷，通常在较短时间内便可获得。长期借款借贷的时间长，贷方风险大，贷款人需要对公司的财务状况评估后方能做出决定。因此，当公司急需资本时，往往首先寻求短期借款。

（2）弹性高。与长期债务相比，短期贷款给债务人更大的灵活性。长期债务债权人为了保护自己的利益，往往要在债务契约中对债务人的行为加以种种限制，使债务人丧失某些经营决策权。而短期借款契约中的限制条款比较少，使公司有更大的行动自由。对于季节性公司，短期借款比长期借款具有更大的灵活性。

（3）成本低。在正常情况下，短期负债筹资所发生的利息支出低于长期负责筹资的利息支出。而某些"自然性筹资"（如应付税金、应计费用等）则没有利息负担。

（4）风险大。尽管短期债务的成本低于长期债务，但其风险却大于长期债务。这主要表现在两个方面：一是长期债务的利息相对比较稳定，即在相当长一段时间内保持不变。而短期债务的借款利率则随市场利率的变化而变化，时高时低，使公司难以适应。另一方面，如果公司过分筹措短期债务，当债务到期时，公司不得不在短期内筹措大量资本还债，这极易导致公司财务状况恶化，甚至无法及时还债而破产。

一、银行短期借款

（一）银行短期借款的种类

企业的短期借款按其参与企业资金周转时间的长短和具体用途，可分为流动资金借款、生产周转借款、临时借款和结算借款。

1. 流动资金借款

流动基金借款是指企业根据实际需要及银行信贷制度向银行借入的各种流动资金。

这种借款具有短期周转、制约因素多、收益波动大的性质。

2. 生产周转借款

生产周转借款是企业为满足生产周转的需要，在确定的流动资金计划占用额的范围内，弥补自有流动资金和流动基金借款不足部分而向银行取得的借款。核定的流动资金定额，扣除企业自有流动资金、流动基金借款和视同自有流动资金（定额负债）后的不足部分，通常为生产周转借款的数额。

3. 临时借款

临时借款是企业在生产经营过程中由于临时性或季节性原因形成超定额物资储备，为解决资金周转困难而向银行取得的借款。

临时借款主要解决以下几种情况出现的资金需求：

（1）由于客观原因不能及时销售产品；

（2）原材料的季节性储备；

（3）进口物资集中到货；

（4）企业为发展名优产品进行横向联合时所需要的资金；

（5）其他在核定资金占用额时无法核定又确属银行支持的款项，如引进软件、购买外汇等款项。

4. 结算借款

结算借款是企业采用托收承付结算方式向异地发出商品，在委托银行收款期间为解决在途结算资金占用的需要，以托收承付结算凭证为保证向银行取得的借款。

（二）银行短期借款的基本程序

银行短期借款的程序与银行长期借款的程序基本相同。

1. 企业提出申请

向银行借入短期借款时，必须在批准的资金计划占用额范围内，按生产经营的需要，逐笔向银行提出申请。企业在申请书上应写明借款种类、借款数额、借款用途、借款原因和还款日期。另外，还需详细写明流动资金的占用额、借款限额、预计销售额、销售收入资金率等有关指标。

2. 银行对企业申请的审查

银行接到企业提出的借款申请书后，应对申请书进行认真的审查。这主要包括以下几面内容：

（1）审查借款的用途和原因，做出是否贷款的决策。

（2）审查企业的产品销售和物资保证情况，决定贷款的数额。

（3）审查企业资金周转和物资耗用状况，确定借款的期限。

3. 签订借款合同

为了维护借贷双方的合法权益，保证资金的合理使用，企业向银行借入流动资金时，双方应签订借款合同。借款合同主要包括以下四方面内容：

（1）基本条款。这是借款合同的基本内容，主要强调双方的权利和义务。具体包括借款数额、借款方式、款项发放的时间、还款期限、还款方式、利息支付方式、利息率的高低等。

（2）保证条款。这是保证款项能顺利归还的一系列条款。包括借款按规定的用途使用、有关的物资保证、抵押财产、保证人及其责任等内容。

（3）违约条款。这是对双方若有违约现象时应如何处理的条款。主要载明对企业逾期不还或挪用贷款等和银行不按期发放贷款的处理方法等内容。

（4）其他附属条款。这是与借贷双方有关的其他一系列条款，如双方经办人、合同生效日期等条款。

4. 企业取得借款

借款合同签订后，若无特殊原因，银行应按合同规定的时间向企业提供贷款，企业便可取得借款。

如果银行不按合同约定按期发放贷款，应偿付违约金。如果企业不按合同约定使用借款，也应偿付违约金。

5. 短期借款的归还

借款企业应按借款合同的规定按时、足额支付贷款本息。贷款银行应在短期贷款到期一个星期之前向借款企业发送还本、付息通知单，借款企业应当及时筹备资金，按期还本付息。

不能按期归还借款的，借款人应当在借款到期日之前，向贷款人申请延长贷款期，但是否同意展期由贷款人视情况决定。申请保证借款、抵押借款、质押借款展期的，还应当由保证人、抵押人、出质人出具同意的书面证明。

（三）银行短期借款的优缺点

1. 银行短期借款的优点

（1）银行资金充足，实力雄厚，能随时为企业提供比较多的短期贷款。对于季节性和临时性的资金需求，采用银行短期借款尤为方便。而那些规模大、信誉好的大企业，更可以比较低的利率借入资金。

（2）银行短期借款具有较好的弹性，可在资金需要增加时借入，在资金需要减少时还款。

2. 银行短期借款的缺点

（1）资金成本较高。采用短期借款成本比较高，不仅不能与商业信用相比，与短期融资券相比也高出许多。而抵押借款因需要支付管理和服务费用，成本更高。

（2）限制较多。向银行借款，银行要对企业经营和财务状况进行调查以后，才决定是否贷款，有些银行还要对企业有一定的控制权，要求企业把流动比率、负债比率维持在一定的范围之内，这些都会构成以企业的限制。

二、商业信用

商业信用是指商品交易中的延期付款或延期交货所形成的借贷关系，是企业之间的一种直接信用关系。商业信用是由商品交易中钱与货在时间上的分离而产生的。它产生于银行信用之前，但银行信用出现之后，商业信用依然存在。

早在简单商品生产条件下，就已出现了赊销赊购现象，到了商品经济发达的资本主义社会，商业信用得到广泛发展。西方一些国家的制造厂家和批发商的商品，90%是通过商业信用方式售出的。我国商业信用的推行正日益广泛，形式多样，范围广阔，将逐渐成为企业筹集短期资金的重要方式。

（一）商业信用的形式

利用商业信有融资，主要有以下两种形式。

1. 赊购商品

赊购商品是一种最典型、最常见的商业信用形式。在此种形式下，买卖双方发生商品交易，买方收到商品后不立即支付现金，可延期到一定时期以后付款。

2. 预收货款

在这种形式下，卖方要先向买方收取货款，但要延期到一定时期以后交货，这等于卖方向买方先借一笔资金，是另一种典型的商业信用形式。通常，购买单位对于紧俏商品乐于采用这种形式，以便取得现货。另外，生产周期长、售价高的商品，如轮船、飞机等，生产企业也经常向订货者分次预收货款，以缓解资金占用过多的矛盾。

（二）商业信用条件

所谓信用条件是指销货人对付款时间和现金折扣所作的具体规定，如"2/10，$n/30$"，便属于一种信用条件。信用条件从总体上来看，主要有以下几种形式。

1. 预付货款

这是买方在卖方出货物之前支付货款。一般用于以下两种情况：

（1）卖方已知买方的信用欠佳。

（2）销售生产周期长、售价高的产品。在这种信用条件下销货单位可以得到暂时的资金来源，但购货单位不但不能获得资金来源，还要预先垫支一笔资金。

2. 延期付款，但不提供现金折扣

在这种信用条件下，卖方允许买方在交易发生一定时期内按发票面额支付货款，如"net45"，是指在45天内按发票金额付款。这种条件下信用期间一般为30～60天，但有些季节性的生产企业可能为其顾客提供更长的信用期间。在这种情况下，买卖双方存在商业信用，买主可因延期付款而取得资金来源。

3. 延期付款，但早付款有现金折扣

在这种条件下，买方若提前付款，卖方可给予一定的现金折扣，如买方不享受现金折扣，则必须在一定时期内付清账款。如"2/10，n/30"便属于此种信用条件。西方企业在各种信用交易活动中广泛地应用现金折扣，这主要是为了加速账款的收现。现金折扣一般为发票面额的 1%～5%。买方若在折扣期内付款，就能得到现金折扣；若放弃现金折扣，则可在稍长时间内占用卖方的资金。

如果销货单位提供现金折扣，购买单位应尽量争取获得此项折扣，因为丧失现金折扣的机会成本很高。可按下式计算：

$$资金成本 = \frac{CD}{1-CD} \times \frac{360}{N}$$

式中 CD——现金折扣的百分比；

N——失去现金折扣后延期付款天数。

如"2/10，n/30"付款方式的资金成本为

$$资金成本 = \frac{2\%}{1-2\%} \times \frac{360}{20} = 36.75\%$$

（三）商业信用集资的优缺点

1. 商业信用集资的优点

（1）商业信用非常方便。因为商业信用与商品买卖同时进行，属于一种自然性融资，不用做非常正规的安排。

（2）如果没有现金折扣，或企业不放弃现金折扣，则利用商业信用集资没有实际成本。

（3）限制少。如果企业利用银行借款集资，银行往往对贷款的使用规定一些限制条件，而商业信用则限制较少。

2. 商业信用集资的缺点

商业信用的时间一般较短，如果企业取得现金折扣，则时间会更短，如果放弃现金折扣，则要付出较高的资金成本。

三、短期融资券

短期融资券又称商业票据、短期债券，是由大型工商企业或金融企业所发行的短期无担保本票，是一种新兴的筹集短期资金的方式。

（一）短期融资券的发展过程

短期融资券源于商业票据。商业票据是一种古老的商业信用工具，产生于 18 世纪。它最初是随商品和劳务交易而签发的一种债务凭证。例如，一笔交易不是采用现金交易，而采用票据方式进行结算，则当货物运走后，买方按合同规定的时间、地点、金额，开出一张远期付款的票据给卖方，卖方持有票据，直至到期日再向买方收取现金。这种商业票据是随商品、劳务交易而产生的商业信用。商业票据是一种双名票据，即票据上列明收款方和付款方的名称。持有商业票据的公司如在约定付款期之前需要现金，可以向商业银行或贴现公司贴现。贴现是指持有商业票据的公司将票据出让给银行或贴现公司，后者按票面金额扣取从贴现日到票据到期日期的利息后，将票面余额付给持票公司，待贴现的票据到期后，再持票向付款方索取票面款项。这种方式，使办理贴现的银行或贴现公司得到了利息，又收回了本

金，是一种很好的短期投资方式。于是，有的投资人便比照这种贴现方式，从持票人手中买下商业票据，待票据到期后持票向付款方收回资金。有时，贴进票据的银行因为资金短缺，也将贴进的票据重新卖出，由新的购买人到期收取款项。

有些大公司发现了商业票据的这一特点，便凭借自己的信誉，开始脱离商品交易过程来签发商业票据，以筹措短期资金。20 世纪 20 年代，美国汽车制造业及其他高档耐用商品开始兴盛，为增加销售量一般都采用赊销、分期付款等方式向外销售，这样在应收账款上便进行了大量投资，从而感到资金不足，在银行借款受到多种限制的情况下，开始大量发生商业票据筹集短期资金。这样，商业票据与商品、劳务的交易相分离，演变成为一种在货币市场上融资的票据，发行人与投资者成为一种单纯的债务、债权关系，而不是商品买卖或劳务供应关系。商业票据上不用再列明收款人，只需列明付款人，转变为单名票据。为了与传统商业票据相区别，人们通常把这种专门用于融资的票据叫短期融资券或短期商业债券。

20 世纪 60 年代以后，工商界普遍认为发行短期融资券向金融市场筹款比向银行借款方便，利率也低，且不受银行信贷干预，因此，短期融资券数额急剧增加。以美国为例，1962年 12 月仅有 60 亿美元，1985 年增至 3000 亿美元。20 世纪 70 年代，集中于伦敦的欧洲短期融资券市场也开始形成，短期融资券市场不断扩大。目前，短期融资券已成为西方各类公司融通短期资金的重要方式。20 世纪 80 年代中后期，我国有些企业为解决流动资金的不足，开始采用短期融资券筹集资金，这是我国流动资金方面的一项重大改革，对改变流动资金来源、加速资金周转、调整产业结构、优化资金投向、健全金融工具、完善债券市场都具有十分重要的意义。

（二）短期融资券的种类

按不同的标准，可对短期融资券做不同的分类。

（1）按发行方式，可分为经纪人代销的融资券和直接销售的融资券。

1）经纪人代销的融资券又称间接销售融资券，它是指先由发行人卖给经纪人，然后由经纪人再卖给投资者的融资券。经纪人主要有银行、投资信托公司、证券公司等。企业委托经纪人发行融资券，要支付一定数额的手续费。

2）直接销售的融资券是指发行人直接销售给最终投资者的融资券。直接发行融资券的公司通常是经营金融业务的公司或自己有附属金融机构的公司，它们有自己的分支网点，有专门的金融人才，因此有力量自己组织推销工作，从而节省了间接发行时应付给证券公司的手续费用。直接销售的融资券目前已占有相当大的比重。1986 年 8 月，美国货币市场上的短期融资券，有 46％是直接发行的。

（2）按发行人的不同，可分为金融企业的融资券和非金融企业的融资券。

1）金融企业的融资券主要是指由各大公司所属的财务公司、各种投资信托公司、银行控股公司等发行的融资券，这类融资券一般都采用直接发行方式。

2）非金融企业的融资券是指那些没有设立财务公司的工商企业发行的融资券。这类企业一般规模不大，多数采用间接方式来发行融资券。

（3）接融资券的发行和流通范围，可分为国内融资券和国际融资券。

1）国内融资券是一国发行者在其国内金融市场上发行的融资券。发行这种融资券一般只要遵循本国法规和金融市场惯例即可。

2）国际融资券是发行者在其本国以外的金融市场上发行的融资券。发行这种融资券，必须遵循有关国家的法律和国际金融市场上的惯例。在美国货币市场和欧洲货币市场上，这种国际的短期融资券很多。

（三）短期融资券的发行程序

1. 公司作出决策，采用短期融资券方式筹资

由公司财务人员对金融市场状况和企业筹资条件进行认真分析后，认为采用发行融资券筹资比较适合，报总经理或董事长作出最后决策。

2. 办理发行融资券的信用评级

信用评级是由专家、学者组成专门的机构，运用科学的综合分析方法，对企业的财务状况和信用情况进行评定和估价。自美国 1909 年穆迪公司开始评估业务以来，信用评估机构对帮助发行者顺利发行证券、对协助投资者科学选择证券、对规范金融市场都起了十分重要的作用。

信用评估在我国还仅仅是一项刚刚起步的事业。现简要介绍短期融资券的评估程序：

（1）申请评估的企业应与评估公司签订委托协议书，并按规定在 3 天内提供所需全部材料。

（2）协议书签订后，评估公司组织高级经济师、注册会计师以及有关行业专家组成的评估小组，负责具体的评估工作，在若干天内进行调查和研究，写出评估报告。

（3）评估公司根据企业经营的业务性质，组织有关专家和部分评估委员对评估报告进行论证和审议，并实行定量计分的方式对该企业融资券的信用等级作出评定。

（4）评估公司在此基础上，进一步综合分析有关情况，并确定该企业的融资券等级。融资等级一般分四等七个级别。它们是 A、A−1、A−2、A−3、B、C、D。各等级的含义分别：A 级信用程度最好，风险最小，发展前景最好；A−1 为信用程度好，风险很小，发展前景好；A−2 信用程度好，风险小，发展前景较好；A−3 为信用程度好，风险较小，发展前景尚好；B 级为信用程度一般，有一定风险，尚有一些发展前景；C 级为信用程度还可以，风险大，无发展前途；D 级信用程度最差，不准发行。

（5）委托人在接到评估公司的融资券资信等级通知书后 3 日内如无异议，则评级成立。委托人如果对评估结果有异议，应在接到信用等级通知后 3 天内申述理由，提供补充材料，并申请复评，经评估公司认可，即重新组织评估，如委托人对复议书仍有异议，除有正当理由外，一般不再复评。

3. 向有关审批机关申请发行融资券

中国人民银行总行与各省、市、自治区分行是我国企业发行融资券的审批、管理机关。企业发行融资券，必须向各级人民银行提供以下文件。

（1）营业执照；

（2）发行融资券的申请报告；

（3）发行融资券的章程或办法；

（4）融资的效益预测、偿还计划和其他相关资料；

（5）主管部门和开户银行对发行融资券的意见；

（6）经注册会计师签证的上两年度和上一季度的财务会计报表；

（7）信用评估公司对企业发行融资券的信用评估报告；

（8）审批机关要求提供的其他材料。

4. 审批机关对企业的申请进行审查和批准

中国人民银行的金融管理部门接到企业申请后，要对如下一些内容进行认真审查：

（1）对发行资格进行审查。这主要包括：审查发行单位是否在工商行政管理局登记并领有营业执照；审查发行单位是否有足够的自有资产；审查发行单位是否有可靠的还款来源；审查信用担保人的资格和担保契约书的内容。

（2）对资金用途进行审查。企业发行融资券所筹集的资金只能用于解决企业临时性、季节性流动资金不足，不能用于企业资金的长期周转和固定资产投资。

（3）审查会计报表的内容。这主要包括：审查会计报表是否经注册会计师签字；审查会计报表中的资金来源和资金占用是否合理；审查企业盈利情况；审查企业的主要财务比率是否健全。

（4）审查融资券的票面内容。融资券票面一般要载明企业名称、地址，融资券票面金额，票面利率，还本期限和方式，利息支付方式，融资券的发行日期和编号，发行企业签章和企业法人代表签章等。

5. 正式发行融资券、取得资金

融资券经审查机关审查同意后，便可正式发行。如果企业自己直接发行，则需公告发行的数量、价格、时间等，以便让投资者了解一些基本情况。此后投资人还要与发行人洽谈买卖条件，如果双方认为条件可以，则投资人买入融资券，发行人取得资金。

如果采用间接发行，则要按以下步骤来进行：

（1）发行融资券的企业与经纪人协商融资券的有关事项，并签订委托发行协议。

（2）经纪人按协议中的有关条件和承销方式，发布公告并进行其他宣传活动。

（3）投资者购买融资券，资金存入经纪人账户。

（4）经纪人将资金划转发行融资券的企业的账户中，并按协议中的规定处理未售完的融资券。

（四）短期融资券筹资的优缺点

1. 短期融资债券筹资的优点

（1）短期融资券筹资的成本低。在西方国家，短期融资券的利率加上发行成本，通常要低于银行的同期贷款利率。这是因为在采用短期融资券筹资时，筹资者与投资者直接往来，节省了一笔原应付给银行的筹资费用。但目前我国短期融资券的利率一般要比银行借款利率高，这主要是因为我国短期融资券市场刚刚建立，投资者对短期融资券缺乏了解。随着短期融资市场的不断完善，短期融资券的利率会逐渐接近银行贷款利率，直至略低于银行贷款利率。

（2）短期融资券筹资数额比较大。银行一般不会向企业贷放巨额的流动资金借款，比如在西方，商业银行贷给个别公司的最大金额不能超过该公司资本的 10%。因而，对于需要巨额资金的企业，短期融资券这一方式尤为适用。

（3）短期融资券筹资能提高企业的信誉。由于能在货币市场上发行短期融资券的公司都是著名的大公司，因而，一个公司如果能在货币市场上发行自己的短期融资券，就说明该公司的信誉很好。

2. 短期融资券筹资的缺点

（1）发行短期资券的风险比较大。短期融资券到期必须归还，一般不会有延期的可能。

到期不归还，会产生严重后果。

（2）发生短期融资券的弹性比较小。只有当企业的资金需求达到一定数量时才能使用短期融资券，如果需求金额数量小，则不宜采用短期融资券方式。另外，短期融资券一般不能提前偿还，因此，即使公司资金比较宽裕，也要到期才能还款。

（3）发行短期融资券的条件比较严格。并不是任何公司都能发行短期融资券，必须是信誉好、实力强、效益高的企业才能使用，而一些小企业或信誉不太好的企业则不能利用短期融资券来筹集资金。

第六节　营运资金政策

营运资金政策包括营运资金持有政策和营运资金筹集政策，它们分别研究如何确定营运资金持有量和如何筹集营运资金两个方面的问题。

一、营运资金持有政策

营运资金概念包括流动资产和流动负债两部分，是企业日常财务管理的重要内容。流动资产随企业业务量的变化而变化，业务量越大，其所需的流动资产越多，但它们之间并非线性的关系。由于规模经济、使用效率等原因的作用，流动资产以递减的比率随业务量增长，这就产生了如何把握流动资产投资量的问题。

营运资金持有量的高低，影响着企业的收益和风险。较高的营运资金持有量，使企业有较大把握按时支付到期债务，及时供应生产用材料和准时向客户提供产品，从而保持经营活动平稳地进行，风险性较小。但是，由于流动资产的收益性一般低于固定资产，较高的营运资金持有量会降低企业的收益性，而较低的营运资金持有量带来的后果正好相反，企业的收益率较高，但较少的现金、有价证券量和较低的存货保险储备量却会降低偿债能力和采购的支付能力，造成信用损失、材料供应中断和生产阻塞，会加大企业的风险。

营运资金持有量的确定，就是在收益和风险之间进行权衡。我们将持有较高的营运资金称为宽松的营运资金政策，而将持有较低的营运资金称为紧缩的营运资金政策。前者的收益、风险均较低，后者的收益、风险均较高。介于两者之间的，是适中的营运资金政策。在适中的营运资金政策下，营运资金的持有量不过高也不过低，恰好现金足够支付之需，存货足够满足生产和销售所用，除非利息高于资本成本（这种情况不大可能发生），一般企业不保留有价证券。也就是说，适中的营运资金政策对于投资者财富最大化来讲理论上是最佳的。然而，我们却难以量化地描述适中政策的营运资金持有量。这是因为这一营运资金水平是多种因素共同作用的结果，包括销售水平、存货和应收账款的周转速度等。所以，各企业应当根据自身的具体情况和环境条件，按照适中营运资金政策的原则，确定适当的营运资金持有量。

二、营运资金筹集政策

营运资金筹集政策，是营运资金政策的研究重点。研究营运资金的筹资政策，需要先对构成营运资金的两要素——流动资产和流动负债做进一步的分析，然后再考虑两者间的匹配。

（一）流动资产和流动负债分析

一般来说，我们经常按照周转时间的长短对企业的资金进行分类，即周转时间一年以下为流动资产，包括货币资金、短期投资、应收账款、应收票据、存货等；周转时间一年以上为长期资产，包括长期投资、固定资产、无形资产等。对于流动资产，如果按照用途再做区分，则可以分为临时性流动资产和永久性流动资产。临时性流动资产指那些受季节性、周期性影响的流动资产，如季节性存货、销售和经营旺季（如零售业的销售旺季在春节期间等）的应收账款；永久性流动资产则指那些即使企业处于经营低谷也仍然需要保留的、用于满足企业长期稳定需要的流动资产。

企业的负债则按照债务时间的长短，以 1 年为界限，分为短期负债和长期负债。短期负债包括短期借款、应付账款、应付票据等；长期负债包括长期借款、长期债券等。短期负债的特点在本章前面部分已做过论述，主要是成本低、风险大。与流动资产按照用途划分的方法相对应，流动负债也可以分为临时性负债和自发性负债。临时性负债指为了满足临时性流动资金需要所发生的负债，如商业零售企业春节前为满足节日销售需要，超量购入货物而举借的债务；食品制造企业为赶制季节性食品，大量购入某种原料而发生的借款等。自发性负债指直接产生于企业持续经营中的负债，如商业信用筹资和日常运营中产生的其他应付款，以及应付职工薪酬、应付利息、应付税费等。

（二）流动资产和流动负债的配合

营运资金筹集政策，主要是就如何安排临时性流动资产和永久性流动资产的资金来源而言的，一般可以区分为三种，即配合型筹资政策、激进型筹资政策和稳健型筹资政策。

1. 配合型筹资政策

配合型筹资政策的特点是：对于临时性流动资产，运用临时性负债筹集资金满足其资金需要；对于永久性流动资产和固定资产（统称为永久性资产，余同），运用长期负债、自发性负债和权益资本筹集资金满足其资金需要。

配合型筹资政策要求企业临时负债筹资计划严密，实现现金流动与预期安排相一致。在季节性低谷时，企业应当除了自发性负债外没有其他流动负债；只有在临时性流动资产的需求高峰期，企业才举借各种临时性债务。

这种筹资政策的基本思想是将资产与负债的期间相配合，以降低企业不能偿还到期债务的风险和尽可能降低债务的资本成本。但是，事实上由于资产使用寿命的不确定性，往往达不到资产与负债的完全配合。因此，配合型筹资政策是一种理想的、对企业有着较高资金使用要求的营运资金筹集政策。

2. 激进型筹资政策

激进型筹资政策的特点是：临时性负债不但融通临时性流动资产的资金需要，还解决部分永久性资产的资金需要。

激进型筹资政策下临时性负债在企业全部资金来源中所占比重大于配合型筹资政策。因为临时性负债（如短期银行借款）的资本成本一般低于长期负债和权益资本的资本成本，而激进型筹资政策下临时性负债所占比重较大，所以该政策下企业的资本成本较低。但是另一方面，为了满足永久性资产的长期资金需要，企业必然要在临时性负债到期后重新举债或申请债务展期，这样企业便会更为经常地举债和还债，从而加大筹资困难和风险，还可能面临因为短期负债利率的变动而增加企业资本成本的风险，所以激进型筹资政策是一种收益性和风险性均较高的营运资金筹资政策。

3. 稳健型筹资政策

稳健型筹资政策的特点是：临时性负债只融通部分临时性流动资产的资金需要，另一部分临时性流动资产和永久性资产，则由长期负债、自发性负债和权益资本作为资金来源。

与配合型筹资政策相比，稳健型筹资政策下临时性负债占企业全部资金来源的比例较小，因而企业无法偿还到期债务的风险较低，同时蒙受短期利率变动损失的风险也较低。然而，另一方面，却会因长期负债资本成本高于临时性负债的资本成本，以及经营淡季时仍需负担长期负债利息，从而降低企业的收益。所以，稳健型筹资政策是一种风险性和收益性均较低的营运资金筹集政策。

一般说，如果企业能够驾驭资金的使用，采用收益和风险配合得较为适中的配合型筹资政策是有利的。

【案例】

商业信用决策——DYJ 公司的商业信用决策

一、基本案情

A 企业任命了一名新总经理，他对企业的下一步扩张计划非常有信心；他希望企业能够在两年内销售收入增长率达到 100%。为此 A 企业雇用了额外的销售人员，并为不同销售区域的销售主管配备了新车，以此刺激销量，使得销售收入增长率符合预期标准的目标。随着销量的增加，企业存货大幅增加，为了满足存货需求，必须对应提高库存水平。企业为此租入了额外的仓库来满足超出当前企业库存水平的那部分存货。

新总经理的政策一经发出，立即促进了销售额的增长，在短短一年多的时间里，销售额翻了一番。存货水平现在要求较之前变得更高了，与此同时，企业想从供应商那里获得更充裕的信贷时长并与之商讨，尽管一些供应商在等待付款时间长度上表示了不满，但是最终仍同意了为期更长的还款期限。此时应收账款的其他信贷条件不变，也就是说，应收账款的增长量，与销售额增长量相比增长，也增加了 100%。

尽管已经从供应商方面获得了还款时间更长的信贷条件，A 企业仍然需要增加其在银行的透支额度来满足自身的经营需求，此时，A 企业将银行透支额度从三十万人民币限额提高到了六十万人民币的限额。虽然这家企业在销售过程中，一直是处于盈利状态，并且在年终结了后，企业内部增加了留存收益，但是企业的总体利润率仍然是下降的，原因有二：其一，在销售过程中，企业为了获得额外的销售量，在一定程度上对销售单价予以下调，毛利润率较低，与上年相比有所下降；其二，费用较往年有所提高，致使净利润率下降。这些费用主要包括销售主管及销售人员的工资、购置新车相关费用和汽车折旧、仓库租金以及因必须注销过期或滞销的库存项目而产生的额外损失。

A 企业扩张前后财务状况见表 8-13、表 8-14。

表 8-13　　　　　　　　　　　　A 企业资产负债表

项目	Y0 年	Y2 年	项目	Y0 年	Y2 年
库存现金	1000	—	短期借款	25000	80000
应收账款	64000	135000	应付账款	50000	200000
存货	60000	150000	股本	10000	10000

续表

项目	Y0 年	Y2 年	项目	Y0 年	Y2 年
非流动资产合计	160000	210000	留存收益	200000	205000
资产合计	285000	495000	负债权益合计	285000	495000

表 8 - 14　　　　　　　　　　　　A 企业利润表

项目	Y0 年	Y2 年	项目	Y0 年	Y2 年
销售收入	1000000	2000000	净利润	50000	20000
毛利润	200000	300000			

二、分析要点

利用资产负债表和利润表，分析 A 企业新总经理发布的政策对企业的影响。

三、案例分析

由资产负债表及利润表部分数据可知，在 Y0 年和 Y2 年这两年的数据变化中，销售收入确实在两年之间增加了一倍，完成了"翻一番"目标，但是应付账款在两年间却增加了三倍；虽然企业的库存水平提高了，但库存周转率降低了，并且在 Y2 年期末时，从账上可知，公司已达到透支限额，现金流问题迫在眉睫。

企业目前处于交易过度状态。如果企业在收回赊销收入现金之前，需要进行下一次原材料购买，职工发放工资等现金支出，除非银行允许 A 企业超过透支限额继续透支，否则 A 企业无力再进行现金支出。事实上，尽管利润率下降了，但企业的经营仍是盈利的，它本应该期待一个非常有前景的未来，但是如果它不解决现金流不足与流动性太差的问题，它将无法生存，也就不能享受未来的一切收益。

针对 A 企业来看，解决这个问题，最适宜的办法是采取措施降低交易过度的程度。例如，企业可以注入股东的新资本；完善存货管理的内部控制制度与销售业务的内部控制制度；暂时放弃销售额大幅度激增这个目标。等到企业通过不断积累的留存收益积累，有足够的资金供给时，再购买更多非流动资产，扩大企业生产规模，慢慢实现"翻一番"这个雄心勃勃的计划。

当然，在没有足够的资本基础时，寻求快速增加收入的扩张方式并不是企业过度交易的唯一原因。其他原因如下：

（1）正常情况下，企业偿还贷款时，通常会用新的贷款（再融资）来代替旧的贷款。但有时，企业可能会在不替换贷款的情况下偿还贷款，从而导致其目前维持运营水平的资金不足。

（2）在通货膨胀时期，虽然企业可能会盈利，但是其留存利润可能不足以支付非流动资产和存货的重置成本，因为这些资产和存货的成本因通货膨胀而变得更高了。

四、问题探讨

当一家企业发展过快时，它的短期财政支持与业务增长规模可能会出现不相适应的情况，我们将这种情况定义为企业处于过度交易状态。在企业成立伊始，管理者还会比较谨慎地经营与投资，不会出现相关问题，但是当企业逐步发展壮大，特别是势头正好时，盈利越来越大，数量金额越来越多，公司的决策者往往就会被眼前的数据蒙蔽，开始膨胀起来，不知不觉就使得企业出现交易过度这种情况了，处于这种状态的企业往往会面临现金流困难和营运资本短缺的情况。众所周知，现金流动性是企业的生命源泉，没有现金流，即使企业还没有达到资不抵债的情况，仍然会因为现金流困难而使自己陷于命悬一线的危急时刻。如果负债规模失控，付息成本过高，对应销售收入也达不到相应的保障，市场将存在断裂的风险。

当企业试图以较少的长期资本去做金额大周转快的交易时，它会不自觉地通过支配它的资本资源去完成过大的交易量。即使企业是以盈利目的在经营，并且处于盈利状态，但是它仍旧很容易遇到严重的麻烦。核心原因在于它缺少现金，这种流动性的问题源于：它没有足够的现金来偿还到期的债务。

具体来说，当企业出现以下现象时，可能就存在此种隐患。

(1) 销售收入迅速增长；

(2) 流动资产和非流动资产的数量迅速增加，存货周转率和应收账款周转率可能会放缓，在这种情况下，存货和应收账款的增长率甚至会高于销售额的增长率；

(3) 企业的资金资源可能只通过留存利润增加了一小部分，大部分的资金增加是通过信贷融资得来的，特别是通过应付账款的付款期限被延长、经常达到甚至超过银行所同意的贷款限额以及会使债务比率大幅度上升的融资方式来进行融资。

思 考 题

1. 什么是流动资产？主要包括哪些内容？
2. 简述现金管理的目的。
3. 如何控制现金的支出？
4. 简述应收账款的功能与成本。
5. 如何对顾客进行信用调查？
6. 什么是存货？企业持有存货的原因是什么？
7. 存货管理的目的是什么？
8. 简述 ABC 分类法。
9. 银行短期借款有哪几种？
10. 商业信用有哪几种？

练 习 题

1. 某企业预计全年需要现金 60000 元，现金与有价证券的转换成本为每次 1000 元，有价证券的利息率为 30%。求最佳现金余额。

2. 某企业 20×2 年平均占用现金为 2000 万元，经分析其中有 75 万元的不合理占用额，20×3 年销售收入预计比较 2012 年增长 10%。求 20×3 年最佳现金余额。

3. 某公司准备实施更为严格的信用政策，当前政策和新政策的相关数据见表 8-15。假设该公司应收账款的机会成本率为 10%，那么该公司是否应当实施新的信用政策？

表 8 - 15	两种信用政策比较	
参数	当前信用政策	新信用政策
年销售收入（元）	15000	14000
销售成本率（%）	75	75
坏账占销售收入的比例（%）	5	2
收现期（天）	60	30

4. 某企业全年需要某种零件 5000 件，每次订货成本为 300 元，每件年储存成本为 3 元，最佳经济批量是多少？如果每件价格 35 元，一次订购超过 1200 件可得到 2% 的折扣，则企业应选择以多大批量订货？

5. 假设某企业的原材料的保险储备量为 100 件，交货期为 10 天，每天原材料的耗用量为 5 件，则企业的再订货点是多少？

第九章　股利分配与政策

　　股利分配，又称利润分配，即企业将实现的利润在依法缴纳所得税后，按照国家有关法律、法规以及企业章程的规定的分配形式和分配顺序，对税后净利润进行分配的活动。股利分配的过程与结果关系到所有者的合法权益能否得到保护，企业能否长期、稳定发展，为此，企业必须加强股利分配的管理，选择适当的股利分配政策。

第一节　利润分配的概述

一、利润的构成

　　利润是企业一定时期生产经营活动的最终成果。企业利润由营业利润、利润总额、净利润三大部分组成，不同的利润来源及其各自在利润总额中所占比重，往往能反映出企业不同的经营业绩和经营风险。

　　利润包括收入减去费用后的净额以及直接计入当期利润的利得和损失等。直接计入当期利润的利得和损失，是指应当计入当期损益、会导致所有者权益发生增减变动的、与所有者投入资本或者向所有者分配利润无关的利得或者损失。利润的构成用公式表示如下：

$$利润总额＝营业利润＋营业外收支净额$$
$$净利润＝利润总额－所得税费用$$

　　（一）利润总额的构成

　　营业利润是企业在生产经营活动中创造的，反映企业在一定时期从事生产经营活动所取得的利润。

$$营业利润＝营业收入－营业成本－税金及附加－销售费用－管理费用$$
$$－财务费用－资产减值损失±公允价值变动损失±投资收益$$

　　营业外收支净额是指企业生产经营活动没有直接联系的各种营业外收入减去营业外支出后的余额。

$$利润总额＝营业利润＋营业外收入－营业外支出$$
$$＝营业利润＋营业外收支净额$$

　　利润总额不包括所得税费用。

　　（二）税前利润调整

　　根据《企业财务通则》的规定：企业利润总额首先要按照国家规定做相应的调整后，依法缴纳所得税。调整的具体程序如下：

　　（1）税前利润弥补亏损。企业发生经营性亏损，应由企业自行弥补。当年亏损可以用下一年度的税前利润弥补。下一年度利润不足弥补的，可以在五年内延续弥补。五年内不足弥补的，用税后利润弥补。

　　（2）投资收益中已纳税项目或需补交所得税的项目，以及国家规定其他应调减或调增计税利润的项目（因税法计算的应纳税利润与会计准则计算的会计利润口径不一致，导致在计算所得税时应将会计利润调整为税法利润）。

（3）应纳税所得额。企业利润总额经过调整，即可计算应纳税所得额。

应纳税所得额＝企业利润总额－弥补以前年度亏损－国家规定其他项目应调减的利润
＋国家规定其他项目应调增的利润

（三）所得税计征和企业利润最终形成

企业利润总额在进行调整后，便可以确定企业当期的应纳税所得额。其计算公式为

应纳所得税税额＝应纳税所得额×税率

企业利润总额在缴纳所得税后，剩余部分就是利润分配的基础，即税后净利润。

二、企业利润分配的原则

利润分配是企业的一项重要工作，关系到企业、投资者等有关各方的利益，涉及企业的生存与发展。因此，在利润分配过程中，应遵循以下原则：

1. 依法分配的原则

企业利润分配的对象是在一定会计期间内实现的税后利润，税后利润企业有权自主分配。企业在利润分配中必须依法进行。为了规范企业的收益分配行为，维护各利益相关者的合法权益，国家颁布了相关法规，主要有公司法、外商投资企业法等。企业应按照以《公司法》为核心的有关法律中对企业利润分配的基本原则、一般次序和重大比例等方面的规定和要求，充分反映了国家制定的利润分配中的各种限制因素，并制定了缴税、提留、分红的基本程序，保障企业利润分配的有序进行。

2. 资本保全原则

资本保全是责任有限的现代企业制度的基础性原则之一。利润分配是对经营中资本增值额的分配，不是对资本金的返还。一般情况下，如果企业存在未弥补的亏损，应首先弥补亏损，再进行其他分配。

3. 充分保护债权人利益原则

债权人的利益按照风险承担的顺序及其合同契约的规定，企业必须在利润分配之前清偿所有债权人的到期债务，否则不能进行利润分配；同时，在利润分配之后，企业还应保持一定的偿债能力。此外，企业在与债权人签订某些长期债权契约的情况下，其利润分配政策还应征得债权人的同意或审核方可执行。

4. 多方及长短期利益兼顾原则

利润分配涉及投资者、经营者、职工等多方利益，企业必须兼顾，并应尽可能地保持稳定的利润分配；在企业获得稳定增长的利润后，应增加利润分配的数额或百分比。同时，除依法必须留用的利润外，对于发展及优化资本结构的需要，企业应兼顾长期和短期利益；合理留用利润，使利润分配真正成为促进企业发展的有效手段。

三、企业利润分配的项目

按照我国《公司法》的规定，公司利润分配的内容主要包括以下部分。

（一）公积金

公积金是公司在资本以外所保留的资金金额，又称为附加资本或准备金。公积金制度是各国公司法通常采用的一项强制性制度。公积金分为盈余公积金和资本公积金两类。盈余公积金是从公司税后利润中提取的公积金，分为法定公积金和任意公积金两种。

第一，法定公积金。法定公积金从净利润中提取形成，用于弥补亏损、扩大公司生产经

营或者转为公司资本。公司分配当年税后利润时应当按照 10％ 的比例提取法定公积金，当公司法定公积金累计额为公司注册资本 50％ 以上时可以不再提取。公司的法定公积金不足以弥补以前年度亏损的，在依照提取法定公积金之前，应当先用当年利润弥补亏损。

第二，任意盈余公积金。任意盈余公积金按照公司股东大会或股东大会决议，从公司税后利润中提取，资本公积金是直接由资本原因形成的公积金，股份有限公司超过股票票面金额的发行价格发行股份所得的溢价以及国务院财政部门规定列入资本公积金的其他收入，应当列为资本公积金。

公积金应当按照规定的用途使用，其用途主要如下：

（1）弥补公司亏损。公司的亏损按照国家税法规定可以用缴纳所得税前的利润弥补，超过用所得税前利润弥补期限仍未补足的亏损，可以用公司税后利润弥补；发生特大亏损，税后利润仍不足弥补的，可以用公司的公积金弥补。但是，资本公积金不得用于弥补公司的亏损。

（2）扩大公司生产经营。公司可以根据生产经营的需要，用公积金来扩大生产经营规模。

（3）转增公司注册资本。公司为了实现增加资本的目的，可以将公积金的一部分转为资本。对用任意公积金转增资本的，法律没有限制，但用法定公积金转增资本时，《公司法》规定，转增后所留存的该项公积金不得少于转增前公司注册资本的 25％。

（二）股利（向投资者分配利润）

公司向股东（投资者）支付股利（分配利润），要在提取公积之后。股利（利润）的分配应以各股东（投资者）持有股份的数额（投资额）为依据，每一股东（投资者）取得的股利（分得的利润）与其持股份数（投资额）成正比。股份有限公司原则上应从累计盈利中分派股利，无盈利不得支付股利，即所谓"无利不分"。但如果公司用公积金抵补亏损以后，为维护其股票信誉，经股东会或股东大会特别决议，也可以用公积金支付股利。

中国证券监督管理委员于 2008 年 10 月 9 日颁布实施的《关于修改上市公司现金分红若干规定的决定》强调了股利分配中现金分红的重要性，要求上市公司应当在章程中明确现金分红政策，利润分配政策应当保持连续性和稳定性。此外，作为上市公司申请公开增发或配股的重要前提条件，还强调公司最近三年以现金方式累计分配的利润不少于最近三年实现的年均可分配利润的 30％。

2013 年 11 月 30 日，为进一步推进现金分红工作，中国证券监督管理委员会（简称证监会）对现行现金分红制度实施效果进行了梳理评估，结合监管实践进一步修改、补充和完善，制定发布了《上市公司监管指引第 3 号——上市公司现金分红》（简称《3 号指引》）。证监会重点从三个方面加强上市公司现金分红监管工作：一是督促上市公司规范和完善利润分配的内部决策程序和机制，增强现金分红的透明度；二是支持上市公司采取差异化、多元化方式回报投资者；三是完善分红监管规定，加强监督检查力度。

2022 年 1 月 7 日，为规范上市公司现金分红，增强现金分红透明度，维护投资者合法权益，证监会发布《上市公司监管指引第 3 号——上市公司现金分红（2022 年修订）》。此次《3 号指引》新增部分规则内容，主要是将《关于上市公司监管指引第 3 号的相关问答》中现金分红比例计算规则的内容引入。《3 号指引》第五条增加"现金分红在本次利润分配中所占比例为现金股利除以现金股利与股票股利之和"的规定等。此外，将《关于进一步落实上市公司现金分红有关事项的通知》（证监发〔2012〕37 号）涉及上市公司再融资方案中利润分配政策的披露要求引入，形成《3 号指引》第九条的规定。

四、利润分配的顺序

利润分配就是对企业所实现的经营成果在各个方面之间进行分配。作为分配基础的企业利润可以有两个层次的含义：一是企业的利润总额，即税前利润；二是净利润，即企业交纳所得税后的利润。财务管理上的利润分配主要指企业净利润的分配。公司向股东（投资者）分配股利（分配利润），应按一定的顺序进行。根据《公司法》以及有关规定，公司应当按照如下顺序进行利润分配：

第一，计算可供出售分配利润。将本年净利润（或亏损）与年初未分配利润（或亏损）合并，计算出可供分配的利润。如果可供分配的利润为负数（即亏损），则不能进行后续分配，如果可供分配利润为正数（即本年累计盈利），则进行后续分配。

第二，计提法定公积金。按抵减年初累计亏损后的本年净利润计提法定公积金。提取公积金的基数，不一定是可供分配的利润，也不一定是本年的税后利润。只有不存在年初累计亏损时，才能按本年税后利润计算应提取数，这种"补亏"是按账面数字进行的，与所得税法的亏损后转无关，关键在于不能用资本发放股利，也不能在没有累计盈余的情况下提取公积金。

第三，计提任意公积金。

第四，向股东（投资者）支付股利（分配利润）。

公司股东会或董事会违法上述利润分配顺序，在抵补亏损和提取法定公积金之前向股东分配利润的，必须将违反规定发放的利润退还公司。

公司弥补亏损和提取公积金后所余税后利润，有限责任公司按照股东实缴的出资比例分配，但全体股东约定不按照出资比例分配的除外；股份有限公司按照股东持有的股份比例分配，但股份有限公司章程规定不按持股比例分配的除外。公司持有的本公司股份不得分配利润。

第二节　股利支付的程序和方式

一、股利支付的程序

公司股利的发放必须遵守相关的要求，按照日程安排来进行。一般情况下，先由董事会提出分配预案，然后提交股东大会决议，股东大会决议通过才能进行分配。股东大会决议通过分配预案后，应由公司董事会将分派股利的事项向全体股东宣告发放股利的方案，并确定股权登记日、除息日和股利发放日。

1. 股利宣告日

公司董事会将股东大会通过本年度利润分配方案的情况以及股利支付情况予以公告的日期。公告中将宣布每股派发股利、股权登记日、除息日、股利支付日以及派发对象等事项。

2. 股权登记日

股权登记日是指决定股东有权领取本期股利的股东资格登记截止日期。由于股票可以在股票市场上自由买卖、交易，因此公司的股东经常变动，具有不确定性，为了明确具体的股利发放对象，公司必须规定股权登记日。凡在此日之前已列于公司股东名册上的股东，都将获得此次分派的股利，而在此日之后才取得公司股票的股东，则无权取得这次分派的股利，其股利仍归原股东所有。

3. 除息日

除息日，也称除权日，是指领取股利所有权与股票分离的日期，即将股票中含有的股利分配股权予以解除，即在除息日当日及以后买入的股票不再享有本次股利分配的权利。除息日一般与股权登记日间隔若干天（一般为 1~4 天），间隔期间为非交易日。凡在除息日当天或以后购买股票的股东，将不能领取这次分派的股利。我国上市公司的除息日通常是在登记日的下一个交易日。

4. 股利发放日

股利发放日即正式支付股利的日期，又称付息日，即是公司按照分红方案向股权登记日在册的股东实际支付股利的日期。从这一天起，公司应将股利支付给各位股东，同时冲销股利公布的分红负债。

【例1】　某上市公司 20×2 年 4 月 10 日发布公告 20×1 年度最后的分红方案，其公告如下："20×2 年 4 月 9 日在北京召开的股东大会，通过了董事会关于每股分派 5 元的 20×1 年股息分配方案。股权登记日为 4 月 25 日，除息日为 4 月 26 日，股东可在 5 月 10 日至 25 日之间通过深圳交易所按交易方式领取股息，特此公告。"

二、股利支付的方式

按照股份有限公司对股东支付股利的不同方式，股利可以分为不同的种类。其中，常见的有以下四类。

根据《股份有限公司规范意见》规定，我国股份有限公司的股利发放主要采用现金股利和股票股利两种方式。在国外，除了这两种分配方式之外，还有财产股利、负债股利等分配方式。

1. 现金股利

现金股利是指公司将股东应得的股利收益以现金的形式向股东分派股利。现金股利是公司股利发放中最常见、最主要的发放方式，一般股东都比较希望得到现金股利。采用这种方式，公司必须具有充足的现金。目前，我国大多数股份有限公司中都有相当比例的国家股，为了体现同股同权，股权平等，国有资产保值增值的原则，从理论上讲，对国家股应与个人股一样按同比例分派股利，即国家股利"按国家规定组织收取"。

2. 财产股利

财产股利是以现金以外的资产支付的股利，主要是以公司所拥有的其他企业的有价证券，如债券、股票，作为股利支付给股东。

3. 负债股利

负债股利是公司以负债支付的股利，通常以公司的应付票据支付给股东，不得已情况下也有发行公司债券抵付股利的。

4. 股票股利

股票股利是指采用增发股票的方式向现有股东分派股利。采用这种分配方式，相当于把公司的盈利直接转化为普通股股票，即盈利资本化，是一种增资行为，因而要按法定程序办理增资手续。从会计角度看，发放股票股利既不增加股东权益总额，一般也不会改变股东的股权比例和增加公司的资产，只不过是将资金从留存收益账户转移到其他股东权益账户，即会引起所有者权益各项目的结构发生变化。

【例2】 B公司在发放股票股利之前后的"资产负债表"上的有关股东权益资料见表 9-1。

表 9-1　　　　　　　　　　股票股利发放前后的股东权益表　　　　　　　单位：万元

股票股利发放前		股票股利发放后	
股本（2000 万股，每股面值 1 元）	2000	股本（2200 万股，每股面值 1 元）	2200
资本公积	3000	资本公积	3800
留存收益	5000	留存收益	4000
股东权益合计	10000	股东权益合计	10000

假定，该公司宣布按股东所持股份 10％的比例发放股票股利，即股东每持有 10 股可得到 1 股增发的普通股。若此时该公司股票的公允市价为每股 5 元，则随股票股利的发放，公司留存收益（未分配利润）中有 1000 万元（2000 万元×10％×5＝1000 万元）的资金要转移到股本和资本公积账户上去。

由于每股面值（1 元）不变，因此，增发 200 万股普通股，股本账户仅增加 200 万元，其余的 800 万元（1000－200）超面额部分则转移到资本公积账户，而公司股东权益总额不变，仍是 10000 万元。

因此，发放股票股利仅增加了市场上股票的流通数量，却没有增加股票价值总量，从而将使股票的每股市价下降。另外，对于不足一股的股利也可用现金支付。

发放股票股利虽不直接增加股东的财富，也不增加公司的价值，但对股东和公司都有特殊意义。

（1）股票股利对股东的意义，主要如下：

1）有时公司发放股票股利后其股价并不成比例下降；一般在发放少量股票股利（2％～3％）后，大体不会引起股价的立即变化，这可使股东得到股票价值相对上升的好处。

2）发放股票股利通常由成长中的公司所为，因此，投资者往往认为发放股票股利预示着公司将有较大发展，利润将大幅度增长，足以抵消增发股票带来的消极影响。这种心理会稳定住股价甚至会略有上升。

3）在股东需要现金时，还可以将分得的股票股利出售，有些国家税法规定出售股票所需交纳的资本利得（价值增值部分）税率比收到现金股利所需交纳的所得税税率低，这使得股东可以从中获得纳税上的好处。

（2）股票股利对公司的意义，主要如下：

1）发放股票股利可使股东分享公司的盈余无须分配现金，这使公司留存了大量现金，便于进行再投资，有利于公司长期发展。

2）在盈余和现金股利不变的情况下，发放股票股利可以降低每股价价值，从而吸引更多的投资者。

3）发放股票股利往往会向社会传递公司将会继续发展的信息，从而提高投资者对公司的信心，在一定程度上稳定股票价格。但在某些情况下，发放股票股利也会被认为是公司资金周转不灵的征兆，从而降低投资者对公司的信心，加速股价的下跌。

4）发放股票股利的费用比发放现金股利的费用大，会增加公司的负担。

第三节 股利理论与股利分配政策

一、股利理论

企业的股利分配的方案，取决于企业的股利政策与决策者对股利分配的理论。股利分配理论是指人们对股利分配的客观规律的科学认识与总结，其核心问题是股利政策与公司价值的关系问题。股利理论主要研究两个问题：一是股利支付是否影响企业价值；二是股利的支付如果影响企业价值的话，使企业价值最大化的股利支付率是多少。在这一问题上，主要有两类不同观点形成了不同的股利理论：股利无关论和股利相关论。

（一）股利无关论

股利无关论认为，在一定的假设条件限制下，股利政策不会对公司的价值或股票的价格产生任何影响，投资者不关心公司股利的分配。公司市场价值的高低，是由公司所选择的投资决策的获利能力和风险组合所决定的，而与公司的利润分配政策无关。这一理论是米勒（Miller）与莫迪格利安尼（Modigliani）于1961年提出，该理论也被称为MM理论。MM理论的基本假设是完全市场理论。其基本假设条件包括：①市场具有强式效率；②不存在任何公司或个人所得税；③不存在任何筹资费用；④公司的投资决策与股利决策彼此独立，即投资决策不受股利分配的影响；⑤股东对股利收入和资本增值之间并无偏好。

在这些假设的基础上，MM理论认为：①投资者并不关心公司股利的分配；②股利的支付比率不影响公司的价值。因为公司对股东的分红只是盈利减去投资之后的差额部分，且分红只能采取派现或股票回购等方式，所以，一旦投资政策已定，那么在完全的资本市场上，股利政策的改变就仅仅意味着收益在现金股利与资本利得之间分配上的变化。如果投资者按理性行事的话，这种改变不会影响公司的市场价值以及股东的财富。所以，股票价值与公司的股利政策是无关的。

（二）股利相关理论

与股利无关理论相反，股利相关理论认为，企业的股利政策会影响股票价格和公司价值。主要观点有以下几种。

1. "一鸟在手"理论

"一鸟在手"理论，来源于英国的格言"双鸟在林，不如一鸟在手"。其初期表现为股利重要论，后经威廉姆斯（Willianms，1938年）、林特纳（Lintner，1956年）、华特（Walter，1956年）和麦伦·戈登（Gordon，1959年）等发展为"在手之鸟"理论。该理论强调的是为了实现股东价值最大化的目标，企业应实行高股利分配率的股利政策。

"一鸟在手"理论中的"在手之鸟"是指当期现金股利；"在林之鸟"是指未来的资本利得。该理论认为用留存收益再投资带给投资者的收益具有很大的不确定性，并且投资风险将随着时间的推移而进一步增大，因此，投资者更喜欢现金股利，而不大喜欢将收益留存在公司内部，去承担未来的投资风险。所以，该理论认为公司的股利政策与公司的股票价格是密切相关的，即当公司支付较高的股利时，公司的股票价格会随之上升，公司价值将得到提高。

2. 信号传递理论

信号传递理论认为，在信息不对称的情况下，公司可以通过股利政策向市场传递有关公司未来盈利能力的信息。股利政策所产生的信息效应会影响股票的价格。如果某一公司连续保持较为稳定的股利支付水平，那么投资者会对公司未来的盈利能力与现金流量抱有乐观的预期。如果某一公司改变长期以来的股利支付政策，就向投资者传递了企业收益情况发生变化的信息，从而会影响到股票的价格。一般来讲，预期未来获利能力强的公司，往往愿意通过相对较高的股利支付水平吸引更多的投资者。对于市场上的投资者来讲，股利政策的差异或许是反映公司预期获利能力的有价值的信号。

3. 税差理论

税差理论，一般又称"所得税差异理论"。"税差"是现金股利税和资本利得税有差异。法拉和塞尔文在 1967 年提出所得税率差异理论即税差理论，主张如果股利的税率比资本利得税率高，投资者会对高股利收益率股票要求较高的必要报酬率。因此，为了使资金成本降到最低，并使公司的价值最大，应当采取低股利政策。因为普遍存在的税率和纳税时间的差异，一般来说，对资本利得收入征收的税率低于对股利收入征收的税率；再者，即使两者没有税率上的差异，由于投资者对资本利得收入的纳税时间选择更具有弹性，投资者仍可以享受延迟纳税带来的收益差异。如果不考虑股票交易成本，股利的比率较高，资本利得收入比股利收入更有助于实现收益最大化目标，公司应当采用低股利政策。如果存在股票的交易成本，甚至当资本利得的所得税与交易成本之和大于股利收益税时，投资者偏好取得定期现金股利收益的股东会偏向于企业采用高现金股利支付率政策。

4. 代理理论

代理理论认为，股利政策实际上体现的是公司内部人与外部股东之间的代理管理。股利政策有助于减缓管理者与股东之间的代理冲突，即股利政策是协调股东与管理者之间代理关系的一种约束机制。该理论认为，股利的支付能够有效地降低代理成本。首先，股利的支付减少了管理者对自由现金流量的支配权，这在一定程度上可以抑制公司管理者的过度投资或在职消费行为，从而保护外部投资者的利益；其次，较多的现金股利发放，减少了内部融资，导致公司进入资本市场寻求外部融资，从而公司将接受资本市场上更多的、更严格的监督，这样便通过资本市场的监督减少了代理成本。因此，高水平的股利政策降低了企业的代理成本，但同时增加了外部融资成本，理想的股利政策应当使两种成本之和最小。

二、影响股利分配政策的因素

企业的股利分配是受多种因素下进行的，采取哪种股利政策的决策过程受多种因素的影响。影响股利分配政策应考虑的主要因素包括法律因素、股东因素、公司因素和其他因素。

（一）法律因素

为了保护债权人、投资者和国家的利益，有关法规对企业的股利分配有以下几个方面的限制。

1. 资本保全的限制

资本保全的限制规定，公司不能用资本（包括股本和资本公积）发放股利。股利的支付不能减少法定资本，目的在于保证公司完整的资本基础，保护债权人的利益。这条规定从利润分配的程序上防止资本被侵蚀的可能性。

2. 企业积累的限制

为了制约公司支付股利的任意性，按照法律规定，公司税后利润必须先提取法定公积金。此外还鼓励公司提取任意公积金，只有当提取的法定公积金达到注册资本的 50% 时，才可以不再提取。

3. 企业利润的约束

规定公司年度累计净利润必须为正数时才可发放股利，以前年度亏损必须足额弥补。如果还有剩余利润，才能用于分配股利，否则不能分配股利。

4. 超额累积利润的限制

由于股东接受现金股利交纳的所得税率高于其进行股票交易的资本利得税，公司通过保留利润来提高其股票价值，则可使股东避税。因此，许多国家规定公司不得超额累积利润，一旦公司的保留盈余超过法律认可的水平，将被加征额外税额。我国法律目前对公司积累利润尚未做出限制性规定。

5. 无力偿付的限制

基于对债权人的利益保护，如果一个公司已经无力偿付负债，或股利支付会导致公司失去偿债能力，则不能支付股利。

（二）股东因素

股利政策必须经过股东大会决议通过才能实施，一般来说，影响股利政策的股东因素主要有以下几方面。

1. 追求稳定的收入和避税考虑

公司股东大致有两类：一类股东是希望公司能够支付稳定的股利，来依靠股利维持生活的股东要求支付稳定的股利；另一类股东是出于避税考虑往往反对发放较多的股利，以求少缴个人所得税。

2. 防止控制权稀释考虑

如果公司大量支付现金股利，再发行新的普通股以融通所需资金，现有股东的控股权就有可能被稀释。另外，随着新普通股的发行，流通在外的普通股股数必将增加，最终会导致普通股的每股盈利和每股市价下降，从而影响现有股东的利益。因此，为防止控制权的稀释，持有控股权的股东希望少募集权益资金，少分股利。

（三）公司因素

公司基于短期经营和长期发展的考虑，在确定利润分配时，需要关注的影响因素主要有资产的流动性、举债能力、盈余的稳定性、投资机会、资本成本、债务需要。

1. 资产的流动性

资产的流动性是指企业资产转化为现金的难易程度。公司的现金流量与资产整体流动性越好，其支付现金股利的能力就强。而成长中的、盈利性较好的公司，如其大部分资金投在固定资产和永久性营运资金上，则他们通常不愿意支付现金股利而危及企业的安全。资本的流动性较低时往往支付较低的股利。

2. 举债能力

举债能力是公司筹资能力的一个重要方面，不同的公司在资本市场上的举债能力不同。具有较强的举债能力的公司往往采取较宽松的股利政策，而举债能力弱的公司往往采取较紧的股利政策。

3. 盈余的稳定性

盈余相对稳定的公司有可能支付较高的股利，盈余不稳定的公司一般采取低股利政策。因为对于盈余不稳定的公司，低股利政策可以减少因盈利下降而造成的股利无法支付、股价急剧下跌的风险，还可以将更多的盈利用于再投资，提高公司权益资本比重，减少财务风险。

4. 投资机会

公司的投资机会也是影响股利政策的一个非常重要的因素。在公司有良好投资机会时往往少发股利，增加留存收益，用于再投资，加速公司的发展增加未来收益；而缺乏良好投资机会的公司，倾向于支付较高的股利。

5. 资本成本

资本成本是公司筹资方式的基本依据。保留盈余（不存在筹资费用）的资本成本低于发行新股，是一种比较经济的筹资渠道。从资本成本考虑，如果公司有扩大资金的需要，也应当采取低股利政策。

6. 债务需要

具有较高债务偿还需要的公司，可以通过举借新债、发行新股筹集资金偿还债务，也可直接用经营积累偿还债务。公司一般采取低股利政策，减少股利的支付。

（四）其他因素

1. 债务合同约束

一般来说，股利支付水平越高，留存收益越少，公司破产的风险加大，就越有可损害债权人的利益。公司的债务合同特别是长期债务合同，往往限制企业现金支付程序，这样企业只能采取低股利政策。

2. 通货膨胀

当发生通货膨胀时，折旧储备的资金往往不能满足重置资产的需要，公司为了维持其原有生产能力，需要从留存利润中予以补足，可能导致股利支付水平的下降，股利政策往往偏紧。

三、股利分配政策

支付给股东的盈余与留在企业的保留盈余，存在此消彼长的关系。所以，股利分配既决定给股东分配多少红利，也决定有多少净利润留在企业。减少股利分配，会增加保留盈余，减少外部筹资需求。股利政策也是内部筹资决策。公司经常采用的股利政策如下。

（一）剩余股利政策

股利分配与公司的资本结构相关，而资本结构又是由投资所需资金构成的，因此实际上股利政策要受到投资机会及其资金成本的双重影响。剩余股利政策，是指在公司有着良好的投资机会时，根据一定的目标资本结构，测算出投资所需的权益资本，先从盈余当中留用，然后将剩余的盈余作为股利予以分配。

采用剩余股利政策时，应遵循四个步骤：

（1）设定目标资本结构，即确定权益资本与债务资本的比率，在此资本结构下，加权平均资本成本将达到最低水平；

（2）确定目标资本结构下投资所需的股东权益数额；

（3）最大限度使用保留盈余来满足投资方案所需的权益资本数额；

（4）投资方案所需权益资本已经满足后，若有剩余盈余，再将其作为股利发放。

剩余股利政策的优点是，留存收益优先保证再投资的需要，这有助于降低再投资的资金成本，保持最佳的资本结构，实现企业发展的长期性和股东价值最大化。

剩余股利政策的缺陷是，如果完全遵照执行剩余股利政策，股利发放额就会每年随投资机会和盈利水平的波动而波动。在盈利水平不变的情况下，股利发放额与投资机会的多寡呈反方向变动：投资机会越多，股利越少；反之，投资机会越少，股利发放越多。而在投资机会维持不变的情况下，股利发放额将与公司盈利呈同方向波动。剩余股利政策不利于投资者安排收入与支出，也不利于公司树立良好的形象，一般适用于公司初创阶段。

（二）固定或持续增长的股利政策

这一股利政策，是将每年发放的股利固定在某一固定的水平上并在较长的时期内不变，只有当公司认为未来盈余会显著地、不可逆转地增长时，才提高年度的股利发放额。不过，在通货膨胀的情况下，大多数公司的盈余会随之提高，且大多数投资者也希望公司能提供足以抵消通货膨胀不利影响的股利，因此在长期通货膨胀的年代里也应提高股利发放额。

固定或持续增长的股利政策的主要目的是避免出现由于经营不善而削减股利情况。采用这种股利政策的优点：首先，为稳定的股利向市场传递着公司正常发展的信息，有利于树立公司良好形象，增强投资者对公司的信心，稳定股票的价格。其次，稳定的股利额有利于投资者安排股利收入和支出，特别是对那些股利有着依赖性的股东更是如此。而股利忽高忽低的股票，则不会受这些股东的欢迎，股票价格会受到多种因素的影响，但不会受这些股东的欢迎，股票价格因此而下降。另外，稳定的股利政策可能会不符合剩余股利理论，但考虑到股票市场会受到多种因素的影响，其中包括股东的心理状态和其他要求，因此为了使股利维持在稳定的水平上，即使推迟某些投资方案，或者暂时偏离某些目标资本结构，也可能要比降低股利或降低股利增长率更为有利。

该股利政策的最大缺点是，股利分配与公司盈利状况与否相脱节，可能导致资金短缺，使公司财务状况恶化，引起财务危机。另外，也不能像剩余鼓励政策那样保持较低的资金成本。

（三）固定股利支付率政策

固定股利支付率政策又称变动的股利（额）政策，是指公司确定一个股利支付率，每年按此固定的比率从税后利润中支付股利，使公司的股利支付与盈利状况保持稳定的比例，而股利额却随税后利润的变动而变动，呈现出不稳定的变动状态。经营状况好、税后利润大时，股利额高，有利于股票价格的稳定和上升；一旦经营受挫，出现相反情况时，股票价格将出现波动和下降。在市场经济中，企业的经营状况不可能绝对稳定，每年的税后利润不可能均相等，那么，股利额的频繁变动，将会在市场上传递"公司经营不稳定"的不良信息，不利于树立公司良好的形象，不利于实现公司股票价格最大化目标。因此，很少有公司采用这种股利政策。

（四）低正常股利加额外分红的政策

这是一种折中的股利政策。顾名思义，是指公司在一般情况下，每年固定支付数额较低的正常股利额，当公司可用于支付股利的盈余较多时，再根据实际情况，向股东增发一定金额的红利。

这种股利政策可以使公司具有很大的弹性，尤其对那些利润水平各年之间变动较大的公司，是一种较为理想的股利分配政策。由于向股东每年发放固定的股利，股东不会产生股利失落感，即使在低盈余年度，可以使股东对公司有信心，而当公司盈余有较大幅度增加，且有充足现金时，再额外加付红利。可以使股东感受到公司经济的繁荣，对公司未来前景看好，有利于稳定并提高公司股票价格；因为能固定得到虽然较少但却稳定的股利，从而也吸引了重视股利收入的股东。这种股利政策既能保持股利的稳定，又能实现股利与盈余之间较好的配比，且在一定程度上弥补了固定股利额政策、固定股利支付率政策和剩余股利政策的缺点，故目前为许多公司所采纳。

第四节　股票分割与股票回购

一、股票分割

股票分割，又称拆股，是指将一张较大面值的股票拆成几张较小面值的股票。股票分割对公司的资本结构不会产生任何影响，一般只会使发行在外的股票总数增加，资产负债表中股东权益各账户（股本、资本公积、留存收益）的余额都保持不变，股东权益的总额也保持不变。股票分割与股票股利非常相似，都是在不增加股东权益的情况下增加了股份的数量，所不同的是，股票股利虽不会引起股东权益总额的改变，但股东权益的内部结构会发生变化，而股票分割之后，股东权益总额及其内部结构都不会发生任何变化，变化的只是股票面值。

（一）股票分割的作用

（1）降低股票价格。股票分割会使每股市价降低，买卖该股票所需资金量减少，从而可以促进股票的流通和交易。流通性的提高和股东数量的增加，会在一定程度上加大对公司股票恶意收购的难度。此外，降低股票价格还可以为公司发行新股做准备，因为股价太高会使许多潜在投资者力不从心而不敢轻易对公司股票进行投资。

（2）向市场和投资者传递"公司发展前景良好"的信号，有助于提高投资者对公司股票的信心。

（二）反分割

与股票分割相反，如果公司认为其股票价格过低，不利于其在市场上的声誉和未来的再筹资时，为提高股票的价格，会采取反割措施。反分割又称为股票合并或逆向分割，是指将多股股票合并为一股股票的行为。反分割显然会降低股票的流通性，提高公司股票投资的门槛，它向市场传递的信息通常是不利的。

需要注意的是，无论是股票股利还是股票分割，其对公司和股东的利益效应应当建立在企业持续发展的基础之上。如果发放股票股利或进行股票分割后并没有伴随利润和现金股利的相应增长，那么，不仅因此产生的股价上涨是短暂的，甚至可能给公司带来无尽的后患。

二、股票回购

（一）股票回购的含义

如果公司希望分派现金给股东，通常发放现金股利，另一种替代方案是股票回购。股票回购是指上市公司出资将其发行在外的普通股以一定价格购买以注销或作为库存股的一种资本运作方式,是一种替代发放现金股利的资本运作方式。公司不得随意收购本公司的股份,只是满足相关法律规定的情形才允许股票回购。

【例3】 某公司普通股的每股收益、每股市价见表9-2。

表9-2 某公司普通股票股资料表

税后利润	5000000 元
流通股数	1000000
每股收益(5000000/1000000)	5
每股计价	40
市盈率(40/5)	8

假设公司准备从盈利中拿出 1000000 元发放现金股利,每股可得股利为 1 元(1000000 ÷1000000),则每股市价将为 41 元(原市价 40 元+预期股利 1 元)。

如果公司改用替代方案用 1000000 元以每股 41 元的价格回购股票,可购得 24390 股(1000000÷41),那么每股收益将为

$$EPS=5000000/(1000000-24390)=5.1(元)$$

如果市盈率仍为 8,股票回购后的每股市价将为 41 元(5.1×8)。这与支付现金股利之后的每股市价相同。可见,公司不论是采用支付现金股利的方式还是股票回购的方式,分配给股东的每股现金都是 1 元。

但是,股票回购与发放现金股利的动机是不同的。

(二)公司股票回购的原因

公司回购股票的原因有多种,当某公司宣布回购股票时,通常会给出相应的理由。在证券市场上,股票回购的原因多种多样,主要有以下几点。

1. 现金股利的替代

现金股利政策会对公司产生未来的派现压力,而股票回购不会。当公司有富余资金时,通过回购股东所持股票将现金分配给股东,这样,股东就可以根据自己的需要选择继续持有股票或出售获得现金。

2. 改变公司的资本结构

无论是现金回购还是举债回购股份,都会提高公司的财务杠杆水平,改变公司的资本结构。公司认为权益资本在资本结构中所占比例较大时,为了调整资本结构而进行股票回购,可以在一定程度上降低整体资金成本。

3. 传递公司信息

由于信息不对称和预期差异,证券市场上的公司股票价格可能被低估,而过低的股价将会对公司产生负面影响。一般情况下,投资者会认为股票回购意味着公司认为其股票价值被低估而采取的应对措施。

4. 基于控制权的考虑

控股股东为了保证其控制权,往往采取直接或间接的当时回购股票,从而巩固既有的控制权。另外,股票回购使流通在外的股份数变少,股价上升,从而可以有效地防止故意收购。

（三）股票回购的影响

1. 对股东的影响

对股东而言，股票回购后股东得到资本利得，当资本利得税率小于现金股利税率时，股东将得到纳税上的好处。股票回购相比现金股利对股东利益具有不确定的影响。

2. 对公司的影响

对公司而言，股票回购有利于增加公司的价值。股票回购对上市公司的影响主要表现在以下几个方面：

（1）股票回购需要大量资金支付回构成本，容易造成资金紧张，降低资产流动性，影响公司的后续发展。

（2）股票回购无异于股东退股和公司资本的减少，也可能会使公司的发起人股东更注重创业利润的实现，从而不仅在一定程度上削弱了对债权人利益的保护，而且忽视了公司的长远发展，损害了公司的根本利益。

（3）股票回购容易导致公司操纵股价。公司回购自己的股票容易导致其利用内幕消息进行炒作，加剧公司行为的非规范化，损害投资者的利益。

（四）股票回购的方式

股票回购的方式主要包括公开市场回购、要约回购和协议回购。其中，公开市场回购，是指公司在公开交易市场上以当前市价回购股票；要约回购是指公司在特定期间向股东发出以高出当前市价的某一价格回购既定数量股票所谓要约，并根据要约内容进行回购；协议回购则是指公司以协议价格直接向一个或几个主要股东回购股东。

【案例】

股利政策的应用——五粮液股票股利分配政策的选择

一、基本案情

1. "五粮液"基本情况

宜宾五粮液股份有限公司（股票代码：000858）是1997年8月19日经四川省人民政府批准，由四川省宜宾五粮液厂独家发起，采取募集方式设立的股份有限公司。

公司是在四川省宜宾五粮液酒厂的基础上经过资产重组设立。宜宾五粮液酒厂以其与生产经营有关的酿酒车间、磨粉制曲车间、陈酿勾兑车间等优质资产及其附属公司——五粮液供销公司的资产及相应负债组成本公司。

五粮液公司属白酒类食品制造行业，主要从事五粮液及其系列酒的生产和销售，生产能力达到年产45万吨（商品酒）规模，是世界上最大的酿酒生产基地。1996年被第五十届统计大会评为"中国酒业大王"，并保持至今。"五粮液"品牌在2008年中国最有价值品牌评价中，品牌价值450.86亿元，居白酒制造业第一位，居中国最有价值品牌第4位。2008年公司资产总额134.96亿元，净资产114.56亿元。实现销售收入79.33亿元，净利润18.11亿元。

2. 五粮液历年股利分配简况

五粮液自上市后，一直维持了较高的利润水平。但是，这样一支绩优股，在1998年高派现后，就只采用送红股的方式分配股利，或者干脆不分配（2000、2004、2007年和2008年均未分配）。截至2008年12月31日，五粮液进行了8次股利分配，具体股利分配情况见

表 9 - 3。

表 9 - 3	五粮液历年分红情况		
分红派息年度	实施方案派息比例（每 10 股）	预案送股比例（每 10 股）	预案转增股本比例（每 10 股）
2008	—	—	—
2007	—	—	—
2006	0.6	4	—
2005	1	—	—
2004	—	—	—
2003	2	8	2
2002	—	—	2
2001	0.25	1	2
2001 中期	1	4	3
2000	—	—	—
1999 中期	—	—	5
1998	12.5	—	—

表 9 - 4 所示为五粮液历年的每股收益和净资产收益率情况。

表 9 - 4	五粮液历年的每股收益和净资产收益率情况		
年度	每股收益	每股现金股利	股利分配率
1998	1.729	1.25	0.723
1999	1.352	0	0
2000	1.6	0	0
2001	0.939	0.025	0.089
2002	0.548	0	0.118
2003	0.519	0.2	0
2004	0.306	0	0
2005	0.295	0.1	0.339
2006	0.435	0.06	0.23
2007	0.388	0	0.11
2008	0.477	0	—

五粮液的股利分配如图 9 - 1 所示。

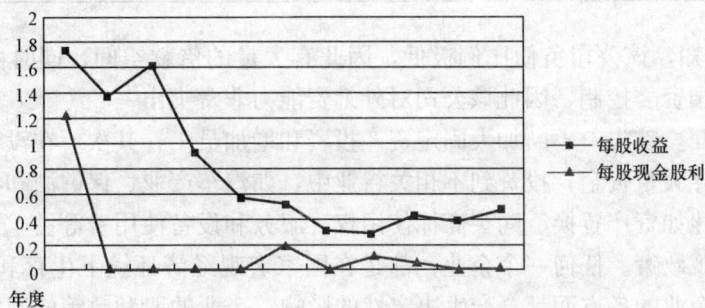

图 9 - 1 五粮液的股利分配图

二、分析要点

（1）结合案例谈一谈影响股利政策的主要因素有哪些？

（2）分析五粮液股份有限公司采用的股利政策。

（3）分析五粮液股份有限公司采用的股利政策对自身的影响。

三、案例分析

1. 结合案例谈一谈影响股利政策的主要因素

股利政策是企业财务管理的核心问题之一，直接关系到企业的生存和发展，所以一直格外地受到各方的密切关注。对于公司的经营管理者来说，在进行股利政策的决策时，必须充分考虑各方面的因素，考虑如何协调股东的当前利益和公司的本来发展之间的关系，也就是说，要充分考虑是否能够满足股东对投资收益"高""稳""持久"的要求，同时，还需要考虑如何使公司的股票价值稳中有升，使公司有长久的发展前景，最终实现股东财富最大化的财务管理目标。具体来说，公司管理当局在制定选择股利政策时要考虑影响股利政策的各种因素，主要有以下几个方面：

（1）有关法律因素。如资本保全、企业积累、净利润、超额累积利润等。

（2）股东因素。股东从自身角度出发，对公司股利政策的选择也会产生影响，主要表现在：股东利益偏好、避税、控制权的稀释等。

"五粮液"的大股东性质：第一大股东为宜宾市国有资产经营有限公司，其代表国家行使对该公司的绝对控制权。"五粮液"股权状况：股权集中度非常高，第一大股东持股占总股份的 56.07%，其他 9 大股东总共持有不到 7% 的股权。

因此，该种股权结构容易导致代理成本的产生，一方面管理者由政府任命，导致管理者与公司股东的代理成本；另一方面大股东高度集权，容易导致大股东对小股东利益的侵害。

（3）公司自身因素。公司盈余的稳定性、公司的发展规划和投资机会、公司的筹资能力、资金成本和资金结构、公司债务约束、资产流动性和现金支付能力、公司所处行业、公司所处的寿命周期、公司股票市场价格等。此外，公司的经营情况，经营环境等都会对股利政策产生影响。例如，"五粮液"在举债能力方面的情况见表 9-5。

表 9-5　　　　　　　　　　　"五粮液"举债能力分析表

年份	2008	2007	2006
总资产	1349642.07	1157165.11	1034015.43
股东权益	1145593.69	962623.70	830113.72
股东权益/总资产	0.848812967	0.831881027	0.802805931

从表 9-5 可知，该公司负债比例极低，因此有大量的借款空间，同时由于该公司业绩优良，又属地方国资委控制，因此该公司对外筹资能力非常突出。

投资机会方面。首先，不断加大固定资产投资和增加员工；其次，在没有更好的投资项目的情况下，留存大量资金，投资到不相关行业中，如汽车产业、保健酒和集团公司进行大量的关联交易，比如资产置换、购买商标使用权、服务和设备使用费等。

（4）国家宏观政策。任何一个企业，都是在国家宏观经济环境下生存和发展的，所以，宏观经济环境对企业的各方面都会产生决定性的影响，企业的股利政策的制定也不例外。这些因素主要有经济发展状况、政府经济政策、市场竞争和技术变革等。

从以上分析我们可以看到，当公司在制定股利政策时，需要考虑的因素是十分复杂的。具体针对某一个公司来说，要充分地考虑该公司的实际情况来进行。本案例中的"五粮液"在股利分配时，在选择股利政策时，主要应从这几方面来进行考虑。

2. 分析五粮液股份有限公司采用的股利政策

上市公司股东获取回报主要有两种方式：经由上市公司分配股利以及所持有股票价格上涨的资本利得。理论上，一个业绩优良的上市公司所能给股东的回报，既包括稳定的股利分配，又包括股票价格的稳定增长。

五粮液的第一大股东是宜宾市国有资产经营有限公司，持有五粮液75％的股份，属于国有非流通股。由于非流通股不能上市进行交易，股东不能通过股价增长获得收益，因此理论上非流通股股东偏好发放现金股利。如用友软件在2001年的分配股利时，每10股派现6元，使非流通股股东的投资收益率高达50％以上。而且在2002年分配时，仍是每10股派现6元，只是迫于流通股股东压力，而加送2股红股。

五粮液在1998年的分配方案中，也采用了高派现的方法，每10股派现12.5元，扣税后实际每10股派10元。通过这种方式，非流通股股东分得24000万元。但在以后的分配中，五粮液却改变了派现的方式，而改为高比例送红股和公积金转赠股。1999～2006年公司主要是股票股利为主，经过若干年的送股和转赠，五粮液最初的3200万股，到2004年已经变为271140.48万股，在不到5年的时间里，股本增长了6倍多。2005年每10股派现1元，2006年派送每10股派现0.6元，每10股送4股。2007、2008年不分红。截至2008年年底持有达到212837.13万股。

所以，结合表9-2、表9-3和图9-1可知，五粮液公司的股利支付除了刚上市一年外，一直采用较低现金股利，该公司主要采用剩余股利政策，以及就是在公司有着良好的投资计划时，根据公司最佳的资本结构，测算出投资所需的权益资本，先从盈余当中留用，然后将剩余的盈余公积作为股票予以分配。

3. 分析五粮液股份有限公司采用的股利政策对自身的影响

(1) 事件一：1999年5月28日宣告对1998年的分红。

图9-2是宣告日前后的股价的变动情况，从图9-2可知本次股利宣告，使得股价得到提升，同时（—10，20）的事件窗口中，可发现股东也获得了总共的超额收益为8.58％，因此增加了股东财富。

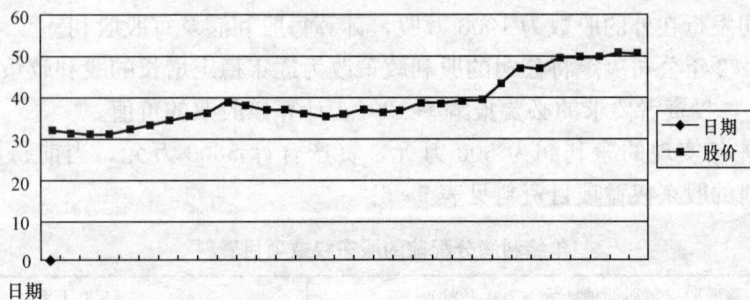

图9-2 股价变动图

(2) 事件二：2002年4月10日宣告对2001年的分红。

图 9-3 是宣告日前后的股价的变动情况，从图 9-3 可知本次股利宣告，使得股价下降，同时（-10，20）的事件窗口中，可发现股东也获得了总共的超额收益为-3.90%，因此使股东财富下降。

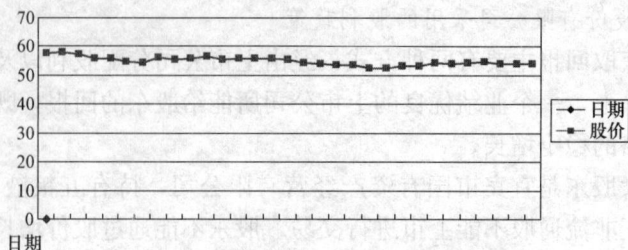

图 9-3　股价变动图

四、问题探讨

（1）当前许多上市公司的股利政策中都明确，股利分配方式可以采用派发现金、股票或者其他合法形式，请问各种不同的股利支付形式之间是否存在相互替代关系？

（2）采用不同的股利支付形式对股利政策的制定和选择有什么影响？

思 考 题

1. 简述销售收入的构成内容股利分配应考虑的主要因素。
2. 比较各种股利政策的优缺点。
3. 简述影响股利分配政策的因素。
4. 简述股利分配的有关政策。
5. 税后利润分配的一般顺序是什么？

练 习 题

1. 某公司 20×1 年实现的税后净利为 850 万元，若 20×2 年的投资计划所需资金 800 万元，公司的目标资金结构为自有资金占 60%。

（1）公司采用剩余股利政策，则 20×1 年年末可发放多少股利？

（2）若公司发行在外的股数为 1000 万股，计算每股利润及每股股利。

（3）若 20×2 年公司决定将公司的股利政策改为逐年稳定增长的股利政策，设股利的逐年增长率为 2%，投资者要求的必要报酬率 12%，计算该股票的价值。

2. 某公司本年实现的净利润为 500 万元，资产合计 5600 万元，当前每股市价 10 元，年终利润分配前的股东权益项目资料见表 9-6。

表 9-6　　　　　　　　　　　年终利润分配前的股东权益项目资料

股本—普通股（每股面值 4 元，200 万股）	800 万元
资本公积金	320 万元
未分配利润	1680 万元
所有者权益合计	2800 万元

要求：计算或回答以下问题。

（1）计划按每 10 股送 1 股的方案发放股票股利，股票股利的金额按市价计算，计算完成这一分配方案后的股东权益各项目数额，以及每股收益和每股净资产。

（2）计划派发每股现金股利 0.2 元。计算完成这一分配方案后的股东权益各项目数额，以及每股收益和每股净资产。

第十章　财务分析与评价

第一节　财务分析概述

财务分析是财务管理的基础工作之一，它是以企业财务报表等会计资料为基础，对企业财务活动的过程及结果进行分析评价的一种管理活动。通过财务分析，计算各种分析指标，可以正确评价企业当前和过去的财务状况，权衡企业经营活动的利弊得失，以便进一步分析企业未来的发展趋势，为财务决策、计划和控制提供重要依据。

一、财务分析的作用

财务分析的最基本功能，是将大量的财务会计报表数据转换成对特定决策有用的信息，以减少决策的不确定性。其具体作用可从不同角度进行阐述。

（一）通过财务分析可以正确评价企业过去

正确评价过去，目的是说明现在和揭示未来。财务分析通过对具体会计报表数据、指标的计算，能够较为准确地说明企业已经发生的业绩状况，指出企业的成绩和问题所在及其产生的主客观原因等。这不仅对于企业的经营管理者十分有益，还可以帮助企业投资者和债权人做出正确的决策。

（二）通过财务分析可以较为全面地分析企业现状

财务会计报表及有关经济资料是企业各项生产经营活动的综合反映，但会计报表的格式及其提供的数据往往是根据会计的特点和管理的一般需要而设计的，它不可能全面提供不同目的报表使用者所需要的各方面数据资料。财务分析则根据不同分析主体的具体目的，采用不同的方法和手段，计算反映企业各个方面现状的具体指标，从而可以对企业现状做出较为全面的反应和评价。

（三）通过财务分析可以评估企业潜力

企业理财的根本目标是努力实现企业价值最大化。通过财务指标的计算和分析，了解企业的盈利能力和资产周转状况，不断挖掘企业改善财务状况，扩大财务成果的内部潜力，充分认识未被利用的人力资源和物质资源，寻找利用不当的部分及原因，发现进一步提高利用效率的可能性，以便从各方面揭露矛盾、找出差距、寻求措施，促进企业生产经营活动按照企业价值最大化的目标实现良性运行。

（四）通过财务分析可以在一定程度上揭示和防范企业风险

一些重要财务指标的计算如流动比率、速动比率、资产负债率、产权比率可以在一定程度上揭示企业经营所面临的风险，而这些指标数值的大小也代表着企业防范、抵御风险能力的大小。

二、财务分析的目的

财务信息需求者出于不同的利益考虑，所关心问题的侧重点不同，因此，进行财务分析的目的也各不相同。企业经营管理者必须全面了解企业的生产经营状况和财务状况，他们进行财务分析的目的和要求是全面的；企业投资者的利益与企业的经营成果密切相关，他们更关心企业的资本盈利能力、企业生产经营的前景和投资风险；企业的债权人则关心企业能否按期还本付息，他们一般侧重于分析企业的偿债能力。综合起来，进行财务分析主要出于以下目的。

（一）评价企业的偿债能力

通过对企业的财务报表等会计资料进行分析，可以了解企业资产的流动性、负债水平以及偿还债务的能力，从而评价企业的财务状况和经营风险，为企业经营管理者、投资者和债权人提供财务信息。

（二）评价企业的资产营运水平

企业的生产经营过程就是利用资产取得收益的过程。资产是企业生产经营活动的经济资源，资产的管理水平直接影响到企业的收益，它体现了企业的整体素质。进行财务分析，可以了解到企业资产的保值和增值情况，分析企业资产的管理水平、资金周转状况、现金流量情况等，为评价企业的经营管理水平提供依据。

（三）评价企业的获利能力

获取利润是企业的主要经营目的之一，也是企业综合能力的集中反映。企业要生存和发展，必须努力获得较高的利润，这样才能在竞争中立于不败之地。投资者和债权人都十分关心企业的获利能力，获利能力强可以提高企业偿还债务的能力，提高企业信誉。对企业获利能力的分析不能仅看其获取利润的绝对数，还应分析其相对数，这些都可以通过财务分析来实现。

（四）评价企业的发展趋势

无论是企业的经营管理者，还是投资者、债权人，都十分关注企业的发展趋势，这关系到他们的切身利益。企业通过对财务报表进行分析，可以判断出企业的发展趋势，预测企业的经营前景，从而为企业经营管理者和投资者进行经营决策和投资决策提供重要的依据，避免决策失误给其带来重大的经济损失。

三、财务分析的依据

财务分析主要是以企业的会计核算资料为基础，通过对这些会计核算资料进行加工整理，得出一系列科学的、系统的财务指标，以便进行比较、分析和评价。这些会计核算资料包括日常核算资料和财务报告，但财务分析主要是以财务报告为基础，日常核算资料只作为财务分析的一种补充资料。以下着重介绍一下进行财务分析常用的三张基本会计报表。

（一）资产负债表

资产负债表是反映企业在某一时点上资产、负债和股东权益基本状况的会计报表。它提供了企业的资产结构、资产流动性、资本来源状况、负债水平以及负债结构等财务信息。分析者通过对资产负债表的分析，可以了解企业的偿债能力、营运能力等财务状况，为企业管理者、投资者和债权人提供决策依据。

（二）利润表

利润表是反映企业在一定期间内企业经营成果的会计报表。通过对利润表的分析，可以考核企业利润计划的完成情况，分析企业获利能力以及利润增减变化的原因，预测企业利润的发展趋势，为投资者及企业管理者等各方面提供财务信息。

（三）现金流量表

现金流量表是以现金及现金等价物为基础，按收付实现制编制的会计报表。它为会计报表使用者提供企业一定会计期间内现金和现金等价物流入和流出的信息，以便分析者了解和评价企业获取现金和现金等价物的能力。对现金流量表进行分析，可以弥补传统财务分析仅以资产负债表和利润表为依据而产生的受会计自身方法制约的不利影响。

四、财务分析的程序

财务分析工作是一项比较复杂的工作，必须按科学的程序来进行，其一般程序包括以下几个步骤。

（一）确定财务分析的范围，收集有关数据资料

财务分析的范围取决于财务分析的目的，它可以是企业经营活动的某一方面，也可以是企业经营活动的全过程。如债权人可能只关心企业偿还债务的能力，他就不必对企业经营活动的全过程进行分析，而企业的经营管理者则需进行全面的财务分析。财务分析的范围决定了所要搜集的数据资料的数量。

（二）选择适当的分析方法进行对比，做出评价

财务分析的目的和范围不同，所选用的分析方法也不同。常用的财务分析方法有比率分析法、比较分析法等。这些方法各有特点，在进行财务分析时可以结合使用。局部的财务分析，可选择其中的某一方法；全面的财务分析，则应该综合运用各种方法，以便进行对比，做出客观的、全面的评价。利用这些分析方法，比较分析企业的有关财务数据，计算各种财务指标，对企业的财务状况做出评价。

（三）进行因素分析，抓住主要矛盾

通过财务分析，可以找出影响企业经营活动和财务状况的各种因素。在诸多因素中，有的是有利因素，有的是不利因素；有的是外部因素，有的是内部因素。在进行因素分析时，必须抓住主要矛盾，即影响企业生产经营活动财务状况的主要因素，然后才能有的放矢，提出相应的办法，做出正确的决策。

（四）为做出正确的经济决策，提供各种建议

财务分析的最终目的是为经济决策提供依据。通过上述的比较与分析，就可以提出各种方案，然后权衡各种方案的利弊得失，从中选出最佳方案，做出正确的经济决策。这个过程也是一个信息反馈过程，决策者可以通过财务分析总结经验，吸取教训，以改进工作。

第二节　财务指标分析

尽管不同利益主体进行财务分析时有着各自的侧重点，但就总体来看，财务分析的基本内容可归纳为偿债能力分析、营运能力分析和盈利能力分析三个方面。其中偿债能力是财务目标实现的稳健保证，营运能力是财务目标实现的物质基础，盈利能力是两者共同作用的结果，同时也对两者的增强起着推动作用。三者相辅相成，共同构成企业财务分析的基本内容。衡量偿债能力、营运能力和获利能力的高低主要是通过计算分析各种财务指标进行，以下做详细说明。

现将后面举例时需要用到 A 公司的资产负债表（简表）和利润表（简表）列举如下（见表 10-1、表 10-2）。

表 10 - 1 资产负债表

资产	年初数	年末数	负债及股东权益	年初数	年末数
流动资产：			流动负债：		
货币资金	960	1080	短期借款	2400	2760
交易性金融资产	1200	600	应付账款	1200	1440
应收账款	1440	1560	预收账款	360	480
预付款项	48	84	其他应付款	120	120
存货	4800	6240	流动负债合计	4080	4800
流动资产合计	8448	9564	非流动负债：		
非流动资产：			长期借款	2400	3000
长期股权投资	480	480	非流动负债合计	2400	3000
固定资产	14400	16800	负债合计	6480	7800
无形资产	600	660	股东权益：		
长期待摊费用	72	96	股本	14400	14400
非流动资产合计	15552	18036	盈余公积	1920	1920
			未分配利润	1200	3480
			股东权益合计	17520	19800
资产总计	24000	27600	负债及股东权益总计	24000	27600

表 10 - 2 利润表 单位：万元

项目	年度	
	上年数	本年数
一、营业收入	21600	24000
减：营业成本	12840	14640
税金及附加	1296	1440
销售费用	1944	2280
管理费用	960	1200
财务费用	240	360
资产减值损失	0	0
加：公允价值变动收益	0	0
投资收益	420	780
二、营业利润	4740	4860
加：营业外收入	200	400
减：营业外支出	720	700
三、利润总额	4220	4560
减：所得税费用（税率为 25%）	1055	1140
四、净利润	3165	3420
五、每股收益		

一、偿债能力分析

偿债能力是指企业偿还到期债务（包括本息）的能力。偿债能力分析包括短期偿债能力和长期偿债能力分析。

（一）短期偿债能力分析

短期偿债能力是指企业流动资产对流动负债及时足额偿还的保证程度，是衡量企业当前财务能力，特别是流动资产变现能力的重要标志。短期偿债能力分析所涉及的指标有流动比率、速动比率、现金比率和现金流量比率。

1. 流动比率

流动比率是流动资产与流动负债的比值，它表明企业每一元流动负债有多少流动资产作为偿还的保证，用以反映企业可在短期内转变为现金的流动资产偿还到期流动负债的能力。其计算公式为

$$流动比率 = \frac{流动资产}{流动负债}$$

一般情况下，流动比率越高，反映企业短期偿债能力越强，债权人的权益越有保证。按照西方企业的长期经验，一般认为 2：1 的比例比较适宜。它表明企业财务状况稳定可靠，除了满足日常生产经营的流动资金需要外，还有足够的财力偿付到期的短期债务。

在实务中，对流动比率的分析应结合不同的行业特点、企业流动资产结构及各项流动资产的实际变现能力等因素。有的行业较低，有的行业较高，不可一概而论，不应该用统一的标准来评价不同企业的流动比率的合理性。

值得注意的问题是，有的企业流动比率较高，但短期偿债能力未必很强，因为可能是存货积压或滞销、大量应收账款难以回收的结果。有的企业年终时有意将借款还清，下年初再借入，这样的结果也人为提高了流动比率，粉饰了短期偿债能力。因此，在分析流动比率时应当剔除一些虚假因素的影响。

此外，从短期债权人的角度看，自然是希望流动比率越高越好。但从企业经营角度来看，过高的流动利率通常意味着企业现金过量闲置，这将造成企业机会成本的增加和获利能力的降低。因此，企业应尽可能将流动比率维持在不使货币资金闲置的水平。

【例1】 根据表 10-1 资料，该企业 20×2 年的流动比率为

$$年初流动比率 = \frac{8448}{4080} = 2.07$$

$$年末流动比率 = \frac{9564}{4800} = 1.99$$

该企业 20×2 年年初、年末流动比率均达到一般公认标准，反映该企业具有较强的短期偿债能力。

2. 速动比率

速动比率是企业速动资产与流动负债的比率。所谓速动资产，是指流动资产减去变现能力较差且不稳定的存货等后的余额，主要包括货币资金、交易性金融资产、应收票据、应收账款、预付账款等。由于剔除了存货等变现能力较弱且不稳定的资产，因此，速动比率较之流动比率能够更加准确、可靠地评价企业资产的流动性及其偿还短期负债的能力。其计算公式为

$$速动比率 = \frac{速动资产}{流动负债}$$

西方企业的传统经验认为，速动比率为1时是安全标准。因为如果速动比率小于1，必使企业面临很大的偿债风险；如果速动比率大于1，尽管债务偿还的安全性很高，但却会因企业现金及应收账款资金占用过多而大大增加企业的机会成本。

通常，影响速动比率可信度的重要因素是应收账款的变现能力，如果企业的应收账款中，有较大部分不易收回，可能形成坏账，则速动比率就不能真实地反映企业的偿债能力。

【例2】 根据表10-1资料，该企业20×2年的速动比率为

$$年初速动比率 = \frac{960+1200+1440+48}{4080} = \frac{3648}{4080} = 0.89$$

$$年末速动比率 = \frac{1080+600+1560+84}{4800} = \frac{3324}{4800} = 0.69$$

分析表明该企业20×2年年末的速动比率比年初有所降低，虽然该企业流动比率接近一般公认标准，但由于流动资产中存货所占比重过大，导致企业速动比率未达到一般公认标准，企业实际短期偿债能力并不理想，需采取措施加以扭转。

在分析时需注意的是，尽管速动比率较之流动比率更能反映出流动负债偿还的安全性和稳定性，但并不能认为速动比率较低的企业的流动负债到期绝对不能偿还。实际上，如果企业存货流转顺畅，变现能力较强，即使速动比率较低，只要流动比率高，企业仍然有望偿还到期的债务本息。

3. 现金比率

现金比率是企业现金类资产与流动负债的比率。现金类资产包括企业所拥有的货币资金和交易性金融资产等，它是速动资产扣除应收账款后的余额。由于应收账款存在着发生坏账损失的可能，因此，速动资产扣除应收账款后计算出的金额，最能反映企业直接偿付流动负债的能力。其计算公式为

$$现金比率 = \frac{现金+交易性金融资产}{流动负债}$$

但需注意的是，企业不可能、也无必要保留过多的现金类资产。如果这一比例过高，就意味着企业现金类资产未能得到合理的运用，导致企业机会成本增加。

【例3】 根据表10-1资料，该企业20×2年的现金比率为

$$年初现金比率 = \frac{960+1200}{4080} = 0.53$$

$$年末现金比率 = \frac{1080+600}{4800} = 0.35$$

该企业年初与年末的现金比率都比较高，这说明企业还需进一步有效地运用现金类资产，合理安排资产结构，提高资金使用效率。

4. 现金流量比率

现金流量比率，是企业一定时期的经营现金净流量同流动负债的比率，它可以从现金流量角度反映企业当期偿付短期负债的能力。其计算公式为

$$现金流量比率 = \frac{年经营现金净流量}{年末流动负债}$$

式中年经营现金净流量指一定时期内，由企业经营活动所产生的现金及其等价物的流入

量与流出量的差额。

该指标是从现金流入和流出的动态角度对企业实际偿债能力进行考察。因为有利润的年份不一定有足够的现金来偿还债务，所以利用以收付实现制为基础的现金流动负债比率指标，能充分体现企业经营活动所产生的现金净流量可以在多大程度上保证当期流动负债的偿还，直观地反映出企业偿还流动负债的实际能力。用该指标评价企业偿债能力更为谨慎。该指标较大，表明企业经营活动产生的现金净流量较多，能够保障企业按时偿还到期债务。但该指标也不是越大越好，太大则表示企业流动资金利用不充分，收益能力不强。

【例4】　根据表10-1资料，假定该企业20×1年度和20×2年度的经营现金流量分别为3600万元和6000万元，则该企业的现金流量比率为

$$20×1年度的现金流量比率=\frac{3600}{4080}=0.88$$

$$20×2年度的现金流量比率=\frac{6000}{4800}=1.25$$

该企业20×2年度的现金流量比率比20×1年度明显提高，表明该企业的短期偿债能力增强。

（二）长期偿债能力分析

长期偿债能力指企业偿还长期负债的能力。企业的长期负债主要有长期借款、应付债券、长期应付款等。为使债权人和投资者全面了解企业的偿债能力及财务风险，在对企业进行短期偿债能力分析的同时，还需分析企业的长期偿债能力。其分析指标主要有三项。

1. 资产负债率

资产负债率又称负债比率，是企业负债总额与资产总额的比率。它表明企业资产总额中，债权人提供资金所占的比重，以及企业资产对债权人权益的保障程度。其计算公式为

$$资产负债率=\frac{负债总额}{资产总额}×100\%$$

负债比率的高低对企业的债权人与投资人有不同的影响。从债权人的角度看，应该是越低越好，这表明企业的长期偿债能力越强。而从投资人的角度来看，要结合企业总资产报酬率的高低进行判断。这是因为，投资人投入的资金最终要以投资收益来回报，而当全部资金投资报酬率高于长期负债所承担的利息率时，企业投资人的自有资金收益率的高低与负债比率是同方向变动的。也就是说，如果企业负债资金利用得当，负债比率的提高有利于企业自用资金收益率的提高；相反，若利用不当，负债比率的提高会导致企业自有资金收益率的加速下滑。企业究竟应该确定怎样的负债比率，取决于企业管理者对企业资产报酬率的预测状况、负债资金的使用状况，以及企业未来承受风险的能力。

【例5】　根据表10-1资料，该企业20×2年的资产负债率为

$$年初资产负债率=\frac{6480}{24000}×100\%=27.00\%$$

$$年末资产负债率=\frac{7800}{27600}×100\%=28.26\%$$

该企业年初、年末的资产负债率均不高，说明企业长期偿债能力较强，这有助于增强债权人对企业的信心。

2. 产权比率和权益乘数

产权比率和权益乘数是资产负债率的另外两种表现形式。产权比率是指负债总额与股东

权益的比率，是企业财务结构稳健与否的重要标志，也称资本负债率。它反映企业股东权益对债权人权益的保障程度。权益乘数是资产总额与股东权益的比率，是资产总额相当于股东权益的倍数。其计算公式为

$$产权比率=\frac{负债总额}{股东权益}$$

$$权益乘数=\frac{资产总额}{股东权益}$$

从债权人的角度来讲，产权比率越高，风险也就越大，所以希望该比率越小越好。而从投资人的角度看，只要资产报酬率高于贷款利率，这一比率越大，投资报酬率也越大，所以希望该利率尽可能大。一般而言，西方财务分析者常建议应把负债与权益的比率维持在 1：1 的水平上，当然，这必须视企业的营运情况而定，而不能断然做出结论。权益乘数表明股东权益拥有的总资产数，也反映了企业财务杠杆的大小，权益乘数越大，说明股东投入的资本在资产中所占比重越小，财务杠杆越大。

【例 6】 根据表 10 - 1 资料，该企业 20×2 年的产权比率为

$$年初产权比率=\frac{6480}{17520}=0.37$$

$$年末产权比率=\frac{7800}{19800}=0.39$$

该企业 20×2 年年初、年末的产权比率都不高，同资产负债率的计算结果可相互印证，表明企业的长期偿债能力较强，债权人的保障程度较高。

该企业 20×2 年的权益乘数为

$$权益乘数=\frac{24000}{17520}=1.36$$

$$权益乘数=\frac{27600}{19800}=1.39$$

该企业 20×2 年年初、年末的权益乘数都不高，说明财务杠杆不大，这也同资产负债率的计算结果一致。

产权比率、权益乘数与资产负债率对评价偿债能力的作用基本相同，主要区别是：资产负债率侧重于分析债务偿付安全性的物质保障程度，产权比率则侧重于揭示财务结构的稳健程度以及自有资金对偿债风险的承受能力，权益乘数侧重于揭示企业利用财务杠杆的能力。

3. 利息保障倍数

利息保障倍数是指企业息税前利润与利息费用的比率，它可以反映获利能力对债务偿付的保证程度。其计算公式为

$$利息保障倍数=\frac{息税前利润}{利息费用}=\frac{利润总额+利息费用}{利息费用}$$

息税前利润是指包括利息费用和所得税前的正常业务经营利润，不包括非正常的项目。这是由于由负债与资本支持的项目一般属于正常业务经营范围，因此计算利息保障倍数时就应以正常业务经营的息税前利润为基础。为了更加准确地反映利息的保障程度，利息费用应包括企业在生产经营过程中实际支出的借款利息、债券利息等。

该指标不仅反映了企业获利能力的大小，而且反映了获利能力对偿还到期债务的保证程度，它既是企业举债经营的前提依据，也是衡量企业长期偿债能力大小的重要标志。由此可

以得出这样的启示：若要维持正常偿债能力，从长期看，已获利息倍数至少应当大于1，且比值越高，企业长期偿债能力一般也就越强。如果利息保障倍数过小，企业将面临亏损、偿债的安全性与稳定性下降的风险。究竟企业利息保障倍数应是利息的多少倍，才算偿付能力强，这要根据往年经验结合行业特点来判断。

【例7】 根据表10-2资料，假定表中财务费用全部为利息费用，该企业利息保障倍数为

$$20\times1年利息保障倍数=\frac{4220+240}{240}=18.58（倍）$$

$$20\times2年利息保障倍数=\frac{4560+360}{360}=13.67（倍）$$

从以上计算来看，应当说企业 20×1 年和 20×2 年的已获利息倍数都较高，有较强的偿付债务利息的能力。

（三）影响企业偿债能力分析的其他因素

上述的财务比率是分析企业偿债能力的主要指标，分析者可以比较最近几年的有关财务指标来判断企业偿债能力的变化趋势，也可以比较某一企业与同行业其他企业的财务指标，来判断企业在同行业偿债能力所处水平。此外，还应考虑以下因素对企业偿债能力的影响。

1. 或有负债

或有负债是指过去的交易或事项形成的潜在义务，其存在须通过未来不确定事项的发生或不发生予以证实。履行该义务很可能导致经济效益流出企业，或该债务的金额不能可靠地计量。常见的或有负债包括企业对售后商品提供担保、企业以本企业的资产为其他企业提供法律担保、已贴现的票据有可能发生追索等。这些或有负债在资产负债表日还不能确定未来的结果如何，一旦将来成为企业现实负债，就会对企业财务状况和经营结果产生重大影响，尤其是金额巨大的或有负债项目。因此，在财务分析时必须引起高度重视。

2. 租赁活动

企业在生产经营活动中，可以通过财产租赁的方式解决急需的设备。通常财产租赁有两种形式，融资租赁和经营租赁。采用融资租赁方式，租入的固定资产是作为企业的固定资产核算，租赁费用作为长期应付款核算，这在计算前面有关的财务指标时已包括在内。但是，经营租赁的资产，其租赁费用直接计入当期损益，并未包含在负债之中，如果经营租赁的业务量较大、期限较长并具有经常性，则其租金虽然不包含在负债之中，但对企业的偿债能力也会产生较大的影响。在进行财务分析时，也应考虑这一因素。

3. 可动用的银行贷款指标

可动用的银行贷款指标是指银行已经批准而企业尚未办理贷款手续的银行贷款限额。这种贷款指标可以随时使用，增加企业的现金，这样可以提高企业的支付能力，缓解目前的财务困难。

二、营运能力分析

营运能力分析主要是为了反映企业资金运用、循环效率的高低。资产运用效率高、循环快，则企业可以用较小的投入获取较多的回报。一般情况下，企业营运能力侧重于分析评价生产资料的营运能力。企业拥有或控制的生产资料表现为各项资产占用。因此，生产资料的营运能力实际上就是企业的总资产及各个组成要素的营运能力。资产营运能力的强弱关键取

决于周转速度。一般说来，周转速度越快，资产的使用效率越高，则资产营运能力越强；反之，营运能力就越差。所谓周转率即企业在一定时期内资产的周转额与平均余额的比率，它反映企业资金在一定时期的周转次数。周转次数越多，则周转速度越快，表明营运能力越强。这一指标的反指标是周转期，它是周转次数的倒数与计算期天数的乘积，反映资产周转一次所需要的天数。周转期越短，则周转速度越快，表明资产营运能力越强。基本计算公式为

$$周转率（周转次数）=\frac{周转额}{资产平均余额}$$

$$周转期（周转天数）=\frac{计算期天数}{周转次数}=\frac{计算期天数×资产平均余额}{周转额}$$

资产营运能力的分析可以从以下几个方面进行。

（一）应收账款周转率

应收账款周转率是一定时期内商品或产品赊销收入净额与应收账款平均余额的比值，是反映应收账款周转速度的指标。其计算公式为

$$应收账款周转率=\frac{赊销收入净额}{应收账款平均余额}$$

$$应收账款周转期=\frac{应收账款平均余额×360}{赊销收入净额}$$

其中：赊销收入净额＝销售收入净额－现销收入－销售退回、折扣和折让

$$应收账款平均余额=\frac{应收账款期初余额＋应收账款期末余额}{2}$$

在市场经济条件下，商业信用被广泛应用，应收账款成为一项重要流动资产。应收账款周转率是评价应收账款流动性大小的一个重要财务比率，它反映了企业在一个会计年度内应收账款的周转次数，可以用来分析企业应收账款的变现速度和管理效率。这一比率越高，说明企业收账速度越快，可以减少坏账损失，而且资产的流动性强，企业的短期偿债能力也会提高，在一定程度上，可以弥补流动比率低的不利影响。但是，如果应收账款周转率过高，可能是因为企业执行了比较严格的信用政策、信用标准和付款条件过于苛刻的结果。这样会限制企业销售量的扩大，反而会影响企业的盈利水平，这种情况往往表现为存货周转率同时偏低。如果企业的应收账款周转率过低，则说明企业收账效率太低，或者信用政策十分宽松，这样会影响企业资金利用率和资金的正常周转。而应收账款周转天数表示应收账款周转一次所需天数，应收账款周转天数越短，表明企业的应收账款周转速度越快。

【例8】 根据表10-1资料计算20×1年和20×2年两年的应收账款周转率，见表10-3。

表 10-3　　　　　　　　　　　　　　　应收账款周转计算表

项目	20×0年	20×1年	20×2年
赊销收入净额（万元）	—	21600	24000
应收账款年末余额（万元）	1300	1440	1560
应收账款平均余额（万元）	—	1370	1500
应收账款周转率（次）	—	15.8	16.00
应收账款周转期（天）	—	23.00	22.50

以上计算结果表明，该企业 20×2 年应收账款周转率比 20×1 年稍有改善，周转次数由 15.8 次提高为 16 次，周转天数由 23 天缩短为 22.5 天。这不仅说明企业的营运能力有所增强，而且对流动资产变现能力和周转速度也会起到促进作用。

（二）存货周转率

存货周转率是一定时期内企业营业成本与存货平均余额的比率，是反映存货流动性的一个指标，也是衡量企业生产经营各环节中存货运营效率的一个综合性指标。其计算公式为

$$存货周转率 = \frac{营业成本}{存货平均余额}$$

$$存货周转期 = \frac{存货平均余额 \times 360}{营业成本}$$

其中：存货平均余额＝（存货期初余额＋存货期末余额）÷2

存货周转速度的快慢，不仅反映出企业采购、储存、生产、销售各环节管理的工作状况的好坏，而且对企业的偿债能力及获利能力产生决定性的影响。一般来讲，存货周转率越高越好，存货周转率越高，表明其变现的速度越快，而周转额越大，资金占用水平则越低。因此，通过存货周转分析，有利于找出存货管理存在的问题，尽可能降低资金占用水平。在分析计算存货周转率时应注意，存货计价方法对其具有较大的影响，因此，在分析企业不同时期或不同企业的存货周转率时，应注意存货计价方法的口径是否一致。

【例 9】 A 公司 20×0 年存货年末余额为 4000 万元，该公司 20×1 年、20×2 年存货周转率计算见表 10 - 4。

表 10 - 4 　　　　　　　　　　存货周转情况计算表

项目	20×0 年	20×1 年	20×2 年
营业成本（万元）	—	12840	14640
存货年末余额（万元）	4000	4800	6240
存货平均余额（万元）	—	4400	5520
存货周转率（次）		2.92	2.65
存货周转期（天）	—	123.3	135.8

以上计算结果表明，该企业 20×2 年存货周转率比 20×1 年有所延缓，次数由 2.92 次降为 2.65 次，周转天数由 123.3 天增为 135.8 天。这反映出该企业 20×2 年存货管理效率不如 20×1 年，其原因可能与 20×2 年存货增长幅度过大有关。

（三）流动资产周转率

流动资产周转率是流动资产在一定时期所完成的营业收入与流动资产平均余额之间的比率，是反映企业流动资产周转速度的指标。其计算公式为

$$流动资产周转率 = \frac{营业收入}{流动资产平均余额}$$

$$流动资产周转期 = \frac{流动资产平均余额 \times 360}{营业收入}$$

其中：流动资产平均余额＝（流动资产期初余额＋流动资产期末余额）÷2

在一定时期内，流动资产周转次数越多，表明以相同的流动资产完成的周转额越多，流动资产利用效果越好；流动资产周转用周转期表示时，周转一次所需要的天数越少，表明流

动资产在经历生产和销售阶段时所占用的时间越短。生产经营任何一个环节上的工作改善，都会反映到周转天数的缩短上来。

【例10】 假设 A 公司 20×0 年流动资产年末余额为 6770 万元，可以计算公司 20×1 年、20×2 年流动资产周转情况见表 10-5。

表 10-5　　　　　　　　　　　流动资产周转情况计算表

项目	20×0 年	20×1 年	20×2 年
营业收入（万元）	—	21600	24000
流动资产年末余额（万元）	6770	8448	9564
流动资产平均余额（万元）	—	7609	9006
流动资产周转率（次）	—	2.84	2.66
流动资产周转期（天）	—	126.82	135.09

由此可见，该公司 20×2 年流动资产占用额增加，周转速度稍有减缓，流动资产周转期比 20×1 年延长了 8.27 天。

（四）固定资产周转率

固定资产周转率是指企业年营业收入净额与固定资产平均净值的比率。它是反映企业固定资产周转情况，从而衡量固定资产利用效率的一项指标。其计算公式为

$$固定资产周转率 = \frac{营业收入净额}{固定资产平均净值}$$

其中：固定资产平均净值＝（固定资产期初净值＋固定资产期末净值）÷2

固定资产周转率高，表明企业固定资产利用充分，同时也表明企业固定资产投资得当，固定资产结构合理，能够充分发挥效率。反之，如果固定资产周转率不高，则表明固定资产使用效率不高，提供的生产成果不多，企业的营运能力不强。

运用固定资产周转率时，需要考虑固定资产因计提折旧的影响，其净值在不断地减少以及因更新重置，其净值突然增加的影响。同时，由于折旧方法的不同，可能影响其可比性，故在分析时，一定要剔除掉这些不可比因素。

【例11】 假设 A 公司 20×0 年末固定资产值为 14000 万元，则该公司 20×1 年、20×2 年固定资产周转率见表 10-6。

表 10-6　　　　　　　　　　　固定资产周转率计算表

项目	20×0 年	20×1 年	20×2 年
营业收入净额（万元）	—	21600	24000
固定资产年末净值（万元）	14000	14400	16800
固定资产平均净值（万元）	—	14200	15600
固定资产周转率（次）	—	1.52	1.54

以上计算结果表明，公司 20×2 年固定资产周转率比 20×1 年稍有加快，其主要原因是固定资产净值的增加幅度低于营业收入净额增长幅度，这表明企业的营运能力有所增强。

（五）总资产周转率

总资产周转率是企业营业收入净额与资产总额的比率，它可用来反映企业全部资产的利

用效率。其计算公式为

$$总资产周转率 = \frac{营业收入净额}{总资产平均余额}$$

其中：总资产平均余额＝(资产期初余额＋资产期末余额)÷2

总资产周转率高，表明企业全部资产的使用效率高；如果这个比率较低，说明使用效率较差，最终会影响企业的盈利能力。企业应采取各项措施来提高企业的总资产利用程度，如提高营业收入或处理多余的资产。

【例 12】 假设 A 公司 20×0 年年末总资产余额为 21800 万元，则该公司 20×1 年和 20×2 年的总资产周转率可计算见表 10 - 7。

表 10 - 7 总资产周转率计算表

项目	20×0 年	20×1 年	20×2 年
营业收入净额（万元）	—	21600	24000
总资产年末余额（万元）	21800	24000	27600
总资产平均余额（万元）	—	22900	25800
总资产周转率（次）		0.94	0.93

以上计算表明，公司 20×2 年总资产周转率比 20×1 年略有放慢。这是因为该公司固定资产平均净值的增长程度（9.86％）虽低于营业收入的增长程度（11.11％），但流动资产平均余额的增长程度（18.36％）却大大高于营业收入的增长程度，所以总资产的利用效果难以大幅度提高。

三、获利能力分析

获利能力是指企业赚取利润的能力。利润的分析对所有者来说是至关重要的。因为所有者获取的收入来自利润，而且对股份公司、上市公司而言，利润增长能引起股价的上涨，从而使股东获取资本收益。对于债权人，利润的多少也非常重要，尤其是对长期债权人，盈利的大小是其债权收回的最后保证。企业经常性的销售利润是借款安全性的保障，是偿债的重要来源。对于政府部门，企业获利水平是其税收收入的直接来源，获利的多少直接影响财政收入的实现。因此获利能力分析是财务分析中的重要一环。获利能力作为企业营销能力、收取现金的能力、降低成本的能力以及回避风险等能力的综合体，从其取得过程看是企业会计的六大要素有机统一于企业资金运动过程，并通过筹资、投资活动取得收入，补偿成本费用，从而实现利润目标。由此，可以按照会计基本要素设置营业利润率、成本费用利润率、总资产收益率、自有资金利润率和资本保值增值率等指标，借以评价企业各要素的获利能力及资本保值增值情况。

（一）经营业务获利能力分析

经营业务的获利能力是指每实现百元营业额或消耗百元资金取得的利润有多少。关心企业获利能力的各方都非常重视经营业务获利能力指标的变动，因为这是衡量总资产报酬率、资本回报率的基础，也是同一行业中各个企业之间比较工作业绩和考察管理水平的重要依据。经营业务获利能力的指标有多种表述形式，其主要的利润率指标的计算分析如下。

1. 营业利润率

营业利润率是企业营业利润与营业收入净额的比率。其计算公式为

$$营业利润率 = \frac{营业利润}{营业收入净额} \times 100\%$$

从利润表来看，企业的利润包括营业利润、利润总额和净利润三种形式。其中利润总额和净利润包含着非生产经营利润因素，营业利润率更直接反映生产经营业务的获利能力，而以利润总额和净利润为基础计算的利润率则侧重于反映企业综合获利能力。通过考察营业利润占整个利润总额比重的升降，可以发现企业经营理财状况的稳定性、面临的危险或可能出现的转机迹象。

【例13】 根据表10-2，可计算主营业务利润率见表10-8。

表10-8   营业利润率计算表

项目	20×1年	20×2年	项目	20×1年	20×2年
营业利润	4740	4860	营业收入净额	21600	24000
利润总额	4220	4560	营业利润率（%）	21.94	20.25
净利润	3165	3420	营业净利率（%）	14.65	14.25

从以上分析可以看出：A公司的营业利润率和营业净利率均呈下降趋势。进一步分析可以看到，这种下降趋势主要是由于公司20×2年的成本费用增加所致。

2. 成本费用利润率

成本费用利润率是指营业利润与成本费用的比率。其计算公式为

$$成本费用利润率 = \frac{营业利润}{成本费用} \times 100\%$$

同利润一样，成本也可以分为几个层次：营业成本、成本费用（营业成本＋营业税金及附加＋销售费用＋管理费用＋财务费用）、总成本等，成本费用利润率反映了企业成本费用的利用效果，是企业加强成本管理的着眼点。

【例14】 根据表10-2，可计算成本费用利润率如下：

$$20×1年成本费用利润率 = \frac{4740}{17280} \times 100\% = 27.43\%$$

$$20×2年成本费用利润率 = \frac{4860}{19920} \times 100\% = 24.40\%$$

从以上计算结果可以看到，该公司成本费用利润率指标20×2年比20×1年有所下降。公司应当深入检查导致成本费用上升的原因，改进有关工作，以便扭转效益指标下降的状况。

（二）资产获利能力分析

企业从事生产经营活动必须具有一定的资产，资产的各种形态应有合理的配置，并要有效运用。资产获利能力分析可以衡量资产的运用效益，从总体上反映投资效果，这对企业管理者和投资者来说都是最重要的会计信息。企业资产获利能力分析主要是对总资产报酬率进行分析。

总资产报酬率，也称总资产收益率，是企业一定时期内获得的报酬总额与企业平均资产总额的比率。它是反映企业资产综合利用效果的指标，也是衡量企业利用债权人和股东权益总额所取得盈利的重要指标。其计算公式为

$$总资产报酬率=\frac{利润总额+利息支出}{资产平均总额}\times100\%$$

其中：资产平均总额＝（年初资产总额＋年末资产总额）÷2

该比率越高，表明企业的资产利用效益越好，整个企业盈利能力越强，经营管理水平越高。

【例15】 根据表10-2、表10-7及有关资料，可计算总资产报酬率：

$$20\times1年总总资产报酬=\frac{4220+240}{(21800+24000)\div2}\times100\%=19.48\%$$

$$20\times2年总总资产报酬=\frac{4560+360}{(24000+27600)\div2}\times100\%=19.07\%$$

计算结果表明，企业资产综合利用效率20×2年不如20×1年，需要对公司资产的使用情况、增产节约工作等情况做进一步的分析考察，以便改进管理，提高效益。

（三）所有者投资获利能力分析

所有者投资的目的是获得投资报酬，一个公司投资报酬的高低直接影响到现有投资者是否继续投资，以及潜在的投资者是否追加或重新投资。投资者十分关心企业的资产运用效益，因为这会影响到投资报酬的高低。但资产报酬率高并不能等于所有者投资的收益高，因为企业的总资产报酬率包括负债资金报酬率时，企业运用债务资本带来的利润支付利息后会有剩余，自有资金利润率就会提高；否则，会降低。所有者投资获利能力主要对以下指标进行分析。

1. 净资产收益率

净资产收益率是企业一定时期内的净利润同平均净资产的比率。它可以反映投资者投入企业的自有资本获取净收益的能力，即反映投资与报酬的关系，因而是评价企业资本经营效益的核心指标。其计算公式为

$$净资产收益率=\frac{净利润}{平均净资产}\times100\%$$

其中，净利润是指企业的税后利润，是未做任何分配的数额，受各种政策等其他人为因素影响较少，能够比较客观、综合地反映企业的经济效益，准确体现投资者投入资本的获利能力；平均净资产是企业年初股东权益同年末股东权益的平均数。

净资产收益率是评价企业自有资本及其积累获取报酬水平的最具综合性与代表性的指标，又称自有资金利润率，权益净利率，反映企业资本运营的综合效益。该指标通用性强，适应范围广，不受行业局限。通过对该指标的综合对比分析，可以看到企业获利能力在同行业中所处的地位，以及与同类企业的差异水平。一般认为，企业净资产收益率越高，企业自有资本获取收益的能力越强，运营效益越好，对企业投资人、债权人的保证程度越高。

【例16】 根据有关资料，假设A公司20×0年年末股东权益合计为15600万元，则该公司20×1年和20×2年的净资产收益率分别为

$$20\times1年净资产收益率=\frac{3165}{(15600+17520)\div2}\times100\%=19.11\%$$

$$20\times2年净资产收益率=\frac{3420}{(17520+19800)\div2}\times100\%=18.33\%$$

该公司20×2年净资产收益率比20×1年降低了近1个百分点，这是由该公司股东权益

的增长快于净利润的增长引起的。

2. 资本保值增值率

资本保值增值率是指企业本年末股东权益同年初股东权益的比率。资本保值增值率表示企业当年资本在企业自身努力下的实际增减变动情况，是评价所有者投资获利状况的辅助指标。其计算公式为

$$资本保值增值率 = \frac{期末股东权益总额}{期初股东权益总额} \times 100\%$$

资本保值增值是根据"资本保全"原则设计的指标，更加谨慎、稳健地反映了企业资本保全和增值状况。它充分体现了对股东权益的保护，能够及时、有效地发现侵蚀股东权益的现象。该指标反映了投资者投入企业资本的保全性或增长性，该指标越高，表明企业的资本保全状况越好，股东的权益增长越快，债权人的债务越有保障，企业发展后劲越强。该指标如为负值，表明企业资本受到侵蚀，没有实现资本保全，损害了股东的权益，也妨碍了企业进一步发展壮大，应予充分重视。

【例17】 根据有关资料，计算 A 公司 20×1 年和 20×2 年的资本保值增值率分别为

$$20×1 年资本保值增值率 = \frac{17520}{15600} \times 100\% = 112.31\%$$

$$20×2 年资本保值增值率 = \frac{19800}{17520} \times 100\% = 113.01\%$$

该公司 20×1 年和 20×2 年资本保值增值率都大于 100%，故该公司资本两年均处于增值状态。

四、上市公司财务分析

（一）每股收益

每股收益又称每股税后利润、每股盈余，指税后利润与股本总数的比率。是普通股股东每持有一股所能享有的企业净利润或需承担的企业净亏损。每股收益通常被用来反映企业的经营成果，衡量普通股的获利水平及投资风险，是投资者等信息使用者据以评价企业盈利能力、预测企业成长潜力、进而做出相关经济决策的重要的财务指标之一，是综合反映企业获利能力的重要指标，可以用来判断和评价管理层的经营业绩。财务报表列示中包含"基本每股收益"与"稀释每股收益"。其计算公式为

$$基本每股收益 = \frac{归属于普通股股东的净利润}{发行在外普通股的加权平均数}$$

发行在外普通股的加权平均数＝期初发行在外普通股股数＋当期新发行普通股股数×已发行时间÷报告期时间－当期回购普通股股数×已回购时间÷报告期时间

【例18】 某上市公司 20×2 年年度归属于普通股股东的净利润为 23800 万元。20×1 年年末的股数为 5000 万股，20×2 年 2 月 8 日，经公司 20×1 年年度股东大会决议，以截至 20×1 年年末公司总股数为基础，向全体股东每 10 股送红股 10 股，工商注册登记变更完成后公司总股数变为 10000 万股。20×2 年 5 月 1 日增发新股 3000 万股；20×2 年 12 月 1 日回购股票 1200 万股，计算 20×2 年的基本每股收益。

$$基本每股收益 = \frac{23800}{5000 + 5000 + 3000 \times \frac{8}{12} - 1200 \times \frac{1}{12}} = 2 （元/股）$$

稀释每股收益是在考虑潜在普通股稀释性影响的基础上，对基本每股收益的分子、分母进行调整后再计算的每股收益。稀释性潜在普通股主要包括可转换公司债券、认股权证和股份期权。这一财务指标在不同行业、不同规模的上市公司之间具有相当大的可比性，因而在各上市公司之间的业绩比较中被广泛地加以引用。此指标越高，表明投资价值越大。但是每股收益多并不意味着每股股利多，此外，每股收益不能反映股票的风险水平。

【例 19】 某上市公司 20×2 年 9 月 1 日，平价发行年利率 5% 的可转换公司债券，票面面值 3000 万元，期限为 3 年，利息每年年末支付一次，发行结束一年后可以转换股票，转换价格为每股 8 元。20×2 年该公司归属于普通股股东的净利润为 9000 万元，20×2 年发行在外的普通股加权平均数为 6000 万股，债券利息不符合资本化条件，直接计入当期损益，所得税税率为 25%。假设不考虑可转换公司债券在负债成分和权益成分之间的分拆，且债券票面利率等于实际利率。计算 20×2 年的基本每股收益和稀释每股收益。

$$基本每股收益=\frac{9000}{6000}=1.5（元/股）$$

$$稀释每股收益=\frac{9000+3000\times5\%\times\frac{4}{12}\times（1-25\%）}{6000+\frac{3000}{8}\times\frac{4}{12}}=1.48（元/股）$$

（二）市盈率与市净率

1. 市盈率

市盈率，是指普通股每股市价与每股收益的比率，它是反映股份公司获利能力的一个重要财务指标，投资者对这个指标十分重视。这一比率是投资者做出投资决策的重要参考因素之一。其计算公式为

$$市盈率=\frac{每股市价}{每股收益}$$

一般来说，市盈率高，说明投资者对该公司的发展前景看好，愿意出较高的价格购买该公司股票，所以一些成长性较好、盈利水平高的公司的股票的市盈率通常要高一些。但是，值得注意的是，如果某一种股票的市盈率过高，通常也意味着这种股票具有较高的投资风险。

运用市盈率指标衡量股份公司盈利能力时还应注意，市盈率变动因素之一是股票市场价格的高低，而影响股价升降的原因除了公司经营成效和发展能力外，还受整个经济环境、政府的宏观政策、行业发展前景以及意外因素，如灾害、战争等的制约，因此必须对股票市场整个形势做出全面分析，才能对市盈率指标做出正确的评价。

【例 20】 某公司 20×2 年年初流通在外普通股 8000 万股，优先股 500 万股；20×2 年 6 月 30 日增发普通股 4000 万股。20×2 年年末，优先股股利每股 10 元。普通股每股市价 12 元，每股股利 1 元。20×2 年净利润 40000 万元，求 20×2 年市盈率。

$$每股收益=\frac{40000-500\times10}{8000+4000\times\frac{6}{12}}=3.5（元/股）$$

$$市盈率=\frac{12}{3.5}=3.43（倍）$$

2. 市净率

市净率是指每股股价与每股净资产的比率。市净率可用于股票投资分析，一般来说市净

率较低的股票，投资价值较高，相反，则投资价值较低；但在判断投资价值时还要考虑当时的市场环境以及公司经营情况、盈利能力等因素。其计算公式为

$$市净率=\frac{每股市价}{每股净资产}$$

其中：每股净资产＝期末普通股净资产÷期末发行在外的普通股股数

期末普通股净资产＝期末股东权益－期末优先股股东权益

利用每股净资产进行横向和纵向对比，可以衡量上市公司股票的投资价值。如在企业性质相同、股票市价相近的条件下，某一企业股票的每股净资产越高，则企业发展潜力与其股票的投资价值越大，投资者所承担的投资风险越小。一般来说，市净率较低的股票，投资价值较高；反之，则投资价值较低。

【例21】 接【例20】已知，若20×2年年末股东权益35000万元，其中优先股股东权益5000万元，可计算出20×2年公司的市净率。

$$每股净资产=\frac{35000-5000}{8000+4000}=2.5（元）$$

$$市净率=\frac{12}{2.5}=4.8（倍）$$

（三）股利支付率与留存收益率

1. 股利支付率

股利支付率反映每股股利和每股收益之间关系的一个重要指标是股利发放率，即每股股利与每股收益之比。借助于该指标，投资者可以了解一家上市公司的股利发放政策。其计算公式为

$$股利支付率=\frac{每股股利}{每股收益}=\frac{股利总额}{净利润总额}$$

【例22】 若某公司20×2年净利润总额40000万元，预计发放股利金额4000万元，计算20×2年股利支付率。

$$股利支付率=4000/40000=10\%$$

2. 留存收益率

留存收益率又称利润留存率，指公司税后盈利减去应发现金股利的差额和税后盈利的比率。它表明公司的税后利润有多少用于发放股利，多少用于保留盈余和扩展经营。其计算公式为

$$留存收益率=\frac{净利润总额-股利总额}{净利润总额}=1-股利支付率$$

【例23】 接【例22】已知，可计算出20×2年公司留存收益率。

$$留存收益率=1-10\%=90\%$$

第三节 企业财务状况趋势分析

企业财务状况的趋势分析主要是通过比较企业连续几个会计期间的财务报表或财务比率，来了解企业财务状况变化的趋势，并以此来预测企业未来财务状况，判断企业的发展前景。一般来说，进行企业财务状况的趋势分析，主要应用比较财务报表、比较百分比财务报

表、比较财务比率、图解法等方法。

一、比较财务报表

比较财务报表通过比较企业连续几期财务报表的数据，分析其增减变化的幅度及其变化原因，来判断企业财务状况的发展趋势。这种方法选择的期数越多，分析结果的准确性越高。但是，在进行比较分析时，必须考虑到各期数据的可比性。因某些特殊原因，某一时期的某项财务数据可能变化较大，缺乏可比性，因此，在分析过程中应该排除非可比因素，使各期财务数据具有可比性。表 10-9 和表 10-10 是 A 公司 20×0—20×2 年连续 3 年的比较资产负债表（简表）和比较利润表（简表）。

表 10-9　　　　　　　　　　　　　　**A 公司比较资产负债表**　　　　　　　　　　单位：万元

项目	年度						
	20×0 年年末	20×1 年年末	20×2 年年末	增长额		增长率（%）	
				20×1 年	20×2 年	20×1 年	20×2 年
资产							
流动资产：							
货币资金	900	960	1080	60	120	6.67	12.50
交易性金融资产	500	1200	600	700	−600	140.00	−50.00
应收账款	1300	1440	1560	140	120	10.77	8.33
预付款项	70	48	84	−22	36	−31.43	75.00
存货	4000	4800	6240	800	1440	20.00	30.00
流动资产合计	6770	8448	9564	1678	1116	24.79	13.21
非流动资产：							
长期股权投资	400	480	480	80	0	20.00	0.00
固定资产	14000	14400	16800	400	2400	2.86	16.67
无形资产	550	600	660	50	60	9.09	10.00
长期待摊费用	80	72	96	−8	24	−10.00	33.33
非流动资产合计	15030	15552	18036	522	2484	3.47	15.97
资产总计	21800	24000	27600	2200	3600	10.09	15.00
负债及所有者权益							
流动负债：							
短期借款	2300	2400	2760	100	360	4.35	15.00
应付账款	1200	1200	1440	0	240	0.00	20.00
预收款项	400	360	480	−40	120	−10.00	33.33
其他应付款	100	120	120	20	0	20.00	0.00
流动负债合计	4000	4080	4800	80	720	2.00	17.65
非流动负债：							
长期负债	2200	2400	3000	200	600	9.09	25.00
非流动负债合计	2200	2400	3000	200	600	9.09	25.00
负债合计	6200	6480	7800	280	1320	4.52	20.37

续表

项目	20×0年年末	20×1年年末	20×2年年末	增长额 20×1年	增长额 20×2年	增长率（%）20×1年	增长率（%）20×2年
所有者权益：							
实收资本	12011	14400	14400	2390	0	19.90	0.00
盈余公积	1600	1920	1920	320	0	20.00	0.00
未分配利润	2011	1200	3480	−810	2280	−40.30	190.00
所有者权益合计	15600	17520	19800	1920	2280	12.31	13.01
负债及所有者权益总计	21800	24000	27600	2200	3600	10.09	15.00

表 10-10　　　　　　　　　A 公司比较利润表　　　　　　　单位：万元

项目	20×0年	20×1年	20×2年	增长额 20×1年	增长额 20×2年	增长率（%）20×1年	增长率（%）20×2年
一、营业收入	20000	21600	24000	1600	2400	8.00	11.11
减：营业成本	11560	12840	14640	1280	1800	11.07	14.02
税金及附加	1000	1296	1440	296	144	29.60	11.11
销售费用	1500	1944	2280	444	336	29.60	17.28
管理费用	800	960	1200	160	240	20.00	25.00
财务费用	200	240	360	40	120	20.00	50.00
资产减值损失	0	0	0	0	0	—	—
加：公允价值变动收益	0	0	0	0	0	—	—
投资收益	100	420	780	320	360	320.00	85.71
二、营业利润	5040	4740	4860	−300	120	−5.95	2.53
加：营业外收入	60	200	400	140	200	233.33	100.00
减：营业外支出	1000	720	700	−280	−20	−28.00	−2.78
三、利润总额	4100	4220	4560	120	340	2.93	8.06
减：所得税费用（税率为25%）	1025	1055	1140	30	85	2.93	8.06
四、净利润	3075	3165	3420	90	255	2.93	8.06

　　分析 A 公司 20×0—20×2 年年末的比较资产负债表可知：20×1 年的资产总额 24000 万元，比 20×0 年增加了 2200 万元，增长 10.09%，20×2 年的资产总额 27600 万元，比 20×1 年增加了 3600 万元，增长 15%。其中，20×1 年流动资产为 8448 万元，比 20×0 年增加了 1678 万元，增长 24.79%，20×2 年流动资产 9564 万元，比 20×1 年增加了 1116 万元，增长 13.21%；20×1 年固定资产净值为 14400 万元，比 20×0 年增加了 400 万元，增长 2.86%，20×2 年固定资产净值为 16800 万元，比 20×1 年增加了 2400 万元，增长 16.67%。这说明 A 公司资产增长的速度较快。在负债方面，20×1 年的负债总额为 6480 万

元，比 20×0 年增加了 280 万元，增长 4.52%，这主要是因为流动负债增加了 80 万元，增长 2%，长期负债增加 200 万元，增长 9.09%；20×2 年负债总额为 7800 万元，比 20×1 年增加了 1320 万元，增长 20.37%，其中，流动负债增加了 720 万元，增长 17.65%，长期负债增加了 600 万元，增长 25%，可见，20×2 年的负债增长较快，尤其是流动负债增加得较多。在所有者权益方面，20×1 年所有者权益为 17520 万元，比 20×0 年增加了 1920 万元，增长 12.31%，20×2 年所有者权益为 19800 万元，比 20×1 年增加 2280 万元，增长 13.01%。由此可见，A 公司的所有者权益呈高速增长。通过以上分析比较可以发现，A 公司的各项反映财务状况的主要指标都呈现高速增长态势。

分析 A 公司 20×0—20×2 年年度的比较利润表可知：营业收入 20×1 年为 21600 万元，比 20×0 年增加了 1600 万元，增长 8%，20×2 年为 24000 万元，比 20×1 年增加了 2400 万元，增长 11.11%；营业利润 20×1 年为 4740 万元，比 20×0 年减少 300 万元，下降了 5.95%，20×2 年为 4860 万元，比 20×1 年增加了 120 万元，增长 2.53%。利润总额 20×1 年为 4220 万元，比 20×0 年增加了 120 万元，增长 2.93%，20×2 年为 4560 万元，比 20×1 年增加了 340 万元，增长 8.06%。可见三年中营业利润出现负增长，利润总额的增长缓慢，这主要是因为 A 公司近两年成本费用的增长速度较快所致。甲公司的税后净利润 20×1 年为 3165 万元，比 20×0 年增加 90 万元，增长 2.93%，20×2 年的净利润为 3420 万元，比 20×1 年增加了 255 万元，增长 8.06%。从以上的分析可见，A 公司的净利润逐年增长。但该公司还应加强管理，努力做好增收节支的工作，尤其要控制好各种期间费用，这样才有可能使公司的净利润有更大幅度的增长。

二、比较百分比财务报表

比较百分比财务报表是在比较财务报表的基础上发展而来的。百分比财务报表是将财务报表中的数据用百分比来表示。比较财务报表是比较各期报表中的数据，而比较百分比财务报表则是比较各项目百分比的变化，以此来判断企业财务状况的发展趋势。可见，这种方法比前者更加直观地反映了企业的发展趋势。

（一）纵向分析

比较百分比财务报表可以一个期间财务报表中的各个项目与某一个基准值进行比较，用来对不同规模的企业在同一时间段或同一时间点进行纵向比较。表 10 - 11 和表 10 - 12 分别是 A 公司简化的纵向比较百分比资产负债表和纵向比较百分比利润表。

表 10 - 11　　　　　　A 公司简化的比较百分比资产负债表（纵向比较）　　　　单位:%

项目	年度		
	20×0 年	20×1 年年末	20×2 年年末
流动资产	31.06	35.2	34.65
非流动资产	68.94	64.8	65.35
资产总额	100	100	100
流动负债	18.35	17	17.39
非流动负债	10.09	10	10.87
负债总额	28.44	27	28.26
股东权益	71.56	73	71.74
负债及股东权益合计	100	100	100

表 10 - 12　　　　　　　　A 公司简化的比较百分比利润表（纵向比较）　　　　　　单位：%

项目	年度		
	20×0 年	20×1 年	20×2 年
一、营业收入	100.00	100.00	100.00
减：营业成本	57.80	59.44	61.00
税金及附加	5.00	6.00	6.00
销售费用	7.50	9.00	9.50
管理费用	4.00	4.44	5.00
财务费用	1.00	1.11	1.50
资产减值损失	0.00	0.00	0.00
加：公允价值变动收益	0.00	0.00	0.00
投资收益	0.50	1.94	3.25
二、营业利润	25.20	21.94	20.25
加：营业外收入	0.30	0.93	1.67
减：营业外支出	5.00	3.33	2.92
三、利润总额	20.50	19.54	19.00
减：所得税费用（税率为 25%）	5.13	4.88	4.75
四、净利润	15.38	14.65	14.25

（二）横向分析

比较百分比财务报表也可以某一年为基准年度，以后各年的所有数据与基准年度的数据进行比较，用来判断某一企业在一段时间内的变化趋势。表 10 - 13 和表 10 - 14 分别是 A 公司简化的横向比较百分比资产负债表和横向比较百分比利润表。

表 10 - 13　　　　　　A 公司简化的比较百分比资产负债表（横向分析）　　　　　单位：%

项目	年度		
	20×0 年	20×1 年年末	20×2 年年末
流动资产	100.00	124.79	141.27
非流动资产	100.00	103.47	120.00
资产总额	100.00	110.09	126.61
流动负债	100.00	102.00	120.00
非流动负债	100.00	109.09	136.36
负债总额	100.00	104.52	125.81
股东权益	100.00	112.31	126.92
负债及股东权益合计	100.00	110.09	126.61

表 10 - 14 　　　　　A 公司简化的比较百分比利润表（横向分析）　　　　单位:%

项目	年度		
	20×0 年	20×1 年	20×2 年
一、营业收入	100.00	108.00	120.00
减：营业成本	100.00	111.07	126.64
税金及附加	100.00	129.60	144.00
销售费用	100.00	129.60	152.00
管理费用	100.00	120.00	150.00
财务费用	100.00	120.00	180.00
资产减值损失	—	—	—
加：公允价值变动收益	—	—	—
投资收益	100.00	420.00	780.00
二、营业利润	100.00	94.05	96.43
加：营业外收入	100.00	333.33	666.67
减：营业外支出	100.00	72.00	70.00
三、利润总额	100.00	102.93	111.22
减：所得税费用（税率为25%）	100.00	102.93	111.22
四、净利润	100.00	102.93	111.22

综合纵向分析和横向分析，从 A 公司的比较百分比资产负债表可以看到：A 公司的整体资产结构变化不大，说明 A 公司资产状况较稳定。因此，A 公司应着重分析各要素构成比例是否合理。如出现各要素构成比例的上升或下降趋势，则应注重分析产生这种变化的原因是什么，对公司有利还是不利。

从 A 公司的比较百分比利润表可以看到：A 公司的净利润总额呈现上升趋势，但营业成本、税金及附加、销售费用、管理费用和财务费用的增长幅度大于营业收入的增长幅度，特别是营业成本在营业收入中的比重不断增加，导致营业利润、利润总额和净利润在营业收入中的比重都呈下降的趋势。因此，A 公司应迅速集中力量分析成本费用上升的原因，在节约成本、减少能耗上下功夫。

三、比较财务比率

比较财务比率就是将企业连续几个会计期间的财务比率进行对比，从而分析企业财务状况的发展趋势。这种方法实际上是比率分析法与比较分析法的结合。与前面两种方法相比，这种方法更加直观地反映了企业各方面财务状况变动趋势。以下仍以 A 公司为例，在表 10 - 15 中列示出 A 公司 20×0—20×2 年的几种主要财务比率，并进行比较。

表 10 - 15 　　　　　　　A 公司 20×0—20×2 年几种主要财务比率

项目	年度		
	20×0 年	20×1 年	20×2 年
流动比率	1.69	2.07	1.99
速动比率	0.69	0.89	0.69

项目	年度		
	20×0年	20×1年	20×2年
资产负债率（%）	28.44	27.00	28.26
应收账款周转率（次）	15.38	15.78	16.00
存货周转率（次）	3.00	2.92	2.65
总资产周转率（次）	0.96	0.94	0.93
总资产报酬率（%）	19.72	19.48	19.07
净资产收益率（%）	19.71	19.11	18.33
营业净利率（%）	15.38	14.65	14.25

从表10-15中可以看出，该表集中了分析企业偿债能力、营运能力和盈利能力的主要指标。通过分析比较，可得出以下结论：A公司近三年流动比率趋于合理，但速动比率较低，这是由存货在流动资产中所占比例较大所致，因而可能存在短期偿债风险，资产负债率变化不大，且总体水平不高，长期偿债能力较强；应收账款周转率加快，但存货周转率却放慢，且公司的总资产周转率也呈现下降态势，说明企业应尽快提高各项资产的使用效率。值得注意的是该公司的三项盈利能力指标都呈下降的趋势，说明公司的盈利能力在下降。因此，应当加强销售工作，严格控制成本费用，以扭转公司的盈利能力下降的趋势。

四、图解法

图解法是将企业连续几个会计期间的财务数据或财务比率绘制成图，并根据图形走势来判断企业财务状况的变动趋势。这种方法比较简单、直观地反映出企业财务状况的发展趋势，使分析者能够发现一些通过比较法所不易发现的问题。仍以A公司为例来说明这种方法。A公司2016—2021年的主营业务净利率分别为15.12%、15.50%、16.20%、15.38%、14.65%和14.25%。将A公司2016—2021年的营业净利率绘制在直角坐标图中，如图10-1所示。

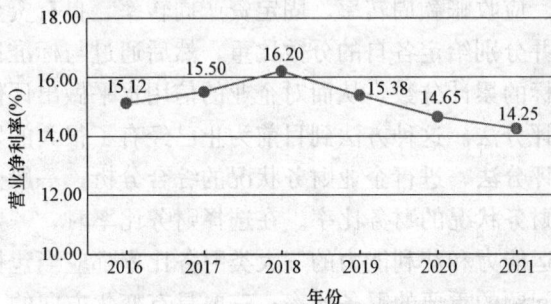

图10-1 A公司2016—2021年营业净利率变化图

从图10-1可以看出，该公司的营业净利率从2016—2018年一直呈上升趋势，2018年达到高峰16.20%，2019—2021年有下降的趋势，主要原因是成本费用的不断上升。

第四节　财务综合分析

单独分析任何一类财务指标，都不足以全面地评价企业的财务状况和经营效果，只有对各种财务指标进行系统的、综合的分析，才能对企业的财务状况做出全面的、合理的评价。因此，必须对企业进行综合的财务分析。这里介绍两种常用的综合分析法：财务比率综合评分法和杜邦分析法。

一、财务比率综合评分法

财务比率反映了企业财务报表各项目之间的对比关系，以此来揭示企业财务状况。但是，一项财务比率只能反映企业某一方面的财务状况。为了进行综合的财务分析，可以编制财务比率汇总表，见表 10 - 15，这样，将反映企业财务状况的各类财务比率集中在一张表中，能够一目了然地反映出企业各方面的财务状况。并且，在编制财务比率汇总表时，可以结合比较分析法，将企业财务状况的综合分析与比较分析相结合。

企业财务状况的比较分析主要有以下两种：

（1）将企业本期的财务报表或财务比率同过去几个会计期间的财务报表或财务比率进行比较，这是纵向比较，可以分析企业的发展趋势，也就是在上节内容中介绍的趋势分析法。

（2）将本企业的财务比率与同行业平均财务比率或同行业先进的财务比率相比较，这是横向比较，可以了解到企业在同行业中所处的水平，以便综合评价企业的财务状况。

横向比较分析法尽管在企业的综合财务分析中也是经常使用的，但是它存在以下两项缺点：第一，它需要企业找到同行业的平均财务比率或同行业先进的财务比率等资料作为参考标准，但在实际工作中，这些资料有时难以找到；第二，这种比较分析只能定性地描述企业的财务状况，如比同行业平均水平略好、与同行业平均水平相当或略差，而不能用定量方式来评价企业的财务状况究竟处于何种程度。因此，为了克服这两个缺点，可以采用财务比率综合评分法。

财务比率综合评分法，最早是在 20 世纪初，亚历山大·沃尔在其《信用晴雨表研究》和《财务报表比率分析》等著作中提出了信用能力指数概念，将流动比率、产权比率、固定资产比率、存货周转率、应收账款周转率、固定资产周转率、自有资金周转率七项财务比率用线性关系结合起来，并分别给定各自的分数比重，然后通过与标准比率进行比较，确定各项指标的得分及总体指标的累计分数，从而对企业的信用水平做出评价，这种方法也称沃尔比重分析法或称为沃尔评分法。这种方法到目前为止已经有了很大的发展和变化。

采用财务比率综合评分法，进行企业财务状况的综合分析，一般要遵循如下程序。

（1）选定评价企业财务状况的财务比率。在选择财务比率时，一要具有全面性，要求反映企业的偿债能力、营运能力和获利能力的三大类财务比率都应当包括在内；二要具有代表性，即要选择能够说明问题的重要的财务比率；三要具有变化方向的一致性，即当财务比率增大时，表示财务状况的改善；反之，财务比率减小时，表示财务状况的恶化。

（2）根据各项财务比率的重要程度，确定其标准评分值，即重要性系数。各项财务比率的标准评分值之和等于 100 分。各项财务比率评分值的确定是财务比率综合评分法的一个重要问题，它直接影响到企业财务状况的评分多少。对各项财务比率的重要程度，不同的分析者会有截然不同的态度，但是，一般来说，应根据企业的经营活动的性质、企业的生产经营规模、市场形象和分析者的分析目的等因素来确定。

（3）规定各项财务比率评分值的上限和下限，即最高评分值和最低评分值。这主要是为了避免个别财务比率的异常而给总分造成不合理的影响。

（4）确定各项财务比率的标准值。财务比率的标准值是指各项财务比率在本企业现时条件下最理想的数值，即最优值。财务比率的标准值，通常可以参照同行业的平均水平，并经过调整后确定。

（5）计算企业在一定时期各项财务比率的实际值。

（6）计算各项财务比率的实际值与标准值的比率，即关系比率。

（7）计算出各项财务比率的实际得分。各项财务比率的实际得分是关系比率和标准评分值的乘积。每项财务比率的得分都不得超过上限或下限，所有各项财务比率实际得分的合计数就是企业财务状况的综合得分。企业财务状况的综合得分就反映了企业综合状况是否良好。如果综合得分等于或接近于100分，说明企业的财务状况是良好的，达到了预先确定的标准；如果综合得分低于100分很多，就说明企业的财务状况较差，应当采取适当的措施加以改善；如果综合得分超过100分很多，就说明企业的财务状况很理想。

以下采用财务比率综合评分法，以A公司20×2年的财务状况进行综合评价，详见表10-16。

表10-16　　　　　　　　A公司20×2年财务比率综合评分表

财务比率	评分值（1）	上/下限（2）	标准值（3）	实际值（4）	关系比率(5)=(4)/(3)	实际得分(6)=(1)×(5)
流动比率	10	20/5	2	1.99	1.00	9.95
速动比率	10	20/5	1	0.69	0.69	6.90
资产/负债	12	20/5	3	3.54	1.18	14.16
存货周转率	10	20/5	3	2.65	0.88	8.83
应收账款周转率	8	20/4	15	16.00	1.07	8.53
总资产周转率	10	20/5	1	0.93	0.93	9.30
总资产报酬率	15	30/7	25%	19.07%	0.76	11.44
净资产收益率	15	30/7	20%	18.33%	0.92	13.75
营业净利率	10	20/5	15%	14.25%	0.95	9.50
合计	100	—	—	—	—	92.37

根据表10-16的财务比率综合评分，A公司财务状况的综合得分为92.37分，比较接近100分，说明该公司的财务状况是良好的。

二、杜邦分析法

（一）杜邦分析法概述

利用前面介绍的趋势分析法和财务比率综合评分法，虽然可以了解企业各方面的财务状况，但是不能反映企业各方面财务状况之间的关系。例如，通过财务比率综合评分法，可以比较全面地分析企业的综合财务状况，但无法揭示企业各种财务比率之间的相互关系。实际上，企业的财务状况是一个完整的系统，内部各种因素都是相互依赖、相互作用的，任何一个因素的变动都会引起企业整体财务状况的改变。因此，财务分析者在进行财务状况综合分析时，必须深入了解企业财务状况内部的各项因素及其相互之间的关系，这样才能比较全面地揭示企业财务状况的全貌。杜邦分析法正是这样的一种分析方法，它是利用几种主要的财务指标之间的内在关系，对企业综合经营理财及经济效益进行系统分析评价的方法。这种综合分析方法最初由美国杜邦公司创造并成功运行，故称杜邦分析法。这种分析法一般用杜邦系统图来表示。图 10-2 是 A 公司 20×2 年的杜邦分析系统图。

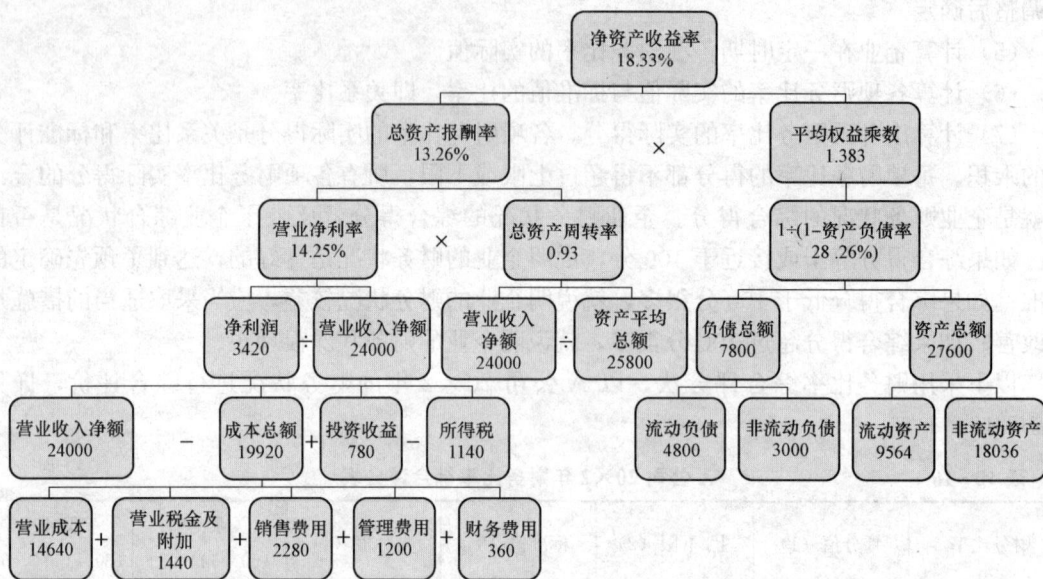

图 10-2 A 公司 20×2 年杜邦分析系统图

杜邦系统主要反映以下几种主要的财务比率关系：

（1）净资产收益率与总资产报酬率及权益乘数之间的关系。

$$净资产收益率＝总资产报酬率×平均权益乘数$$

$$平均权益乘数＝资产平均总额÷股东权益平均总额＝1÷（1－资产负债率）$$

（2）总资产报酬率与营业净利率及总资产周转率之间的关系。

$$总资产报酬率＝营业净利率×总资产周转率$$

（3）营业净利率与净利润及营业收入之间的关系。

$$营业净利率＝\frac{净利润}{营业收入净额}$$

（4）总资产周转率与营业收入及资产总额之间的关系。

$$总资产周转率＝\frac{营业收入净额}{资产平均总额}$$

（二）杜邦分析系统

杜邦系统在揭示上述几种关系之后，再将净利润、总资产进行层层分解，这样就可以全面、系统地揭示出企业的财务状况以及财务状况这个系统内部各个因素之间的相互关系。

杜邦分析是对企业财务状况进行综合分析。它通过几种主要的财务指标之间的关系，直观、明了地反映出企业的财务状况。从杜邦分析系统可以了解到下列的财务信息。

（1）从杜邦系统图可以看出，其中，净资产收益率是一个综合性最强的财务比率，是杜邦分析系统的核心指标。其他各项指标都是围绕这一核心，通过研究彼此间的依存制约关系，而揭示企业的获利能力及其前因后果。财务管理的目标是所有者财富最大化，净资产收益率反映所有者投入资金的获利能力，反映筹资、投资、资产运营等活动的效率，提高净资产收益率是实现财务管理目标的基本保证。净资产收益率取决于企业总资产报酬率和权益乘数。资产报酬率主要反映企业在运用资产进行生产经营活动的效率情况，而权益乘数则主要反映了企业的资金来源结构情况。

（2）总资产报酬率是反映企业获利能力的一个重要财务比率，它揭示了企业生产经营活动的效率，综合性也极强。企业的营业收入、成本费用、资产结构、资产周转速度以及资金占用量等各种因素，都直接影响到总资产报酬率的高低。总资产报酬率是营业净利率与总资产周转率的乘积。因此，可以从企业的销售活动与资产管理两个方面来进行分析。

（3）从企业的销售方面看，营业净利率反映了净利润与营业收入之间的关系。一般来说，营业收入增加，企业的净利润也会随之增加，但是，要想提高营业净利率，必须一方面提高营业收入，另一方面降低各种成本费用，因此在杜邦分析图的最后一个层次中，可以分析企业的成本费用结构是否合理，以便发现企业在成本费用管理方面存在的问题，为加强成本费用管理提供依据。同时，要严格控制企业的管理费用、财务费用等各种期间费用，降低耗费，增加利润。这里尤其要研究分析企业的利息费用与利润总额之间的关系，如果企业所承担的利息费用太多，就应当进一步分析企业的资金结构是否合理，负债比率是否过高，不合理的资金结构当然会影响到企业所有者的收益。

（4）在企业资产方面，主要应该分析以下两个方面：

1）分析企业的资产结构是否合理，即流动资产与非流动资产的比例是否合理。资产结构实际上反映了企业资产的流动性，它不仅关系到企业的偿债能力，也会影响企业的获利能力。一般说来，如果企业流动资产中货币资金占的比重过大，就应当分析企业现金持有量是否合理，有无现金闲置现象，因为过量的现金会影响企业的获利能力；如果流动资产中的存货与应收账款过多，就会占用大量的资金，影响企业的资金周转。

2）结合营业收入，分析企业的资产周转情况。资产周转速度直接影响到企业的获利能力，如果企业资产周转较慢，就会占用大量资金，增加资金成本，减少企业的利润。资产周转情况的分析，不仅要分析企业总资产周转率，更要分析企业的存货周转率与应收账款周转率，并将其周转情况与资金占用情况结合分析。

从上述两方面分析，可以发现企业资产管理方面存在的问题，以便加强管理，提高资产的利用效率。

总之，从杜邦分析系统可以看出，企业的获利能力涉及生产经营活动的方方面面。净资产收益率与企业的筹资结构、销售规模、成本水平、资产管理等因素密切相关，这些因素构成一个完整的系统，系统内部各因素之间相互作用。只有协调好系统内部各个因素之间的关系，才能使净资产收益率得到提高，从而实现企业价值最大化的理财目标。

【案例】

盈利能力分析——广东金刚玻璃科技股份有限公司盈利能力分析

一、基本案情

广东金刚玻璃科技股份有限公司是一家集研制、开发、设计、生产、销售和安装于一体的高科技特种玻璃供应商，主营各类特种安防玻璃产品，在高强度单片铯钾防火玻璃，高强度单片低辐射镀膜（Low－E玻璃）防火玻璃，防炸弹玻璃、防飓风玻璃等领域取得多项专利，技术处于国内领先水平。目前的产品主要包括防火窗系列、防火玻璃系统和防爆玻璃系统等安防玻璃产品，产品为各类深加工玻璃，产品之间差异较大，大部分产品是根据客户的具体要求进行个性化设计、定制。公司以客户需求为核心，建立了与之对应的采购模式、生产模式和销售模式。

2020 年公司有关财务资料见表 10 - 17 和表 10 - 18。

表 10 - 17　　　　　　　　　2020 年合并资产负债表简表　　　　　　　单位：元

年份	2020	2019	2018	2017
资产合计	989981774.38	1275007584.39	1549221748.24	1538200078.87
负债合计	482924841.27	644835008.09	649285279.83	647764031.55
所有者权益合计	507056933.11	630172576.30	899936468.41	890436047.32

表 10 - 18　　　　　　　　　　合并利润表简表　　　　　　　　　　单位：元

年份	2020	2019	2018	2017
营业收入	329294717.09	612769304.55	747687706.35	600548553.47
营业成本	239544274.24	482971194.36	525818650.51	419333769.50
税金及附加	5999132.42	8859899.75	7402882.69	5308759.67
销售费用	56642440.94	65379860.87	73000345.78	47225589.98
管理费用	61794422.16	63280066.78	70198940.95	68579505.11
财务费用	18053280.95	16304164.24	9419610.56	13703627.14
其中：利息费用	12810420.32	16954600.49	22305597.14	9892926.52
利息收入	3035159.91	1349546.51	691235.55	6565559.43
营业利润	－126737165.03	－92932711.40	22554105.33	16208258.31
利润总额	－128744408.07	－94019635.05	23599855.54	16016288.05
净利润	－130975483.44	－90361360.23	15001327.29	12925127.14

二、分析要点

试对广东金刚玻璃科技股份有限公司 2020 年的盈利能力进行分析，重点分析的指标有营业利润率、成本费用利润率、总资产报酬率、净资产收益率、资本保值增值率。

三、案例分析

1. 营业利润率

2020 年营业利润率＝－126737165.03/329294717.09＝－38.49％

2019 年营业利润率＝－92932711.4/612769304.55＝－15.17％

2018 年营业利润率＝22554105.33/747687706.35＝3.02％

2017 年营业利润率＝16208258.31/600548553.47＝2.70％

从以上分析可以看出，该公司营业利润率一直较低，近两年呈下降趋势且降至负值。其中，营业收入大幅缩水是该企业盈利能力减弱的主要原因。

2. 成本费用利润率

2020 年成本费用利润率 $=-126737165.03/(239544274.24+5999132.42$
$+56642440.94+61794422.16+18053280.95)$
$=-33.17\%$

2019 年成本费用利润率 $=-92932711.4/(482971194.36+8859899.75$
$+65379860.87+63280066.78+16304164.24)$
$=-14.59\%$

2018 年成本费用利润率 $=22554105.33/(525818650.51+7402882.69$
$+73000345.78+70198940.95+9419610.56)$
$=3.29\%$

2017 年成本费用利润率 $=16016288.05/(419333769.50+5308759.67$
$+47225589.98+68579505.11+13703627.14)$
$=2.92\%$

从以上计算结果可以看到，近年该公司成本费用利润率指标逐年下降。公司应当深入检查导致营业利润下降的原因，改进有关工作，以便扭转效益指标下降的状况。

3. 总资产报酬率

2020 年总资产报酬率 $=(-128744408.07+12810420.32)/[(989981774.38$
$+1275007584.39)/2]$
$=-10.24\%$

2019 年总资产报酬率 $=(-94019635.05+16954600.49)/[(1275007584.39$
$+1549221748.24)/2]$
$=-5.48\%$

2018 年总资产报酬率 $=(23599855.54+22305597.14)/[(1549221748.24$
$+1538200078.87)/2]$
$=2.97\%$

计算结果表明，企业资产综合利用效率 2020 年不如 2018、2019 年，需要对公司资产的使用情况、增产节约工作等情况做进一步的分析考察，以便改进管理，提高效益。

4. 净资产收益率

2020 年净资产收益率 $=-130975483.44/[(507056933.11+630172576.3)/2]=-23.03\%$

2019 年净资产收益率 $=-90361360.23/[(630172576.3+899936468.41)/2]=-11.81\%$

2018 年净资产收益率 $=15001327.29/[(899936468.41+890436047.32)/2]=1.68\%$

该公司 2020 年净资产收益率比 2019 年下降了 11.22%，比 2018 年下降了 24.71%，这是由该公司的净利润下降引起的。

5. 资本保值增值率

2020 年资本保值增值率 $=507056933.11/630172576.3=80.46\%$

2019 年资本保值增值率 $=630172576.3/899936468.41=70.02\%$

2018 年资本保值增值率 $=899936468.41/890436047.32=101.07\%$

该公司 2018 年资本保值增值率大于 100%，2020 年和 2019 年资本保值增值率都小于 100%，故该公司资本近两年均处于减值状态。

四、问题探讨

报告期内，公司实现营业收入 329294717.09 元，较上年同期下降 46.26%；营业利润亏损 126737165.03 元；利润总额亏损 128744408.07 元；归属于上市公司股东的净利润亏损 131093620.28 元。2020 年，公司经营管理面临挑战和困难，主要工作如下。

1. 坚持主营，做专做精

公司一直以国家消防安全为己任，以保障人民生命财产为目标，主要从事各类高科技特种玻璃、防火玻璃系统、防爆玻璃系统、防火门窗及耐火节能窗的研制、开发、生产。

报告期内，公司新增一项发明专利，22 项实用新型专利。截至报告期末，公司承担过 30 多项国家级、省级科技项目；10 项产品通过科技成果鉴定，其中 8 项产品综合技术达到国际先进或国内领先水平；列为国家重点新产品 6 项；企业现拥有防火等技术专利，发明专利 13 项，实用新型专利 99 项。

2. 坚持品牌建设

报告期内，公司始终坚持品质至上，通过质量、诚信和服务来打造品牌。2020 年 3 月 18 日，公司在 2020 年中国房地产开发企业 500 强首选供应商服务商品牌测评成果发布会暨 500 强高峰论坛上荣获"500 强房地产商首选品牌·防火窗类"第一名。

3. 响应国家号召，积极抗疫

2020 年，受疫情影响，全国医用口罩、防护服、测温仪等防疫物资出现短缺。2020 年 1 月 23 日晚间，武汉市新冠肺炎防控指挥部发布通告（第 4 号）再次发出通告向社会征集疫情防控物资。金刚玻璃作为一家有担当、有责任感的上市企业，积极回馈社会，履行自己的社会责任，在 2020 年 1 月 24 日（除夕）紧急寻得 21.2 万只口罩（医用口罩 20 万只、N95 口罩 1.2 万只）等疫情防控物资，并于当夜急运武汉。该批物资于 2020 年 2 月 1 日全部顺利抵达至武汉市红十字会。

报告期内，疫情持续蔓延，全国各地实施严格的疫情防控措施。公司积极响应国家号召，在确保员工人身安全的前提下，结合我国各地疫情防控情况，适当延迟复工复产。

受新型冠状病毒感染的肺炎疫情影响，公司物流及人员流动受限，复工复产时间延迟，项目实施进度放缓，运营成本上升，原有订单延期交付，生产经营受到一定的不利影响。

4. 公司面临困难，调整经营

因公司《2018 年年度报告》被出具非标准审计报告，公司 2019 年可能面临暂停上市的风险，社会舆论持续发酵，对公司声誉和信用度造成较大影响，公司在向银行等金融机构申请融资贷款时受阻。报告期内，公司现金流紧缺。公司管理层根据宏观经济形势的变化，结合公司内部经营情况和业务布局，主动调整经营计划，对下游订单进行严格筛选。同时受疫情及国内房地产行业持续低迷的影响，订单总数及利润率相对较高的优质订单均有所减少。

5. 积极补选高层，保障经营

报告期内，公司有序推进高层管理人员的补选及聘任工作，引进了具备丰富经验的管理人才。报告期内，公司新一届管理层带领全体员工攻坚克难，锐意进取，对公司生产经营做出一定调整，保持了公司健康稳定的发展态势。

思 考 题

1. 财务分析的作用和目的是什么？

2. 偿债能力分析所涉及的主要指标有哪些？如何判断这些指标的合理性？

3. 影响企业偿债能力分析的其他因素有哪些？

4. 企业营运能力分析测算的主要指标是什么？如何分析评价？

5. 分析企业盈利能力的指标有哪些？如何进行盈利能力分析？

6. 进行企业财务状况趋势分析的主要方法有哪些？

7. 什么是财务比率综合评分法？运用该方法对企业财务状况进行评价的程序如何？

8. 什么是杜邦分析法？运用该方法对企业财务状况进行评价可以得到哪些财务信息？

9. 试述杜邦分析体系中各指标间的关系。在杜邦分析图中哪一项是核心指标？为什么？

练 习 题

1. 某公司有关资料见表 10-19。

表 10-19　　　　　　　　　　　　　　　某公司有关资料

项目	期初数	期末数	本期数或平均数
存货（万元）	3600	4800	—
流动负债（万元）	3000	4500	—
速动比率	0.75	—	—
流动比率	—	1.6	—
总资产周转次数	—	—	1.2
总资产（万元）	—	—	18000

（假定该公司流动资产等于速动资产加存货）

要求计算：

（1）该公司流动资产的期初数和期末数；

（2）该公司本期营业收入；

（3）该公司本期流动资产平均余额和流动资产周转次数。

2. 某建筑股份公司 20×2 年年末简要资产负债见表 10-20。

表 10-20　　　　　　　　　　　20×2 年年末简要资产负债表　　　　　　　　　单位：万元

资产	金额	负债与股东权益	金额
现金	30	应付票据	25
应收账款	60	应付账款	55
存货	80	应付工资	10
待摊费用	30	长期借款	100
固定资产净额	300	实收资本	250
		未分配利润	60
总计	500	总计	500

该公司 20×2 年年度营业收入为 1500 万元，净利润为 75 万元。

要求计算：

（1）营业利润率；

（2）总资产周转率（用年末数计算）；

（3）权益乘数；

（4）净资产收益率。

3. 东胜置业股份有限公司有关资料见表 10 - 21。

表 10 - 21　　　　　　　　　　**资产负债表**　　　　　　　　　单位：万元

资产	年初	年末	负债及股东权益	年初	年末
流动资产：			流动负债合计	105	150
货币资金	50	45	长期负债合计	245	200
应收账款净额	60	90	负债合计	350	350
存货	92	144			
流动资产合计	202	279	股东权益合计	350	350
非流动资产：					
固定资产净值	475	385			
待摊费用	23	36			
非流动资产合计	498	421			
总计	700	700	总计	700	700

同时，该公司 20×1 年年度营业利润率为 16%，总资产周转率为 0.5 次，权益乘数为 2.5，净资产收益率为 20%，20×2 年年度营业收入为 350 万元，净利润为 63 万元。

要求根据上述资料计算：

（1）20×2 年年末的流动比率、速动比率、资产负债率和权益乘数；

（2）20×2 年总资产周转率、营业净利率和净资产收益率；

（3）分析营业利润率、总资产周转率和权益乘数变动对净资产收益率的影响。

4. 某公司 20×2 年的销售收入是 62500 万元，比上年提高 28%，有关的财务比率见表 10 -22（该公司正处于免税期）。

表 10 - 22　　　　　　　　　　**有关的财务比率**

财务比率	20×1 年同业平均	20×1 年本公司	20×2 年本公司
应收账款回收期（天）	35	36	36
存货周转率（%）	2.50	2.59	2.11
销售毛利率（%）	38	40	40
销售营业利润率（息税前）（%）	10	9.6	10.63
销售利息率（%）	3.73	2.4	3.82
销售净利率（%）	6.27	7.20	6.81
总资产周转率（%）	1.14	1.11	1.07
固定资产周转率（%）	1.4	2.02	1.82
资产负债率（%）	58	50	61.3
已获利息倍数	2.68	4	2.78

要求运用杜邦财务分析原理：

（1）比较 20×1 年公司与同业平均的净资产收益率，定性分析其差异的原因；

（2）比较本公司 20×2 年与 20×1 年的净资产收益率，定性分析其变化的原因。

第十一章 国际财务管理

第一节 概　述

一、国际财务管理的概念

国际财务管理是国内财务管理向国际经营的扩展。因此，一些国企业财务管理的基本原理和方法也适用于国际企业。但由于国际企业的业务散布多国，财务管理常涉及外汇的兑换和多国政府的法令制度，所以，国际企业财务管理比国内财务管理更复杂。由于国际财务管理涉及的范围与其他学科有重叠，并且国际财务管理本身不是一门严格独立的科学，因此，对于它的概念，当今国际上没有一个严格的、公认的统一定义。唯一可以确定的，就是国际财务管理是财务管理的新的分支，是财务管理向国际范围的新发展。

关于国际财务管理概念的表述，一般有两种观点：一种观点认为，国际财务管理就是跨国企业财务管理，它研究的是跨国公司在组织财务活动、处理财务关系时遇到的特殊问题；另一种观点认为，国际财务管理研究的应该是财务管理在世界范围内普遍适用的原理和方法，研究目的是使世界各国的财务管理逐步统一，国际财务管理是全球财务管理或世界财务管理。两种观点各有道理，但是也存在不足。国际财务管理研究的重点是跨国企业的财务管理问题，但范围并不仅限于此。国际财务管理还应研究所有国家财务管理中遇到的特殊关系与特殊问题，这是研究国际财务管理的较高目标。

综上所述，可以把国际财务管理的定义表述为：国际财务管理是财务管理的一个新领域，它是按照国际惯例和国际经济法的有关条款，根据国际企业财务收支的特点，组织国际企业的财务活动，处理国际企业财务关系的一项经济管理工作。

二、国际财务管理的内容

随着国际经济的发展，各国企业经济活动的国际化，各国之间产品、劳务交流日益增加，国际金融的不断发展形成国际财务管理的内容，主要包括以下几个方面。

1. 外汇风险管理

外汇风险管理是国际财务管理的最基本内容之一，也是国际财务管理与国内的财务管理最根本的区别所在。

对于跨国企业来说，企业进行跨国生产经营，在浮动汇率制下，汇率变化不定，因而产生外汇风险。通常表现为汇率变动对国际企业商务活动潜在利润、净现金流量和市场价值变动的影响；还包括汇率变动对公司债务价值变动的影响，其典型的表现是以外币表现的应收账款与应付账款的变动。外汇风险可能使一个跨国企业遭受重大损失。国际财务管理研究外汇风险的性质以及规避外汇风险的方法，并做出相应的科学决策。

2. 国际筹资管理

筹资是财务管理的基本职能之一，同样也是国际财务管理的最基本职能之一。跨国企业的筹资来源广泛，筹资方式也十分灵活。国际财务管理研究各种筹资方式和金融工具，对各种筹资方案进行评估分析，从而选择出成本低、风险小的最佳筹资方案。

3. 国际投资管理

投资也是财务管理的基本职能之一，跨国企业把筹集的资金投入国际经营活动，以谋取利益。跨国企业的投资包括直接投资与间接投资。国际企业投资，往往风险较大，而且投资环境比较复杂。国际财务管理研究投资机会，并评估投资环境和风险，掌握可行性研究，从而做出科学的投资方案。

4. 国际营运资金管理

国际财务管理主要研究跨国企业现金、应收账款以及存货管理，使三者处于最佳持有水平，最大限度利用资金，以获取最大经济效益。

5. 国际税务管理

跨国企业可以利用内部转移资金的渠道调配资金、减少税收；另外，跨国企业也可能遇到重复征税，税负严重的问题。对于这些国际税务问题，也是国际财务管理的一个比较重要的内容。

综上所述，国际财务管理研究内容就是在国际经济条件下，跨国企业从事国际经营活动中，对资金的筹集、运用和分配活动，以及规避风险、降低成本和提高盈利的方法与策略。

三、国际财务管理的特点

国际财务管理是财务管理的新阶段，它与国内财务管理相比更加复杂。它与国内财务管理相比有如下特点。

（一）跨国企业的理财环境复杂

跨国企业的理财活动往往涉及几个国家，而各国政治、经济、法律、社会等环境存在诸多差异。因此，当跨国企业在进行理财活动时，不仅要考虑母公司所在国的各方面环境，还要考虑国际形势以及投资东道国的具体情况，特别对于东道国的汇率变动、通货膨胀、税负、资金转移限制、政局稳定、配套设施建设等问题要予以重视。由此可见，国际财务管理的环境比较复杂，管理人员在决策以前，必须对环境进行严格的调查、预测以及评估，以减少风险，提高决策的正确性。

（二）跨国企业筹资渠道广泛

跨国企业的资金来源和筹资方式，与国内企业相比，更加广泛多样。跨国企业既可以利用母公司所在国的资金，也可以利用子公司所在东道国的资金，还可以利用国际金融市场进行筹资。跨国企业可以利用广泛的筹资渠道，选择最有利的资金来源，以降低资金成本，减少风险。

（三）跨国企业投资行为风险较高

跨国企业在进行投资活动时，除了面临国内企业所具有的风险以外，还面临国际政治风险、汇率风险、利率风险、法律风险、文化价值差异风险、自然风险等各种风险。因此，对于跨国企业来说，进行国际投资，实际上就是一个预测风险，规避风险的过程。因此，作为跨国企业的决策者，在进行国际财务管理活动中，必须对投资活动的各种风险进行合理预测，以避免不利的影响，取得最大的经济效益。

第二节　国际企业筹资管理

跨国企业要生存发展，必须筹集资金。与国内企业相比，跨国企业资金筹集的来源与方式都要丰富与复杂，跨国企业应熟练运用各种筹资方式，使企业获得生存与发展机会。

一、跨国企业的资金来源

与国内企业相比，跨国企业的资金来源更加广泛。其最主要的资金来源有以下四个方面：

（1）公司内部资金。跨国公司一般经济实力较为雄厚，并且有多个分布世界各地的子公司，这样，公司内部的经营运作会产生大量资金，从而构成内部资金的来源。

（2）母公司所在国的资金来源。跨国公司可以从本国的政府、金融机构以及其他企业获得广泛的资金来源。

（3）子公司所在国的资金来源。跨国公司也可以从子公司所在国获得资金来源。子公司可在当地获得贷款。子公司在当地筹资，可以预防和减少风险的发生。

（4）国际资金来源。跨国企业除了在内部、母公司所在国、子公司所在国筹资外，还可以向其他任何第三国或国际组织筹集资金。国际资金包括向第三国银行借款或在第三国证券市场发行债券以及在国际金融市场发行债券和从国际金融机构取得借款等。

二、国际企业筹资方式

国际筹资的方式与国内筹资相比，更为复杂多样。它主要有以下筹资方式。

（一）国际贷款筹资

跨国企业可以向国际上的商业银行进行贷款筹资，贷款筹资主要分为中长期贷款筹资和短期的资金筹资两种。

1. 中长期贷款筹资

国际商业银行的中长期贷款，主要是指贷款期限在1年以上，10年以下的贷款。跨国企业可以根据自己的需要，通过国际银行取得中长期的贷款。由于中长期贷款的期限比较长，而且金额比较大，因此，提供贷款的银行的风险也较大。因此，跨国企业在取得中长期贷款时，借贷双方要签订贷款协议，对贷款的各项事项加以详细规定。另外，借方必须提供财产担保。

国际银行的中长期信贷按贷款方式可分为独家银行贷款和银团贷款两种。独家银行贷款又叫双边贷款，是指一国的银行对另一国的金融机构或企业提供的贷款。它的贷款期限一般为3~5年，贷款金额不超过1亿美金。贷款资金不仅可用于资本支出，也可以用于补充流动资金；银团贷款也叫辛迪加贷款，它是指由一家或几家银行牵头，由不同国家的银行参与，联合起来组成贷款银行集团，按照同一贷款条件向借款者提供巨额资金的一种贷款方式。它的贷款金额一般较高，从几亿美金到数十亿美金不等，贷款周期也比较长，一般为5~10年。由于辛迪加贷款的收益较高，而且风险分散，因此，目前国际中长期的巨额贷款基本使用该方式。

2. 短期资金筹集

筹集短期资金的目的往往是为了获得流动资金，因此短期资金筹集就是指流动资金的筹集，它的期限较短，一般在1年以内。国际上的短期资金筹集经常借助于各种信用工具——票据进行。短期票据筹资的方式主要有国际银行短期信贷、票据贴现和国际商业票据三个方面。国际银行短期信贷是指期限少于1年的短期资金借贷活动。短期信贷手续简便，通常不需抵押品，而且借贷双方一般没有借贷合同，借款人可以根据自己的需要方便地获得短期资金；票据贴现是指票据持有人在票据未到期前，持该票据向银行交换现金并贴以利息的行为。贴现对企业来说也是一种筹资的渠道，一般包括银行票据的贴现、商业票据贴现以及债券、国库券的贴现等；国际商业票据是由国际金融公司及大企业凭信用签发的无抵押借款凭证，它只是一种借款的凭证，以此在资金市场上融通资金。

（二）国际证券筹资

随着商品经济的日益发展，证券市场的投资、筹资、投机的功能日益体现其巨大的作用。证券市场是通过证券的发行与交易进行筹资的市场，它已经成为整个金融市场的重要的组成部分。它通过证券信用的方式融通资金，通过证券交易推动资金流动，促进资源配置的优化，推动经济增长。现今任何金融机构的业务都与证券市场相关，因此，作为资金的需求者，通过证券市场获得资金将是一个非常重要的筹资渠道。在证券市场上筹资主要是通过发行国际股票和发行国际债券这两种方式来进行的。

1. 发行国际股票筹资

股票是股份公司筹集资本时发行的有价证券，它也是一种法律凭证，代表股份的所有权证书，是股东投资入股和取得收益的凭证。国际股票是指一国企业在国际证券市场或国外证券市场上发行的股票。比如，中国的一些门户网站在美国 NASDAQ 上市发行的股票就是国际股票。跨国公司通过发行国际股票筹集资金，能迅速筹集外汇资金，提高企业的信誉，扩展产品的销路，使企业以更快速度向国际化发展。

国际股票发行的方式主要有私募配股和公募两种方式。私募是指公司对少数指定的机构投资者发售股票的方式，该种方式手续比较简单，费用较低，而且发行价格低于公募；公募是指募股公司向非指定的广大投资者公开发售股票的方式，该种方式发行较繁琐，一般需要请专门证券机构代售，但该股票发行后可立即上市转让。

2. 发行国际债券筹资

一个国家的政府、金融机构、企业为了筹措资金在国外的证券市场上以外国货币为面值发行的债券叫作国际债券。对投资者来说，由于债券的利息固定，因此投资风险小于股票；对发行企业来说，由于利息税前支付，有抵税作用，因此，发行国际债券成本较低。

按照债券发行的面值货币和债券发行市场所在国之间的关系，国际债券可分为欧洲债券和外国债券两种。欧洲债券是指债券发行人在本国以外的某债券市场发行的，不以发行所在国货币为面值的债券。例如，A 国企业在 B 国证券市场上发行以 C 国货币为面值的债券。外国债券是指债券发行人在本国以外某国证券市场上发行的以发行所在国的货币为面值的债券。例如，A 国在 B 国发行的以 B 国货币为面值的债券。

国际债券的发行也包括公募与私募两种形式。公募主要是通过组成银团（辛迪加）进行包销，然后推销给广大投资者的方式进行；私募则只通过发行人和几家银行之间进行，由少数金融机构认购，债券不在市场上流通。

（三）国际租赁筹资

国际租赁是指银行与租赁公司向别国出租实物收取租金的一种引用方式。国际租赁对于出租方来说，是一种取得利润的方式；对于承租人来说，是一种筹集、融通资金的方式。国际租赁的形式与国内租赁类似，包括经营性租赁和筹资租赁两种。经营性租赁主要满足企业临时需要而租赁的资产，租赁物的所有权不发生转移；筹资租赁的目的不同于前者，它的目的是获得长期资金，因此，出租方只保有法律上的所有权，租赁物的有关风险报酬已转至承租方，筹资租赁中租赁物的所有权事实上归承租方。在筹资租赁中，根据不同的业务特点，又可以分为直接筹资租赁、杠杆租赁和售后回租三种方式。

（四）国际贸易信贷

国际贸易信贷是指各国政府为促进本国进出口业务，由政府机构、金融机构为进出口商提供的资金融通和风险担保。当前国际上巨额的对外贸易合同，大型成套设备的出口都与国际贸易信贷有关，因此，国际贸易信贷是跨国企业筹资的一种重要方式。国际贸易信贷分为短期和中长期信贷两种。国际贸易中长期信贷的目的主要是为了扩大本国产品的出口，因此又称为出口信贷。

出口信贷是由政府资助的，用于扩大本国产品出口的一项优惠贷款。它主要包括以下几种形式：

（1）卖方信贷。卖方信贷是在大型设备与成套设备贸易中，出口国银行为了便于出口商以赊销或分期付款方式出口设备，向出口商提供的中长期贷款。出口商付给银行的利息以及其他费用，将转嫁给购买方，因此，赊销或分期付款的设备价格一般偏高。

（2）买方信贷。买方信贷是指在大型机械设备和成套设备贸易中，出口国的出口信贷机构或银行向进口商或进口国银行提供的中长期贷款。该信贷方式较为常见，主要是以输出资本的方式帮助商品的输出，该信贷方式有利于进口商筹集资金，也扩大了出口。

（3）混合贷款。该方式是买方信贷的一种新发展方向，主要是指由出口国政府与银行等金融机构共同向进口商提供贷款，用于购买出口国的资本和劳务。该种方式具有政府援助的性质，因此通常需要先由双方政府进行谈判确定贷款原则，再授权银行进行操作。

（五）证券存托凭证

1. 综述

证券存托凭证（depositary receipts，DR）又称为受托凭证，是国际股票筹资的一种新的有效工具，是新兴的国际筹资方法之一，它是由本国银行开出的外国公司证券保管凭证。投资者通过购买存托凭证，拥有外国公司的股权，其实质是外国公司股票的一种替代交易形式。目前发行销售的存托凭证包括美国存托凭证（ADR）、全球存托凭证（GDR）、国际证券存托凭证（IDR）以及欧洲证券存托凭证（EDR）和中国香港证券存托凭证（HKDR）。其中，ADR 出现最早，运作最规范，流通量最大，因此最具有代表性。

2. 美国存托凭证（ADR）的概念

ADR 是指发行者将其在本国发行的股票交由本国银行或美国银行在本国的分文机构保管（保管银行），然后以这些股票作为担保，委托美国的银行（存托银行）再发行与这些股票相应的可转让存单，美国投资者购买和持有。与其他境外筹资方式相比，ADR 有着诸多优势：

（1）与企业境外上市相比，ADR 的法律、会计、审计等监管要求比较宽松，使发行时间和成本大大减少。

（2）与国际债券筹资相比，较少受企业规模、信誉、筹资成本等的限制，且可获得永久性的发展资金。

（3）ADR 可以直接进入美国证券市场流通，以美元计价、报价及清算交割，并由存托银行负责在美国发行、过户、支付股息、信息咨询等，极大地方便了美国公众的投资，加强了证券的流通性。

（4）与境外投资基金相比，ADR 对投资者来说，既可持有非美国公司证券，达到分散投资风险的目的，又可享受某些税收上的优惠，还可以扩大投资组合，拓展投资领域。

3. 美国存托凭证（ADR）的分类

根据股票发行公司是否参与存托银行的 ADR 发行计划，可将其分为无保荐 ADR 和有保荐 ADR 两类。无保荐 ADR 是指没有股票发行公司的参与，存托银行与发行公司不签订协议的情况下建立的 ADR。这种形式由于无法控制计划的执行过程及难以核算隐匿成本，已被逐渐淘汰。有保荐 ADR 是指发行公司直接参与 ADR 的发行，由其与存托银行签订存托协议，据此而设立发行 ADR。它因存托协议明确了发行公司、存托银行和 ADR 持有人之间的权利义务关系，加强了公司与股东之间的交流和联系，成为被广泛采用的形式。有保荐的 ADR 根据能否公开交易，以及交易市场的类型和能否募集资金，又可分为以下四种形式：

（1）一级 ADR。它以发行公司现有的股票为基础，不发行新股，在美国柜台市场（OTC）和美国之外的一些国家的交易所中交易，发行公司不必遵循美国公认会计准则（GAAP）和完全符合美国证券交易委员会（SEC）的公开性要求。

（2）二级 ADR。即挂牌上市的 ADR，它以发行公司现有的股票为基础，不发行新股，但可在美国全国性证券交易所注册登记并挂牌交易。与一级 ADR 相比，它必须符合 SEC 注册和编制申报会计报表的方法，符合美国公认会计准则的要求，还要符合全国性股票交易所的上市条件。

（3）三级 ADR。它是不以发行公司现有股票为基础，而是在美国公开发行新股筹资并在美国全国性证券交易所上市的存托凭证。因为涉及增资发行新股，美国证券法对该方式的要求更为严格。它需要办理 SEC 规定的全部注册登记手续，上市时还须遵循美国通用会计准则。

（4）私募 ADR。即在美国不公开发行的存托证券，它由美国的合格机构投资者为发售公司发售股票，无须在美国 SEC 注册，通过自动联检不公开上市转卖和交易系统在美国的机构投资者中进行交易，在保管信托公司进行清算交割。该种 ADR 条件要求最低，发行成本也较低。

跨国企业必须根据自己的实际情况，考虑各种 ADR 的优缺点，权衡利弊，选择适合自己的存托凭证。

（六）资产证券化筹资

1. 概念

资产证券化筹资（asset－backed securitization，ABS）是指将某目标项目的资产所产生的独立的、可识别的未来收益（现金流量或应收账款）作为抵押（金融担保），据以在国际资本市场发行固定收益率的高档债券来筹集资金的一种国际项目筹资方式。ABS 筹资在与其他筹资方式相比较时，具有以下优势：

（1）与国际银行直接信贷相比，可以降低债券的利息率。

（2）与在外国发行股票筹资相比，可以降低筹资的成本。

（3）与国际担保性筹资比较，可以避免追索性风险。

（4）与国际双边政府贷款比较，可以减少评估时间和一些附加条件。

2. 作用

ABS 筹资作为一种新兴的，独具特色的筹资方式，主要有以下作用：

（1）项目的筹资者仅以项目资产承担有限责任，可以避免其他的资产遭受追索。

（2）通过发行国际债券，可以降低资金成本，还可以大规模的筹资。

（3）由于在国际债券市场发行的债券的购买者众多，因此可以分散投资者和筹资者的风险。

（4）国际证券市场发行的债券，到期以项目资产收益偿付，本国政府和项目筹资公司不承担任何债务。

（5）由于有项目资产的未来收益作为固定回报，投资者可以不直接参与工程的建设和经营。

随着国际经济合作的发展，ABS 筹资方式受到了越来越多的筹资者和投资者的重视。凡是可预见未来收益和持续现金流量的基础设施和公共工程开发项目，都可以利用 ABS 筹资方式进行筹资。ABS 筹资方式在很短时间内，已成为国际金融市场上为大型工程项目筹措资金的重要方式。

三、国际筹资决策分析

国际企业的国际筹资决策，包括对国际筹资环境的考察、对自身的评估、选择筹资方式—成本效益分析三个部分。

（一）国际筹资环境的考察

国际筹资环境主要包括国际政治法律、社会文化、经济市场、物质技术和自然地理等五方面。其中政治法律和经济市场环境因素对于国际筹资决策的影响最大。通过对国际筹资决策环境的全面考察，能有效提高筹资方式决策的质量与满意水平。

（1）政治法律环境。政治环境包括世界各国的基本政治制度以及各种政体和政策，政局是否稳定，有无政策的重大变更，是否有战争的危险，以及政府是否有国有化和外汇管制的趋势等；法律环境包括各国对外国金融机构进入的规定，税收中对所得税和资本利得的税收规定，对资本输出的法律规定等。

（2）社会文化环境。社会文化环境包括社会文化传统、语言、习俗等因素，以及各国对时间、财富和风险的态度和观念，这些因素会影响国际筹资的谈判与沟通。

（3）经济市场。经济市场包括经济市场的开放程度，经济发展水平和阶段、市场的规模以及居民的收入等，还包括各国的汇率机制、利率、价格以及通胀程度等，这些方面均对国际筹资产生重大影响。

（4）自然环境与物质技术。自然环境与物质技术包括技术水平与结构、自然的环境等。

（二）跨国企业的自身评估

在国际筹资决策过程中，国际企业自身的目标选择非常重要，目标的确立直接影响到筹资方式以及筹资对象的决定。确立目标就是建立一个目标函数，一旦确定，就会决定今后对各方案的选择和评估。因此，跨国企业必须深刻考察和明确自己的目标。

另外，除了明确目标外，跨国企业还需要对自身具备的资源进行考察和评估，明确自身的优势，决定国际筹资方式的选择。跨国企业的资源包括有形资源，如拥有的资产和投资项目等；还包括无形资源，包括企业形象、人才、经验、信息等。跨国企业必须分析明确自身资源的优势，扬长避短地选择最适合自己的筹资方式。

（三）筹资方案抉择—成本效益分析

对于国际筹资，决定方案的优劣与否，主要通过成本效益分析，在国际企业中，其付出的广义成本主要包括如下内容：

（1）资本成本，包括债券与贷款利率以及股票的预期报酬率。

（2）附加费用，包括取得贷款或发行债券或股票的各种发行费用、手续费、管理费和佣金等。

（3）人力成本，包括参加筹资活动的人员的薪酬。

（4）谈判费用。

（5）信息成本，收集筹资有关信息所需要的费用。

（6）时间成本，从选择筹资方案到资金到位的时间。

（7）控制权降低成本，包括资金用途限制、抵押财产风险、原股权的稀释等。

（8）信息披露成本，包括报表等信息的披露会暴露企业的发展战略、发展方向和目标的有关信息。

（9）信用成本，无法到期偿还债务会使企业信用受到损害。

（10）风险成本，为防范筹资的风险，企业必须采取各种措施，必须付出必要的交易费用和其他费用。

由上可知，跨国企业在进行成本效益分析时，采用的成本不仅包括有形的成本，如资金等，还包括很多无形的成本，如企业的形象、耗费的时间等。同样，对于企业的收益来说，也不仅指有形的资金收入。跨国企业的效益表现在以下几个方面：

（1）获得预期额度的资金。

（2）资金在预期时间或提前到位。

（3）低于预期或市场平均水平的资金成本，如利率。

（4）较为宽松的筹资条件，以及较低的风险水平。

（5）在国际筹资中，加强改善与国际金融机构以及外国政府、企业的关系，提高企业的形象。

（6）人才得到培训等。

跨国企业在进行筹资决策时，必须进行成本效益分析，尽可能地寻求最低的成本，然后，在进行成本效益分析的基础上，再结合企业的筹资目标和自身的偏好和优势，考虑环境等各方面的因素，以最低的综合成本获得所需要的资金。

四、国际企业筹资注意的问题

跨国企业的筹资方式多样，但是筹资过程比较复杂，而且风险较高。因此，在进行国际筹资时，必须经过深入细致的分析，以降低风险。跨国企业在筹资时要注意以下问题。

1. 注意外汇风险

外汇风险包括经济风险、折算风险和交易风险。在企业进行国际筹资时，不可避免地会遇见上述三种风险：企业的赊销赊购行为，可能由于汇率的变动，产生交易风险，从而影响企业的利润；以母公司所在国货币折算子公司会计报表，汇率变化会造成子公司的利润折算后产生很大变化；而经济风险是企业跨国经营中最常见的。比如，由于整个经济形势的问题或通货膨胀原因造成汇率大幅波动，那么企业就可能面临经济风险。因此，企业在筹资时，需要考虑到上述风险，按照一定的方式去规避外汇风险，是企业筹资需要注意的首要问题。

2. 注意外汇管制问题

某些国家可能通过法令对该国公司的国际结算、外汇买卖等实行限制，实施外汇管制。

在实施外汇管制的国家开设的子公司的外汇筹资以及公司内部进行内部筹资就会受到限制，在公司进行筹资决策时必须考虑这一问题。

3. 利用资金市场的不平衡进行筹资

各国资金市场的分割，使资金市场上的资金成本出现不平衡。跨国公司可以利用多国资金市场筹资的优势，利用不同资金市场上资金成本的不平衡，选取资金成本最低的资金来源，以使公司获得最优的资金来源。

第三节　国际企业投资管理

国际投资又称对外投资，是指一个国家的政府、企业、个人投资者将本国的资本投入到其他国家，以便获取更高的收益的一种经济行为。国际投资是一种资本在国际上的流动，对于投资者来说，进行国际投资可以扩展自己的生产规模，谋取更高的利润；对于接受投资的东道国来说，吸收国际投资可促进本国经济的发展。

一、投资方式

国际投资按投资方式可以分为直接投资和间接投资两种。

（一）国际直接投资

国际直接投资是指投资者以控制企业部分产权、直接参与经营管理为特征，以获取利润为目的的资本对外输出。在国外直接投资一般有以下几种方式：

（1）采取独资企业、合资企业和合作企业等方式在国外建立一个新企业。

（2）通过并购获取对方企业的所有权。

（3）通过证券市场收购外国公司的股份，控制或影响该公司。

在国际上究竟控股率达到多少比例才算是直接投资，目前尚无统一的标准。按国际货币基金组织的定义，只要拥有 25% 的股权，即可视为直接投资；按美国规定，凡拥有外国企业股权达 10% 以上者均属直接投资。

（二）国际间接投资

国际间接投资也可称为国际证券投资，是指国际证券市场上发行和买卖外国企业或政府发行的中长期有价证券所形成的国际资本流动，其目的是获取利息或红利的投资行为。通常所讲的国际间接投资也就是指股票投资和债券投资两类。

国际间接投资和国际直接投资相比，二者有很明显的区别。国际直接投资是一种经营性投资，无论投资者在哪一行进行投资，都以取得企业的经营控制权为前提条件；而国际间接投资是以取得一定的收益为目的持有国外有价证券的行为，一般不存在对企业经营管理权的取得问题，即使是在取得股权证券进行投资的情况下，也不构成对企业经营管理的有效控制。

二、国际直接投资的决策分析

对国外进行直接投资前，必须对该投资行为进行科学的分析，对于投资的环境以及该项投资的风险进行认真的可行性研究和分析，在这个基础上慎重地决定是否投资。

（一）国际直接投资环境与风险分析

在进行投资以前，必须首先对该项投资环境进行分析，了解投资环境，评估投资风险，在此基础上，再确定是否进行投资。

1. 投资环境

国际直接投资的环境是指投资目标地的东道国所处的国内外社会、政治、经济等各方面的条件。投资者在进行投资决策前，必须对环境条件进行全面细致的了解。国际直接投资具体内容包括以下几方面：

(1) 政治环境。它指政局是否稳定、有无政策的重大变更、是否有战争的危险，以及政府是否有国有化和外汇管制的趋势等。

(2) 宏观经济环境。它指东道国的经济增长速度，是否有健全的市场经济体制，产业结构是否合理，经济是否稳定等。

(3) 法律制度。它指东道国法制是否完善、健全，对于外国投资者的利益有无法律保证，利润是否可汇回母公司等。

(4) 文化环境。它指东道国的文化传统、社会风俗、意识形态和价值观念等。

(5) 地理环境。它指地理位置、气候以及自然特色等。

(6) 社会环境。它指社会治安状况、社会风险以及人的道德素质等。

(7) 技术环境。它指东道国的技术水平、技术结构等。

(8) 交通运输条件。它指东道国铁路、公路、航空、港口等运输能力，交通发达与否等。

(9) 邮电通信设施。它指邮电通信设施是否发达，电话、电报、传真、互联网等设施是否健全。

(10) 能源供应。它指电力、石油、煤炭、天然气等能源供应条件如何。

(11) 公用设施建设。它指东道国各种公用设施，如学校、医院等的建设情况。

2. 投资风险

在了解了投资环境以后，就要对投资风险进行评估。当投资的生产规模越大，投资可能遇到的风险也就越大。国际投资风险按发生原因主要有以下几类：

(1) 国家政治风险。国家政治风险是指东道国的政局发生变动，或东道国的政策发生巨大变动，从而对投资产生巨大影响所产生的风险。政治风险比较难以预测，而且一旦出现则损失巨大，无法弥补。国家政治风险主要是由战争因素或政府改组等原因引起的，造成东道国对外国投资者态度改变，限制投资甚至是收归国有化的政策出台，造成政治风险。

(2) 经济风险。经济风险是指东道国的经济情况发生剧烈变动使投资造成的风险。东道国的经济状况是产生经济风险的根本原因。当东道国经济良性循环时，对国外资金、技术的需求就增加，会出现较好的投资环境；反之，经济萧条时，外国商品的需求就减少，投资环境恶劣，对投资造成经济风险。

(3) 自然风险。自然风险是指由意外的自然原因造成的风险，包括水灾、台风、地震等不可抗力造成的灾害。该风险完全不可控制，也无法规避。

(4) 汇率风险。国际投资涉及不同通货之间的兑换，因此存在汇率风险。东道国货币的汇率波动会影响投资的利润回报。

总之，在以上四种投资风险中，国家政治风险是影响国际投资的最基本风险，其他的风险又取决于并决定了投资环境，所以必须对投资风险进行评估。

（二）投资效益分析

在对国际直接投资的环境和风险进行了有效评估并符合投资要求后，就要对投资项目进行可行性分析，包括对销售、生产以及财务等多方面的分析。其中，主要的是对项目的经济效益进行分析，即对项目的财务可行性进行研究。

研究财务可行性，就要编制投资预算。国际直接投资的预算编制要比国内投资复杂，必须考虑到汇率、东道国通货膨胀情况、税制等因素。以下介绍它的编制方法。

1. 投资的费用以及项目资本结构计划

进行国际直接投资，投资费用包括厂房、设备等固定资产投资以及流动资产投资，对于投资费用要用汇率折算为东道国货币；确定投资总额后，要确定资本结构、多少是自有资金、多少是借贷资金等。这些均确定以后，可编制"期初资产负债表"。

2. 项目计划

对于一个投资项目，必须考虑各种生产、销售的预测。因此，要进行以下分析：

（1）销售预测。预测投资生产的产品销售量、销售价格以及销售利润。考虑通货膨胀率以及汇率的变化。

（2）生产成本预测。预测生产经营期间的各年产品生产量、单位变动成本、固定成本等，以确定总成本。预测时也要考虑通货膨胀率。

（3）预计利润表。根据预计销售收入、成本，考虑相关税费，编制预计利润表，计算利润。

3. 现金流量预测

预测国际投资的年现金流入量、流出量和净现金流量，编制现金流量预测表。

三、国际直接投资决策程序

投资决策对于跨国企业的生存与发展至关重要，如果决策失误的话，将对企业的财务状况与盈利水平产生巨大的影响，并最终可能导致整个企业的破产。国际直接投资的投资环境比较复杂，投资风险也比较大，因此，进行国际直接投资必须遵循一套科学的、严谨的决策程序，综合考虑各项因素，做出科学的投资。该程序有如下内容。

（1）根据企业自己的目标，决定是否投资。企业必须根据自身的实际情况，并结合国际市场的投资情况，作出国际直接投资的决策。企业进行国际直接投资动机很多，可能是为了追求更高的利润率，或者是为了占据国际市场，或者是为了取得能源、原材料供应或为了获取先进技术等，不一而足。企业必须根据自己的意愿、结合自身情况，作出投资决策。

（2）根据投资目标，分析国际投资环境。在企业确定了投资决策以后，就要开始分析投资的可行性。首先必须对投资环境进行科学的分析与评价。分析环境的目的是明确投资环境是否适合投资活动的展开，并使企业充分掌握投资环境的发展变化。环境分析内容多样，包括对东道国经济、政治、地理、社会等各方面的环境进行分析和评价，最后决定该投资环境是否适合该项投资活动的进行。

（3）利用各种分析的技术和指标，对投资风险进行评估。通过分析投资风险，确定风险类型，评估投资的风险性。然后运用多种技术手段，对投资风险进行有效的控制，规避风险。

（4）利用适当的投资决策指标，对投资项目的经济指标进行评估。对投资项目采用一系列的指标，评价该投资的经济效益，编制各项预算报表，以对投资活动进行控制，使投资操作更加规范有效。

（5）确定合适的投资方式。在对投资环境、投资风险进行了有效的评估，以及对经济效益进行可靠估计以后，确定该项投资符合要求，接下去则要对投资方式进行选择。必须根据自身企业的特点，选择最适合自身企业的投资方式，进而采取不同的经营策略，以保证企业目标的实现。

四、国际证券投资

（一）国际证券投资的概念

国际证券投资是指投资者在国际金融市场上购买其他国家的政府、金融机构，以及企业发行的债券和公司股票。它是国际间接投资的主要方式，投资者投资的目的是获取利息、股利或获得买卖价差收入，投出的资金不能自行控制支配。值得注意的是，当投资者在购入国外公司的股票达到支配该公司所需比例时，即实际获得对该公司的控制权时，则该投资变为国际直接投资。只有未达到控股比例的股票投资才作为间接投资。

（二）国际证券投资的分类

国际证券投资按照不同的分类标准可以进行不同的分类。

（1）按照投资的期限与目的分为短期投资与长期投资两种。短期投资是指公司购入的，不准备长期持有的，可随时变现的证券；长期投资指企业购入准备长期持有的各种证券。

（2）按照投资对象分为债权性、股权性与混合性证券投资三种。债权性投资是指公司投资于政府债券、金融债券与公司债券；股权性投资是指公司购入的其他公司的普通股股票；混合性投资是指公司购入的既有债券性质，又有股票性质的两重性债券，比如优先股以及可转换性债券。

（3）按照投资收益是否固定分为固定收益投资与不固定收益投资两种。固定收益投资主要指债券与优先股等；不固定收益的投资主要指购入公司股票。

（三）国际证券投资的风险

证券投资者的目的是希望取得盈利，但是由于各种原因，造成投资者实际的投资收益率小于预期收益率，甚至出现亏损的可能性就称为证券投资风险。在证券市场上，证券投资的收益率一般与其风险成正比例，即收益率越高，投资风险越大。证券市场上造成投资风险的因素很多，主要来源于以下几方面。

1. 经营风险

经营风险是指发行证券公司经营或管理不善，企业经营业绩下滑，造成投资者遭受损失的风险。造成经营失败的原因多样，可能来自外因，包括企业遭遇不可抗力影响，也有可能来自内因，如企业产品过时，难以吸引消费者等。

2. 市场风险

市场风险是指由于证券市场行情发生波动，从而引起的风险。在一个牛市市场上，股票看涨，投资者的收益就增加，股价就上升；相反，在熊市中，股价下降，投资者可能遭受损失。

3. 违约风险

违约风险是指发行证券公司财务状况不佳，不能按时支付债务本金及利息的可能性。一般地，政府债券的违约风险最小，企业债券的违约风险相对较高。

4. 利率风险

利率风险是指由于市场利率水平波动，造成证券投资收益率变动的可能性。通常是利率水平与证券价格成反比，即利率上升，证券价格下降，证券持有者收益率下降。一般来说，长期证券投资的利率风险要大于短期投资的利率风险，但当市场利率持续下降时，长期投资将比短期投资获得更大的利润。

5. 购买力风险

购买力风险是指通货膨胀使货币价值变动造成投资者的实际购买力下降的可能性。投资者的实际投资收益率应该为名义收益率减去通货膨胀率，名义收益率是按照票面利率计算所得货币收入，它没有考虑通货膨胀的因素。因为通货膨胀的存在，造成投资者的实际收益率会降低，甚至使实际收益率为负数。但是由于通货膨胀是无法避免的，即购买力风险对于投资者来说不是退出投资就可以避免的，因此，投资者的任务是选择一个投资收益率较高的项目来减少购买力风险。

6. 流动性风险

流动性是金融投资变现快慢的程度。流动性风险是在变现过程中出现损益的可能性。当投资者需要现金时，投资变现的价格可能会低于购入价格，因此造成损失，也可能高于购入价格，获得收益。因为不确定，所以造成流动性风险。一般来说，债券的流动性风险小于股票，而短期投资的流动性风险小于长期投资。

在进行证券投资时，必须充分考虑到上述各种风险对于投资的影响，对于风险进行科学的评估，再作出最可行的投资决策。

第四节　国际企业营运资金管理

国际企业的跨国营运资金管理在基本原理上与国内企业营运资金管理大体相似，所不同的是国际营运资金管理还涉及外汇管制、国际税收和外汇风险等方面的问题，需要另外加以考虑。

一、影响国际企业营运资金管理的因素分析

（一）外汇管理制度

外汇管制会直接影响资金转移的及时性，进而影响到营运资金管理的有效性，使财务人员无法实施对营运资金的有效管理。

（二）税收政策

税收是国家具有强制性的政策，在调节经济方面具有不可忽视的作用，它与外汇管制相比，更具有弹性，一国政府可以用重税的方法来限制资本的流出，是进行国际经济业务所必须重视的一个重要方面。国际企业必须熟悉有关国家和地区的税收制度，合理利用其间的差异，降低总体税负，以获得最大税后收益。

（三）外汇暴露风险

在国际市场中，外汇汇率经常处于不断的波动中，这就要求营运资金管理不能忽视货币头寸的管理。当货币疲软或者可能会贬值时，持有净资产头寸是不利的，这时企业应当抢先处理掉资产并将收入转换成坚挺货币的资产。如果企业拥有疲软货币的净债务头寸则又应当抢先偿付。这些原则对跨国公司营运资金管理非常有用，但他们并不能消除汇率风险，因为货币何时贬值或者升值几乎是不可预测的。然而风险减少或者从汇率变动中所得的收益增加证明，企业充分考虑外汇暴露风险因素，努力避免有重大风险头寸，缓解风险程度，这对于国际企业现金管理、应收中长款管理和短期债务管理是有效的。

（四）资金转移的时滞

由于在国际金融市场上，外汇汇率时常处于波动状态以及国际企业金融市场的复杂性，使得市场中存在较多的投机机会，或者国际企业基于多种原因的考虑，往往延迟资金的转移，尤其是在最后付款和转换币种过程中时滞常常发生。国际企业的资金转移是跨国界、跨比重的，会对营运资金的管理产生较大的影响。因此，国际企业必须考虑建立多种支付渠道，以应付各种不同类型的资金转移延迟。

二、资金管理

国际企业的现金管理要比国内企业现金管理复杂得多，其特点主要表现在以下几个方面：首先，现金流动的渠道多、范围广，这就给企业管理增加了困难。其次，国际企业现金的跨国界流动要受到许多外生变量的影响和约束。

（一）多边净额结算

由于国际企业的子公司遍及全球，而母公司及子公司之间购销商品和劳务的收付款项又很频繁，为了减少外汇风险和资金转移成本，国际企业可以在全球范围内对公司内部的收付款项进行综合调度，即进行多边净额结算。

多边净额结算是指由业务往来的多家公司参加的交易账款的抵消结算。由于涉及面广，收支渠道复杂，必须建立统一的控制系统。一般要求设立一个控制中心，即中央清算中心，由它统一清算企业内部各实体的收付款。

（二）现金集中管理

所谓现金集中管理是指国际企业在主要货币中心和避税地设立现金管理中心，要求它的每一个子公司所持有的当地货币现金余额仅以满足日常交易需要为限，超过此最低需要的现金余额，都必须汇往管理中心，它是国际企业中唯一有权决定现金持有形式和持有币种的现金管理机构。

为了使现金的集中管理能够行之有效，各子公司需要对现金的需求进行预测。如编制短期现金预算，预测未来时点的现金流出量；根据所在国的支付习惯和金融状况预计现金溢缺的时间和数量。同时各子公司还必须建立系统的收付款制度和先进转移的责任制度。这样才能有效地配合现金的集中管理，使之发挥更大的效应。

（三）现金预算管理

现金预算是决定企业现金流量的基础。根据子公司向现金管理中心递交的现金日报、周报或月报，企业的财务经理不仅可及时掌握各子公司现金的来龙去脉，更重要的是，它可以在预测的基础上统筹规划企业全局的各种现金流入和流出，在各子公司及母公司之间调剂余缺、组织平衡。

三、存货管理

国际经营企业的存货管理，从原则上讲同国内企业相比不必特别指出。但是由于下述一些原因，国际企业在控制海内外子公司存货水平和实际预定的存货周转率目标方面，难度更大。首先，原材料的采购常常要跨国界进行，它涉及一些国际贸易上的问题，如远洋海运的时间延误、海关手续办理时的麻烦、可能出现的码头工人罢工、东道国政府的进口限制等。其次，由于东道国的通货膨胀问题和汇率的可能变动，都将直接影响存货成本。跨国经营企业存货管理中不确定因素较多，企业应针对这些，合理安排存货采购、储存、提高存货管理效率。

1. 根据货币贬值的变动趋势采用相应对策

存货的购置要根据企业存货的具体情况，结合国际市场上行情进行。例如：若该企业的存货依赖进口，在预期当地货币贬值（或出口国货币升值）时，应提前购置并且尽可能多地购置存货；相反，则尽量降低存货的水准。

2. 根据不同国家成本程度采用相应的对策

由于各国经营环境不同，不同国家存货的生产成本、储存成本、订货成本都有一定的差异，这就要求跨国公司经营企业必须实行灵活的存货管理政策。例如：跨国经营企业可以利用某一特定的国家低成本的好处，在一定时期内将其生产过程、储存过程乃至订货过程转移到那个国家去。

3. 根据存货价格的变动趋势采用相应的对策

如果预测到某种存货的价格将要上涨，应提前进货，超额储备；反之，如果预测到某种存货的价格将要下降，则应推迟采购时间，减少储备。

第五节 国际企业纳税管理

随着我国经济的不断发展和加入世贸组织，我国对外经济活动日益扩大，不仅各种类型的外商投资企业在我国纷纷建立，国内企业也开始走出国门，积极从事国际贸易和国际投资，参与国际竞争。在跨国投资经营中，国际企业纳税管理显得十分必要和迫切。

一、国际纳税概述

国际税收关系是国际经济关系中一个重要的组成部分，随着国际经济交往的不断发展，资本的国际性流动、劳务的提供及科学技术的交流等，都会引起各种投资所得和营业所得的实现越来越多地超越国家的范围。国际税收基于有关国家对跨国纳税人征税的重叠而产生，它体现的是涉及主权国家之间的税收分配关系，如国家之间税收政策的影响、征税的多寡和税收分配的协调等。

（一）国际纳税的研究对象

国际纳税的研究对象为：各国政府为协调对跨国纳税人的稽征管理，跨国纳税人的重叠交叉课征和各自涉外税收负担政策等方面所采取的单边、双边和多边措施，以及由此产生的各国政府处理与其他国家政府之间税收分配关系的准则和规范。

（二）国际纳税的研究范围

国际纳税是由对跨国纳税人征税引起的，那么，对跨国纳税人的什么进行征税、征什么税才会引起国家之间税收权益变化，才构成国际税收活动，这些就构成了国际税收的研究范围。关于各国课税的税种，包括所得税、财产税、增值税、消费税、关税等。国际纳税的研究范围，不仅涉及跨国所得税和跨国财产课税，而且应包括跨国商品课税，即无论是所得税、一般财产税，还是对商品和劳务征税以及关税，都在国际税收的研究范围之内。

（三）国际纳税的研究内容

了解研究范围是认识研究的广度，而明确研究内容反映的是认识问题的深度。国际纳税的研究内容主要包括税收管辖权的确定、国际重复课税的免除、国际避税与反避税、国际税收协定、国际收入和费用的分配等。

1. 税收管辖权问题

税收管辖权是一国政府在税收领域的主权，即一国政府在行使主权课税方面所拥有的管辖权力。它是国际税收中一个根本性的问题，国际税收中双重纳税的发生、国家之间税收分配关系的协调和其他许多问题，都同税收管理有密切关系。所以，研究国际税收首先要了解税收管辖权。

2. 避免国际间双重课税的问题

国际双重课税是指两个或两个以上的国家，对同一跨国纳税人或不同跨国纳税人所发生的同一征税对象课征同样的税收，即发生了重叠征税。国际双重课税的产生是由于各国税收管辖权存在着重叠与交叉的结果，它给国际经济的发展增设了障碍，后果严重，影响很大：一方面由于国际双重征税加重了跨国纳税人的税收负担，使其难以从事跨国经营活动，不利于资金的流动和运用；另一方面国际双重征税影响商品、劳动、资本和技术等经济要素的国际流动，对国际资源配置产生阻碍。所以，避免国际双重征税是国际征税研究中一个最为现实的问题，也是国际税收研究所要达到的目的之一。

3. 国际避税与反避税问题

国际避税是指跨国纳税人利用各国在税法规定上的缺陷，通过人与资金、财产的国际流动，已达到其减轻税收负担的不违法行为。国际避税是国际税收中一种普遍的现象，其结果将导致纳税人税负不公。在税收征管活动中，对税务当局而言，国际避税是一个十分棘手的问题。

由于国际避税影响各国政府的财政收入，因此，各国都积极地采取措施，对国际避税加以防范和制止，这被称为反避税。针对各种避税的手法，研究和制定有效的防范措施，堵塞国际税收活动中的漏洞，也是国际税收研究的重要内容。

4. 国际税收协定问题

国际税收协定，是指两个或两个以上的主权国家，为了协调相互之间在处理跨国纳税人征税方面的税收关系，依据国际关系准则，通过谈判所签订的一种协议或条约，国际税收协定属于国际法的范畴，它对有关国家具有国际法的约束力，是国际税法的法律制度。

世界上最早的税收协定是1843年比利时和法国政府签订的税收协定，该协定主要是为了解决两国政府在税务问题上的相互合作和情报交换等问题。100多年来，为适应国际税收关系不断发展的需要，国际税收协定从单项向综合，从双边向多边迅速发展。特别是20世纪中叶以来，国家与国家之间签订税收协定十分活跃，并不断扩大，据统计，国际上已经生效的税收协定有2000多个，并且形成了具有世界性意义的两个国际性税收协定范本，由联合国专家小组提出的《发达国家与发展中国家避免双重征税的协定范本》（简称联合国范本）和由经济合作与发展组织提出的《关于对所得和财产避免双重征税的协定范本》（简称经合组织范本），两个范本的结构、内容大体相同。用以指导各国税收协定的签订。通过研究国际税收协定，确定解决国际税收问题的措施和方法，以消除由税收问题引起的矛盾和冲突。

5. 国际收入和费用的分配

国际收入和费用的分配，是指跨国纳税人（关联企业）收入和费用的分配原则和方法，通常而言，一个跨国公司的总机构同其分机构之间，母公司和子公司之间，以及同一跨国公司内一个分支机构或子公司同其他分支机构或子公司之间，都是互相有关联的，这些都被称为关联企业，跨国纳税人的国际收入与费用应该怎样在相关的国家之间进行分配，是一个十分复杂和重要的问题。

对国际关联企业来说，通常利用各国税制存在的差异，以本身利益的最大化为目标，对其国际收入和费用进行全盘考虑，使其收入在最有利的地点和最有利的时间获得，使其费用在最有利的时间和地点发生，借以逃避一部分应纳税款，获取更大的经济利益。其手段通常是利用各关联企业所在国所得税税率高低差异，采取转让定价的方式来实现。因为关联企业的转让定价涉及相关国家的税收收入，所以关联企业之间转让定价的调整和规范也是国际纳税研究的重要内容。

以上几个方面的内容只是国际纳税关系中的一些基本问题，国际纳税还涉及其他内容，如关税、关税壁垒和对外关系中的税收优惠等。

二、避免双重税收

世界上各个国家不同的税收管辖权，相互交错，对同一跨国纳税人的统一所得征税时，这个纳税人的所得就可能被两个或两个以上的国家同时进行量词或两次以上的课征，出现双重纳税的现象，国际双重课税是各国税收管辖权交叉的结果，国际双重征税的根源就在于跨国经济活动。从现实层面考察，目前居民税收管辖权和来源地税收管辖权是两种基本的国际税收管辖权。任何一个主权国家都有权从维护本国利益的角度出发，对税收管辖权做出自主的选择。而从各国管辖权的实施现状来看，兼采两种税收管辖权的较为普遍。于是，不同国家的税收管辖权就会发生冲突，导致对同一纳税人的同一笔所得出现双重纳税的结果。

（一）双重纳税的产生原因

1. 不同税收管辖权产生的国际双重征税

目前，世界各国行使的税收管辖权有地域税收管辖权，居民税收管辖权和公民税收管辖权，这三种税收管辖权中的任何两种，若同时对同一跨国纳税人的同一所得征税，都会发生国际双重纳税。比如，某人是A国的公民，但因其长期居住在B国而被B国认定为B国的居民，全年总所得100万美元，A国行使公民税收管辖权，税率为40%，对该人来自全世界范围的所得课征所得税40万美元；而B国则行使居民税收管辖权，税率为33%，对该纳税人来源于全世界的所得征所得税33万元。A国的公民税收管辖与B国的居民税收管辖权在这个跨国纳税人身上重叠，出现双重征税，共计73万美元。

2. 同种税收管辖权重叠产生的国际双重征税

从理论上讲，两个或多个国家都实行同一种税收管辖权征税，是不会产生双重征税的。假如A国和B国全行使地域税收管辖权，各自对本领土内的所得征税，不会造成国际双重征税。再如，C国和D国同样行使居民税收管辖权，各自对本国居民征税，也不会造成国际双重征税。但在国际税收实践中，由于许多国家对一些概念的理解和判定标准不同，因而在行使同一种税收管辖权时，也会发生国际双重征税。

（二）避免国际双重纳税的方法

要避免国际双重纳税，一是可以采取单边免除方法，即一国政府单方面采取措施，免除本国纳税人的双重负担，而不需要取得对国家的同义；二是可以采取双边免除方式，即两个国家之间通过签订双边税收协定不协调双方各自的跨国纳税人的税收负担，免除国际双重征税。前者具体方法主要有免税法和抵免法，后者具体方法主要有以下三种。

1. 免税法

免税法是居住国政府对本国居民来源于非居住国政府的跨国收益、所得或一般财产价值，在一定条件下，放弃行使居民管辖权，免于征税。免税法已承认非居住国地域管辖权的唯一性为前提，免税方法包括以下两种具体形式：

（1）全额免税法。它是指居住国政府对本国居民纳税义务人征税时，允许其从应纳税所得中扣除其来源于国外并已向来源国纳税的那部分所得。这种方法在国际税收实际中极少被采用，主要在行使收入来源地管辖权的国家和地区，如巴哈马、百慕大、委内瑞拉、多米尼加、海地、巴拿马、哥斯达黎加等，其中大部分国家和地区是国际上通称的"避税港"。

（2）累进免税法。它是指采取累进税制的国家，虽然从居民纳税人的应税所得中扣除其来源于国外并已经纳税了的那部分所得，但对其他所得同样确定适用税率时仍将这部分免税所得考虑在内，即对纳税人其他所得的征税，仍适用依据全部所得确定的税率。虽然行使两种税收管辖权，但对来源于国外的所得，也是实行有限定条件的免税。如法国，规定纳税人来源于国外的所得可以免税，但纳税人必须将其缴纳非居住国税款以后的全部所得汇回法国，并在股东之间作为股息分配。

2. 抵免法

抵免法是指居住国政府，允许本国居民在本国税法规定的限度内，用已缴非居住国政府的所得税和一般财产税税额，抵免应汇总缴纳本国政府税额的一部分。该方法的指导思想是承认收入来源地管辖权的优先地位，但不放弃居民管辖权，即"别国先征，本国补征"。一国政府对本国居民的国外所得征税时，允许其用国外已纳税款抵扣在本国应缴纳的税额。但抵扣法的实行通常都附有"抵扣限额"规定。

抵免法分为两种类型：一是全额抵免，即本国居民在境外缴纳的税款，可以按照本国税法规定计算出的应纳税款，予以全部免除；二是普通抵免，即本国居民在汇总境内、境外所得计算缴纳所得税或一般财产税时，允许扣除其来源于境外的所得或一般财产收益按照本国税法规定计算的应纳税额，即通常所说的抵免限额，超过抵免限额的部分不予扣除。

全额抵免和普通抵免的区别在于普通抵免要受抵免限额的限制。当国外税率高于本国税率时，只能按照国内税法计算的抵免额，来抵免在国外已缴纳的税款，而全额抵免则不受此限制。

在国际税收关系的实践中，抵免法是一种普通运用的方法。

3. 国际税收协定

国际税收协定是各国政府间通过签订税收协定，主动在一定范围内限制的税收管辖权，是避免国际重复征税较为通行的一种做法。国家间的税收协定属于国际经济法范畴，是以国家为主体，以国家间税收权益关系为调整对象的法律规范，是经缔约国双方或多方按照国际法有关主权和平等的原则，通过谈判，以书面形式签订的协议或条约。

截至 2015 年 5 月底，我国已对外正式签署 100 个避免双重征税协定，其中 97 个协定已生效，和中国香港、中国澳门两个特别行政区签署了税收安排。这些税收协定的执行，消除了国家间双重征收壁垒，促进了我国"走出去"战略的实施，为我国与这些国家的经济技术合作奠定了法律基础。有效降低企业在东道国的税负，提高竞争力。税收协定税率往往低于东道国的国内法税率。以俄罗斯为例，俄国内法对利息、特许权使用费的标准预提所得税率均为 20%，根据我国最新和他们签订的协议，利息的预提税率为 0，特许权使用费的预提税率为 6%，有效降低我国跨国企业的经营成本，提高企业在他国的竞争力。

三、国际避税与反避税

国际避税是指跨国应纳税人以合法的方式，利用各国税收法规的漏洞和差异或利用国际税收协定中的缺陷，通过变更其经营地点、经营方式以及人和财产跨越税境的流动、非流动等方法来谋求最大限度地减轻或比税收负担的行为。这里"税境"的含义是指税收管辖权的界限，它不像国境那样，在地理位置上能找到一个明显的界线或标志，如果一国坚持属地主义原则，税境就等于国境。

（一）国际避税方式

因为避税的不违法性，避税在国际投资和贸易中成为一种广泛存在的现象，一般有以下几种方式。

1. 通过人的流动回避税收管辖权

国际税收管辖权以居所为通常的管辖判断标准，通过居所地的变化，特别是利用居所时间的标准，通过人的流动躲避一国的税收管辖权，则实现了避税的目的。比如，一家在法国注册的公司可以是中国的居民公司，而在中国注册的法国公司可以是法国居民公司。由此可见，公司在别国税收管辖权范围内可以作为居民公司对待，同时也不应妨碍该公司母国也将其作为居民公司对待。因此，利用居所变化躲避纳税义务的一个核心就是消除使其母国或行为发生国成为控制和管理地点的所有实际特征，实现公司居所"虚无化"。

例如，法国斯佛尔钢铁有限公司以下列手段和方式避免在英国具有居所和成为英国纳税义务人。

（1）该公司中的英国股东不允许参加管理活动，英国股东的股份与影响和控制公司管理权利的股份分开。他们只享有收取股息，参与分红等权利。

（2）选择非英国居民做管理工作，如经理、董事会成员等。

（3）不在英国召开董事会或股东大会，所有与公司有关的会议、材料、报告等均在英国领土外进行，档案也不放在英国国内。

（4）以英国电报、电信等有关方式发布指标、命令。

（5）为应付紧急情况附带发生的交易行为等特殊需要，该公司在英国境内设立一个单独的服务性公司，并按照核定的利润率缴纳公司税，以免引起英国政府的极端仇恨。事实表明，法国斯佛尔钢铁股份有限公司的这些做法十分正确有效。据报道，从 1973～1985 年这几年期间，该公司成功回避了英国应纳税款 8137 万美元。

2. 转让定价避税方式

各国税率存在高低，跨国公司内部贸易通常按照企业内部的转让价格进行，将利润从子公司转移到低税率的母公司或其他子公司以躲避东道主国的外汇管制和达到避税的目的，一般有以下几种方式。

（1）收入分配，利用不同国家之间的税收水平差异，尽量降低由高税率国家向低税率国家销售货物、转让技术或者资金流动的价格，同时提高有低税率国家向高税率国家输出货物、技术和资金的价格。例如，一家总部设在国外、分部设在国内的加工制造企业，总部有意提高原材料成本价格，增大负债，在售价不变的情况下，使收益减低，甚至出现亏损，在亏损后，还会增加投资，常年如此，相关数据显示，截至 2004 年 5 月，我国批准的外商投资企业已经达到了 48 万家。而根据 2003 年的年度所得税汇算清缴情况，这些外商投资企业的平均亏损面达到 51%～55%。而这些外商企业却越亏越投资，这是一种背离经济规律的现象。

（2）成本不合理分摊，将与某特定的分支机构实际上无关的销售、管理、运输等事项的费用全部计算在分支机构中，从而降低分支机构的盈利水平，以实现避税的目的。例如，外商利用人们不了解设备和技术的真实价格，从中抬高设备价格和技术转让价格，将企业利润向境外转移。它们在提高设备价款的同时，把技术转让价款隐藏在设备价款中，以躲避特许权使用费收入收纳的预提税。

（3）通过常设机构以上述方式避税。

（4）税收协定的滥用，跨国纳税人在于其投资收入来源有互惠税收协定的国家组建一个公司，作为中介投资者获得直接投资无法享受的税收优惠。

（5）利用避税港避税。在国际避税地建立公司，然后通过避税地的公司与其他地方的公司进行商业、财务运作，把利润转移到避税地，靠避税地的免税收或低税收减少税负。例如，新西兰一家公司为躲避本国的所得税，将其年度利润的 70% 转移到巴哈马群岛的某一子公司，由于巴哈马群岛是世界著名的自由港和避税港，税率比新西兰低 35%～50%，因此，新西兰这家公司每年可以有效地躲避 300 万～470 万美元的税款。

3. 利用关联交易，高进低出

进口材料作价高于国际市场价格，出口产品外销定价低于国际市场价格，即所谓"高进低出"的避税方式。通过这种方式，将企业的利润两头向境外转移。这种手段占到避税金额的 60% 以上。

4. 利用国际贷款，贷款利率大大高于国际市场利率，从而加大利息成本

目前外商投资中国的资金中，60% 以上是借贷资金，即便是一些实力雄厚的国际公司也向境内外银行借大量资金，利用税前列支利息，达到少交或免交企业所得税的目的。

5. 利用一些创新金融工具，也就是避税产品，从而达到避税目的

全球"四大"之一的毕马威会计师事务所惹上官司，罪名就是滥用避税产品。毕马威提供的一项引人注目的避税产品是针对银行客户，手法是通过让银行设立基金公司以逃避税收。据美国税务部门的检查，至少 9 家美国银行依据毕马威的避税产品创立投资基金，涉及金额数百万亿美元。具体手法是，这些银行将它们的部分贷款组合及其他资产转入新设立的基金，并将被转入的贷款组合及资产产生的利息和其他收入当作股息支付给自己。然后这些基金虽然是筹集投资资本的合法工具，但虽然只存有避税目的，因为除了避税外基本没有实质业务。这些基金将银行的贷款组合利息收入转化成了免税的股息。这些银行以此策略避税达数十亿美元，其中，仅美国银行就通过这种手段避税近 8 亿美元。通过这种避税方法，银行逃避了 60% 的所得税。

（二）国际反避税措施

国际避税的存在，对国际经济交往和有关国家的财权利益以及纳税人的心理都产生了不可忽视的影响。因此，有关国家针对跨国纳税人进行国际避税所采用的各种方法，采取相应的措施加以限制。国际反避税的措施主要有以下几个方面。

（1）防止通过纳税主体国际转移进行国际避税的一般措施：①对自然人利用移居国外的形式规避税收，有的国家规定，必须属于"真正的"和"全部的"移居才予以承认，方可脱离与本国的税收征纳关系，而对"部分的"和"虚假的"移居则不予承认。如德国规定，纳税自然人虽已失去本国居民身份，但仍有经济联系的，应连续对其征收有关的所得税，视其

为特殊的"非居民"。②对法人利用变更居民或公民身份的形式规避税收负担，有的国家对法人的国际转移给予有条件的允许。荷兰曾规定，准许本国企业在战时或其他类似祸害发生时迁移到荷属领地，而不做避税处理，但对于其他理由的迁移，一般认为是以避税为目的，而不予承认，仍连续负有纳税义务。

（2）防止通过征税对象国际转移进行国际避税的一般措施：国际关联企业之间的财务收支活动、利润分配形式体现着"集团利益"的特征，对这种避税活动给予限制，关键是应坚持"独立竞争"标准，即按照有关联的公司任何一方与无关联的第三方公司，各自以独立经济利益和相互竞争的身份出现，在相同或类似的情况下，从事相同或类似的活动所应承担或归属的成本、费用或利润来考察、衡量某个公司的利润是否正常，是否在公司之间发生了不合理的安排。凡是符合"独立竞争"标准的，在征税时就可以承认，否则，要按照这一标准进行调整，这样就可以达到防止避税的目的。

（3）转让定价调整。对关联企业之间销售货物或财产的定价问题，一直是防止国际避税的一个焦点。其中关键环节是确定一公平的价格，以此作为衡量纳税人是否通过转让定价方式，压低或抬高价格，避税税收。

（4）防止利用避税地避税的措施。针对国际避税地的特殊税收优惠办法，一些国家从维护自身的税收权益出发，分别在本国的税法中相应做出规定，以防止国际避税发生。其中美国的防范措施规定最复杂，也最典型。美国《国内收入法典》规定，只要在国外某一公司的"综合选举权"股份总额中，有50％以上分属于一些美国股东，而这些股东每人所持有的综合选举权股份又在10％以上时，这个公司就被视为被美国纳税人控制的外国公司，即外国基地公司。而且这个股权标准只要外国一家公司在一个纳税年度中的任何一天发生过，该公司当年就被视为外国基地公司。在上述条件下，凡按股息比例应归到各美国股东名下的所得，即使当年外国基地公司未分配，也均应计入各美国股东本人当年所得额中合并计税，这部分所得成为外国基地公司所得。共应缴外国税款可以获得抵免，以后这部分所得实际所谓股息分配给美国股东时，则不再征税。

（5）加强征收管理。近几十年来，许多国家从以下几个方面加强了征收管理，制定了较严密的税收管理制度：①纳税申报制度，严格要求一切从事跨国经济活动的纳税人及时、准确。真实地向国家税务机关申报自己的所有经营收入、利润、成本或费用列支等情况。②会计审计制度，与纳税申报制度密切相关的是如何对跨国纳税人的会计核算过程及结果进行必要的审核，以检查其业务或账目有无不实、不妥以及多摊成本费用和虚列支出等问题。③所得核定制度，许多国家采用假设或设计方法确定国际纳税人的应税所得。征税可以基于一种假设或估计之上，这不是对税法的背弃，而是在一些特殊情况下采取的有效办法。如在纳税人不能提供准确的成本或费用凭证，不能正确计算应税所得时，可以由税务机关参照一定标准，估计或核定一个相应的所得额然后据以征税。

第六节 外汇风险管理

外汇风险管理是国际财务管理的一个重要内容。外汇风险是指当组织或个人的以外币计价的资产与负债，因为汇率波动引起其价值的上升或下降的可能。外汇风险管理的主要任务就是运用各种手段，规避外汇风险。

一、外汇利率与外汇市场

（一）外汇及汇率

外汇是指外国货币和以外国货币表示的用于国际结算的各种支付手段。它是具有国际流动性的金融资产，是体现国际债权债务关系的信用工具。我国的《外汇管理暂行条例》规定，外汇具体形态有外国货币、外币有价证券、外币的支付凭证以及其他外汇资金等若干种。

汇率是指两种货币之间的交换比率，就是 种货币以另外一种货币表示的价格。汇率表示的方法在国际上主要有直接标价法与间接标价法两种。

直接标价法是指以一定单位外国货币为标准，换算成若干本国货币的一种标价方法。在此种方法下，汇率的涨跌以本币的相对变化表示：一定外币兑换本币多，则外汇汇率上涨；反之，亦然。目前，包括我国在内的世界上大多数国家采用的均为此种方法。

间接标价法与直接标价法正好相反，它是指以一定的本国货币为标准，换算成若干外国货币的一种标价方法。在间接标价法下，汇率的涨跌以外币数额的相对变化来表示：一定本币兑换的外币数额多，则本币汇率上升；反之，亦然。目前，世界上采用间接标价法的国家主要是英国和美国。

按照不同的标准，汇率可以进行多种不同的划分：

（1）按照银行买卖外汇的角度分为买入汇率、卖出汇率和中间汇率三种。买入汇率又叫买入价，是银行向客户或同业买入外汇所使用的汇率。在直接标价法下，外汇折合本币较少的一个汇率叫买入汇率，表示买入一定数额外汇需要付出的本币数；在间接标价法下，本币折合外币数量较多的汇率叫买入汇率，表示付出一定数额的本币可换回的外币数量。

卖出汇率又叫卖出价，是银行向同业或客户卖出外汇所使用的汇率。在直接标价法下，外汇折合本币较多的为卖出汇率；在间接标价法下，本币折合外汇较少的为卖出汇率。

中间汇率又叫中间价，是买入汇率与卖出汇率之间的简单平均数，它是套算汇率计算的基础，也是媒体对外公布的汇率。

（2）按照外汇交易的交割期限分为即期汇率与远期汇率两种。即期汇率是指外汇买卖成交后立即或在两个营业日内进行交割时的汇率。远期汇率，是指外汇买卖双方约定在未来的某一时间内进行交割的利率。远期汇率相对即期汇率升值称为升水，反之称为贴水。对于两种货币来说，一种货币的升水意味着另一种货币的贴水，升水、贴水常用百分比表示，以反映远期汇率与即期汇率的差异的相对程度。

（3）按照计算汇率是否涉及第三国分为基本汇率与套算汇率两种。基本汇率是指一国货币对某一基准货币的比率，基准货币是指一国国际支付中使用最多，同时又被国际普遍接受的货币，通常各国把美元作为基准货币，把对美元的汇率作为基本汇率。

套算汇率又叫交叉汇率，是指两种货币通过第三种货币的中介而推算出来的汇率，此时，第三种货币往往是基准货币。

（二）外汇市场

外汇市场是指由各种专门从事外汇买卖的中间媒介机构和个人所形成的，进行外汇商品交易的市场。

1. 外汇市场的类型

外汇市场根据它的发展程度、交易形态、政府管理程度等，分为以下类型：

(1) 国内市场与国际市场。从交易地区看,可分为国内市场与国际市场两种。外汇银行与国内银行进行交易,形成国内市场;如果政府没有外汇管制,则可以和世界各地金融中心进行交易,从而形成国际市场。我国外汇市场属于国内市场,因为外国自然人与法人在国内外汇市场买卖外汇会受到限制,而且人民币目前还不是国际性通货。

相对于国内市场,全球市场拥有较多投资、投机机会,并且可以汇聚各地资金在国际市场内交易。

(2) 即期市场、远期市场与掉期市场。以交割时间长短,外汇市场可以分为即期市场和远期市场两种。即期市场是即期外汇交易的市场,其交割日是外汇买卖完成后的第二个营业日;远期市场是远期外汇交易的市场,其交割日期是在第二个交易日后的未来某日。外汇市场上还有一种掉期交易,是指同时买入和卖出等额相同的货币,但其交割日不同的外汇交易。准确地说是当事人之间约定在未来某一期间内相互交换他们认为具有等价经济价值的现金流(cash flow)的交易。由掉期业务形成市场叫掉期市场。

(3) 客户市场与同业间市场。从外汇市场参与者的角度,可分为客户市场与同业间市场两种。个人与企业是银行的客户,银行因其客户的需求而进行交易的市场,叫作客户市场,它的交易金额较少,价差较大。同业间市场是指银行为资金的调度及运用,在银行间相互买卖通货的市场,其交易金额较大,但买卖价差较小。

(4) 管制市场与自由市场。以政府对外汇是否管制来看,外汇市场可分为管制市场与自由市场两种。我国对外汇历来严加管制,近年来已逐渐放宽管制,朝国际化大步迈进。而自由市场是指资金进出国境完全自由,政府不加干涉。

2. 外汇市场的作用

外汇市场的作用主要有以下四点:

(1) 通货兑换。通过外汇市场的外汇买卖,本国货币与外国货币互相交换,完成各种投资及交易行为。

(2) 信用中介。在国际贸易中,买卖双方互相并不了解对方的信用状况,外汇银行的信用中介与调节,成为贸易顺利进行的辅助条件,例如开信用证等。

(3) 减少汇兑风险。对于进出口商以及一般投资者,在进行交易和投资行为时,会有外汇的收入和支出。为了规避因汇率波动产生的外汇风险,贸易商或投资者可采用远期外汇市场等来进行避险。

(4) 提供投机机会。外汇市场的参与者,可依据对汇率上升或下降的预测而购买或抛售某种外汇。如预测正确,则投机者赢利;反之,则遭受损失。由于投机者众多,相互之间预测结果不同,互相抵消而有助于汇市的调节稳定。

3. 外汇市场的构成

(1) 中央银行。中央银行作为政府的代表和执行者,行使对外汇市场的统治和调控权。它的活动一方面为完成国际贸易支付而直接与商业银行和其他国际金融组织直接进行外汇交易;另一方面主要是通过制定一些经济政策或采用一些调控措施对外汇市场进行干预,以稳定汇率,维持市场正常运行。

(2) 外汇银行。外汇银行是专门办理外汇业务的银行,它包括专业外汇银行、兼营外汇业务的本国银行、外国银行设在本国的分支行以及其他办理外汇业务的金融机构。外汇银行是外汇市场最重要的参与者,居于外汇供需的中间地位,代替客户买卖外汇,转换进出口商所需货币，在银行间进行外汇交易，为市场制造买卖头寸，以规避风险和赚取利润。

（3）买卖外汇的客户。买卖外汇的客户包括进出口商、运输公司、保险公司、跨国公司、旅游者、留学生、侨居者以及国际证券投资者等。上述客户利用外汇市场促使外汇交易形成，有些则为了避险以及投机目的参与外汇市场。

（4）外汇经纪人。外汇经纪人是指在中央银行、外汇银行和客户之间进行联系、接洽的商人或媒介人。他们熟悉外汇市场，在买主与卖主之间积极活动，促成交易。他们是使外汇交易顺利进行的中介；他们本身不参与外汇交易，只是赚取佣金，不承担外汇风险。

二、外汇风险种类

外汇风险主要有以下三种。

（一）交易风险

交易风险是指企业因进行跨国交易而取得外币债权或承担外币债务时，由于交易日的汇率与结算日的汇率不同，可能使收入或支出发生变动的风险。交易风险主要表现在以下几方面：

（1）以外币表示的借款或贷款。

（2）以外币表示的商品及劳务的赊账业务。

（3）尚未履行的期货外汇业务。

（4）其他方式产生的外币债权或债务。

（二）会计风险

会计风险（accounting risk），又称折算风险，是指汇率变化对由公司财务报表的各个项目所决定的收益的影响。与经营风险与交易风险不同，折算风险是一种存量风险。当跨国公司的子公司的资产和负债不以历史汇率折算时，合并会计报表的资产负债表和利润表就会受这一期间汇率波动的影响。会计风险仅仅表明外汇风险对账面价值的影响，并不一定与实际影响相一致。

（三）经济风险

经济风险是指由于意料之外的汇率变动对企业未来的产销数量、成本、销售以及收益的变化的一种潜在的风险。从企业长期健全经营观点看，经济风险是企业最重要的外汇风险，因为它对企业经营状况产生长期的影响，并且由于它涉及企业各方面，因此，管理经济风险是企业共同的责任。

三、外汇管理程序

进行外汇风险管理是一项比较复杂的系统工程，必须按照科学的程序进行。这程序需要包括以下几个方面。

（一）确定计划期

确定适当的计划期是为了在预测汇率变动时，规定一个适当的时间范围。一般计划期大概在 1 年，并按照季度划分，但是如果汇率变动幅度较大，则可以适当缩短计划期。

（二）预测汇率的变化情况

要进行正确的外汇管理，最重要的工作就是预测汇率的变化情况。预测汇率的变化包括汇率变动的方向、时间和幅度三方面内容。

由于预测汇率变化是一项比较复杂的工作，在预测时必须考虑许多客观因素，综合分析这些因素才可能得出正确的预测结果。这些因素包括国际货币储备的变化、国际收支的变化、贸易额的变化、通货膨胀的程度、金融与财政政策以及贸易政策等。

（三）计算外汇风险金额

计算外汇风险金额的目的是从数量上确定企业所面临的外汇风险的程度。例如计算交易风险则可以通过计算结算期限相同的外币债权债务之间的差额所得出。

（四）确定是否采取行动

对于计算出的外汇风险金额，必须判断是否采取行动。

（1）在以下情况下，不采取行动。

1）外汇风险金额为正，且该外币预计升值，汇率变动后，企业获得收益。

2）外汇风险金额为负，且该外币预计贬值，汇率变动后，企业获得收益。

3）外汇风险金额为零，则不存在外汇风险。

（2）在以下情况，企业要采取一定的方法进行进险。

1）外汇风险金额为正，且该外币预计反值。

2）外汇风险金额为负，且该外币预计升值。

3）外汇风险不为零，且外币汇率趋势难以预测。

（五）选择适当的避险方法

当今世界，外币汇率的波动频繁，外汇风险加大，真分析各种避险方法，并选择最适当的避险方法。

四、规避外汇风险的方法

规避外汇风险，主要是规避如前述的三种风险，即交易风险、经济风险和会计风险。以下将逐一叙述各种风险的规避方法。

（一）经济风险的规避

经济风险是由于意料之外的汇率变动对企业未来收益变化的一种潜在风险。对于企业来说，经济风险关系到企业的全局，并对企业有长期影响。因此，它是企业最重要的外汇风险。

对于经济风险，管理的目标是预计以及改变未曾预计到的汇率变动对企业未来现金流量的影响。规避企业经济风险的主要原则有以下两点：

（1）分散经营。分散经营可以方便跨国公司通过比较子公司的生产成本、毛利率或销售量的变动，利用各国市场的不均衡，及时改变原料、零部件等的生产地点以及产品的销售地点，从而抵消汇率变化的现金流量变动。

（2）多元化筹资及多种货币组合。企业可运用多种货币组合的方法，配合预期营业收入可获得的货币组合来确定借入资金的货币组合来规避外汇风险；跨国企业也可以运用多元化筹资使公司在金融市场中获得较低的资金成本，从而规避外汇风险。

在规避经济风险中，主要有以下对策：

（1）销售方面。在销售策略方面，跨国企业的销售经理应预先制定好，在发生汇率变动时销售政策的变通方案。在汇率真正发生重大变动时，再仔细研究当时的情况，做必要的政策修改。

（2）生产方面。在生产方面，跨国企业应该努力做到降低生产成本，分散生产地点以及增加向软货币国家购买原材料，减少向硬货币国家的采购。

（3）财务方面。在财务方面，国际企业对于长期借款，最好选择借人软货币，或者应将长期外币借款的种类尽量分散，以降低外汇风险。

总之，经济风险是企业面对的最重要的以及对企业影响最大的风险，必须由整个企业各个部门通力合作，共同采取措施，才有可能真正规避经济风险。

（二）交易风险的规避

所谓交易风险是指用外币清算，由于外币的应收应付等交易发生时汇率不同于结算时汇率造成的利得及损失。

1. 交易风险的类型

交易风险主要有以下类型：

（1）以外币计算的赊销赊购业务。这是交易风险中较多的一类，当赊销与赊购以外币计量时，汇率变动时就会有此风险。

（2）以外币偿付的资金借贷。当发生国际性借贷，偿还贷款时汇率与发生借贷时汇率不同，就产生交易风险。

（3）取得外币资产与负债。

（4）未履行的远期合约。

由上可见，交易风险在跨国企业中屡见不鲜，但是，并非只有跨国公司才有交易风险，只要涉及不同通货未来的收入和偿付均会产生交易风险。

2. 交易风险的规避策略

在确认了交易风险以后，就要寻找规避风险的策略。交易风险的避险策略主要有以下两项：

（1）经营策略。规避交易风险的经营策略主要是重新安排资金转移的时机和建立再开票中心。重新安排资金转移的时机主要指提前或延迟。当公司拥有弱币资产而有强币负债时，需要提前至弱币未贬值前偿付债务；反之，当公司拥有强币资产和弱币负债时，要延后至弱币贬值后才偿付负债。再开票中心是跨国企业专设的，管理由内部贸易产生的全部交易风险的独立子公司。再开票中心负责内部贸易的发票处理和开具。它的作用是可以将整个公司的交易风险集中，统一处理，并可统一安排全公司的提前或延迟。

（2）避险合约。避险合约包括远期外汇市场、期权市场以及货币市场等。跨国企业一般通过避险合约，采用套期保值的方法，规避交易风险。

（三）折算风险的规避

所谓折算风险，又叫会计风险，是会计年度结束时，母公司将子公司以外币为单位编制的报表，改为以母公司所在国货币为计价单位编制合并报表，在折算过程中产生的风险。

对于规避折算风险有一个基本的观念，即对于硬货币资产要增加，负债要减少；对于软货币资产要减少，负债要增加。

对于折算风险的规避，主要有以下三种方法：

（1）资产负债表避险法。资产负债表避险法基本原理是让公司合并资产负债表中的外币风险资产与风险负债数额相等。达到该种状态后，风险为零，则汇率变化引起的风险被抵消。

（2）远期外汇市场避险法。子公司可利用远期外汇市场的套期保值规避折算风险。

（3）货币市场避险法。跨国公司也可以利用货币市场的套期保值规避折算风险。

【案例】

兖州煤业 189 亿元收购澳大利亚菲利克斯公司

2009 年 12 月 23 日，兖州煤业股份有限公司（简称"兖州煤业"）以 33.3 亿澳元（约 189.5 亿元）收购澳大利亚菲利克斯资源公司（简称"菲利克斯公司"）100％的股权。同日，菲利克斯公司全部股份过户至兖州煤业设于澳大利亚的全资下属公司兖州煤业澳大利亚有限公司（简称"兖州煤业"）。2009 年 12 月 24 日，菲利克斯公司向澳大利亚证券交易所申请退市。这次并购是 2009 年中国企业在澳大利亚完成的最大一宗收购案，也是 2009 年澳大利亚十大并购案之一。

一、公司概况

1. 兖州煤业

兖州煤业股份有限公司由兖矿集团有限公司（简称"兖矿集团"）发起重组而成的中外合资股份有限公司。公司成立于 1997 年 9 月 25 日，设立时总股本为 167000 万元，并于 1997 年 10 月 1 日正式开始运作。1998 年 6 月，公司发行的 A 股、H 股及美国存托股分别在中国上海（股票代码：600188）、中国香港（股票代码：01171）及美国纽约（股票代码：yzc）上市。

公司经营范围包括煤炭采选、销售（其中出口应按国家现行规定由拥有煤炭出口权的企业代理）；矿区自有铁路货物运输；公路货物运输；港口经营；生产、销售、租赁、维修相关矿用机械；其他矿用材料的生产、销售；销售、租赁电器设备及销售相关配件；金属材料、机电产品、建筑材料、木材、橡胶制品、甲醇的销售；煤矿综合科学技术服务；矿区内的房地产开发，房屋租赁，并提供餐饮、住宿等相关服务；煤矸石系列建材产品的生产、销售。

随着煤炭资源开发，兖州煤业的煤炭产品逐渐丰富，逐渐将拥有气煤、半硬焦煤、1/3 焦煤、贫煤、无烟煤等多个品种。公司的规模也在不断扩大，经多次增发、送股，截至 2008 年 12 月 31 日，公司总股本已达到 30.74 亿股，股本总额增至 491840 万元，下辖有六座现代化的大型煤矿，并先后在我国山东省菏泽市、陕西省榆林市、贵州省及澳大利亚等地开辟了新的矿区，拥有已探明及推定储量约 18.66 亿吨。兖州煤业在澳大利亚、山西、山东巨野分别拥有澳思达煤矿、天池煤矿、赵楼煤矿和陕西榆树湾煤矿，拥有可采煤炭储量约 1.825 亿吨。

2. 兖煤澳洲

兖州煤业澳大利亚有限公司，是于 2004 年依据澳大利亚法律成立的有限公司，主要负责兖州煤业的营运、预算、投筹资等活动，以及在澳大利亚投资项目的管理，是兖州煤业旗下的全资子公司。

3. 澳思达

澳思达煤矿有限公司（简称"澳思达"）是兖煤澳洲的全资子公司，成立于 2004 年 12 月，实收资本为 6400 万澳元。澳思达注册登记号为 111910822，主要从事澳大利亚南田煤矿的煤炭生产、加工、洗选、营销等经营活动。

4. 菲利克斯公司（Felix Resources Limited）

菲利克斯公司的前身成立于 1970 年 1 月 29 日，当时的名称是 MeekatharraMinerals-Limited，并于当年在澳大利亚交易所上市。1999 年 11 月，更名为 AurionEnergyLimited。

2003 年 11 月，菲利克斯公司进行重组，并更名为现在的名称。截至 2009 年 9 月，菲利克斯公司已发行的股票总数为 196455038 股普通股，以及 170000 份股票期权。

菲利克斯公司是一家主要从事煤炭开采和勘探的企业，产品包括动力煤、高炉喷吹煤和半软焦煤，生产矿井设备完善，港口、铁路等交通运输条件也十分便利。其主要客户为亚洲、欧洲、美洲和澳大利亚本土的钢铁制造商、发电企业。其煤炭资产包括 4 个运营中的煤矿、2 个在建的煤矿以及 4 个煤炭勘探项目。

截至 2008 年 12 月 31 日，该公司旗下煤矿的探明及推定储量合计为 5.10 亿吨，总资源量为 20.06 亿吨。其中，菲利克斯公司按实际持股比例计算的探明及推定储量为 3.86 亿吨，按实际持股比例计算的总资源量为 13.75 亿吨。此外，菲利克斯公司还持有纽卡斯尔港煤炭基础设施集团 15.4% 的股权，并拥有超洁净煤技术的专利资产。数据显示，菲利克斯公司 2008 财政年度扣除少数股东损益的净利润为 1.88 亿澳元。菲利克斯公司在收购前 3 年平均销售利润率达 22%，与国内煤炭上市企业平均水平相当。

二、分析要点

(1) 兖州煤业并购澳大利亚菲利克斯公司的动因。

(2) 国际并购中存在的问题与风险。

三、案例分析

(一) 行业背景分析

1. 国内煤炭行业状况

我国能源资源结构特征为"富煤、贫油、少气"，石油和天然气储量都相当匮乏，煤炭是我国最重要的一次性能源，在国民经济发展中占据着举足轻重的地位。2007 年在我国一次性能源的消费结构中，煤炭、石油和天然气的消费量分别占全球消费量的 70.4%、19.7% 和 3.3%。石油、天然气消费比例明显低于其他国家，而煤炭消费比例则是最高的。由此可见，中国是世界煤炭能源消费大国。

2008 年，美国情报署统计按当时探明的中国煤炭可采储量 1262.15 亿吨和开采能力测算，我国煤炭的可采年限只有 80 年。煤炭人均剩余可采量仅有世界平均水平的 58.6%。受全球能源危机和低碳经济的影响，我国正努力实现由传统能源向新能源的转变。根据正在制定中的可再生能源规划和新能源规划，中国将大力发展风电、水电、核电、生物能和太阳能，以期降低火力发电的比重。但是考虑到一次性能源消费格局在相当长一段时间内不会有明显变化，而且全社会对一次性能源的消费会持续增长的因素，未来煤炭需求仍将会保持增长趋势。

2. 澳大利亚煤炭行业情况

澳大利亚的褐煤资源更为丰富，已探明地质储量为 418 亿吨（工业经济储量为 376 万吨），占全球褐煤储量的 20%，位列德国（23%）之后，居世界第二位。按澳大利亚 2007 年的开采强度，澳大利亚的褐煤矿藏可供开采近 500 年。维多利亚州（简称"维州"）占澳大利亚已探明褐煤储量的 95% 以上和经济可采储量的全部，其中 89% 的经济可采储量分布于 La Trobe 山谷。

煤炭生产是澳大利亚最重要的工业之一。澳大利亚年产黑煤约 3.5 亿吨、商品煤约 3 亿吨，黑煤产量占世界总产量的 7%，列中国、印度和南非之后。新州和昆州的黑煤占了澳大利亚 96% 以上的产量和全部的出口量。澳大利亚生产的褐煤主要用于发电。澳大利亚褐煤年均产量约 6700 万吨，占世界总产量的 8%，列德国（20%）和美国（10%）之后，产值达 5.33 亿澳元。维州 La Trobe 山谷的褐煤产量约占澳大利亚褐煤产量的 98.5%。

（二）并购动因

1. 兖州煤业方面

（1）兖州煤业资源短缺。兖州煤业于 1998 年上市，当年其煤炭销量是 2028 万吨，而后在 2002～2008 年，兖州煤业煤炭销量没有大的增长。另外，与中国神华大同煤业等拥有丰富地方煤炭资源的企业有所不同，兖州煤业位于山东地区，今年呈现煤炭资源紧缺状况。在资源有限的情况下，兖州煤业一直致力于拓展国内和海外的业务。

（2）选择在澳大利亚收购的原因。兖州煤业在澳大利亚收购有以下直接原因：首先，澳大利亚拥有丰富的煤炭资源，是世界上重要的煤炭资源国、生产国和最大的煤炭出口国，其煤炭资源丰富，资源质量高，地理位置优越，在世界煤炭市场上占有举足轻重的地位。其次，澳大利亚拥有稳定的政治环境，是亚太地区乃至世界范围内兼具发展潜力和稳定环境的理想投资目的地。再次，澳大利亚具有良好的商业环境，其投资政策较为开放。在煤炭资源的勘探、开发和生产方面具有比较完善和透明的监管体制，政府对于煤炭运输和服务条件的监管体系也比较完善。最后，澳交所作为亚太地区排名前列的交易所，有着较为成熟的运营经验，健全、完善的法律法规以及透明、规范的监管体系。本次收购的根本目的是着眼于长期可持续发展，获得更多的优质资源，进一步拓展并完善公司的国际业务平台，确立并巩固本公司国际化、现代化大型煤炭企业的地位。

（3）全球金融危机，为企业带来了"痛苦的幸福"。受到金融危机的影响，国际大宗商品价格出现大幅下滑，全球股市特别是资源类上市公司估值水平也明显下降，为中国企业海外收购提供了难得的历史性机遇。在全球经济危机背景下，下游行业煤炭需求较为疲软，国际煤价处于较低水平且低于国内煤价。在发生金融危机之后，菲利克斯公司的股票由接近 23 澳元/股左右跌至 7 澳元/股，而澳元对人民币的汇率由 6.7∶1 骤降至 4.3∶1。两大因素叠加，菲利克斯公司的市值大幅缩水。这一机遇坚定了兖矿集团通过跨国收购获得海外优质煤炭资源的发展战略，而且在金融危机发生前几年，我国企业的海外收购计划多以失败告终，主要原因在于我国企业的"国有"背景让海外企业家和政治家不能认同。不过，金融危机的到来和后危机时代的"大病初愈"，使得欧美企业和相关政府部门都会相对放松对我国国有企业的监管和审查，从而减少跨境并购的政治障碍和隐性成本。

2. 澳大利亚方面

（1）澳大利亚政府。受到金融危机的影响，澳大利亚许多矿产业在筹资方面比较困难，资产大打折扣。有的公司停止开采项目；有的公司则负债缠身。开始变卖旗下资产偿还债务，更严重的公司面临倒闭的危机。而中国企业的投资，可以令公司筹集到足够的资金来偿还债务或消除公司的债务负担，进而令他们保住工作机会和生产能力。

（2）菲利克斯公司。金融危机使菲利克斯公司资产严重缩水。2008 年 7 月，菲利克斯公司决定整体出售。而他们希望买家要有强大的技术优势和经济实力，带领公司渡过难关。兖州煤业刚好满足了菲利克斯公司的基本条件。

（三）结果评价

1. 股票分析

兖州煤业公告日前 20 天的 CAR 一直处于下降的情况。到 9 月 15 日，即公告的第二天开始股票增长。换手率分别是 9.35％和 13.8％，是这段时间最高的，相信有人利用收购的消息将价格提高来赚钱。

2. 短期业绩分析

2010 年一季度兖州煤业实现营业收入 70.32 亿元，同比增长 58.67％；实现营业利润 26.93 亿元，同比增长 158.70％；每股收益 0.43 元/股，业绩超出预期。增长来源主要是煤炭价格和产量的增加。2010 年第一季度，兖州澳洲商品煤产量达到 169 万吨，同比增长 634％，煤炭产量和价格的增长使得公司第一季度业绩大幅增长。兖州澳洲煤炭业务销售成本为 704901 千元，同比增长 584.80％，吨煤成本 428.73 元，同比减少 26.00％，主要是由于收购菲利克斯公司使煤产量增加，降低成本，同时商品煤销量增加了，提高收入。资料详见表 11-1 和表 11-2。

表 11-1　　　　　　　　　　　　兖州煤业资产与负债

项目	收购后 2010-03-31	收购前 2009-03-31	收购后 2009-12-31	收购前 2008-12-31
资产总额	63501410111	33013673125	62252348717	32117529649
负债总额	32804258342	5739947085	33792852321	5699557625

表 11-2　　　　　　　　　　　　兖州煤业经营成果

项目	2010 年 1～3 月	2009 年 1～3 月	增减幅（％）
主营业务收入	7031835329	4431608759	58.67
营业利润	2693376084	1041136682	158.70
每股收益	0.43	0.17	152.94

（四）国际并购中存在的问题与风险

1. 澳大利亚财政部为何有条件同意收购

各地政府在招商过程中对于矿产资源都有相应的保护政策，并不愿意让外来企业插手。澳大利亚当然也是。2008 年开始，中国众多上市公司不断向澳大利亚外国投资审查委员会提交收购申请，但多次遭到否决。对于兖州煤业的收购，澳大利亚为了保障自身国家的利益提出了各种条件。

2. 承诺的条件是否太苛刻

首先，有来自澳大利亚的管理团队来管理，可减少不同地区管制方式不同的矛盾；其次，兖煤澳洲最迟于 2012 年年底在澳大利亚证券交易所上市。只有兖煤澳洲尽快上市，才能更好地运用国际化的资本平台和筹资渠道募集资金。

3. 收购资金来源及其可能存在的财务风险

兖州煤业这次收购所需资金全部都是通过银行借款取得，贷款金额为 29 亿美元，期限为 5 年，自提款后第 3 年年末开始，每年年末偿还一次本金，贷款利率以浮动利率计息。如果未来贷款利率随市场利率出现大幅上升，而兖煤澳洲公司无法保持良好的经营业绩或成功实现上市筹资，上述贷款可能会给兖煤澳洲的经营现金流产生一定的压力。

思 考 题

1. 描述跨国公司向国际发展所面临的风险。

2. 叙述国际筹资的主要方式，并指出当今国际筹资方式有什么新的演变。

3. 叙述国际投资的主要方式，并指出我国企业进行国际投资时需要注意的问题。

4. A公司是一个跨国公司，在某国设有规模较大的子公司，该子公司资金来源主要为母公司权益筹资，当获悉该国政权可能变更的消息时，子公司马上改变资本结构，从当地银行进行负债筹资，并把母公司权益投资转回母公司，请解释该公司行动的动机。

5. 国际纳税管理的内容是什么？

6. 简述外汇风险的含义及分类。

附录 A　复利终值系数表

复利终值系数见表 A1。

表 A1　　　　　　　　　　　　复利终值系数表（FVIF 表）

n/i（%）	1	2	3	4	5	6	7
1……	1.010	1.020	1.030	1.040	1.050	1.060	1.070
2……	1.020	1.040	1.061	1.082	1.103	1.124	1.145
3……	1.030	1.061	1.093	1.125	1.158	1.191	1.225
4……	1.041	1.082	1.126	1.170	1.216	1.262	1.311
5……	1.051	1.104	1.159	1.217	1.276	1.338	1.403
6……	1.062	1.126	1.194	1.265	1.340	1.419	1.501
7……	1.072	1.149	1.230	1.316	1.407	1.504	1.606
8……	1.083	1.172	1.267	1.369	1.477	1.594	1.718
9……	1.094	1.195	1.305	1.423	1.551	1.689	1.838
10……	1.105	1.219	1.344	1.480	1.629	1.791	1.967
11……	1.116	1.243	1.384	1.539	1.710	1.898	2.105
12……	1.127	1.268	1.426	1.601	1.796	2.012	2.252
13……	1.138	1.294	1.469	1.665	1.886	2.133	2.410
14……	1.149	1.319	1.513	1.732	1.980	2.261	2.579
15……	1.161	1.346	1.558	1.801	2.079	2.397	2.759
16……	1.173	1.373	1.605	1.873	2.183	2.540	2.952
17……	1.184	1.400	1.653	1.948	2.292	2.693	3.159
18……	1.196	1.428	1.702	2.206	2.407	2.854	3.380
19……	1.208	1.457	1.754	2.107	2.527	3.026	3.617
20……	1.220	1.486	1.806	2.191	2.653	3.207	3.870
25……	1.282	1.641	2.094	2.666	3.386	4.292	5.427
30……	1.348	1.811	2.427	3.243	4.322	5.743	7.612
40……	1.489	2.208	3.262	4.801	7.040	10.286	14.974
50……	1.645	2.692	4.384	7.107	11.467	18.420	29.457

n/i（%）	8	9	10	11	12	13	14
1……	1.080	1.090	1.100	1.110	1.120	1.130	1.140
2……	1.166	1.188	1.210	1.232	1.254	1.277	1.300
3……	1.260	1.295	1.331	1.368	1.405	1.443	1.482
4……	1.360	1.412	1.464	1.518	1.574	1.630	1.689
5……	1.469	1.539	1.611	1.685	1.762	1.842	1.925
6……	1.587	1.677	1.772	1.870	1.974	2.082	2.195
7……	1.714	1.828	1.949	2.076	2.211	2.353	2.502
8……	1.851	1.993	2.144	2.305	2.476	2.658	2.853
9……	1.999	2.172	2.358	2.558	2.773	3.004	3.252
10……	2.159	2.367	2.594	2.839	3.106	3.395	3.707
11……	2.332	2.580	2.853	3.152	3.479	3.836	4.226

n/i（%）	8	9	10	11	12	13	14
12……	2.518	2.813	3.138	3.498	3.896	4.335	4.818
13……	2.720	3.066	3.452	3.883	4.363	4.898	5.492
14……	2.937	3.342	3.797	4.310	4.887	5.535	6.261
15……	3.172	3.642	4.177	4.785	5.474	6.254	7.138
16……	3.426	3.970	4.595	5.311	6.130	7.067	8.137
17……	3.700	4.328	5.054	5.895	6.866	7.986	9.276
18……	3.996	4.717	5.560	6.544	7.690	9.024	10.575
19……	4.316	5.142	6.116	7.263	8.613	10.197	12.056
20……	4.661	5.604	6.727	8.062	9.646	11.523	13.743
25……	6.848	8.623	10.835	13.585	17.000	21.231	26.462
30……	10.063	13.268	17.449	22.892	29.960	39.116	50.950
40……	21.725	31.409	45.259	65.001	93.051	132.78	188.88
50……	46.902	74.358	117.39	184.57	289.00	450.74	700.23

n/i（%）	15	16	17	18	19	20	25	30
1……	1.150	1.160	1.170	1.180	1.190	1.200	1.250	1.300
2……	1.323	1.346	1.369	1.392	1.416	1.440	1.563	1.690
3……	1.521	1.561	1.602	1.643	1.685	1.728	1.953	2.197
4……	1.749	1.811	1.874	1.939	2.005	2.074	2.441	2.856
5……	2.011	2.100	2.192	2.288	2.386	2.488	3.052	3.713
6……	2.313	2.436	2.565	2.700	2.840	2.986	3.815	4.827
7……	2.660	2.826	3.001	3.185	3.379	3.583	4.768	6.276
8……	3.059	3.278	3.511	3.759	4.021	4.300	5.960	8.157
9……	3.518	3.803	4.108	4.435	4.785	5.160	7.451	10.604
10……	4.046	4.411	4.807	5.234	5.696	6.192	9.313	13.786
11……	4.652	5.117	5.624	6.176	6.777	7.430	11.642	17.922
12……	5.350	5.936	6.580	7.288	8.064	8.916	14.552	23.298
13……	6.153	6.886	7.699	8.599	9.596	10.699	18.190	30.288
14……	7.076	7.988	9.007	10.147	11.420	12.839	22.737	39.374
15……	8.137	9.266	10.539	11.974	13.590	15.407	28.422	51.186
16……	9.358	10.748	12.330	14.129	16.172	18.488	35.527	66.542
17……	10.761	12.468	14.426	16.672	19.244	22.186	44.409	86.504
18……	12.375	14.463	16.879	19.673	22.091	26.623	55.511	112.46
19……	14.232	16.777	19.748	23.214	27.252	31.948	69.389	146.19
20……	16.367	19.461	23.106	27.393	32.429	38.338	86.736	190.05
25……	32.919	40.874	50.658	62.669	77.388	95.396	264.70	705.64
30……	66.212	85.850	111.07	143.37	184.68	237.38	807.79	2620.0
40……	267.86	378.72	533.87	750.38	1051.7	1469.8	7523.2	36119
50……	1083.7	1670.7	2566.2	3927.4	5988.9	9100.4	70065	497929

复利现值系数见表 A2。

表 A2 复利现值系数表（PVIF 表）

n/i（%）	1	2	3	4	5	6	7	8	9
1……	0.990	0.980	0.971	0.962	0.952	0.943	0.935	0.926	0.917
2……	0.980	0.961	0.943	0.925	0.907	0.890	0.873	0.857	0.842
3……	0.971	0.942	0.915	0.889	0.864	0.840	0.816	0.794	0.772
4……	0.961	0.924	0.888	0.855	0.823	0.792	0.763	0.735	0.708
5……	0.951	0.906	0.863	0.822	0.784	0.747	0.713	0.681	0.650
6……	0.942	0.888	0.837	0.790	0.746	0.705	0.666	0.630	0.596
7……	0.933	0.871	0.813	0.760	0.711	0.665	0.623	0.583	0.547
8……	0.923	0.853	0.789	0.731	0.677	0.627	0.582	0.540	0.502
9……	0.914	0.837	0.766	0.703	0.645	0.592	0.544	0.500	0.460
10……	0.905	0.820	0.744	0.676	0.614	0.558	0.508	0.463	0.422
11……	0.896	0.804	0.722	0.650	0.585	0.527	0.475	0.429	0.388
12……	0.887	0.788	0.701	0.625	0.557	0.497	0.444	0.397	0.356
13……	0.879	0.773	0.681	0.601	0.530	0.469	0.415	0.368	0.326
14……	0.870	0.758	0.661	0.577	0.505	0.442	0.388	0.340	0.299
15……	0.861	0.743	0.642	0.555	0.481	0.417	0.362	0.315	0.275
16……	0.853	0.728	0.623	0.534	0.458	0.394	0.339	0.292	0.252
17……	0.844	0.714	0.605	0.513	0.436	0.371	0.317	0.270	0.231
18……	0.836	0.700	0.587	0.494	0.416	0.350	0.296	0.250	0.212
19……	0.828	0.686	0.570	0.475	0.396	0.331	0.277	0.232	0.194
20……	0.820	0.673	0.554	0.456	0.377	0.312	0.258	0.215	0.178
25……	0.780	0.610	0.478	0.375	0.295	0.233	0.184	0.146	0.116
30……	0.742	0.552	0.412	0.308	0.231	0.174	0.131	0.099	0.075
40……	0.672	0.453	0.307	0.208	0.142	0.097	0.067	0.046	0.032
50……	0.608	0.372	0.228	0.141	0.087	0.054	0.034	0.021	0.013

n/i（%）	10	11	12	13	14	15	16	17	18
1……	0.909	0.901	0.893	0.885	0.877	0.870	0.862	0.855	0.847
2……	0.826	0.812	0.797	0.783	0.769	0.756	0.743	0.731	0.718
3……	0.751	0.731	0.712	0.693	0.675	0.658	0.641	0.624	0.609
4……	0.683	0.659	0.636	0.613	0.592	0.572	0.552	0.534	0.516
5……	0.621	0.593	0.567	0.543	0.519	0.497	0.476	0.456	0.437
6……	0.564	0.535	0.507	0.480	0.456	0.432	0.410	0.390	0.370
7……	0.513	0.482	0.452	0.425	0.400	0.376	0.354	0.333	0.314
8……	0.467	0.434	0.404	0.376	0.351	0.327	0.305	0.285	0.266
9……	0.424	0.391	0.361	0.333	0.300	0.284	0.263	0.243	0.225
10……	0.386	0.352	0.322	0.295	0.270	0.247	0.227	0.208	0.191
11……	0.350	0.317	0.287	0.261	0.237	0.215	0.195	0.178	0.162
12……	0.319	0.286	0.257	0.231	0.208	0.187	0.168	0.152	0.137
13……	0.290	0.258	0.229	0.204	0.182	0.163	0.145	0.130	0.116

n/i (%)	10	11	12	13	14	15	16	17	18
14……	0.263	0.232	0.205	0.181	0.160	0.141	0.125	0.111	0.099
15……	0.239	0.209	0.183	0.160	0.140	0.123	0.108	0.095	0.084
16……	0.218	0.188	0.163	0.141	0.123	0.107	0.093	0.081	0.071
17……	0.198	0.170	0.146	0.125	0.108	0.093	0.080	0.069	0.060
18……	0.180	0.153	0.130	0.111	0.095	0.081	0.069	0.059	0.051
19……	0.164	0.138	0.116	0.098	0.083	0.070	0.060	0.051	0.043
20……	0.149	0.124	0.104	0.087	0.073	0.061	0.051	0.043	0.037
25……	0.092	0.074	0.059	0.047	0.038	0.030	0.024	0.020	0.016
30……	0.057	0.044	0.033	0.026	0.020	0.015	0.012	0.009	0.007
40……	0.022	0.015	0.011	0.008	0.005	0.004	0.003	0.002	0.001
50……	0.009	0.005	0.003	0.002	0.001	0.001	0.001	0	0

n/i (%)	19	20	25	30	35	40	50
1……	0.840	0.833	0.800	0.769	0.741	0.714	0.667
2……	0.706	0.694	0.640	0.592	0.549	0.510	0.444
3……	0.593	0.579	0.512	0.455	0.406	0.364	0.296
4……	0.499	0.482	0.410	0.350	0.301	0.260	0.198
5……	0.419	0.402	0.320	0.269	0.223	0.186	0.132
6……	0.352	0.335	0.262	0.207	0.165	0.133	0.088
7……	0.296	0.279	0.210	0.159	0.122	0.095	0.059
8……	0.249	0.233	0.168	0.123	0.091	0.068	0.039
9……	0.209	0.194	0.134	0.094	0.067	0.048	0.026
10……	0.176	0.162	0.107	0.073	0.050	0.035	0.017
11……	0.148	0.135	0.086	0.056	0.037	0.025	0.012
12……	0.124	0.112	0.069	0.043	0.027	0.018	0.008
13……	0.104	0.093	0.055	0.033	0.020	0.013	0.005
14……	0.088	0.078	0.044	0.025	0.015	0.009	0.003
15……	0.074	0.065	0.035	0.020	0.011	0.006	0.002
16……	0.062	0.054	0.028	0.015	0.008	0.005	0.002
17……	0.052	0.045	0.023	0.012	0.006	0.003	0.001
18……	0.044	0.038	0.018	0.009	0.005	0.002	0.001
19……	0.037	0.031	0.014	0.007	0.003	0.002	0
20……	0.031	0.026	0.012	0.005	0.002	0.001	0
25……	0.013	0.010	0.004	0.001	0.001	0	0
30……	0.005	0.004	0.001	0	0	0	0
40……	0.001	0.001	0	0	0	0	0
50……	0	0	0	0	0	0	0

年金终值系数见表 A3。

年金终值系数表（FVIFA 表）

n/i（%）	1	2	3	4	5	6	7
1……	1.000	1.000	1.000	1.000	1.000	1.000	1.000
2……	2.010	2.020	2.030	2.040	2.050	2.060	2.070
3……	3.030	3.060	3.091	3.122	3.153	3.184	3.215
4……	4.060	4.122	4.184	4.246	4.310	4.375	4.440
5……	5.101	5.204	5.309	5.416	5.526	5.637	5.751
6……	6.152	6.308	6.468	6.633	6.802	6.975	7.153
7……	7.214	7.434	7.662	7.898	8.142	8.394	8.654
8……	8.286	8.583	8.892	9.214	9.549	9.897	10.260
9……	9.369	9.755	10.159	10.583	11.027	11.491	11.978
10……	10.462	10.950	11.464	12.006	12.578	13.181	13.816
11……	11.567	12.169	12.808	13.486	14.207	14.972	15.784
12……	12.683	13.412	14.192	15.026	15.917	16.870	17.888
13……	13.809	14.680	15.618	16.627	17.713	18.882	20.141
14……	14.947	15.974	17.086	18.292	19.599	21.015	22.550
15……	16.097	17.293	18.599	20.024	21.579	23.276	25.129
16……	17.258	18.639	20.157	21.825	23.657	25.673	27.888
17……	18.430	20.012	21.762	23.698	25.840	28.213	30.840
18……	19.615	21.412	23.414	25.645	28.132	30.906	33.999
19……	20.811	22.841	25.117	27.671	30.539	33.760	37.379
20……	22.019	24.297	26.870	29.778	33.066	36.786	40.995
25……	28.243	32.030	36.459	41.646	47.727	54.865	63.249
30……	34.785	40.588	47.575	56.085	66.439	79.058	94.461
40……	48.886	60.402	75.401	95.026	120.80	154.76	199.64
50……	64.463	84.579	112.80	152.67	209.35	290.34	406.53

n/i（%）	8	9	10	11	12	13	14	15
1……	1.000	1.000	1.000	1.000	1.000	1.000	1.000	1.000
2……	2.080	2.090	2.100	2.110	2.120	2.130	2.140	2.150
3……	3.246	3.278	3.310	3.342	2.374	3.407	3.440	3.473
4……	4.506	4.573	4.641	4.710	4.779	4.850	4.921	4.993
5……	5.867	5.985	6.105	6.228	6.353	6.480	6.610	6.742
6……	7.336	7.523	7.716	7.913	8.115	8.323	8.536	8.754
7……	8.923	9.200	9.487	9.783	10.089	10.405	10.730	11.067
8……	10.637	11.028	11.436	11.859	12.300	12.757	13.233	13.727
9……	12.488	13.021	13.579	14.164	14.776	15.416	16.085	16.786
10……	14.487	15.193	15.937	16.722	17.549	18.420	19.337	20.304
11……	16.645	17.560	18.531	19.561	20.655	21.814	23.045	24.349
12……	18.977	20.141	21.384	22.713	24.133	25.650	27.271	29.002
13……	21.495	22.953	24.523	26.212	28.029	29.985	32.089	34.352

续表

n/i（%）	8	9	10	11	12	13	14	15
14……	24.215	26.019	27.975	30.095	32.393	34.883	37.581	40.505
15……	27.152	29.361	31.772	34.405	37.280	40.417	43.842	47.580
16……	30.324	33.003	35.950	39.190	42.753	46.672	50.980	55.717
17……	33.750	36.974	40.545	44.501	48.884	53.739	59.118	65.075
18……	37.450	41.301	45.599	50.396	55.750	61.725	68.394	75.836
19……	41.446	46.018	51.159	56.939	63.440	70.749	78.969	88.212
20……	45.762	51.160	57.275	64.203	72.052	80.947	91.025	102.44
25……	73.106	84.701	98.347	114.41	133.33	155.62	181.87	212.79
30……	113.28	136.31	164.49	199.02	241.33	293.20	356.79	434.75
40……	259.06	337.89	442.59	581.83	767.09	1013.7	1342.0	1779.1
50……	573.77	815.08	1163.9	1668.8	2400.0	3459.5	4994.5	7217.7

n/i（%）	16	17	18	19	20	25	30
1……	1.000	1.000	1.000	1.000	1.000	1.000	1.000
2……	2.160	2.170	2.180	2.190	2.200	2.250	2.300
3……	3.506	3.539	3.572	3.606	3.640	3.813	3.990
4……	5.066	5.141	5.215	5.291	5.368	5.766	6.187
5……	6.877	7.014	7.154	7.297	7.442	8.207	9.043
6……	8.977	9.207	9.442	9.683	9.930	11.259	12.756
7……	11.414	11.772	12.142	12.523	12.916	15.073	17.583
8……	14.240	14.773	15.327	15.902	16.499	19.842	23.858
9……	17.519	18.285	19.086	19.923	20.799	25.802	32.015
10……	21.321	22.393	23.521	24.701	25.959	33.253	42.619
11……	25.733	27.200	28.755	30.404	32.150	42.566	56.405
12……	30.850	32.824	34.931	37.180	39.581	54.208	74.327
13……	36.786	39.404	42.219	45.244	48.497	68.760	97.625
14……	43.672	47.103	50.818	54.841	59.196	86.949	127.91
15……	51.660	56.110	60.965	66.261	72.035	109.69	167.29
16……	60.925	66.649	72.939	79.850	87.442	138.11	218.47
17……	71.673	78.979	87.068	96.022	105.93	173.64	285.01
18……	84.141	93.406	103.74	115.27	128.12	218.05	371.52
19……	98.603	110.29	123.41	138.17	154.74	273.56	483.97
20……	115.38	130.03	146.63	165.42	186.69	342.95	630.17
25……	249.21	292.11	342.60	402.04	471.98	1054.8	2348.8
30……	530.31	647.44	790.95	966.7	1181.9	3227.2	8730.0
40……	2360.8	3134.5	4163.21	5519.8	7343.9	30089	120393
50……	10436	15090	21813	31515	45497	280256	165976

年金现值系数见表 A4。

表 A4　　　　　　　　　　　　　　**年金现值系数表（PVIFA 表）**

n/i（%）	1	2	3	4	5	6	7	8	9
1……	0.990	0.980	0.971	0.962	0.952	0.943	0.935	0.926	0.917
2……	1.970	1.942	1.913	1.886	1.859	1.833	1.808	1.783	1.759
3……	2.941	2.884	2.829	2.775	2.723	2.673	2.624	2.577	2.531
4……	3.902	3.808	3.717	3.630	3.546	3.465	3.387	3.312	3.240
5……	4.853	4.713	4.580	4.452	4.329	4.212	4.100	3.993	3.890
6……	5.795	5.601	5.417	5.242	5.076	4.917	4.767	4.623	4.486
7……	6.728	6.472	6.230	6.002	5.786	5.582	5.389	5.206	5.033
8……	7.625	7.325	7.020	6.733	6.463	6.210	5.971	5.747	5.535
9……	8.566	8.162	7.786	7.435	7.108	6.802	6.515	6.247	5.995
10……	9.471	8.983	8.530	8.111	7.722	7.360	7.024	6.710	6.418
11……	10.368	9.787	9.253	8.760	8.306	7.887	7.499	7.139	6.805
12……	11.255	10.575	9.954	9.385	8.863	8.384	7.943	7.536	7.161
13……	12.134	11.348	10.635	9.986	9.394	8.853	8.358	7.904	7.487
14……	13.004	12.106	11.296	10.563	9.899	9.295	8.745	8.244	7.786
15……	13.865	12.849	11.938	11.118	10.380	9.712	9.108	8.559	8.061
16……	14.718	13.578	12.561	11.652	10.838	10.106	9.447	8.851	8.313
17……	15.562	14.292	13.166	12.166	11.274	10.477	9.763	9.122	8.544
18……	16.398	14.992	13.754	12.659	11.690	10.828	10.059	9.372	8.756
19……	17.226	15.678	14.324	13.134	12.085	11.158	10.336	9.604	8.950
20……	18.046	16.351	14.877	13.590	12.462	11.470	10.594	9.818	9.129
25……	22.023	19.523	17.413	15.622	14.094	12.783	11.654	10.675	9.823
30……	25.808	22.396	19.600	17.292	15.372	13.765	12.409	11.258	10.274
40……	32.835	27.355	23.115	19.793	17.159	15.046	13.332	11.925	10.757
50……	39.196	31.424	25.730	21.482	18.256	15.762	13.801	12.233	10.962

n/i（%）	10	11	12	13	14	15	16	17	18
1……	0.909	0.901	0.893	0.885	0.877	0.870	0.862	0.855	0.847
2……	1.736	1.713	1.690	1.668	1.647	1.626	1.605	1.585	1.566
3……	2.487	2.444	2.402	2.361	2.322	2.283	2.246	2.210	2.174
4……	3.170	3.102	3.037	2.974	2.914	2.855	2.798	2.743	2.690
5……	3.791	3.696	3.605	3.517	3.433	3.352	3.274	3.199	3.127
6……	4.355	4.231	4.111	3.998	3.889	3.784	3.685	3.589	3.498
7……	4.868	4.712	4.564	4.423	4.288	4.160	4.039	3.922	3.812
8……	5.335	5.146	4.968	4.799	4.639	4.487	4.344	4.207	4.078
9……	5.759	5.537	5.328	5.132	4.946	4.472	4.607	4.451	4.303
10……	6.145	5.889	5.650	5.426	5.216	5.019	4.833	4.659	4.494
11……	6.495	6.207	5.938	5.687	5.453	5.234	5.029	4.836	4.656
12……	6.814	6.492	6.194	5.918	5.660	5.421	5.197	4.988	4.793
13……	7.103	6.750	6.424	6.122	5.842	5.583	5.342	5.118	4.910

n/i（%）	10	11	12	13	14	15	16	17	18
14……	7.367	6.982	6.628	6.302	6.002	5.724	5.468	5.229	5.008
15……	7.606	7.191	6.811	6.462	6.142	5.847	5.575	5.324	5.092
16……	7.824	7.379	6.974	6.604	6.265	5.954	5.668	5.405	5.162
17……	8.022	7.549	7.102	6.729	6.373	6.047	5.749	5.475	5.222
18……	8.201	7.702	7.250	6.840	6.467	6.128	5.818	5.534	5.273
19……	8.365	7.839	7.366	6.938	6.550	6.198	5.877	5.584	5.316
20……	8.514	7.963	7.469	7.025	6.623	6.259	5.929	5.628	5.353
25……	9.077	8.422	7.843	7.330	6.873	6.464	6.097	5.766	5.467
30……	9.427	8.694	8.055	7.496	7.003	6.566	6.177	5.829	5.517
40……	9.779	8.951	8.244	7.634	7.105	6.642	6.233	5.871	5.548
50……	9.915	9.042	8.304	7.675	7.133	6.661	6.246	5.880	5.554

n/i（%）	19	20	25	30	35	40	50
1……	0.840	0.833	0.800	0.769	0.741	0.714	0.667
2……	1.547	1.528	1.440	1.361	1.289	1.224	1.111
3……	2.140	2.106	1.952	1.816	1.696	1.589	1.407
4……	2.639	2.589	2.362	2.166	1.997	1.849	1.605
5……	3.058	2.991	2.689	2.436	2.220	2.035	1.737
6……	3.410	3.326	2.951	2.643	2.385	2.168	1.824
7……	3.706	3.605	3.161	2.802	2.508	2.263	1.883
8……	3.954	3.837	3.329	2.925	2.598	2.331	1.922
9……	4.163	4.031	3.463	3.019	2.665	2.379	1.948
10……	4.339	4.192	3.571	3.092	2.715	2.414	1.965
11……	4.486	4.327	3.656	3.147	2.752	2.438	1.977
12……	4.611	4.439	3.725	3.190	2.779	2.456	1.985
13……	4.715	4.533	3.780	3.223	2.799	2.469	1.990
14……	4.802	4.611	3.824	3.249	2.814	2.478	1.993
15……	4.876	4.675	3.859	3.268	2.825	2.484	1.995
16……	4.938	4.730	3.887	3.283	2.834	2.489	1.997
17……	4.988	4.775	3.910	3.295	2.840	2.492	1.998
18……	5.033	4.812	3.928	3.304	2.844	2.494	1.999
19……	5.070	4.843	3.942	3.311	2.848	2.496	1.999
20……	5.101	4.870	3.954	3.316	2.850	2.497	1.999
25……	5.195	4.948	3.985	3.329	2.856	2.499	2.000
30……	5.235	4.979	3.995	3.332	2.857	2.500	2.000
40……	5.258	4.997	3.999	3.333	2.857	2.500	2.000
50……	5.262	4.999	4.000	3.333	2.857	2.500	2.000

练习题参考答案

参 考 文 献

[1] 王化成，刘俊彦，荆新．财务管理学．9版．北京：中国人民大学出版社，2021.

[2] 陈玉菁．财务管理——实务与案例．4版．北京：中国人民大学出版社，2019.

[3] 刘淑莲．财务管理．5版．大连：东北财经大学出版社，2019.

[4] 李贺．财务管理学．上海：上海财经大学出版社，2022.

[5] 龙文滨．财务管理学．北京：经济科学出版社，2022.

[6] 王化成，刘亭立．高级财务管理学．5版．北京：中国人民大学出版社，2022.

[7] 杨慧辉．财务管理．北京：中国人民大学出版社，2022.

[8] 揭志锋．财务管理．3版．大连：东北财经大学出版社，2022.

[9] 许艳芳，王建英，支晓强，等．国际财务管理学．6版．北京：中国人民大学出版社，2022.

[10] 程良友，徐伟．财务管理学．北京：经济科学出版社，2022.

[11] 宋秋萍，李飞．财务管理．4版．北京：高等教育出版社，2022.

[12] 郭素娟，于涵．财务管理．5版．北京：中国财政经济出版社，2022.

[13] 财政部会计资格评价中心．财务管理．北京：经济科学出版社，2022.